Les Américains

2. Les États-Unis de 1945 à nos jours

Du même auteur

La Mission de Jean Monnet à Alger,
mars-octobre 1943
Éditions Richelieu et Publications de la Sorbonne, 1971

Presse, Radio et Télévision aux États-Unis
(en collaboration) Armand Colin, coll. « U 2 », 1972

Le Temps des Américains.
Le concours américain à la France, 1917-1918
Publications de la Sorbonne, 1976
Ouvrage couronné par l'Académie des sciences morales et politiques

L'Indépendance américaine, 1763-1789
Gallimard-Julliard, coll. « Archives », 1976

Kennedy
Masson, 1978

La Vie quotidienne aux États-Unis
au temps de la prospérité, 1919-1929
Hachette-Littérature, 1980
Ouvrage couronné par l'Académie française

Le Watergate, 1972-1974.
La démocratie américaine à l'épreuve
Éditions Complexe, 1983

Ne pas subir.
Écrits du maréchal de Lattre de Tassigny, 1914-1952
(Publication de documents, en collaboration) Plon, 1984

La Civilisation américaine
(en collaboration) Presses universitaires de France,
coll. « Le monde anglophone », 2e édition, 1985

Les Américains
Les États-Unis de 1607 à nos jours
(édition reliée) Éditions du Seuil, 1986

Les Américains
t. 1 : Naissance et essor des États-Unis (1607-1945)
t. 2 : Les États-Unis de 1945 à nos jours
Version intégrale du précédent
Éditions du Seuil, coll. « Points Histoire », 1986

André Kaspi

Les Américains

2. Les États-Unis de 1945 à nos jours

Éditions du Seuil

EN COUVERTURE :
Neil Armstrong marche sur la Lune, 1969. Archives IPS.

Éd. complète de la coll. « Points Histoire » : ISBN 2-02-009363-4
Tome 2 de la coll. « Points Histoire » : ISBN 2-02-009361-8
(Éd. reliée en un volume : ISBN 2-02-009358-8)

© OCTOBRE 1986, ÉDITIONS DU SEUIL
Édition intégrale

3

La maturité
(1945-1964)

11

L'après-guerre
(1945-1947)

1945 : l'année de la victoire en Europe, puis en Asie. 1947 : la guerre froide est engagée, le monde divisé en deux camps. Entre ces deux dates, les Américains ont pris conscience qu'ils ne resteront plus jamais à l'écart des affaires internationales et que les problèmes de la planète s'ajoutent désormais à ceux du pays. Les États-Unis sont bien devenus une superpuissance. Et pourtant, personne n'a oublié la Grande Dépression, le temps des vaches maigres. Maintenant qu'une sorte de plein emploi s'est établi, que l'Amérique semble s'envoler vers une interminable prospérité, les Américains se demandent s'ils ne rêvent pas, si une nouvelle catastrophe ne les réveillera pas en sursaut, s'ils sont vraiment sortis de la misère. L'optimisme se teinte d'une inquiétude certaine. D'autant plus que le pilote du navire vient de changer. Truman fera-t-il aussi bien que Roosevelt ?

Un nouveau président

Cette succession brutale, il faut du temps à Truman pour s'en remettre. Et ses concitoyens, tout en l'élisant à la présidence en 1948, de justesse il est vrai, lui en ont fait payer le prix. La réputation de Truman a été controversée. Ce président a paru moins prestigieux que son successeur, le général Eisenhower, l'un des vainqueurs des armées allemandes, le commandant en chef des troupes alliées. L'ombre de Roosevelt d'un côté, l'image historique d'Eisenhower de l'autre, que restait-il de Truman ? Comme si le plan Marshall, le traité de l'Atlantique Nord, le rétablissement de la situation militaire en Corée ne comptaient pas ou n'étaient pas imputables au président. Comme si la reconversion d'une économie de guerre en une économie de paix, les débuts de la déségrégation raciale, le maintien, voire l'extension des acquis du New Deal ne méritaient que l'oubli. La réhabilitation de Truman fut lente et tardive. Un premier signe vint de Churchill qui, en 1952, dit au président des États-Unis : « La dernière fois que nous nous sommes assis, vous et moi, à une table de conférence, c'était à Potsdam. J'avoue qu'à cette époque j'avais très peu de considération pour vous. Je ne supportais pas que vous preniez la place de Roosevelt. Grave erreur de jugement. Depuis lors, c'est vous, plus que tout autre, qui avez sauvé la civilisation occidentale. » Il n'empêche que c'est après sa mort, survenue le 26 décembre 1972, que Truman accéda au statut de grand président. Nostalgie pour une époque où les États-Unis n'étaient pas empêtrés dans la guerre du Viêt-nam et prenaient pour le monde occidental des décisions capitales ? Admiration pour un président déterminé et honnête ? Déception provoquée par la détente et retour subit à l'esprit de la guerre froide ? Des souvenirs, des études historiques sur Truman connurent alors des succès de librairie. Le théâtre, la télévision célébrèrent la gloire du défunt. En pleine crise du Watergate, des automobilistes collèrent sur les pare-chocs de leur véhicule de véritables appels au secours : « L'Amérique a besoin de vous, Harry Truman. » Le président Carter plaça sur son bureau la célèbre devise de son prédécesseur : *The buck stops here* [1]. On se mit à vendre cette devise sur les objets les plus hétéroclites. La mode fut à la trumanomanie. A cet hommage posthume, les républicains s'associèrent très volontiers, ne fût-ce que pour démontrer que les démocrates avaient oublié les leçons que l'ancien président avait données.

De là, deux questions. Pourquoi Truman a-t-il si peu impressionné ses contemporains qu'ils ont cru et souvent dit que le

---

1. *To pass the buck* est une expression, empruntée au jargon du poker, qui signifie : « Fuir ses responsabilités. » *The buck stops here* pourrait donc se traduire ainsi : « Plus moyen ici de se défiler », ou bien : « Ici on n'ouvre plus le parapluie. »

président ne méritait pas d'exercer de si hautes fonctions ? Pourquoi les historiens d'aujourd'hui lui accordent-ils une place de premier rang ?

Truman, c'est d'abord le président du hasard. Rien ni personne ne l'a préparé à cette tâche. Il est né le 8 mai 1884 à Lamar, un petit village du Missouri. Ses parents sont des fermiers qui déménagent souvent et s'installent, finalement, à Independence, aujourd'hui une banlieue de Kansas City. C'est une des portes du Far West. Les mormons sont passés par là avant de s'installer en Utah. La piste vers Santa Fe et celle qui mène à l'Oregon ou à la Californie commencent là. Mais, à la fin du XIXᵉ siècle, Independence est une ville de 60 000 habitants où le jeune Harry (son prénom véritable est Harrison) fait ses études primaires et secondaires. Les amitiés les plus solides datent de cette époque. A l'âge de six ans, il a rencontré Bess Wallace, sa future femme. Autant qu'on peut l'être dans le Middle West, Truman est un homme du terroir, un Missourien typique qui s'est enraciné dans la « communauté locale ». Une famille traditionnelle, l'Église presbytérienne, puis baptiste, l'atmosphère paisible d'une ville qui se situe à mille lieues de l'agitation du monde, voilà le cadre de sa jeunesse. Des nuages, toutefois, sur l'horizon. Le père se ruine en spéculant sur les blés. Harry renonce à l'université, entre dans une banque de Kansas City et, d'après la rumeur publique, partage un petit appartement avec Arthur Eisenhower, le frère du futur général. Il fréquente beaucoup les salles de théâtre et de concert. Truman est un autodidacte. En 1906, il retrouve sa famille et s'établit avec elle sur une terre qu'un vieil oncle vient de lui léguer. Après la banque, l'agriculture jusqu'en 1917. Le blé, le maïs, l'avoine, les clous de girofle, les chevaux, l'irrigation... De temps à autre, des nouvelles de la vie politique parviennent à la ferme. Une distraction, comme les investissements malheureux dans l'extraction des minerais et du pétrole, comme les réunions de la loge maçonnique.

Les États-Unis entrent en guerre en avril 1917. Truman, qui fait partie de la garde nationale du Missouri, a le grade de lieutenant, puis de capitaine. En mars 1918, il embarque pour la France. Il se bat à la tête de la batterie D du 129ᵉ régiment d'artillerie de campagne. De retour en Amérique en avril 1919, il épouse Bess le jour où le traité de Versailles est signé. Il décide d'ouvrir avec un ami une chemiserie à Kansas City. La récession de 1921-1922 entraîne la faillite et, pendant vingt ans, au prix de grands efforts, Truman continuera à rembourser ses dettes.

Faute de réussir dans le *business,* Truman tente sa chance en politique. Il a fait connaissance avec Tom Pendergast, le patron de la *machine* démocrate du Missouri, qui lui propose de se présenter aux élections du comté. Il faut pourvoir les trois postes de commissaires, qu'ici on baptise « juges », en somme le pouvoir exécutif du comté. Fort de l'appui de la *machine,* de sa qualité d'ancien combattant, de son enracinement local, Truman est élu et occupe ses nouvelles fonctions en janvier 1923. Sa mission ? Entretenir les routes et les ponts, s'occuper de l'asile et de l'hospice. Battu en 1924, réélu en 1926, Truman poursuit une carrière qui n'a rien de brillant, dans un emploi obscur, sous la protection d'un patron dont la réputation n'est pas inattaquable. Sa gestion, toutefois, a le mérite d'être honnête et efficace. A cinquante ans, il choisit une nouvelle voie. Ou plus exactement, après avoir servi son comté pendant douze ans, il recherche une sinécure qui lui permette d'attendre tranquillement et dignement l'heure de la retraite. Il brigue l'un des deux sièges de sénateur fédéral de l'État. Toujours soutenu par Pendergast, il se fait élire. Le voici en janvier 1935 sénateur démocrate du Missouri au Congrès des États-Unis. Truman est un « godillot » du parti. Il vote comme le demande le président Roosevelt, parle peu dans les séances, siège dans les commissions les plus obscures, mais participe activement à la réorganisation des compagnies ferroviaires et à la mise sur pied des compagnies aériennes.

Alerte en 1940. La réélection s'annonce difficile. Tom Pendergast a perdu son influence et, accusé de fraude électorale, se retrouve en prison. Truman se défend comme un beau diable, fait une campagne extraordinairement dynamique en dépit du refus de Roosevelt de le soutenir. Il réussit à se faire réélire. L'expérience devait lui prouver qu'il convient de se battre jusqu'au bout et de ne pas se fier aux indices, aux rumeurs ou aux sondages. Au cours de son deuxième mandat, Truman s'avance sur le devant de la scène. En effet, il a entendu parler des gaspillages, auxquels donnerait lieu la mobilisation économique. Sur sa recommandation, le Sénat crée une commission spéciale d'enquête qui a pour consigne d'examiner le programme de défense nationale. Truman la préside. A peine la commission créée, la guerre s'abat sur les États-Unis. Truman aurait aimé revêtir l'uniforme, mais le général Marshall ne veut pas d'un colonel de cinquante-sept ans et lui suggère d'agir au Sénat pour le bien de la patrie. Truman retourne donc à la commission d'enquête, s'intéresse à la production de caoutchouc, d'acier, d'aluminium, de pétrole, aux prix que les producteurs ont fixés pour les ventes aux services fédéraux. D'après les autorités militaires, la commission Truman a évité au gouvernement fédéral des dépenses inutiles de l'ordre de 15 milliards. De quoi rendre populaire le sénateur du Missouri !

Il faut attendre 1944 pour que l'on reparle de lui. L'état-major du parti démocrate cherche un colistier pour Roosevelt. Henry Wallace, qui a été élu vice-président en 1940, déplaît à beaucoup : trop idéaliste, pas assez attentif aux travaux du Sénat, en dehors du courant principal qui anime le parti. Un autre candidat possible serait James Byrnes, ancien sénateur de Caroline du Sud, qui a servi à la Cour suprême, puis au sein du gouvernement fédéral et jouit d'une réelle influence politique. Mais Byrnes a un passif : catholique converti au protestantisme, hostile à la législation qui condamne le lynchage, peu sympathique aux revendications des syndicats, il passe pour avoir des penchants conservateurs. Byrnes trop à droite, Wallace trop à gauche, il faut un homme du centre qui ne porte pas ombrage au président, puisse céder aux conseils des caciques dans le cas où Roosevelt mourrait avant la fin de son quatrième mandat. Truman ressemble au portrait-robot, ce qui n'est pas flatteur. Lui-même hésite avant de se lancer dans la manœuvre. Il finit par accepter l'association et Roosevelt s'y rallie à son tour. Truman accède à la vice-présidence des États-Unis en janvier 1945.

Dans les mois qui suivent et qui sont décisifs pour l'avenir du monde, que sait-il de ce qui se fait et de ce qui se prépare ? A peu près rien. Malade, épuisé, Roosevelt ne lui confie aucune tâche, ne l'initie à aucun secret d'État, le reçoit de temps à autre en même temps que d'autres visiteurs. Entre les deux hommes, aucun échange de vues. Truman préside le Sénat et bavarde avec ses anciens collègues, organise des dîners, sourit et serre des mains. Mais il n'accompagne pas Roosevelt à Yalta, alors que Byrnes fait partie de la délégation américaine et assiste à quelques-unes des séances les plus importantes. Au retour du président, Truman apprend ce que Roosevelt veut bien confier à tous les politiciens. Il se contente d'attendre que le temps passe, flatté peut-être d'avoir atteint les sommets de l'État et dépourvu de toute influence.

Le 12 avril 1945, coup de théâtre. Truman est appelé d'urgence à la Maison-Blanche. Il s'y précipite pour entendre, de la bouche d'Eleanor Roosevelt, que le président vient de mourir. Stupéfaction. La première réaction de Truman témoigne de son humanité. Il demande à Mme Roosevelt : « Que puis-je faire pour vous ? » Jaillit la réponse mi-hautaine mi-digne : « Est-ce que *nous* pouvons faire quelque chose pour vous ? Car c'est vous qui êtes maintenant en difficulté. » Le lendemain, Truman n'est toujours pas remis de son émotion : « Si jamais vous priez, dit-il aux journalistes, priez pour moi maintenant. Je ne sais pas s'il vous est arrivé de recevoir sur vous une charge de foin. Mais quand on m'a appris hier ce qui était arrivé, j'ai eu l'impression que la lune, les étoiles et les planètes étaient tombées sur moi. »

Quoi qu'il en soit, Harry Truman devient, le 12 avril, le trente-troisième président des États-Unis. Il aura soixante et un ans dans un mois. A lui maintenant de prendre les décisions. Deux semaines plus tard, Hitler se suicide ; l'Allemagne nazie s'apprête à signer l'armistice. Les Russes, les Anglais et les Américains, qu'ont-ils vraiment décidé à Yalta ? Le 25 avril, Henry Stimson, le secrétaire à la Guerre, entre dans le bureau du président. Peu après arrive le général Groves qui a préféré emprunter une porte dérobée. Les deux hommes annoncent que, depuis 1940, les États-Unis, associés à la Grande-Bretagne, ont travaillé sur le projet Manhattan. Dans quelques semaines, une bombe atomique sera prête. Il y aura assez de thorium et d'uranium pour en fabriquer d'autres. Les espions soviétiques sont sans doute au courant. Une preuve de plus que Truman ne savait rien d'important lors de son accession à la magistrature suprême.

En un mot, un Américain ordinaire a reçu du destin la charge de résoudre des problèmes extraordinaires. Il ne faut pas, malgré tout, se fier aux apparences. Sans doute le nouveau président joue-t-il les modestes. Ce qu'il aime, c'est la pêche, la natation, le poker. A Independence, au fin fond de l'Amérique, il se sent à l'aise. Au sein de la loge maçonnique, il tient sa place qui est celle d'un leader. A l'égard de sa fille, Margaret, qui s'acharne à devenir cantatrice, il se transforme en un père protecteur, prêt à fondre sur le premier critique qui ne partage pas son enthousiasme. Sa femme, sa vieille mère suscitent sa tendresse et son dévouement. Truman n'hésite pas à se mettre au piano pour jouer une valse et se laisse photographier aux côtés de Lauren Bacall. Après le brillant causeur, le patricien charmeur, le séducteur radiophonique, voici le petit homme du Middle West qui se conduit comme n'importe lequel de ses compatriotes, déteste jeter de la poudre aux yeux, incarne une Amérique provinciale, un peu bornée, incapable de saisir l'ampleur de son rôle dans le monde. Oui, mais Truman a surpris plus d'un interlocuteur par l'étendue de sa culture historique. Profondément croyant, il a le sens aigu de sa mission. Il travaille avec acharnement, se lève vers 4 ou 5 heures du matin, comme à la campagne, lit des passages de la Bible, écrit à la main de longues lettres, tient avec soin son journal personnel, reçoit beaucoup de visiteurs. L'après-midi est consacré aux réunions de travail. Lorsqu'il se rend à une réception, il s'efforce de partir tôt pour se mettre au lit vers 21 heures. « L'homme de Pendergast » connaît les combines de la politique et ne cherche pas à purifier le système de ses scories, mais il est d'une scrupuleuse honnêteté. Pas question de laisser libre cours à l'âpreté et à l'avidité des uns et des autres ni d'accepter que se perpétuent les injustices les plus criantes. Au risque de perdre une partie de sa clientèle électorale, il choisit de défendre les pauvres et les Noirs. En même temps, son inébranlable fidélité envers ses amis, un certain cynisme à l'égard du monde politique réduisent ses capacités de jugement et l'entraînent dans des querelles de personnes. Reste une qualité primordiale chez un président. Truman sait analyser une situation et écouter ses conseillers. Il se défait alors de ses *a priori* idéologiques et s'en tient aux faits essentiels. En fin de compte, il tranche. Contrairement à Roosevelt qui voulait être tout à tous, rusait et biaisait pour ne froisser personne, aimait qu'on l'aimât, Truman, lui, remplit son devoir avec brutalité, sans fioritures.

Il est vrai que Truman bénéficie, grâce à son prédécesseur, d'un atout capital. L'institution présidentielle se mue en une présidence impériale. Deux exemples en témoignent : la réorganisation du cabinet et le renforcement du gouvernement fédéral. Truman conserve à ses côtés les conseillers de Roosevelt. C'est pour lui une nécessité. Il faut rassurer l'opinion américaine, réussir en douceur la transmission du pouvoir. Trois mois plus tard, six des dix membres du cabinet ont été remplacés. Dès l'été de 1945, le gouvernement de Truman a succédé au gouvernement de Roosevelt. Lorsque Cordell Hull quitta ses fonctions de secrétaire d'État à la fin de 1944, Roosevelt le remplaça par Edward Stettinius, dont l'incompétence était notoire et les aptitudes intellectuelles, limitées. Roosevelt montrait ainsi qu'il entendait gérer seul la politique étrangère et qu'un commis médiocre suffirait à l'aider. Truman s'empresse de nommer James Byrnes qui reçoit pour mission de faire l'éducation du nouveau président dans le domaine des relations internationales. Henry Morgenthau, le secrétaire au Trésor, un ami du défunt président, entend conserver une place de premier rang dans l'élaboration de la politique étrangère. Il exige de Truman qu'il lui réserve un fauteuil au sein de la délégation américaine à la conférence de Potsdam. Sinon, il démissionnera. Truman le prend au mot. Frances Perkins [1], secrétaire au Travail, Francis Biddle, l'*attorney general,* Claude Wickard, secrétaire à l'Agriculture, partent ou sont à leur tour renvoyés. En 1946, le vieil Harold Ickes, secrétaire à l'Intérieur, démissionne à la demande du président. La même année, Henry Wallace, que Roosevelt avait dédommagé en le nommant secrétaire au Commerce, commet l'erreur de proposer, dans un discours au Madison Square Garden, une attitude conciliatrice envers l'Union sovié-

---

1. Frances Perkins fut, on s'en souvient, la collaboratrice de Franklin Roosevelt quand il exerça les fonctions de gouverneur de l'État de New York. Devenu président des États-Unis, il la nomma secrétaire du Travail. Elle fut ainsi la première femme à siéger dans le cabinet.

tique. Ce fut sa perte. Il y a par la suite d'autres départs et d'autres arrivées, qui portent témoignage de l'autorité croissante de Truman sur son entourage.

Truman impose aussi un changement de méthodes. Celles de Roosevelt reposaient sur la rivalité entre les responsables qui incarnaient des intérêts et des points de vue contradictoires et devaient se rejoindre sur un consensus minimal. Truman exige la loyauté à sa personne. Ce qui contribue à peupler son entourage de personnalités fidèles et médiocres. Mais il apporte sa contribution à la construction de la présidence moderne en réorganisant les services de la Maison-Blanche. Il s'entoure d'un état-major qui ne tarde pas à prendre de l'ampleur et compte en 1952, adjoints compris, 285 personnes. Les successeurs de Truman feront mieux : 600 personnes en 1972, mais 384 seulement en 1984.

Il y a encore les comités spéciaux qui aident le président à prendre ses décisions, par exemple l'Executive Office of the President que Roosevelt a créé en 1939, sans oublier le Bureau du budget. En 1946 naît, à l'initiative du Congrès, le Comité des conseillers économiques (Council of Economic Advisers, CEA). L'année suivante, le Conseil national de sécurité (National Security Council, NSC) fait son apparition, présidé par le président des États-Unis, composé du secrétaire d'État, du secrétaire à la Défense, des trois secrétaires militaires (armée, marine, aviation), auxquels s'adjoindra en 1949 le vice-président. En outre, Truman a différencié les fonctions, en confiant, par exemple, à un assistant le soin d'assurer la liaison avec telle ou telle minorité politique ou ethnique, à un autre le soin de s'occuper des relations entre les salariés et les patrons. La coordination est assurée par les principaux assistants. A mesure que l'administration présidentielle grossit, que de nouveaux organismes avec leurs ramifications s'ajoutent aux anciens, c'est le pouvoir du président qui s'accroît. De ce point de vue, le rôle de Truman à été déterminant, même si son action n'a pas été bâtie sur la table rase. Or, il faut le noter, ce renforcement de la présidence repose sur un consensus. Les démocrates approuvent parce qu'ils y voient une tradition rooseveltienne et qu'à leurs yeux, un président démocrate doit parvenir à réformer la société.

Les républicains applaudissent, parce qu'ils espèrent reconquérir la Maison-Blanche. On le voit bien, lorsque le Congrès, à majorité républicaine, vote en 1947 une loi qui met sur pied une commission sur l'organisation de l'exécutif. Truman trouve l'idée excellente et nomme à sa tête Herbert Hoover, l'ancien président républicain, l'adversaire de Roosevelt en 1932, mais un homme avec lequel Truman aime à travailler. Les rapports de la commission vont dans le sens du renforcement de la fonction présidentielle. La bureaucratie fédérale est encore plus considérable. Elle comptait 600 000 employés en 1932. Vingt ans plus tard, ils sont 2 600 000, y compris 1 300 000 militaires et civils qui relèvent du département de la Défense, 500 000 postiers, 22 500 employés du Congrès et 4 000 employés du Judiciaire. En deux décennies, Washington est devenue l'une des grandes capitales politiques et administratives du monde.

Somme toute, Truman a su s'adapter. Qu'il ait redouté d'assumer la succession de Roosevelt, tous les témoignages en font foi. Mais très vite, il a fait face à ses devoirs de président. Lui, le sans-grade, le méconnu, l'inexpérimenté, a revêtu le lourd manteau de la présidence et s'est hissé au niveau de son prédécesseur. Ses contemporains ne l'ont pas immédiatement compris, mais le rôle qu'il a tenu dans les événements de l'immédiat après-guerre aurait dû leur ouvrir les yeux.

Terminer la guerre, rétablir la paix

La tâche prioritaire, c'est de terminer la guerre en Asie et d'assurer les fondements de la paix. A peine arrivé au pouvoir, Truman commence par interroger Byrnes sur ce qui s'est dit à Yalta et comprend que les négociations avec les Soviétiques ne seront pas aisées. Roosevelt a emporté dans sa tombe des secrets d'État ou laissé subsister bien des équivoques. Que deviendra la Pologne ? Et les autres États qu'occupe l'Armée rouge ? Au moins sur un point existe-t-il des raisons d'espérer. Comme Roosevelt, Truman souhaite fonder une Organisation des Nations unies qui, avec des organismes auxiliaires, traitera et peut-être résoudra les grands problèmes internationaux. Le 25 avril 1945, à

San Francisco, au milieu des drapeaux en berne qui rappellent la mort récente de Roosevelt, s'ouvre la conférence inaugurale de l'ONU. Quarante-six nations, puis cinquante ont envoyé des délégués. La délégation américaine, formée en février, comprend des républicains, comme le sénateur Vandenberg et son principal conseiller, John Foster Dulles, et des démocrates. Elle est conduite par Stettinius. L'élaboration de la charte nécessite de longues négociations. Les quatre Grands (États-Unis, Union soviétique, Grande-Bretagne, Chine) se sont mis d'accord sur un texte qui amende les propositions de Dumbarton Oaks. C'est la formule de Yalta qui est adoptée. Le Conseil de sécurité comprendra onze membres, parmi lesquels les quatre Grands plus la France occuperont des sièges permanents. Il prendra ses décisions à la majorité de sept voix, à condition qu'en dehors des discussions de procédure, la décision s'appuie sur « le vote convergent des membres permanents ». L'un des cinq Grands peut toujours bloquer le fonctionnement du Conseil. En séance plénière, les Soviétiques demandent plus : un Grand pourrait bloquer la discussion de toute question par le Conseil. Protestations des États-Unis, suivis par les autres participants à la conférence. Les Soviétiques reculent, étant entendu que le droit de veto s'appliquera aux problèmes importants, « compte tenu des responsabilités primordiales des membres permanents ». Le sort des nations dépendantes est réglé par la formule des *trusteeships*. Quant aux pactes régionaux (les Soviétiques souhaitaient la dissolution des pactes entre les États du continent américain), ils sont autorisés s'ils sont placés sous les auspices des Nations unies. Le 26 juin, la charte est signée en présence de Truman. C'est, déclare le président, l'affirmation de « la conviction que la guerre n'est pas inévitable ».

Cette fois-ci, contrairement à l'après-Première Guerre mondiale, le Sénat des États-Unis donne son approbation. Il est vrai que Roosevelt a fait le nécessaire pour préparer une décision qui, à ses yeux, ne peut être que celle de tous les Américains. Arthur Vandenberg, le sénateur républicain du Michigan, s'est rallié à grand bruit à l'idée d'une politique de responsabilités mondiales. S'il reste au Sénat des isolationnistes qui crient au complot communiste et voient dans la charte un document « athée et

anticonstitutionnel », ils sont très peu nombreux. Et prudents :
un sondage indique que 66 % des Américains approuvent la
charte, 3 % la désapprouvent et 31 % ne se prononcent pas. Le
Sénat donne son accord par 89 voix contre 2, le 28 juillet 1945.
Trois mois plus tard, la charte est promulguée. Les Américains
ont de bonnes raisons de se réjouir. Au prix de quelques
concessions mineures, ils ont obtenu ce qu'ils voulaient. Si
l'ONU est affaiblie par le droit de veto des Grands au sein du
Conseil de sécurité, c'est eux qui l'ont demandé. Si les pactes
régionaux subsistent, c'est sur leur insistance. Si un réseau
d'institutions secondaires, pour aider les réfugiés, discuter des
problèmes du travail, traiter des questions monétaires et financières, complètent l'organigramme, c'est que Washington l'a
réclamé. De plus, les États-Unis disposent alors, au sein de
l'assemblée générale, de ce que l'on appellera plus tard la
« majorité automatique ». Wilson et Roosevelt triomphent à titre
posthume.

Les explosions atomiques du mois d'août n'entament pas
l'optimisme. Tout au contraire. Les deux bombes qui détruisent
Hiroshima le 6 et Nagasaki le 9 ont atteint leurs objectifs. Le
14 août, le gouvernement japonais accepte les termes d'un
armistice sans condition et l'empereur Hiro-Hito le fait savoir à
ses sujets le lendemain. Le 2 septembre, à bord du cuirassé
Missouri, ancré dans la baie de Tokyo, l'armistice est signé. C'est
la fin de la Seconde Guerre mondiale. Seulement, l'arme
atomique est nouvelle, terrifiante. Elle ne tarde pas à provoquer
l'inquiétude. Dès 1948, un physicien britannique, P.M.S. Blac-
kett, pose une question, sur laquelle les historiens américains se
sont longuement interrogés et n'ont toujours pas apporté de
réponses définitives. Fallait-il pour gagner la guerre contre le
Japon recourir à l'arme atomique ? Si cela n'était pas nécessaire,
quels buts réels poursuivaient Truman et ses conseillers ? N'ont-
ils pas cherché, en tuant des milliers de Japonais, à faire peur aux
Soviétiques, donc à entamer la guerre froide ? Accusation grave
qui repose trop souvent sur une argumentation confuse.

Le bombardement atomique, c'est d'abord une opération
militaire. Deux B 29, des forteresses volantes, décollent d'une île
des Mariannes. A bord de l'une d'elles, l'*Enola Gay,* une bombe

de 4 500 kilogrammes à l'uranium 235. A 8 h 11, le 6 août, la bombe est larguée sur Hiroshima. Un gigantesque champignon blanc s'élève dans le ciel. L'explosion fait au moins 72 000 morts, plus des blessés et des infirmes qui mourront à petit feu. Tous les témoins s'accordent pour reconnaître que le spectacle fut épouvantable et que les experts militaires japonais eurent beaucoup de peine à se persuader des dimensions de la tragédie. A Washington, il n'est que 19 h 15, le 5 août, lorsque la nouvelle parvient aux initiés. Le président Truman l'apprend sur le navire qui le ramène de la conférence de Potsdam. Le lendemain matin, un communiqué de presse précise : « C'est une bombe atomique. [...] La force dont le soleil tire sa puissance vient d'être lâchée sur ceux qui ont provoqué la guerre en Extrême-Orient. » Le 9 août, une deuxième bombe, celle-ci au plutonium, tombe sur Nagasaki et fait aux environs de 80 000 morts. L'hécatombe ne ternit la joie ni des Américains ni de leurs alliés, toutes opinions politiques confondues. La mort fait, hélas ! partie des réalités quotidiennes de la guerre : en février 1945, les bombardements alliés sur Dresde ont coûté la vie à 135 000 personnes ; en mars, près de 100 000 habitants de Tokyo, presque tous des civils, périssent sous les bombardements incendiaires de l'aviation américaine. En fait, les explosions d'août mettent un terme à la guerre la plus sanglante dans l'histoire de l'humanité. Elles démontrent à l'évidence que les Américains ont remporté la course aux armements atomiques. S'ils l'avaient perdue, c'est que les savants de Hitler auraient été plus rapides et plus inventifs ; l'Allemagne nazie aurait gagné la guerre.

C'est en 1939 qu'Albert Einstein a attiré l'attention du président Roosevelt sur la recherche atomique en Allemagne. Par Leo Szilard et Eugene Wigner qui ont fui le régime nazi, il sait que les physiciens allemands préparent « des bombes extrêmement puissantes d'un type nouveau ». Roosevelt se laisse convaincre que les États-Unis doivent se lancer dans l'aventure. Au projet de recherches, ultra-secret, collaborent Enrico Fermi, J. Robert Oppenheimer, Niels Bohr et une pléiade de jeunes savants. Parmi les initiés qui sont placés sous le commandement du général Groves, il va de soi que si un jour la bombe devient opérationnelle, elle servira contre l'Allemagne et le Japon. Il va de soi également qu'un secret comme celui-là ne se partage pas. Tout au plus les Britanniques et les Canadiens sont-ils associés, mais pas les Soviétiques dont les États-Unis se méfient, en dépit de l'alliance de guerre.

On se rappelle que Stimson et Groves révèlent le secret à Truman le 25 avril. Il est trop tard pour songer à larguer la bombe sur l'Allemagne qui a été vaincue par les moyens conventionnels. Reste le cas du Japon. Sous la présidence de Stimson, un comité spécial, composé de scientifiques, est chargé de réfléchir à l'emploi de la bombe. Le 2 juillet, il remet ses conclusions. Pour mettre fin à la guerre, écrit Stimson, il faudrait un débarquement dans l'archipel japonais, une opération longue, très difficile, qui fera des centaines de milliers de morts. Il convient, en conséquence, de lancer un ultimatum au Japon pour qu'il accepte une reddition sans condition. Cet avertissement mentionnera notamment « le caractère divers et la supériorité numérique des forces que nous sommes disposés à envoyer dans les îles, la destruction inévitable et complète qu'entraînera l'emploi de ces forces ». Toutefois, Stimson recommande d'ajouter que les États-Unis n'excluent pas une « monarchie constitutionnelle exercée par la présente dynastie ». A l'exception du dernier point, les conclusions de Stimson sont suivies à la lettre. Le 16 juillet, à Alamogordo, dans le Nouveau-Mexique, une bombe expérimentale explose. Truman est informé à Potsdam et avertit Staline en termes vagues. Le 26 juillet, les États-Unis, la Grande-Bretagne et la Chine envoient un ultimatum au Japon : « Nous demandons au gouvernement du Japon de proclamer la reddition sans condition des forces armées japonaises. [...] Sinon, le Japon sera détruit immédiatement et totalement. » Ultimatum rejeté le 28 juillet. Truman a pris sa décision et n'a pas d'états d'âme. Peu importe que des savants changent subitement d'avis et se mettent à redouter les effets d'une arme qu'ils ont contribué à inventer. Pour Truman et ses conseillers militaires, le Japon est acculé à la défaite et, malgré les terribles destructions qui ont atteint son potentiel civil et militaire, continue à se battre avec une farouche détermination. Ses avions-suicide, pilotés par des kamikazes, détruisent des navires américains. Aux Philippines, à Iwo Jima comme à Okinawa, de farouches combats ont fait des milliers de morts. D'après l'état-major américain, dix-sept divisions japonaises seraient concentrées sur l'île de Kiou-Siou pour repousser une invasion étrangère. Si les Américains tentent de débarquer, ils peuvent s'attendre à perdre 1 million des leurs et la guerre ne se terminerait qu'en 1946, voire en 1947. La population civile serait prête à résister pied à pied, et les survivants confirment par leur témoignage l'état d'esprit qui prévaut. Perspectives redoutables qui feraient frémir n'importe quel chef d'État ! C'est bien ces considérations qui expliquent l'attitude de Roosevelt à Yalta. Il a obtenu la promesse secrète de Staline que, trois mois après la capitulation de l'Allemagne, l'Union soviétique, toujours neutre dans la guerre en Asie, prendrait à revers les Japonais. L'Allemagne a capitulé le 8 mai. Trois mois plus tard, c'est le 8 août, deux jours après Hiroshima, la veille de Nagasaki. Y aurait-il un lien ?

C'est ici qu'interviennent les historiens de la *new left,* une tendance révisionniste, très vivace dans les années soixante, qui n'éprouve aucune sympathie pour les nazis, les Japonais ou les Soviétiques, mais qui ne croit pas aux bonnes intentions des États-Unis et fait volontiers de Washington l'initiateur de la guerre froide. Leur raisonnement s'appuie sur de bonnes questions. Pourquoi les Américains n'ont-ils pas tenté de recourir aux bombardements conventionnels avant de décider la destruction atomique de Hiroshima et de Nagasaki ? Pourquoi les responsables politiques n'ont-ils pas écouté les experts qui assuraient que le Japon signerait sa reddition, avant la fin de 1945, même si la bombe n'était pas employée, même si l'URSS n'entrait pas en guerre, même si les GI ne débarquaient pas dans l'archipel nippon ? Pourquoi bombarder Nagasaki après Hiroshima, s'il suffisait de convaincre les Japonais des terribles effets de la bombe ? Pourquoi les États-Unis ont-ils adopté une attitude intransigeante à l'égard de Tokyo, notamment en ce qui concerne le maintien éventuel de l'empereur Hiro-Hito, dès que le premier essai à Alamogordo a été réussi ? Pourquoi, à la fin de juillet, ne voulaient-ils plus d'une aide soviétique ?

Malheureusement, les historiens révisionnistes donnent à ces bonnes questions des réponses exagérément simplistes. Truman n'a pas mené une « diplomatie atomique », bien que la possession de la nouvelle arme ait renforcé sa main dans les négociations avec les Soviétiques. Lorsqu'à Potsdam Staline apprend, de la bouche du président, que les États-Unis disposent d'une arme nouvelle, il souhaite que les États-Unis en fassent un « bon usage » contre le Japon. Truman a agi comme Roosevelt : peu d'informations aux Soviétiques, le minimum de coopération. Il ne tarde d'ailleurs pas à proposer la mise sur pied d'un contrôle international sur l'usage de l'atome, dont les Soviétiques ne veulent pas. Si les États-Unis désirent de moins en moins l'intervention soviétique contre le Japon, c'est qu'elle coûte cher, que Staline cherche à obtenir des avantages territoriaux en Chine et en Corée. Au fond, il se pourrait aussi que les Soviétiques tinssent leur promesse de Yalta le 8 août, parce que la bombe d'Hiroshima a explosé et qu'ils craignent d'être privés de leur butin si le Japon dépose les armes. En dernière analyse, si Truman avait mis au point une « diplomatie atomique », force serait de conclure à son échec. Possédant le monopole atomique, persuadés à tort qu'ils le détiendraient longtemps encore, les Américains n'ont pas obtenu grand-chose des Soviétiques en 1945-1946. Ils n'ont pas évité la création d'un empire soviétique en Europe de l'Est. En fait, de février 1946 à avril 1948, les États-Unis possèdent une douzaine de bombes atomiques qui ne sont pas prêtes à l'utilisation. Jusqu'à décembre 1947, les équipes d'assemblage ne sont pas assez nombreuses. Les bombardiers B 29 doivent être modifiés pour remplir leur mission atomique et très peu le sont. La production d'uranium 235 a été ralentie. La force de dissuasion n'est nullement une force de coercition et donne très certainement aux Américains un sentiment exagéré de leur puissance.

Tout compte fait, l'explosion des deux bombes d'août 1945 s'intègre dans un plan que les Américains ont élaboré, consciemment ou non. Ils veulent laver une fois pour toutes l'humiliation qu'ils ont subie à Pearl Harbor, convaincre le Japon que la destruction totale le menace, bien qu'ils ne puissent pas alors, faute de l'avoir fabriquée, recourir à une troisième bombe et que les experts d'aujourd'hui mettent en doute l'efficacité des bombardements stratégiques. Ils aspirent également à assurer, le mieux possible, la sécurité de leur pays et souhaitent contribuer au rétablissement définitif de la paix. Mais n'est-ce pas là une illusion que l'après-guerre ne manquera pas de détruire ?

Le retour des guerriers

Superpuissance militaire grâce à la bombe atomique, les États-Unis sont maintenant aussi une superpuissance économique, avide de jouir des fruits de la prospérité.

Les statistiques révèlent un phénomène d'une ampleur étonnante. En 1945, 12 millions d'hommes et de femmes servent sous le drapeau américain, les trois quarts dans l'armée de terre et l'aviation, le dernier quart dans la marine et les *marines*. L'année suivante, le total est tombé à 3 millions. En 1947, nouvelle chute à 1,5 million. Ce chiffre ne varie pas jusqu'au commencement de la guerre de Corée. L'autre Grand a également démobilisé, mais dans des proportions moindres : les forces soviétiques sont passées de 11,4 millions d'hommes et femmes en 1945 à 3 millions en 1948. Les Américains ont fait la guerre comme on fait un travail : une fois la tâche achevée, on rentre à la maison. Pas question de s'attarder en Europe ou au Japon. La vie poursuit son cours. Il est encore moins question de se laisser prendre dans le filet des intrigues et des complications internationales. Les Américains ne ressentent pas la vocation de jouer les gendarmes qui seraient chargés de maintenir la paix dans le monde. Dès le mois de mai 1945, alors que la guerre contre le Japon bat son plein, la démobilisation commence. A la fin de l'année, elle s'est amplifiée : 1 million d'hommes reviennent chaque mois aux États-Unis. Puis, le flot s'interrompt. Le général Eisenhower s'inquiète du dégonflement brutal de ses effectifs. Le président Truman constate qu'il ne s'agit plus d'une démobilisation, mais d'une « désintégration de nos forces armées ». Attendons les nouvelles recrues, un peu de patience. La patience, c'est ce qui manque le plus aux soldats. En Allemagne, en France, au Japon, aux Philippines, les GI protestent dans les rues, revêtus de leur uniforme. Commentaire du correspondant de *Newsweek* en Bavière : « L'armée des États-Unis, que beaucoup considèrent comme la meilleure du monde, a été la semaine dernière sur le point d'éclater en morceaux. Une espèce d'hystérie s'est emparée des soldats, dans le pays comme à l'étranger, par suite du ralentissement des opérations de démobilisation. Ces hommes sont malades de ne pas être à la maison et dégoûtés de la vie militaire. » Aux États-Unis, les familles apportent un soutien inconditionnel. Des clubs se créent pour « ramener papa » et envoient au Sénat des chaussures sur la semelle desquelles sont collées les photographies des GI. Le Congrès est évidemment sensible à cette agitation. Il adopte en 1946 une loi plutôt laxiste sur le service militaire qu'il renforce en 1947. Mais il refuse la conscription universelle et ne cesse de réclamer la réduction des effectifs militaires.

Le retour des guerriers a été préparé, sans doute en souvenir des désordres de 1919. Dans la loi de 1940 sur le service sélectif, il était prévu que le gouvernement fédéral aiderait les anciens combattants à retrouver du travail. Pendant la guerre, 600 propositions de lois sont déposées. Roosevelt a suscité la création de commissions d'étude pour que des propositions solides soient soumises aux législateurs. Finalement, la loi sur la réadaptation des recrues, plus connue sous le nom de GI Bill of Rights, est votée le 22 juin 1944. Elle contribue au bouleversement de la société américaine, parce qu'elle touche à la fois à l'éducation nationale, au financement des prêts pour la construction de logements et pour la création d'entreprises, au domaine de l'emploi public et privé. Il faut en retenir les quatre dispositions principales :

1. Le gouvernement fédéral s'engage à aider les anciens combattants qui cherchent un emploi. L'aide s'applique, en premier lieu, à l'administration fédérale et locale. Dans les examens prévus pour l'accès aux fonctions publiques, les anciens combattants recevront des points supplémentaires. Les mutilés, les veuves, certaines catégories d'épouses et de mères de mutilés seront encore mieux traités. Dans le choix final pour un même emploi, le candidat ancien combattant ne peut pas être écarté sans l'avis d'une commission fédérale. En cas de diminution du personnel, les anciens combattants seront renvoyés les derniers.

2. Le gouvernement fédéral paiera les frais de séjour, les

droits de scolarité, le coût des livres pour les anciens combattants qui entreprendront des études supérieures. Suivant une échelle : trois ans de scolarité pour deux ans de service, avec un maximum de quatre ans de scolarité. Excellente aubaine, on le devine, pour les établissements d'enseignement supérieur en dépit des craintes qu'expriment les tenants de l'élitisme. C'est même pour répondre aux besoins que l'État de New York a fondé en 1948 un nouveau système universitaire, la State University of New York. En 1947-1948, la moitié des étudiants font leurs études aux frais du gouvernement fédéral. Dans l'ensemble, ce sont 2 230 000 anciens combattants qui, grâce au GI Bill, ont poursuivi des études supérieures.

3. Une assurance-chômage est accordée aux anciens combattants pour une durée maximale de cinquante-deux semaines, à raison de 20 dollars par semaine.

4. L'administration des anciens combattants donnera sa garantie aux emprunts que pourront souscrire ceux qui veulent acheter une maison, créer une entreprise ou une exploitation agricole. En 1961, un rapport faisait état de 6 millions d'emprunts qui avaient été contractés, à la suite du GI Bill de 1944 et du GI Bill qui a suivi la guerre de Corée. Si 60 % des familles américaines possédaient leur maison (contre 44 % en 1940), les GI Bills y étaient pour quelque chose, puisque sur 33 millions de logements occupés par leur propriétaire, 1 sur 6 avait été acheté grâce aux emprunts garantis.

Pourtant, tout n'est pas rose pour ceux qui ont la chance de revenir sains et saufs au pays. Les États-Unis ont changé. Leur entourage n'est plus tout à fait celui qu'ils évoquaient de l'autre côté de l'Atlantique et du Pacifique. Eux-mêmes ont subi une profonde transformation. Un excellent film de William Wyler, *les Plus Belles Années de notre vie,* évoque les joies et les tourments des retrouvailles. Le nombre des divorces augmente : 10 % des mariages s'étaient rompus en 1940, 12,3 % en 1944, 14,3 % en 1945, 18,2 % en 1946 ; puis, l'on en revient à des taux plus bas : 13,9 % en 1947, 11,6 % en 1948, 10,6 % en 1949. Il faudra attendre les années soixante-dix pour que le taux des divorces dépasse les niveaux de l'après-guerre. Ce qui est plus frappant, c'est l'accroissement du nombre des mariages. De 1944 à 1948, le

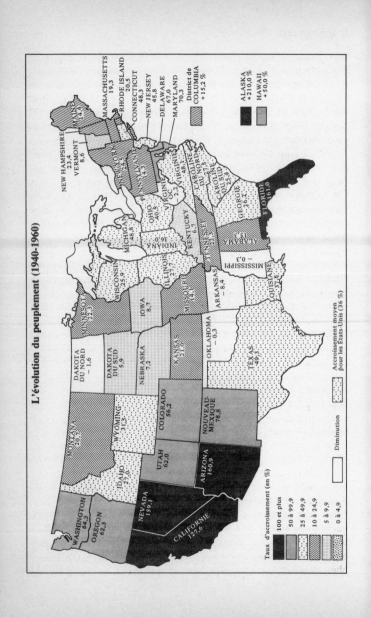

L'évolution du peuplement (1940-1960)

Taux d'accroissement (en %)

100 et plus
50 à 99,9
25 à 49,9
10 à 24,9
5 à 9,9
0 à 4,9
Accroissement moyen pour les États-Unis (36 %)
Diminution

WASHINGTON 64,3
OREGON 62,3
MONTANA 20,2
IDAHO 27,0
WYOMING 31,3
DAKOTA DU NORD — 1,6
DAKOTA DU SUD 5,9
MINNESOTA 22,3
WISCONSIN 25,9
MICHIGAN 48,8
NEVADA 159,1
UTAH 62,0
COLORADO 56,2
NEBRASKA 7,2
IOWA 8,7
ILLINOIS 21,0
INDIANA 36,0
OHIO 40,5
CALIFORNIE 127,6
ARIZONA 160,9
NOUVEAU-MEXIQUE 78,8
KANSAS 21,0
MISSOURI 14,1
KENTUCKY 6,6
TENNESSEE 14,4
OKLAHOMA — 0,3
ARKANSAS — 8,4
TEXAS 49,3
LOUISIANE 37,8
MISSISSIPPI — 0,3
ALABAMA 18,3
GEORGIE 26,1
FLORIDE 161,0
NEW HAMPSHIRE 23,4
VERMONT 8,6
MASSACHUSETTS 19,3
RHODE ISLAND 20,5
CONNECTICUT 48,3
NEW JERSEY 45,6
DELAWARE 67,0
MARYLAND 70,3
District de COLUMBIA + 15,2 %
PENNSYLVANIE 14,3
VIRGINIE OC 2,2
VIRGINIE 48,1
CAROLINE DU NORD 27,5
CAROLINE DU SUD 25,9

ALASKA + 210,0 %
HAWAII + 50,0 %

taux de nuptialité aux États-Unis est le plus élevé du monde, à l'exception de l'Égypte. Pour donner une simple illustration, le pourcentage des mariages par rapport à la population totale est en 1946 le double de ce qu'il était en 1932. En 1950, 70 % des Américains et 67 % des Américaines de plus de 15 ans sont mariés. L'âge moyen au mariage, qui était en 1940 de 24,3 ans pour les hommes et de 21,5 ans pour les femmes, s'est abaissé en 1947 à 23,7 ans et 20,5 ans. Il continue de s'abaisser jusqu'en 1952 pour se stabiliser pendant une vingtaine d'années aux alentours de 22,5 -23 ans pour les hommes, de 20-20,5 ans pour les femmes. On se marie plus volontiers et plus jeune. Avec la perspective plus ou moins consciente qu'on vivra plus longtemps. En dépit des apparences, l'allongement de la vie est l'une des conséquences de la guerre. L'armée, en effet, a souvent appris aux jeunes recrues une hygiène qu'elles ignoraient. Les maladies vénériennes ont fait l'objet d'un dépistage systématique et d'un traitement efficace. Là encore, l'organisation médicale et hospitalière de l'administration des anciens combattants ne peut que susciter l'admiration. La recherche médicale et pharmaceutique a accompli d'énormes progrès. L'usage de la streptomycine a fait reculer, voire disparaître la tuberculose. Les antibiotiques sont employés chaque jour. La production américaine de pénicilline suffisait à peine en 1942 à traiter une centaine de malades ; en 1943, elle suffit pour traiter tous les soldats de toutes les armées alliées.

Est-ce cela qui explique l'accroissement de la population ? Si la population passe de 132 122 000 en 1940 à 151 684 000 en 1950, c'est d'une part que l'immigration a repris, grâce à une loi sur les épouses de guerre (1946) et une loi sur les personnes déplacées (1948), qui font entrer aux États-Unis 1,5 million de femmes et d'hommes entre 1946 et 1958. A ces chiffres, il convient d'ajouter 1 million d'immigrants hors quotas, c'est-à-dire d'origine latino-américaine ou canadienne. Il n'empêche qu'en 1950 93 % des Américains sont nés sur le sol des États-Unis ; ils seront 95 % en 1960. C'est d'autre part à la suite du *baby boom* qui résulte, quelles que soient les explications économiques et sociales, d'un regain d'optimisme, d'une volonté de vivre et de survivre. Les prévisions des experts ont été ridiculisées. En 1934, les démographes estimaient que la population des États-Unis atteindrait les

150 millions dans quarante à cinquante ans. Trois ans plus tard Keynes évoque un prochain déclin, au mieux une stagnation. Une commission nationale conclut en 1938 que les États-Unis de 1980 compteront 158 millions d'habitants et que dès lors la population diminuera. Erreur sur toute la ligne. Le taux de natalité croît de 19,4 ‰ en 1940 à 22,2 ‰ en 1942. Rien d'extraordinaire, observent les spécialistes. C'est le résultat des mariages d'« au revoir », juste avant la mobilisation. Le taux se maintient en 1943. Ce sont les « naissances qui suivent les permissions ». Et puis, l'opinion publique est portée à croire que la guerre contre l'Allemagne et le Japon se fait à coups de canon et par taux de natalité interposés. « Elles font la guerre à Hitler avec leur taux de natalité », titre *Life*. Le pape des démographes américains, Frank Notestein, reste imperturbable, bien que le taux de cette année soit de 24,1 ‰ : « Dans les cinq prochaines années, annonce-t-il, le taux de natalité chutera certainement et retrouvera son niveau d'avant-guerre. » La suite, on la connaît : 26,6 ‰ en 1947, de 24 à 25,1 ‰ jusqu'en 1959. Cela veut dire que, de 1946 à 1953, entre 3,5 et 4 millions de bébés naissent chaque année – autant que la population entière des États-Unis en 1790. Avec une natalité illégitime qui s'accroît elle aussi et un taux plus élevé dans la population noire que dans la population blanche.

Le *baby boom* repose sur l'« éthique de la procréation ». C'est le résultat de plusieurs facteurs. De 1940 à 1950, l'augmentation du taux de fécondité est surtout sensible parmi les femmes de 35 ans et plus, celles qui ont jusqu'alors limité leurs grossesses parce que la crise économique puis la guerre incitaient à la morosité. En ce sens, elles rattrapent maintenant leur retard. Les femmes qui sont nées entre 1925 et 1940 se marient plus jeunes que leur mère. L'âge moyen au premier accouchement tombe de 23 ans en 1940 à 21,4 ans en 1957. Le taux de fécondité, en conséquence, augmente le plus souvent du double, avec cette caractéristique que les femmes appartenant à cette tranche d'âge ont un plus grand nombre d'enfants dans les premières années de leur mariage. Cela n'entraîne pas que les familles nombreuses soient légion, mais que la famille « ordinaire » compte deux ou trois enfants, que le célibat, le mariage sans enfant, le mariage avec un seul enfant paraissent sortir du schéma traditionnel et acceptable.

Le rajeunissement de la population américaine est frappant. En 1940, moins de 11 millions avaient 5 ans ou moins ; en 1950, ils sont 16 millions ; en 1960, 20 millions. Vers 1964, 40 % des Américains ont moins de 20 ans. La génération du *baby boom* chamboulera l'histoire du pays.

Dans l'immédiat, la démobilisation massive et le retour de millions d'hommes sur le marché du travail, l'augmentation du taux de natalité posent le problème du statut des femmes. Conserveront-elles l'emploi que la guerre leur a donné ? Doivent-elles s'occuper avant tout de leur foyer ? La condition féminine progressera-t-elle ou reculera-t-elle ? En premier lieu, il ne faut pas exagérer les acquis du temps de guerre. Des emplois, oui ; l'accès aux professions libérales, la création de crèches, l'égalité des salaires, non ou à peine. Avant la fin du conflit, les pouvoirs publics ont tenté de convaincre l'opinion que les femmes devaient continuer à exercer une activité professionnelle. « Beaucoup de femmes qui sont allées dans les mines et ont fait un splendide travail, disait le sénateur Truman en 1944, voudront garder leur emploi. [...] Elles ont le droit de gagner leur vie en exerçant des activités pour lesquelles elles ont montré des aptitudes. » Tous les Américains ne sont pas convaincus. Les sondages d'opinion démontrent que la plupart des hommes et des femmes sont favorables à un partage des tâches : aux hommes le soin de gagner l'argent du ménage et de prendre les décisions les plus importantes ; aux femmes de s'occuper de leur intérieur, de la cuisine et des enfants. De fait , la réalité quotidienne se charge de trancher le débat. D'après le GI Bill, les anciens combattants ont des droits que les femmes n'ont pas. De plus, beaucoup de femmes travaillaient dans des usines qui participaient à l'effort de guerre et ferment leurs portes ou se reconvertissent au retour de la paix. De septembre 1945 à novembre 1946, 2 250 000 femmes abandonnent leur emploi ; 1 million sont licenciées, mais 2 750 000 sont engagées. Les emplois les mieux rémunérés sont souvent remplacés par des emplois médiocres. Et pourtant, l'évolution ne s'interrompt pas : de plus en plus de femmes mariées travaillent dans les usines et les bureaux. Le pourcentage des couples à deux revenus passe de 11 % en 1940 à 20 % en 1948. Les classes moyennes acceptent de mieux en mieux qu'une épouse puisse être employée. Ce qui n'empêche pas la presse féminine d'évoquer le « dilemme de la femme américaine », contrainte de choisir entre son foyer et son emploi. Les mentalités changent peu, mais, en dépit des inégalités et des discriminations dont elles sont toujours victimes, surtout dans le domaine des salaires et dans l'accès aux emplois qualifiés, les Américaines ne sont pas revenues au *statu quo ante*. Elles accentuent, au lendemain de la guerre, leur intégration sociale et économique.

L'économie dominante

Rajeunis, les États-Unis possèdent l'économie la plus puissante du monde en 1945. La dépression n'est plus qu'un mauvais souvenir. Chacun le sent et l'exprime. Un syndicaliste : « Les temps ont changé. Les gens ont maintenant pris l'habitude de nouvelles conditions, de nouvelles échelles de salaires, d'être traités autrement. » Une jeune femme de Saint Louis : « Oh ! Tout va merveilleusement bien. Harry a un travail magnifique. Nous venons d'avoir un bébé. Vous pensez que cela va continuer ainsi ? » Les pessimistes qui prévoyaient une récession après l'armistice, on ne les écoute pas. On rêve à la semaine de vingt-cinq heures, à l'automatisation des tâches domestiques, aux villas baignées de soleil, aux meilleures universités dans lesquelles on enverra les enfants. Un haut fonctionnaire fait cette observation désarmante : « Les Américains se trouvent dans l'agréable situation d'apprendre à vivre 50 % au-dessus de leur niveau de vie antérieur. »

Les indicateurs économiques confirment cet enthousiasme. Calculé en dollars constants (valeur 1958), le produit national brut était à 227,2 milliards en 1940 ; il atteint 355,2 en 1945. Une petite récession se produit alors qui ramène le PNB à 312,6 en 1946 et 309,9 en 1947. Puis, il remonte à 323,7 en 1948 et 324,1 en 1949 avant de repartir vers de nouveaux sommets à la suite du déclenchement de la guerre en Corée. Même en tenant compte de l'augmentation de la population, le progrès reste sensible. Le PNB par tête était de 1 720 dollars en 1940 ; il passe à 2 538 en 1945, descend légèrement en 1946-1947 et s'établit à 2 172-2 208 en 1948 et 1949. Constatation identique pour le revenu disponible par tête qui, de 1940 à 1945, s'est élevé de 1 259 dollars à 1 642. Des entreprises se créent. Le chômage se maintient à un niveau bas.

Pourtant, en ce domaine, les généralisations sont toujours excessives. Il faut distinguer suivant les types d'activités et suivant les régions. Premier exemple : l'agriculture. Elle a prospéré, on l'a dit, pendant la guerre. Du coup, les revenus des fermiers ont doublé de 1940 à 1945. Dans le même temps, la main-d'œuvre agricole s'est réduite. En huit ans, de 1940 à 1948, la productivité a augmenté de 36 %, soit une moyenne annuelle supérieure à 4 %. Les champs emblavés correspondent, au début et à la fin de cette période, aux mêmes superficies ; la production de blé, elle, s'est accrue de 30 %. Néanmoins, les fermiers se plaignent. D'abord, le nombre des exploitations rurales ne cesse pas de diminuer. La chute a commencé en 1936 et s'est amplifiée pendant et après la guerre : 6 814 000 fermes en 1935, 5 967 000 en 1945, 3 707 973 en 1959. La population rurale diminue. Il est loin le temps, c'était en 1920, où 30 % des Américains vivaient à la campagne. En 1930, la proportion était tombée à 24,8 % ; en 1945, à 18,1 % ; en 1959, à 12 %. En conséquence, la taille des exploitations s'étend : de 174 acres en 1940 elle atteint 194,8 acres en 1945, 215,3 acres en 1950 et 302,4 acres en 1959. Ce sont les exploitations les plus réduites, donc les moins rentables, qui ont été frappées. De plus en plus, l'agriculture américaine devient un *agribusiness,* avec des poches de pauvreté en Virginie-Occidentale, dans le nord-ouest du Texas et, à un moindre degré, autour des Grands Lacs, dans l'arrière-pays de Philadelphie, sur la côte pacifique d'Oregon et du Washington. Pour élever la productivité, il faut d'importants investissements, des camions, des tracteurs, des machines en tous genres, des engrais, autant de dépenses auxquelles les petits fermiers ne sauraient consentir.

Quant aux gros, ils s'en sortent, si la demande est forte et si les prix sont hauts. De ce point de vue, l'après-guerre n'est pas une époque favorable. La plus mauvaise année, c'est certainement l'année 1949. Désormais, le gouvernement fédéral subventionne l'agriculture. Le système de la parité assure aux agriculteurs un revenu minimal, du moins à ceux qui ont pu survivre par d'indispensables investissements. Point de libéralisme ici. Un groupe de pression, actif et influent, obtient beaucoup du monde politique et réclame davantage. Mais ce qui provoque un débat dans les milieux professionnels, c'est la nature des productions américaines. Les États-Unis de 1945 produisent en priorité du blé, du maïs, du coton. S'ils se spécialisaient dans la production de la viande, des fruits et des légumes, des produits laitiers, ils trouveraient peut-être plus aisément des débouchés à l'étranger et le gouvernement pourrait interrompre ses subventions. Il est vrai qu'en 1945-1947, les agricultures européennes ont encore un bilan largement déficitaire. Les fermiers américains, tout en exprimant leurs plaintes, ne s'inquiètent pas trop pour le moment.

Deuxième exemple : l'industrie. L'innovation bat son plein. En 1945, Henry Ford fait en public un geste qui en dit long. Il frappe, à coups de hache, un véhicule expérimental et la carrosserie tient bon, bien qu'elle soit en plastique. Les matières plastiques ont été mises au point dans les années trente. Le nylon s'utilise dès 1938. Mais ce sont les besoins de la guerre qui généralisent l'usage de ces ersatz, de ces matériaux qui remplacent le bois, le métal ou le caoutchouc. En 1947-1948, plus de 2 400 laboratoires travaillent dans le domaine de la recherche technologique et emploient 133 000 chercheurs. Le gouvernement fédéral, les fondations privées (Rockefeller, Carnegie, Mellon, etc.), les universités dépensent des sommes impressionnantes. Le lien entre l'industrie et la recherche est considéré comme une nécessité. Ce qui montre le mieux le poids des technologies nouvelles, c'est la production accrue d'énergie électrique : 340 % d'augmentation entre 1940 et 1959, tandis que les autres formes d'énergie croissent de 60 %. Certes, beaucoup des activités industrielles qui illustrent le développement économique de l'après-guerre sont nées dans les années vingt. Elles étaient alors balbutiantes. Elles sont à présent triomphantes. C'est le cas de l'automobile, dont la production a été ralentie pendant la dépression et arrêtée au cours de la guerre. Elle reprend avec le retour de la paix. Une reprise d'autant plus forte que la demande est longtemps restée insatisfaite. Un vaste programme de construction d'autoroutes est alors entrepris. Les garages, les stations-service, les hôtels et bientôt les motels se multiplient. L'extraction du pétrole en est, bien évidemment, stimulée. Et toutes les productions chimiques qui utilisent le pétrole et ses sous-produits comme matières premières. Nouvelle fée de l'époque, l'électricité ouvre la voie à la modernisation des foyers, que les Américains avaient entrevue deux décennies auparavant. Des illustrations ? Les réfrigérateurs domestiques : 1 773 000 sont fabriqués en 1940, près de 4 millions en 1948. Les machines à laver le linge : 1 400 000, puis 4 148 000. Il faudrait citer également les conditionneurs d'air, les couvertures électriques, les lave-vaisselle, les cuisinières, les tondeuses, etc. L'électronique renforce ses positions sur le marché avec les postes de radio et surtout les postes de télévision, dont 7 000 sont fabriqués en 1945 et 6 millions en 1952. Si l'on ajoute le boom de l'industrie aéronautique, qui transforme les transports intérieurs, l'industrie de l'aluminium, la construction immobilière, on comprend qu'en 1947, en comparaison avec l'Europe, l'Afrique ou l'Amérique latine, les États-Unis forment une autre planète. Tout en connaissant des années fastes et des années qui le sont moins : en 1948, par exemple, les chantiers navals produisent 380 000 tonneaux, alors que leur capacité totale avoisine les 20 millions. L'arrêt des commandes de guerre a sévèrement touché l'aéronautique, la production des machines-outils et l'industrie de l'aluminium. Il faut attendre que les villes se livrent à des travaux publics, que la consommation reprenne, que l'aide à l'Europe soit définie pour que le marasme disparaisse, sauf à reparaître pour quelques mois en 1949.

Troisième exemple : une nouvelle répartition régionale. Le Nord-Est, la région des Grands Lacs continuent à tenir une place primordiale dans la vie économique comme dans la vie politique et culturelle des États-Unis. New York, Chicago, Cleveland, Philadelphie, Boston restent les centres nerveux des activités financières et industrielles. Les grandes productions viennent de leur arrière-pays. Mais déjà se profilent les signes du changement. Les installations militaires, situées aux quatre coins du pays, ont attiré une main-d'œuvre qui a choisi de se fixer. Le Nord-Est a accru sa population de 10 % entre 1940 et 1950, mais l'Ouest de 40 %. Attirance traditionnelle vers l'Ouest ? Oui, mais les conditionneurs d'air rendent la vie plus facile dans les régions les plus chaudes ; l'auto et l'avion ont raccourci les distances, du moins en apparence. Et puis, la découverte des nouvelles richesses bouleverse les habitudes. Depuis le XIXᵉ siècle, le Texas est un État surtout agricole : l'élevage, la culture du coton sont les activités principales. Survient la guerre. Le pétrole est roi. Houston ouvre des chantiers navals et des usines de caoutchouc synthétique. Fort Worth et Dallas fabriquent des avions. La population de l'État passe de 6 415 000 habitants en 1940 à 7 711 000 en 1950. En fait, le nombre des ruraux diminue de 15 % ; celui des citadins augmente de 58 %. C'est que, la paix revenue, les usines de guerre ont fermé et la main-d'œuvre disponible a été embauchée par les industriels de la chimie, qui produisent des fibres synthétiques, du nylon, des engrais, de l'aluminium. Houston fait même venir du charbon cokéfiable d'Oklahoma et utilise le minerai de fer du Texas pour fabriquer de l'acier.

Dans ces conditions, l'avenir semble à la fois merveilleux et inquiétant. En 1946, le magazine *Fortune* fait un sondage auprès de 1 500 hommes d'affaires. La majorité d'entre eux est persuadée que, dans les dix années à venir, une grave crise économique frappera les États-Unis et que le chômage prendra alors des proportions dramatiques. Mais si la prospérité continue, tout est possible : la disparition de la pauvreté, l'extension des classes moyennes, le renforcement de la démocratie, l'aide aux pays étrangers qui deviendront des alliés et des clients. Les Américains s'habituent peu à peu à leur nouvelle puissance économique. L'optimisme s'enracine dans le terreau de l'abondance.

Les difficultés de la reconversion

Pourtant, à mesure que les semaines et les mois passent, les déceptions s'accumulent. La reconversion, c'est-à-dire le retour à

une économie de paix, soulève des difficultés que le gouvernement fédéral avait pourtant tout fait pour éviter. Les tensions
sociales renaissent.

A la fin du conflit mondial, un économiste d'origine autri-
chienne, Friedrich von Hayek, a publié aux Presses de l'université de Chicago un ouvrage intitulé : *The Road to Serfdom* (le
Chemin de l'esclavage). Hayek condamne vigoureusement le
nazisme et le New Deal, le socialisme et le communisme. Toutes
ces idéologies sont néfastes. Elles s'appuient sur le concept et la
pratique de la planification. Elles mènent au totalitarisme.
Contrairement aux prévisions, le livre de Hayek se vend bien et
devient la bible des conservateurs, de ceux qui souhaitent se
débarrasser du New Deal, des impôts excessifs, du contrôle des
prix, des multiples interventions du gouvernement fédéral dans la
vie économique. Et qui s'alarment du changement survenu en
Grande-Bretagne où le héros de la guerre, le grand homme des
tories, Winston Churchill, a dû céder son fauteuil de Premier
ministre au travailliste Clement Attlee, un socialiste.

Les conservateurs américains ne vont pas jusqu'à réclamer
l'abrogation des lois votées depuis 1933 et certains d'entre eux ne
verraient pas d'objections à remplacer le Welfare State par le
Welfare Capitalism. Au lieu de confier aux pouvoirs publics le
soin de gérer la société et l'économie, les hommes d'affaires
appliqueraient un « capitalisme social », ce que, sous d'autres
cieux, on dénommera l'« économie sociale de marché ». Quoi
qu'il en soit, la reconversion suscitera un débat politique.
Roosevelt s'y attendait. Dès 1939, il avait redonné vie à un
organisme de planification, qui s'interrogea sur le rôle du
gouvernement dans l'après-guerre. Plus que tous les autres
problèmes, celui du chômage préoccupait les esprits. La commission des experts, présidée par Paul A. Samuelson, avait recommandé des mesures politiques visant à maintenir le plein-emploi.
Une autre commission s'était prononcée pour une active politique budgétaire et financière, qui ferait des dépenses gouvernementales et des ponctions fiscales l'ossature de l'intervention
fédérale. Malgré cette initiative qu'il soutint du bout des lèvres,
Roosevelt imaginait plus volontiers qu'avec la guerre prendraient
fin les contrôles et que le retour à la propriété privée, à

l'initiative privée serait la règle d'or. C'est dans cette direction que s'orientait le plan Baruch pour la démobilisation et la reconversion industrielle. Les milieux d'affaires acceptaient un certain degré d'interventionnisme, point une planification. La National Association of Manufacturers (NAM), le groupement des principaux patrons de l'industrie, promettait de mieux gérer l'économie privée, d'encourager l'essor de la construction automobile, de la construction immobilière, la mise en place d'une politique de la santé. Le boom, pensait-on, serait d'autant plus fort et durable que les contrôles gouvernementaux disparaîtraient.

Dans les premiers mois de sa présidence, Truman hésite, puis se décide. Le 6 septembre 1945, il adresse un message au Congrès. Il promet l'extension de la sécurité sociale, la hausse du salaire minimal, un système national de protection contre la maladie, des moyens pour combattre la progression des taudis, l'établissement du plein-emploi, en un mot le maintien du dirigisme, un New Deal pour le temps de paix qui ressemble, à l'exception des nationalisations, à la politique des travaillistes britanniques. Dans ce vaste programme, c'est le contrôle des prix qui engendre la controverse et déclenche la bataille. Construire des logements, augmenter le salaire minimal, voilà qui stimulera les affaires, et l'on pourra toujours freiner la mise sur pied d'un service de santé. Proclamer le droit au plein-emploi, pourquoi pas, puisque le chômage demeure la préoccupation dominante ? Le Congrès adopte en février 1946 la charte du plein-emploi, qui repose sur l'étroite collaboration du gouvernement et du Congrès. La loi prévoit en particulier qu'un rapport économique du président fera chaque année le point, en apportant tous les renseignements nécessaires, et préparera une véritable politique économique. Ce rapport sera présenté par le Comité des conseillers économiques.

Quant au contrôle des prix... Le principal souci de Truman, c'est l'inflation. Il commence par rendre un vibrant hommage aux organismes qui, pendant la guerre, ont géré la politique des matières premières, les relations entre ouvriers et patrons, la répartition des ressources alimentaires et, en particulier, l'Office of Price Administration, l'OPA, qui a jugulé l'inflation. Les

États-Unis sont menacés aujourd'hui, dit-il, comme ils l'étaient en 1919-1920, par la hausse vertigineuse des prix. Malgré la pénurie organisée, les prix n'ont pourtant augmenté que de 30 % entre 1939 et 1945, moitié moins que de 1917 à 1920. L'épargne s'est accrue de 136,5 milliards, alors que la production s'élevait de 101,4 à 215,2 milliards. Les achats retardés de la guerre, le retour des soldats, la progression des salaires, tout va provoquer un sursaut de la demande. L'offre ne suivra pas dans les mêmes proportions. Donc l'inflation menace avec son cortège d'injustices et de violences.

Au printemps de 1946, les propositions des deux camps sont tranchées. Le gouvernement a reçu l'appui des syndicats et des consommateurs qui souhaitent pour un an, à compter du 30 juin 1946, le maintien du contrôle des prix. Les milieux d'affaires sont hostiles, au nom des traditions américaines, du principe de l'initiative individuelle, des rationnements inutiles, de l'incapacité des pouvoirs publics à faire respecter leurs propres décisions à moins de transformer les États-Unis en État policier. Au Congrès, la bataille des amendements s'engage. Il s'agit, au fond, d'édulcorer les propositions du président. Le texte, adopté par la Chambre et le Sénat, reconduit pour un an l'OPA, en affaiblissant ses pouvoirs et en recommandant la fin du contrôle des prix « aussi rapidement que possible ». Indignation de Truman contre une loi qui lui laisse le choix, dit-il, « entre l'inflation avec une loi et l'inflation sans loi ». Le président appose son veto. Une nouvelle loi est adoptée pour un an le 25 juillet 1946, mais elle manque de vigueur et de clarté.

Les conséquences ne se font pas attendre. Les prix s'envolent. La côtelette de veau passe de 50 à 95 cents la livre. Le litre de lait augmente de 16 à 20 cents. La surveillance des prix se relâche. Dans la perspective des prochaines élections législatives, les républicains soufflent sur le feu de la colère populaire, surtout lorsque la viande, soumise au contrôle, vient à manquer. Robert Taft, l'un des leaders républicains, se contente de recommander à ses concitoyens de « manger moins ». Et son parti s'empresse d'ajouter qu'en cas de victoire électorale, il votera la fin des contrôles, ce qui fera revenir sur le marché l'abondance, donc la concurrence. De son côté, Truman s'indigne. Dans un discours qu'il rédige et ne prononce pas, il reproche au peuple américain d'avoir « oublié les idéaux pour lesquels nous avons combattu au temps de Franklin Roosevelt. [...] Pour une assiette de soupe, pour un morceau de bœuf, pour une tranche de bacon, vous seriez prêts à sacrifier le plus grand gouvernement que l'esprit de l'homme ait jamais conçu ». Truman poursuit sa philippique contre les patrons d'industrie, les leaders syndicalistes, dominés par l'égoïsme, capables de tirer profit « du sang et du sacrifice des hommes courageux qui ont offert leur poitrine aux balles ».

Est-ce alors la fin du New Deal ? Le retour au conservatisme pur et dur ? Certainement non. La disparition de l'OPA en décembre 1946 a été précédée par la fin du contrôle des prix, sauf pour les loyers, le sucre et le riz. Mais le gouvernement fédéral n'en continue pas moins de disposer de moyens d'action considérables : les dépenses qu'il consent, en particulier pour la défense nationale, la répartition de la charge fiscale, l'attribution des crédits et le rôle du Federal Reserve System dans la fixation des taux d'intérêts, les innombrables aides, etc. Loin de disparaître, l'interventionnisme s'étend. La présidence des États-Unis devient encore un peu plus impériale.

Mais ce qui est grave pour Truman, c'est que les syndicats sont en train de le lâcher. Il n'est donc pas surprenant qu'il unisse dans son discours accusateur les hommes d'affaires et les syndicalistes. L'année 1946 est celle des grèves. La moyenne des salaires horaires dans l'industrie s'établit à 1,02 dollar en 1945 et pour l'année suivante à 1,08, soit une augmentation de 6 % pour 40,3-40,4 heures par semaine. Nettement mieux qu'en 1940, quand le chômage sévissait. Avec la fin du contrôle des prix, les salaires augmentent trop peu. Les salariés le font savoir et les syndicats montent en première ligne. D'autant que leurs effectifs ont gonflé. Les États-Unis comptent près de 15 millions de syndiqués à la fin de la Seconde Guerre mondiale, soit un quart de la main-d'œuvre. Sur ce total, 7 millions relèvent des syndicats qui se rattachent à l'AFL, 6 millions font partie du CIO, les autres sont affiliés à des syndicats indépendants. Les grèves se succèdent. Ce sont d'abord les ouvriers de l'automobile qui cessent le travail, puis les sidérurgistes, les employés des conserveries, les électriciens, les ouvriers des industries de la communication. Les arrêts de travail ont commencé dès que la guerre contre le Japon s'est achevée. Dans un premier temps, un accord s'élabore. L'administration fédérale propose, par exemple, aux ouvriers de l'automobile de se contenter d'une hausse de leur salaire horaire de 19,5 cents. General Motors accepte 18,5 cents. La sidérurgie suit l'exemple. Tout paraît s'arranger ; les autres secteurs d'activités empruntent, à leur tour, le chemin de la conciliation.

Au printemps de 1946, regain de tension. Cette fois-ci, ce sont les mineurs qui mènent le combat. A leur tête, John L. Lewis, l'ancien partisan de Roosevelt qui est devenu son adversaire, un syndicaliste convaincu qui ne craint pas de s'allier aux communistes et n'a rien perdu de son dynamisme. Les propriétaires des mines sont réticents à accorder les 18,5 cents et Lewis voudrait, en plus, d'autres avantages sociaux. La grève des mineurs entraîne des conséquences catastrophiques : plus de charbon, plus de transports ferroviaires qui, à l'époque, dépendent entièrement de la vapeur, plus de transports maritimes et fluviaux. En mai, voici que les cheminots réclament à leur tour de meilleures conditions de travail. Le pays est menacé de paralysie. Truman tape alors du poing sur la table. Le 17 mai, les chemins de fer sont réquisitionnés ; le 21, ce sont les mines de charbon. Deux décisions courageuses, car, répétons-le, les syndicats constituent un élément important de la coalition rooseveltienne sur laquelle Truman s'appuie. Pourtant, il a fait venir dans son bureau, le 15 mai, deux responsables du syndicat des cheminots et leur a déclaré tout à trac : « Si vous pensez que je vais rester assis sur ma chaise pendant que vous paralysez le pays, vous êtes complètement fous. » Conversation inutile. Bien plus, le 25 mai, Truman demande au Congrès de prendre des mesures draconiennes : si une grève menace la sécurité nationale, le président pourra décréter l'état d'urgence, licencier les grévistes et les incorporer dans l'armée. La Chambre des représentants donne son accord ; le Sénat hésite et la grève des chemins de fer prend fin. Avec les mineurs, l'esprit de conciliation triomphe moins aisément. Lewis est plus retors. Le conflit se termine en décembre seulement, après que le gouvernement eut traduit Lewis devant les tribunaux, obtenu contre le syndicat une amende de 3,5 millions et contre son leader une amende de 10 000 dollars. Les mineurs retournent alors au travail.

Le président est-il allé trop loin ? Il faut tout d'abord rappeler que 116 milions de journées de travail ont été perdues dans la seule année 1946, un record dans l'histoire du mouvement ouvrier aux États-Unis. Cela veut dire que 5 millions de salariés ont été plus ou moins longtemps des grévistes, soit 10,5 % de la main-d'œuvre employée. Comme les principales grèves affectent les secteurs clés de l'économie, il est difficile d'imaginer que le gouvernement fédéral décide de ne rien faire, de ne rien dire, ce qui aurait été une autre façon d'intervenir, mais cette fois-ci au détriment de l'intérêt général. Truman a sans doute agi avec brutalité. La menace d'une incorporation des grévistes a été, par exemple, vivement critiquée. Et c'est sans doute cette brutalité, tout autant que l'inflation du second semestre, qui lui a fait perdre des voix de son électorat. Pourtant, il ne faudrait pas conclure que Truman a renoncé au progressisme pour se rallier à une politique conservatrice. Deux exemples démontrent le contraire. L'agitation syndicale a renforcé le mouvement d'hostilité à l'égard des organisations ouvrières. Bien des Américains découvrent avec effroi que les excès du *big labor* sont aussi dangereux que ceux du *big business*. Si les syndicats sont capables de geler l'activité économique, si le président lui-même a estimé que la sécurité nationale était menacée, n'est-il pas temps de réagir contre une entreprise de subversion ? Les États-Unis ne sont-ils pas les victimes d'un travail de sape, auquel se livreraient les communistes infiltrés dans les organisations syndicales ? Dès juin 1946, le Congrès adopte une loi qui limite la liberté syndicale. Truman s'y oppose et, pour l'instant, son veto permet d'enterrer cette législation.

Le deuxième exemple concerne les Noirs. Leur condition s'aggrave au début de 1946. D'abord, parce que Truman a accepté d'affaiblir, puis de supprimer un organisme fédéral chargé de régler notamment les problèmes de discrimination raciale. Ensuite, parce que le retour des GI entraîne des violences dans le Sud. Des soldats noirs veulent exercer leurs droits civiques ; des partisans de la ségrégation s'y opposent et s'emploient à faire renaître de ses cendres le Ku Klux Klan. A Columbia, dans le Tennessee, le Klan impose la terreur, tue deux Noirs et en fait arrêter vingt-huit autres. Truman n'a jamais ressenti de haine ou de mépris à l'égard des Noirs. Tout au contraire. Il se laisse aisément convaincre par Eleanor Roosevelt et met sur pied le 5 décembre 1946 un comité présidentiel pour les droits civiques. Ce n'est pas le meilleur moyen de s'attacher la reconnaissance des Blancs du Sud qui sont aussi des fidèles du parti démocrate. Truman ne s'arrête pas à ces considérations électoralistes, d'autant que les élections législatives ont eu lieu un mois auparavant et que les démocrates les ont perdues.

A la fin de 1946, la cote de popularité de Truman est au plus bas. De vives critiques lui sont adressées sur l'inflation, sur les grèves, sur les tensions raciales et le ralentissement économique. Le président se mue en bouc émissaire. Son impopularité explique celle du parti démocrate, voire celle du service public tout entier. Le *Wall Street Journal,* dont on sait les liens avec les milieux d'affaires, publie une caricature significative. Un psychiatre reçoit un patient et lui dit : « Vous avez besoin de repos. Prenez un emploi dans la fonction publique. » Et chacun de soupirer : Ah ! si Roosevelt vivait encore… D'ailleurs, continue la rumeur, où sont les *new dealers* d'hier, ceux qui avaient remis sur pied le pays ? Tous partis ou renvoyés par le « chemisier de Kansas City ».

Bref, les républicains ont la voie libre. Une agence de publicité leur invente un slogan qui fait mouche : « Vous en avez assez ? C'est le moment de changer. » Un Congrès à majorité républicaine ne manquerait pas de restaurer « un gouvernement rigoureux, capable et honnête à Washington et mettrait fin aux contrôles, à la confusion, à la corruption et au communisme ». Du côté démocrate, règne une morne résignation. Le président ne fait pas campagne et n'alerte pas l'opinion sur la signification profonde du scrutin. Les chefs du parti se contentent de comparer une victoire républicaine à « la soumission à la volonté d'une minorité qui ne recherche que d'immenses profits. » Les démocrates sont contraints de recourir à leur arme absolue : ils diffusent des discours enregistrés de Roosevelt, comme si un mort pouvait faire élire des vivants. La victoire des républicains n'est donc pas surprenante ; l'étendue de leur succès l'est davantage. Au Sénat, ils gagnent 13 sièges et sur 96 en occupent 51. Les nouveaux venus s'appellent John W. Bricker, de l'Ohio, William F. Knowland, de Californie, Joseph McCarthy, du Wisconsin. A la Chambre des représentants, les républicains gagnent 56 sièges et détiennent désormais la majorité absolue. Parmi les jeunes élus, un démocrate du Massachusetts, John F. Kennedy, et un républicain de Californie, Richard M. Nixon. Dans les États, il y a maintenant 25 gouverneurs républicains, 23 démocrates. Le parti républicain n'avait pas remporté un succès de cette ampleur depuis 1928. Tous les espoirs lui sont permis pour les prochaines élections présidentielles, en 1948. Quant à Truman, son avenir politique est fortement compromis et ses « amis » le lui font bien sentir.

A l'aube de la guerre froide

A ce catalogue de déceptions et de frustrations, il faut ajouter la situation internationale. Avant même la fin des combats, la Grande Alliance donnait des signes de faiblesse ; elle ne survit pas à la guerre. La détérioration des relations américano-soviétiques découle du sort de l'Europe orientale et centrale qu'occupent les armées soviétiques. Quatorze jours à peine après son accession à la présidence, Truman reçoit à Washington Molotov, le ministre soviétique des Affaires étrangères. Il reproche à Moscou d'avoir violé les accords de Yalta sur la Pologne. Molotov tente de s'expliquer. Truman l'interrompt sans ménagement. Surprise du diplomate : « De toute ma vie, on ne m'a jamais parlé sur ce ton. » Réponse de Truman : « Respectez vos engagements et on ne vous parlera pas de cette manière. » L'échange annonce la politique étrangère des États-Unis en 1945 et 1946. Les Américains préféreraient qu'entre les Supergrands les convergences l'emportent sur les divergences, puisque ce serait le plus sûr chemin vers la paix. Mais pas au prix d'un renoncement. Les États-Unis tiendront leurs promesses et n'accepteront pas que les Soviétiques ne tiennent pas les leurs.

De là, un mouvement de va-et-vient entre la fermeté et la conciliation.

Truman hérite de Roosevelt une politique peu claire à l'égard de l'Europe orientale et centrale. A Yalta une déclaration sur l'Europe libérée a été adoptée. Roosevelt y croyait-il vraiment en dépit du rapport des forces militaires qui avantageait l'Union soviétique ? Se contentait-il de rassurer son opinion publique en lui prouvant par des mots qu'il était toujours hostile à la définition de zones d'influence ? Quoi qu'il en soit, dans les semaines qui précédèrent sa mort, il refusa de laisser les mains libres à Staline – avec des résultats extrêmement limités. Truman ne fait pas mieux. Il parle sans ménagement à Molotov, mais souhaite éviter de heurter l'Union soviétique de front. Il se résigne à la domination soviétique sur la Pologne, la Roumanie, la Hongrie, la Bulgarie, tout en essayant d'obtenir des concessions, par exemple l'inclusion dans le gouvernement de ces pays de représentants des organisations démocratiques. Les rapports qu'il reçoit sont pourtant alarmistes. Il n'empêche que dès le 5 juillet 1945, il reconnaît le gouvernement polonais ; peu après, il prend une décision identique au sujet de la Roumanie, de la Yougoslavie et de la Bulgarie. Byrnes et Truman prononcent des paroles qui ne sont pas suivies par des actes. Un exemple ? Lorsque le roi de Roumanie s'efforce de renvoyer un Premier ministre que l'Union soviétique lui a imposé, Byrnes donne comme instructions aux diplomates américains de ne pas appuyer la démarche royale, afin de ne pas froisser les Soviétiques. Somme toute, partout où l'armée soviétique est présente, les Américains se contentent de protester contre les agissements antidémocratiques ; ils se gardent d'intervenir, et comment le pourraient-ils ?

C'est que le problème allemand bénéficie de la priorité des attentions américaines, et non le reste de l'Europe centrale et de l'Europe orientale. Or, le 17 juillet 1945, s'est ouverte la conférence de Potsdam. Sont présents Staline, Truman, Churchill qu'Attlee remplace après les élections britanniques, leurs conseillers militaires et diplomatiques – la dernière des grandes réunions des trois Grands. Outre l'ultimatum au Japon que l'Union soviétique, non encore belligérante, n'a pas signé, on a évoqué le sort de l'Allemagne, transféré au Conseil des ministres des Affaires étrangères le soin de préparer les traités de paix avec la Hongrie, la Bulgarie, la Roumanie, l'Italie et la Finlande. On a parlé de la dénazification, du désarmement et de la démocratisation de l'Allemagne, mis sur pied un tribunal qui jugera les crimes de guerre allemands à Nuremberg. On a remis à plus tard la fixation définitive de la frontière germano-polonaise. Sans doute les États-Unis ont-ils fait le geste le plus décisif avant la conférence, lorsque Truman a ordonné aux troupes américaines d'abandonner, à compter du 21 juin, le territoire ennemi conquis au-delà des limites des zones d'occupation. Malgré un télégramme pressant de Churchill à Truman, en date du 12 mai : « Que va-t-il se passer avec la Russie ? [...] Le long du front soviétique, un rideau de fer s'est abattu. Nous ne savons pas ce qui se passe derrière. Il n'est pas douteux que l'essentiel des régions à l'est d'une ligne Lübeck-Trieste-Corfou tombera bientôt entre les mains [des Soviétiques]. » Dans l'impossibilité de marchander, les États-Unis n'obtiennent rien à Potsdam. Ils ne peuvent guère recourir, même s'ils en avaient la volonté, à la « diplomatie atomique », dans la mesure où les Soviétiques ne croient pas que les Américains oseront se servir contre eux de l'arme absolue à moins d'être acculés à la dernière extrémité.

La suite est encore plus décevante. Les ministres des Affaires étrangères se réunissent à Londres, puis à Moscou, enfin à Paris. De discussions en palabres, d'impatiences en arguties, rien ne sort de ces conférences. Dans le même temps, les États-Unis proposent, aux Nations unies, la création d'une haute autorité qui bénéficierait des secrets atomiques qu'ils détiennent et s'assurerait, par des inspections sur le terrain, qu'aucun pays ne construit de nouvelles bombes et que les bombes déjà existantes sont détruites. Refus des Soviétiques qui ne veulent pas abandonner leurs recherches et craignent que les inspections sur le terrain se transforment en missions d'espionnage.

Si l'Amérique latine reste un fief américain dont les Soviétiques n'ont pas les moyens de se mêler, si l'Afrique est encore le continent de la colonisation, l'Asie, elle, possède des points sensibles. Or, en Iran, les troupes soviétiques tardent à se retirer, tandis que Moscou fait pression sur la Turquie pour obtenir la partie russe du Caucase (perdue en 1878) et une situation privilégiée dans la gestion des détroits. En Chine, le conflit entre les nationalistes de Tchang Kaï-chek – que soutient Washington – et les communistes de Mao Tsö-tong – que l'URSS aurait dû en principe cesser d'appuyer – se poursuit et rend la situation particulièrement confuse.

Il va de soi que dans chacun de ces cas il faudrait prendre en compte les motivations politiques, le sentiment d'insécurité qui a envahi l'Union soviétique depuis qu'elle sait que les Américains disposent de l'arme atomique, la tradition russe d'une progression vers les mers chaudes, la mission que les idéologues du parti communiste attribuent « au premier pays du socialisme ». De leur côté, les États-Unis sont bien décidés à remplir leurs devoirs, à assumer leurs responsabilités mondiales. Le mérite en revient à Truman. Peu à peu, sans hésitations inutiles, il s'engage dans ce qu'un journaliste, Herbert B. Swope, a baptisé la « guerre froide ». Grâce au « long télégramme » qu'un jeune diplomate américain, George F. Kennan, a adressé de Moscou à Washington, il sait à quoi s'en tenir sur la conduite des Soviétiques. Ses illusions se dissipent. Truman fait son éducation politique. Il se tient aux côtés de Churchill à Fulton (Missouri), quand l'ancien Premier ministre reprend, dans son discours du 5 mars 1946, l'image du « rideau de fer » et le président des États-Unis approuve. Il demande à son secrétaire au Commerce, Henry Wallace, de démissionner, lorsque celui-ci propose, le 12 septembre, une politique de conciliation à sens unique.

L'année 1946 est moins celle des décisions que celle de la prise de conscience. La guerre contre l'Allemagne et le Japon est terminée. Pourquoi s'engager dans une politique d'excessive fermeté à l'égard de l'Union soviétique ? Où sont les forces militaires qui rendront possible cette diplomatie ? Est-il possible de recourir, à défaut de l'arme atomique, à d'autres moyens de pression ? Ici comme ailleurs, le président Truman incarne les espoirs, les frustrations et les désillusions de ses compatriotes.

12

La guerre froide
(1947-1953)

De 1947 à 1953, de l'annonce de la doctrine Truman à la fin de la guerre de Corée, les États-Unis affrontent la guerre froide. Il ne s'agit pas pour eux de choisir entre l'isolationnisme et la participation aux affaires internationales, mais de réagir à la politique soviétique telle qu'on l'interprète à Washington. Autant de décisions capitales, prises dans l'à-peu-près, dans des conditions imprévues, qui engagent l'avenir du pays, voire du monde. De là ce débat historiographique qui n'a pas fini de partager les historiens. Qui est responsable de la guerre froide, les États-Unis ou l'Union soviétique ? Aussi convient-il d'examiner les faits avant de proposer un essai d'interprétation. Avec une seule certitude : en 1947, Harry Truman n'est plus l'héritier quelque peu désemparé de Franklin Roosevelt ; il est lui-même un président à part entière.

La marche des événements

La guerre froide s'abat sur la planète en trois étapes chronologiques. L'année 1947 est celle des choix décisifs, au cours des « quinze semaines » d'importance cruciale (21 février-5 juin) pour reprendre l'expression de Joseph Jones qui consacra un livre à cette période. Premier événement de l'année : le 12 mars, le président Truman prononce un discours devant le Congrès. Le gouvernement grec, observe-t-il, demande au gouvernement des États-Unis une « aide économique et financière ». La Grèce est, en effet, victime de la misère et des « activités terroristes de plusieurs milliers d'hommes en armes, sous le commandement des communistes ». Et Truman de poursuivre : « Il suffit de jeter un coup d'œil sur une carte » pour comprendre que si la Grèce tombe aux mains des rebelles, « la confusion et le désordre pourraient bien s'étendre à tout le Moyen-Orient ». Les États-Unis ne peuvent donc pas fuir leurs responsabilités planétaires : « Notre politique doit être de soutenir les peuples libres qui résistent à la soumission que leur imposeraient des minorités armées ou des pressions extérieures. » De ce point de vue, la Turquie requiert la même attention que la Grèce. Les deux pays doivent recevoir une aide de 400 millions de dollars. Voilà ce qu'on dénomme la doctrine Truman.

Elle réclame des commentaires. A propos de la date, d'abord. Le 21 février, la Grande-Bretagne a fait savoir aux États-Unis qu'elle ne fournira plus d'argent au gouvernement grec à partir du 31 mars. Sa situation économique l'oblige à renoncer au rôle de protecteur et le repli britannique s'accentue. Cinq jours plus tard, au terme de consultations rapides et efficaces, le gouvernement des États-Unis décide de prendre la place du gouvernement britannique. Pourquoi ? Sans doute faut-il soutenir deux pays qui subissent l'un la guerre civile qu'animent des maquis communistes, l'autre la pression de l'Union soviétique sur ses frontières septentrionales et sur les détroits. Pourtant, on aurait tort de penser qu'à Athènes comme à Ankara, la démocratie triomphe. Bien au contraire. Les observateurs étrangers, y compris les Américains, s'accordent pour stigmatiser la corruption, l'autoritarisme qui règnent et en Grèce et en Turquie. Mais les États-Unis attachent une grande importance à cette région du monde. Depuis 1945, ils sont persuadés que la Grèce et la Turquie constituent deux remparts qui empêchent toute pénétration soviétique au Moyen-Orient. L'une et l'autre occupent une situation primordiale dans cette partie de l'Eurasie.

Le 10 novembre 1945, le directeur du Bureau des affaires moyen-orientales et africaines au département d'État a souligné que « les conditions actuelles sont si alarmantes en Grèce » que les Anglais suggèrent aux Américains de partager leurs responsabilités. Une intervention militaire des États-Unis serait prématurée, dit-il, et ne devrait être déclenchée que si le gouvernement grec a engagé des réformes économiques. Tout au long de l'année 1946, Washington accorde à Athènes quelques millions de dollars et une attention constante. Si la doctrine Truman est adoptée en cinq jours, c'est que les États-Unis s'apprêtaient depuis un an et demi à intervenir. C'est même le département d'État qui a rédigé la demande d'aide financière du gouvernement grec.

Ce qui préoccupe avant tout Truman et ses conseillers, c'est que les Russes veulent mettre la main sur la Grèce « pour dominer la Méditerranée orientale, isoler la Turquie [...] et rendre plus facile la pénétration soviétique dans le Proche et le Moyen-Orient ». D'Iran en Grèce, en passant par la Turquie, l'URSS poursuit le même but : « la domination économique, militaire et politique sur tout le Moyen-Orient » et, au-delà, sur l'océan Indien. Il est vrai que l'Union soviétique montre peu d'empressement à aider les communistes grecs, mais la Yougoslavie sert de relais. Si les responsables américains tournent leurs yeux en permanence vers le Moyen-Orient, c'est que le pétrole est devenu un enjeu de première importance. De 1938 à 1947, l'Arabie Saoudite a fait passer sa production quotidienne de 1 400 à 246 000 barils ; le Koweit, de 0 à 45 000 barils. L'émirat de Bahrein, l'Irak et l'Iran s'engagent sur la même voie. Le pétrole du Moyen-Orient coûte peu : 0,25 dollar le baril en 1946 et se revend à 1,05 dollar dans le golfe Persique. En 1948, pour la première fois dans leur histoire, les États-Unis importent plus de pétrole qu'ils n'en exportent. Quant aux compagnies américaines ou à capitaux américains, elles réalisent leurs plus gros profits en dehors du territoire national. En 1938, le golfe Persique fournissait 25 % des besoins pétroliers de l'Europe ; dix ans plus tard, la proportion atteint 50 %. Et bien évidemment les compagnies qui extraient, raffinent et transportent les hydrocarbures en tirent le plus grand parti. Standard Oil et Socony pénètrent massivement sur le marché pétrolier du Moyen-Orient et achètent 40 % des actions d'Aramco. Avec la bénédiction des Britanniques qui cherchent des débouchés à la production qu'ils contrôlent. Standard Oil achète également d'énormes quantités de brut à l'Anglo-Iranian. Aramco prévoit de construire un oléoduc de 1 500 kilomètres, qui relierait le golfe à la Méditerranée. Incontestablement, les grandes compagnies bénéficient de l'appui du département d'État et l'on pourrait citer de nombreuses déclarations qui confirmeraient l'appui de la diplomatie américaine à l'expansion financière.

La motivation essentielle des politiques est rapportée par Truman dans ses *Mémoires*. Si les Russes s'emparent du pétrole iranien, écrit-il, « le rapport des forces dans le monde en ce qui concerne les matières premières sera sérieusement bouleversé et ce serait une perte grave pour l'économie du monde occidental ». A ses yeux, l'Union soviétique nourrit des ambitions géostratégiques qui englobent l'ensemble du monde et les exprime, l'une après l'autre, sous la forme d'ambitions politiques et régionales. La Grèce d'abord, le Moyen-Orient ensuite, l'Europe occidentale enfin. Et Dean Acheson, alors sous-secrétaire d'État, de confirmer : « Dans les dix-huit derniers mois [...], les pressions soviétiques sur les détroits, sur l'Iran et le nord de la Grèce ont conduit les Balkans jusqu'au point où une poussée soviétique, tout à fait possible, pourrait ouvrir trois continents à la pénétration soviétique. Une seule pomme pourrie peut pourrir un tonneau entier de pommes. De la même façon, la corruption de la Grèce contaminerait l'Iran et tout l'Orient. Elle provoquerait aussi la corruption de l'Afrique *via* l'Asie mineure et l'Égypte, de l'Europe *via* l'Italie et la France. [...] L'Union soviétique s'engagerait pour un coût minimal dans l'un des plus grands paris de l'histoire. [...] Nous, et nous seuls, pouvions briser son jeu. » Est-ce aussi simple et brutal ? Tant que les archives soviétiques ne s'ouvriront pas à tous les chercheurs, il sera impossible de répondre avec certitude et impossible de conclure que Washington à réagi avec lucidité ou exagération.

Cette mission des États-Unis, tous les membres du gouvernement en sont convaincus. Comment en convaincre l'opinion publique qui vit encore à l'heure de la Grande Alliance et, pour commencer, les sénateurs et les représentants dont on sait que la majorité sont républicains ? Will Clayton, le sous-secrétaire d'État pour les Affaires économiques, n'y va pas par quatre chemins : « Les États-Unis doivent assurer la direction du monde et rapidement, écrit-il le 5 mars 1947. Mais les États-Unis n'assureront effectivement cette direction que si le peuple subit un traitement de choc. » Il faut « électrifier le peuple américain ». De là le langage auquel recourt l'administration. Très vite une conviction s'établit. En Grèce et en Turquie, c'est la lutte entre le communisme et le monde libre, entre le totalitarisme et la démocratie – et non pas entre l'Union soviétique et les États-Unis. Malgré ce détour par les principes éternels et par l'universel, le président Truman ne demande nullement une intervention militaire. Il souhaite plus modestement que les États-Unis accordent une aide de 400 millions de dollars. Sans doute est-ce là une caractéristique qui deviendra et restera l'une des constantes de la politique étrangère des États-Unis : donner ou prêter de l'argent aux amis et aux alliés pour leur permettre de résister au communisme. Mais entre le discours de Truman et la pratique, le fossé ressemble à un gouffre.

Il n'empêche que la proposition du 12 mars a suscité des critiques. Parmi les survivants de l'isolationnisme, qui ne veulent pas que les Américains deviennent les gendarmes de la planète. Parmi les partisans des Nations unies qui ne comprennent pas pourquoi les États-Unis renoncent subitement à la notion de sécurité collective. Parmi les journalistes les mieux informés qui doutent que l'état de la démocratie en Grèce et en Turquie permette de contenir l'expansion soviétique. Parmi les *new dealers* qui se réfèrent à l'entente cordiale que Roosevelt a créée entre les États-Unis et l'Union soviétique. Parmi les conservateurs et les réalistes qui préféreraient qu'on appelle un chat un chat, que les États-Unis ne s'engagent pas à défendre les gouvernements libres et démocratiques partout dans le monde et se demandent si le rôle de l'Amérique, c'est de combattre toutes les institutions démocratiques... Bref, le projet de Truman est adopté par le Congrès, non sans se heurter à de vives oppositions, par 67 voix pour et 23 voix contre au Sénat, par 287 voix pour et 107 voix contre à la Chambre des représentants. Le 22 mai, le président signe la loi, au moment où se dessine un autre choix fondamental.

En Europe de l'Ouest, de l'Atlantique à l'Elbe, les Soviétiques pourraient aussi établir leur domination, si les Américains n'y prenaient pas garde. C'est que la situation économique y est dramatique. Au cours de l'hiver 1946-1947, la Grande-Bretagne manque de charbon ; la neige et la glace bloquent les ports, les cours d'eau et les voies ferrées. En France, la moisson s'annonce insuffisante et il faudra importer du blé à 100 dollars la tonne ; le prix des denrées alimentaires grimpe. L'Allemagne de l'Ouest est plongée dans la désolation : la production industrielle de 1947 atteint le quart de celle de l'avant-guerre ; la nourriture manque au point que l'ancien président Hoover, dépêché en mission spéciale, réclame l'envoi de 10 millions de tonnes de vivres. L'Allemagne produisait 85 % de sa nourriture en 1936, et seulement 25 % en 1947. L'afflux des réfugiés rend encore plus aiguë l'insuffisance des ressources. La balance des paiements des pays de l'Europe occidentale est tragiquement déficitaire. Le *dollar gap*, en un mot l'incapacité de régler les achats à l'étranger avec des dollars, la seule monnaie qui sert à payer sur le plan international, fait des ravages, en dépit des prêts que les États-Unis ont consentis depuis la fin du conflit. Il y a plus grave encore. Les Américains constatent que les négociations avec les Soviétiques ne progressent pas. Les ministres des Affaires étrangères des quatre Grands (États-Unis, Union soviétique, Grande-Bretagne, France) se réunissent régulièrement depuis la conférence de Potsdam et tentent de mettre sur pied un traité de paix avec l'Allemagne. En vain. Secrétaire d'État depuis janvier 1947, George Marshall vient d'en faire l'expérience à la conférence de Moscou qui s'achève le 25 avril. Ajoutons que la déclaration de Truman le 12 mars et les prétentions françaises à propos du règlement du problème allemand n'ont certainement pas facilité la tâche des négociateurs occidentaux. Quoi qu'il en soit, Marshall a chargé son Policy Planning Staff (PPS), c'est-à-dire le Bureau d'études et de prospective du département d'État, de préparer un programme d'ensemble qui définirait la politique des États-Unis à l'égard de l'Europe.

A la tête du PPS, George F. Kennan. Diplomate de carrière, il s'est spécialisé dans les affaires soviétiques et fut, à la fin de la guerre, le bras droit d'Averell Harriman, ambassadeur des États-Unis en URSS. C'est de Moscou qu'il a adressé au département d'État le très célèbre « long télégramme », dans lequel il exprime un point de vue, pessimiste et documenté, sur le « sens traditionnel et instinctif d'insécurité » qu'éprouvent les

Russes. Pour Kennan, il est impossible que la conception russe du monde environnant permette l'établissement de relations normales et confiantes avec d'autres nations, en particulier avec les États-Unis. L'*appeasement* n'apaisera rien ni personne. Une vision réaliste s'impose. Agiter la menace d'une intervention armée ? Cela renforcerait la méfiance et les craintes des Soviétiques, donc leur agressivité. S'en tenir à un anticommunisme systématique ? Cela ouvrirait la voie à d'autres formes de totalitarisme et ne résoudrait nullement le dysfonctionnement de l'économie mondiale. L'essentiel, conclut en 1947 George Kennan, c'est de mettre sur pied un programme d'aide économique et de définir les zones dans lesquelles les États-Unis possèdent des intérêts fondamentaux. Ces points forts sont l'Europe occidentale, la Méditerranée, le Moyen-Orient jusqu'à l'Iran, les abords du détroit de Gibraltar et la côte africaine jusqu'à Dakar, l'Amérique latine et le Japon. Cette conception, Kennan l'exprime dans son rapport à Marshall et dans un article que publie la revue *Foreign Affairs* (numéro de juillet 1947 ; l'article signé d'un *X* qui devrait protéger l'anonymat de son auteur est attribué sans tarder, et à juste titre, à Kennan) : « Il est clair, écrit Kennan, que l'élément majeur de toute politique des États-Unis à l'égard de l'Union soviétique doit être l'endiguement [*containment*] long, patient, mais ferme et vigilant des tendances expansionnistes russes. [...] La pression soviétique est quelque chose qui peut être contenu par l'application adroite et vigilante d'une contre-force à une série de points géographiques et politiques changeant constamment [1]. »

Certes, la présence de ministres communistes dans le gouvernement de la France et dans celui de l'Italie inquiète les Américains. Il va de soi pour Kennan que rien n'est possible, si l'influence communiste à l'intérieur de l'Europe occidentale n'est pas contenue. Mais dans les premiers jours de mai, les ministres communistes quittent, révoqués ou de leur plein gré, les gouvernements français et italien. Le souci majeur, c'est l'Allemagne de

---

1. Une bonne analyse de la pensée de Kennan dans Denise Artaud, « Une relecture de Kennan : signification et limites du *containment* », in *Relations internationales*, n° 36, hiver 1983, p. 381-393.

l'Ouest. Kennan le dit avec force dans une conférence qu'il prononce le 6 mai : « Mon opinion est qu'il est impérativement urgent aujourd'hui que l'amélioration des conditions économiques et la renaissance de la capacité de production en Allemagne de l'Ouest constituent la priorité de notre politique dans cette région et la priorité la plus urgente de notre politique d'occupation. » En un mot, les problèmes économiques favorisent les communistes, car, notait Kennan dans le « long télégramme », « le communisme mondial se nourrit, comme un parasite malin, seulement de tissus malades ». Mais s'ils en tirent parti, les communistes n'ont pas créé ces problèmes. Il convient, en conséquence, de lutter de toute urgence contre les difficultés économiques.

A Cleveland (Mississippi), le 7 mai, Acheson lance un ballon d'essai. Il suggère que les États-Unis offrent une nouvelle forme d'assistance aux « peuples libres qui s'efforcent de préserver leur indépendance, les institutions démocratiques, les libertés humaines contre les pressions totalitaires à l'intérieur comme à l'extérieur ». Le 5 juin, à l'université Harvard, Marshall va plus loin encore. Il annonce le plan qui portera son nom. « Il est logique, dit-il, que les États-Unis fassent tout ce qui est en leur pouvoir pour favoriser le retour du monde à une santé économique normale, sans laquelle il ne peut y avoir ni stabilité politique ni paix assurée. Notre politique n'est dirigée contre aucun pays, contre aucune doctrine, mais contre la faim, la pauvreté, le désespoir et le chaos. Son but devrait être le rétablissement d'une économie mondiale saine, de façon à permettre le retour à des conditions politiques et sociales dans lesquelles peuvent exister des institutions libres. Une telle assistance, j'en suis sûr, ne peut être établie que sur une base fragmentaire, à mesure qu'apparaît telle ou telle crise. Toute assistance de la part de notre gouvernement doit être, non un palliatif, mais un remède. Tout gouvernement qui consent à nous aider dans notre tâche trouvera, j'en suis certain, une coopération complète de la part du gouvernement américain. Tout gouvernement qui manœuvre pour arrêter la renaissance d'autres pays ne peut attendre d'aide de notre part. De plus, les gouvernements, les partis politiques ou les groupes qui cherchent à perpétuer la misère humaine pour en profiter politiquement ou autrement rencontreront l'opposition des États-Unis. »

La philosophie du plan Marshall ? Une pincée d'intérêts bien compris. L'aide alimentaire des États-Unis dégonflera les excédents que les fermiers ne parviennent pas à écouler, rétablira le fonctionnement d'une économie développée et permettra, à plus ou moins long terme, des échanges fructueux entre l'Amérique et l'Europe. Une pincée de principes. Les États-Unis défendent un système qui est fondé à la fois sur la liberté des échanges, la libre circulation des idées, des marchandises et des capitaux – et non un territoire qui n'est directement menacé par personne. Une pincée de pragmatisme. Aucun pays d'Europe n'est exclu. L'Union soviétique elle-même est invitée à participer à la conférence préparatoire qui s'ouvre à Paris le 27 juin. Pas question, en principe, d'anticommunisme systématique, bien que la participation soviétique au plan Marshall eût paru étonnante, embarrassante et, pour tout dire, peu souhaitable aux Américains. Si Molotov se rend à Paris à la tête d'une imposante délégation, il ne tarde pas à claquer les portes, au grand soulagement de Washington [1]. Les États-Unis, au prix d'une démarche pour les uns astucieuse, pour les autres hypocrite, n'ont pas pris la responsabilité de couper l'Europe en deux. En revanche, ils demandent aux États d'Europe occidentale de s'entendre entre eux pour proposer le montant de l'aide. La conférence de Paris, qui réunit seize États, conclut que les besoins s'élèvent à 17 milliards de dollars sur quatre ans. Le Congrès en débat jusqu'en avril 1948. Entre-temps, il accorde une aide intérimaire. En fin de compte, le programme pour le rétablissement de l'Europe (European Recovery Program, ERP) a coûté aux États-Unis 13,2 milliards, répartis sur les années 1948-1952. Là-dessus, la Grande-Bretagne a reçu 3,2 milliards ; la France, 2,7 milliards ; l'Italie, 1,5 milliard et l'Allemagne de l'Ouest, 1,4 milliard.

Les critiques contre le plan Marshall n'ont pas manqué. Aux

1. La délégation soviétique entraîne derrière elle les délégations des États satellites, notamment celles de la Pologne et de la Tchécoslovaquie.

États-Unis d'abord. Pour les uns, trop d'argent américain a été dépensé en Europe depuis 1945 et il vaudrait mieux que les États-Unis se réservent pour eux-mêmes et pour renforcer leur propre sécurité les sommes qu'il gaspille pour l'Ancien Monde. Pour les autres, le plan Marshall concrétise l'instauration de la guerre froide et ressemble étrangement à un « plan martial ». En Europe de l'Ouest, ensuite. Les communistes ont crié à la « vassalisation » de l'Europe au profit du capitalisme américain. La vérité, semble-t-il, c'est que les crédits américains ont rétabli l'économie européenne et évité à l'économie américaine de n'avoir plus de partenaires commerciaux.

Au début de 1948, la division de l'Europe symbolise, plus qu'ailleurs, la bipolarité du système international. Mais l'endiguement que pratiquent les États-Unis n'a pas encore revêtu d'aspects militaires. Les forces américaines n'ont pas de quoi impressionner l'éventuel adversaire : un demi-million d'hommes, dont 10 % à peine peuvent être employés à tout moment, trop peu de bombardiers stratégiques. Quant à l'arme atomique, les États-Unis en conservent le monopole, mais les experts savent maintenant qu'ils ne le garderont plus longtemps. Le principal atout des État-Unis, c'est leur puissance économique, la solidité de leurs institutions, le prestige dont jouit leur civilisation dans beaucoup de milieux, l'image de marque d'un pays qui tâche d'incarner la liberté. Est-ce assez pour résister à une agression ? Surtout lorsque la situation s'assombrit. En février 1948, le « coup de Prague » place brutalement la Tchécoslovaquie dans le camp des démocraties dites populaires. Les États-Unis ne réagissent pas, faute de moyens et faute d'y voir une atteinte à leur intérêt national. Le 17 mars, Truman demande au Congrès de remettre en vigueur le service militaire pour tous, sauf à procéder à des appels sélectifs sous les drapeaux. Le même jour est signé le pacte de Bruxelles qui unit le Luxembourg, la Belgique, les Pays-Bas, la France et la Grande-Bretagne en principe contre les dangers d'une renaissance du militarisme allemand, dans les faits contre toute menace militaire qui surgirait de l'Est. Une fois de plus, l'Allemagne est au cœur de la guerre froide.

Le 1er janvier 1947, Britanniques et Américains ont fusionné leurs zones d'occupation. Le 18 juin 1948, la France accepte de joindre sa zone à la Bizonia qui devient la Trizonia. Une banque centrale dessert maintenant l'Allemagne de l'Ouest, qui bénéficie par ailleurs du plan Marshall. Le deutschemark fait son apparition au début de l'été, une autre manière de reconnaître l'impossibilité, provisoire, d'une réunification de l'Allemagne, l'ancrage de l'Ouest dans le camp américain, l'importance d'une renaissance de l'économie ouest-allemande pour la prospérité de l'Europe « libre ». Moscou réagit avec brutalité. Le 24 juin, les autorités soviétiques instaurent le blocus de Berlin-Ouest : plus d'accès routier ou ferroviaire, une ferme volonté de mettre la main sur cette enclave au milieu du monde communiste. Truman décide de résister. Aidés par leurs alliés, les Américains organisent un pont aérien qui apporte aux Berlinois de l'Ouest l'indispensable, c'est-à-dire la nourriture, le pétrole, l'essence, le charbon, les produits manufacturés. Le 12 mai 1949, Staline fait machine arrière. S'il recule, c'est qu'il sait que soixante bombardiers B 29 ont été transférés en Angleterre. Sans leurs bombes atomiques, il est vrai, mais le message est clair. Les États-Unis sont bien directement impliqués dans la défense de l'Europe occidentale.

En 1948, une proposition, avancée par le Britannique Ernest Bevin, gagne les esprits. Ne pourrait-on pas unir dans un même système défensif les signataires du pacte de Bruxelles, le Canada et les États-Unis ? Pour les Américains, quelle innovation ! Pour la première fois dans leur histoire, ils accepteraient de signer une alliance contraignante. Contrairement aux recommandations de George Washington dans son message d'adieu. Ne serait-ce pas affaiblir du même coup le principe de la sécurité collective qu'incarne l'Organisation des Nations unies ? Les États-Unis ne seront-ils pas contraints d'intervenir en permanence dans les querelles de la vieille Europe ? Les républicains, toujours majoritaires au Congrès, sont hésitants. Parmi eux, le sénateur Vandenberg, qui préside la commission des Affaires étrangères, comprend la gravité de la situation, d'autant plus aisément que beaucoup de ses électeurs du Michigan, d'origine polonaise, ont été traumatisés par l'expansion soviétique en Europe orientale. Il fait voter par le Sénat, le 11 juin 1948, une résolution qui prépare l'adhésion des États-Unis, dans le respect de la charte des

Nations unies, à un pacte de défense de l'Europe occidentale. Les négociations s'ouvrent le 5 juillet. Le 4 avril 1949, douze États signent le traité de l'Atlantique Nord (États-Unis, Canada, Grande-Bretagne, Islande, France, Belgique, Luxembourg, Pays-Bas, Italie, Norvège, Portugal, Danemark). Pour le moment, il exprime des intentions, celles d'assurer aux signataires une sécurité collective en cas d'attaque armée. Il fait naître l'idée d'une communauté atlantique, même si tous les signataires n'ont pas de rivages atlantiques et si tous les pays qui bordent l'Atlantique n'ont pas été invités à signer (notamment l'Espagne de Franco). Il concrétise l'engagement matériel des États-Unis aux côtés de l'Europe occidentale. Au bloc économique s'ajoute maintenant le bloc militaire. La naissance officielle au cours de l'été de la république fédérale d'Allemagne montre à l'évidence qu'en 1949 deux camps s'opposent en Europe, à l'est celui de l'Union soviétique, à l'ouest celui des États-Unis.

Le 14 juillet 1949, les Soviétiques ont procédé à l'explosion de leur première bombe atomique. Fini, le monopole américain, l'« épée », selon les stratèges américains, qui viendrait au secours du « bouclier » européen et transpercerait le « cœur » de l'Union soviétique. Tout est à revoir. Les Américains prennent alors deux décisions capitales. La première est de construire un nouveau type de forteresses volantes, des B 36 qui mèneront l'attaque contre les villes ennemies. C'est une stratégie de représailles massives que les Américains mettent au point, puisqu'ils menacent de frapper les populations civiles au cas où ils subiraient une agression des forces de l'URSS. C'est aussi la victoire de l'aviation sur l'aéronavale. La deuxième décision relance la course aux armements nucléaires. Pour conserver leur avance sur l'Union soviétique, les États-Unis s'engagent, contre l'avis de J. Robert Oppenheimer mais sous l'influence d'un autre savant, Edward Teller, dans la fabrication d'une bombe thermonucléaire, la bombe H, qui serait mille fois plus puissante que la bombe A. Au début de 1950, un document issu du Conseil national de sécurité, le NSC–68, décrit sans ambages la menace soviétique qui porte sur l'Eurasie et s'appuie désormais sur un arsenal atomique. L'endiguement par la reconstruction économique et l'accumulation de bombes A ne suffit plus. Il faut que des

troupes américaines continuent de stationner en Europe occidentale, que des bases soient établies tout autour de l'URSS pour des
bombardiers chargés de la riposte nucléaire, qu'une intégration
réelle de l'organisation militaire des Alliés assure la réalité de la
riposte conventionnelle. Un vaste programme de réarmement
qui coûtera cher : sans doute 35 milliards, alors que le budget de
la défense nationale plafonnait à 11 ou 12 milliards par an. Le
document est approuvé par Truman en avril 1950. Il déclenche
des protestations aux États-Unis, par exemple de la part de
Kennan qui juge cette nouvelle politique dangereusement simpliste, et en Europe où sous l'influence de la propagande
communiste le courant neutraliste fait des progrès tandis que les
inclinations au pacifisme sont récupérées par l'URSS.

La guerre de Corée

Comme en 1941, la guerre surgit là où les Américains ne
l'attendaient pas. Le dimanche 25 juin 1950, à 4 heures du matin,
les Coréens du Nord franchissent le 38e parallèle et envahissent
la Corée du Sud. Là-dessus, les témoignages concordent, bien
qu'en Union soviétique et en Corée du Nord on ait toujours
soutenu que le Sud a commis l'agression et que le Nord s'est
contenté de riposter.

N'exagérons pas la surprise ni le désarroi de Washington. Dès
le commencement de la Seconde Guerre mondiale, la Maison-
Blanche et le département d'État élaborent des projets pour la
Corée de l'après-guerre. L'idée qui prévaut alors, c'est qu'après
la défaite des Japonais qui occupent la Corée depuis 1910, les
Coréens accéderont à l'indépendance et les Nations unies assureront pour un temps un *trusteeship* sur le pays. Mais, à Yalta, une
décision capitale est prise. Lorsque les Soviétiques entreront en
guerre contre le Japon, ils occuperont la moitié nord de la Corée ;
les Américains administreront la partie sud. C'est à Potsdam que
les « libérateurs » choisissent le 38e parallèle, une délimitation
commode. Et puis, la guerre froide fige le *statu quo*. On parle
toujours de réunir les deux zones et rien ne se fait. Deux Corées

naissent. Les Soviétiques retirent leurs troupes en 1948 ; les Américains suivent l'exemple peu après. Les uns et les autres laissent derrière eux des conseillers, des armes et de fidèles partisans. En Corée du Nord, l'homme fort se nomme Kim Il Sung ; en Corée du Sud, Syngman Rhee. Le régime du premier s'apparente à une démocratie populaire ; celui du second, à une dictature de droite, dans laquelle possédants et puissants se confondent. Mais enfin, Rhee est anticommuniste et les experts américains estiment qu'ils n'ont pas le choix. Du Japon où il commande les forces d'occupation américaines, le général MacArthur a donné sa bénédiction, voire des encouragements. De son côté, Rhee ne cesse pas d'annoncer qu'il est temps de libérer le Nord et qu'une offensive communiste menace le Sud. Les incidents se multiplient le long du 38ᵉ parallèle. Le département de la Défense à Washington sait bien que là-bas, la situation est explosive.

La politique de Washington n'est pourtant pas très claire. Comment les Américains pourraient-ils abandonner un allié, ou plutôt un client, alors qu'ils annoncent depuis 1947 que l'alpha et l'oméga de leur politique se résument dans l'endiguement du communisme ? Dans ces conditions, on ne comprend pas pourquoi MacArthur et Acheson ont déclaré publiquement que la Corée n'entrait pas dans le « périmètre de défense » des États-Unis. Néanmoins, Truman réagit très vite. Il donne l'ordre d'envoyer des armes et des équipements militaires à la Corée du Sud, de protéger l'aéroport de Séoul que menacent les blindés et l'infanterie nord-coréens, de dépêcher la VIIᵉ Flotte aux abords de Formose pour en assurer la défense. Puis, les États-Unis saisissent le Conseil de sécurité de l'ONU. L'agression de la Corée du Nord y est immédiatement dénoncée, d'autant plus aisément que le représentant de l'URSS poursuit le boycottage de l'institution internationale pour obtenir que la Chine populaire vienne y siéger. Le 27 juin, le Conseil de sécurité, par 7 voix contre 1 (la Yougoslavie), assure la Corée du Sud du soutien de l'ONU et lui promet une aide militaire « pour assurer la paix et la sécurité dans la région ». Cette aide militaire est essentiellement américaine. Le général MacArthur reçoit le commandement du corps expéditionnaire. Dès le 30 juin, les Américains sont

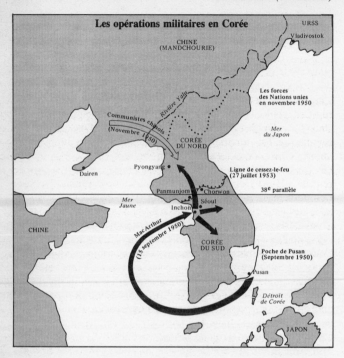

Les opérations militaires en Corée

engagés dans une guerre asiatique à 11 000 kilomètres de leurs rivages.

Dans les premières semaines du conflit, les opérations militaires tournent à l'avantage du Nord. Précédées par les chars et les avions que les Soviétiques leur ont livrés, les troupes de Kim Il Sung s'emparent de Séoul et se heurtent, au moment où elles allaient parachever leur conquête, à la poche de Pusan, dans l'extrême sud-est du pays. Une preuve que les Américains, sans parler des Coréens du Sud, ne sont pas prêts à mener une guerre conventionnelle. Le 15 septembre, retournement de situation. MacArthur lance une opération de débarquement sur les arrières de l'ennemi, à Inchon. L'étau de Pusan se desserre. Deux semaines plus tard, Séoul est reprise par les armées des Nations unies. La confiance change de camp. Les Américains et leurs alliés poursuivent les troupes du Nord au-delà du 38e parallèle et, à la fin d'octobre, ont atteint le Yalou, qui sépare la Corée du Nord de la Chine. La Corée du Nord a cessé d'exister.

Le 26 octobre, contrairement aux estimations des experts, les Chinois interviennent dans la guerre et 200 000 de leurs soldats repoussent l'« envahisseur ». MacArthur croyait qu'au maximum 60 000 « volontaires » chinois viendraient aider les Coréens du Nord, que les Américains rentreraient chez eux pour Noël, qu'une division quitterait l'Asie pour renforcer la défense de l'Europe occidentale, et voilà que les Nations unies battent en retraite, défendent chèrement, dans un hiver particulièrement rigoureux, chaque mètre carré d'une obscure péninsule asiatique. Séoul tombe de nouveau aux mains de l'ennemi en janvier 1951, avant d'être reprise à la mi-mars et le 38e parallèle une deuxième fois franchi par les soldats de MacArthur. Sans doute Truman a-t-il songé un moment à utiliser l'arme atomique. Mais l'état-major américain ne veut pas que les États-Unis déclenchent la troisième guerre mondiale au moment et en des lieux où les intérêts fondamentaux du pays ne sont pas en péril. De plus, pour une opinion américaine qui aspire à la paix et répugne à une guerre qui traîne en longueur, c'est de plus en plus la « guerre de M. Truman », comme il y avait eu en 1812-1814 la « guerre de M. Madison ». L'affaiblissement du président donne à MacArthur une liberté de manœuvre qu'il ne manque pas de saisir et d'étendre. Le général souhaite porter la guerre sur le territoire de la Chine populaire, alors qu'à Washington on se déclare prêt à entamer des pourparlers de paix. Le 11 avril 1951, Truman prend la responsabilité de limoger MacArthur, le héros du Pacifique, le proconsul du Japon, l'homme qui voulait reconquérir la Chine. Le général reçoit à son retour aux États-Unis un accueil triomphal.

Quant aux négociations entre les belligérants, elles débutent en juillet et se prolongeront deux années durant, au milieu des combats qui portent le total des morts et des blessés américains à 150 000, celui des morts chinois et coréens du Nord aux environs de 2 millions. L'armistice, signé à Panmunjom le 27 juillet 1953, laisse en présence deux Corées. Une frontière, proche du 38ᵉ parallèle, les sépare en même temps qu'une bande de terrain qu'on appelle la zone démilitarisée. L'échange des prisonniers est terminé en décembre.

Une guerre pour rien ? Il est vrai que les guerres de l'après-guerre s'achèvent rarement par des victoires. Mais le rapport des forces a changé en Extrême-Orient. La Corée du Sud fait maintenant partie, sans réserve, de la sphère d'influence des États-Unis. Son armée est équipée et entraînée par les Américains. Syngman Rhee a obtenu une aide économique. Avec le Japon, un traité de paix a été signé le 8 septembre 1951 par quarante-neuf nations (l'Union soviétique n'appose pas sa signature) : les troupes d'occupation se retirent de l'archipel et le Japon recouvre son entière souveraineté, tout en renonçant à Formose, aux Kouriles, à sa Sakhaline, aux îles du Pacifique qui, depuis 1919, étaient placées sous sa protection. Le traité de paix est consolidé par un traité américano-japonais qui est signé le même jour. Les Chinois de Formose sont également les bénéficiaires du nouveau rapport de forces. C'est que les soldats de Mao Tsö-tong sont entrés à Pékin en septembre 1949 et ont chassé les nationalistes de Tchang Kaï-chek à Formose (Taïwan). La défaite est profondément ressentie par les États-Unis. La Chine, ils l'avaient défendue contre l'Europe de la fin du xixᵉ siècle et le Japon du xxᵉ siècle. Les missionnaires et les écrivains en faisaient un paradis. Roosevelt lui avait donné le cinquième siège permanent du Conseil de sécurité. Mais la guerre civile paraissait insoluble, d'autant plus que les nationalistes se complaisaient dans la corruption et que leur armée était médiocre. Les États-Unis ont donc appuyé Tchang sans enthousiasme, et sans succès puisque les nationalistes se sont effondrés. Trahison, s'écrient les partisans de Tchang aux États-Unis, les membres du puissant lobby chinois. D'après eux, Truman a laissé faire, au lieu de recourir aux grands moyens, s'est trop occupé de l'Europe et pas assez de l'Asie, de Berlin au lieu de sauver 600 ou 700 millions de Chinois du communisme. L'endiguement, clament-ils, s'appliquait aussi à la Chine. Il faudra attendre vingt-trois ans pour que l'un des membres du lobby chinois, devenu président des États-Unis, Richard Nixon, fasse le voyage de

Pékin, prépare la reconnaissance diplomatique de la république populaire de Chine par les États-Unis et devienne un « ami » des Chinois.

A partir de 1950, plus de doute, il faut défendre Formose par tous les moyens. Dans la foulée, la France reçoit aussi un soutien plus ferme dans la guerre qu'elle mène en Indochine. Ne s'agit-il pas, là encore, de contenir l'expansion du communisme ? La signification de la guerre de Corée dépasse le cadre de l'Extrême-Orient. Derrière la Corée, en effet, se profile l'Europe de l'Ouest, le théâtre principal des tensions entre les deux Super-grands. Si les Américains se battent pour la Corée du Sud, ne se battront-ils pas davantage pour la France, l'Italie ou la république fédérale d'Allemagne ? Le message a certainement été bien compris à Moscou, surtout après la mort de Staline le 5 mars 1953. Au moment où l'Europe redoute le déclenchement d'une guerre nucléaire qui ne laisserait que des ruines, la guerre de Corée a peut-être évité que ne se déclenche l'holocauste.

Mais du coup, les États-Unis sortent transformés de l'aventure coréenne. Le réarmement s'accélère. Le montant des dépenses pour la défense nationale s'établissait à 13 milliards pour l'année 1950 (juillet 1949 - juin 1950). L'année suivante, il a presque doublé. En 1952, il atteint 44 milliards ; en 1953, 50,4 milliards, puis se maintient entre 41 et 46 milliards jusqu'au début des années soixante. On comprend pourquoi le président Eisenhower pouvait, peu avant de quitter la Maison-Blanche en janvier 1961, évoquer le complexe militaro-industriel qui, disait-il, doit être surveillé et maîtrisé. Enfin, la guerre de Corée constitue un précédent qui sera suivi et par Kennedy et par Johnson dans leur politique à l'égard du Viêt-nam. Autant de raisons qui soulignent l'importance de ce conflit un peu oublié, vaguement mystérieux et capital pour l'histoire récente des États-Unis.

Les interprétations de la guerre froide

La guerre froide a subitement donné la priorité aux relations internationales avec leurs répercussions sur la vie politique, économique et culturelle. De là, trois questions auxquelles il faut tenter de répondre.

1. La guerre froide était-elle inévitable ? On pourrait hâtivement répondre : oui. Entre l'Union soviétique et les États-Unis, tous les ingrédients du drame planétaire sont réunis. Voici deux nations qu'animent des messianismes contradictoires, les anciennes grandes puissances qui, vainqueurs ou vaincues du conflit mondial, s'effacent, un combat de géants que la chance ou l'équilibre de la terreur n'a pas métamorphosé en un affrontement direct et nucléaire. En fait, une réponse aussi simple, sinon simpliste, esquive le problème fondamental des origines de la guerre froide. Ce problème, ce sont les Américains, et non les Soviétiques engoncés dans leurs certitudes, qui le posent au cours des années soixante. Une génération d'historiens qui très souvent militent contre la guerre du Viêt-nam se demande si leur pays ne s'est pas dévoyé entre 1947 et 1953 au point de céder à des influences néfastes et de perdre de vue le véritable intérêt national. Aujourd'hui les passions se sont apaisées, mais la question n'est toujours pas tranchée.

Jusqu'au milieu des années soixante, l'école traditionaliste triomphe. Elle s'appuie pour l'essentiel sur l'interprétation des faits que donnent les mémoires de Churchill, de Truman, d'Acheson, de Byrnes. Elle prend corps dans les ouvrages de Herbert Feis [1]. La guerre froide a été déclenchée par l'Union soviétique qui s'est emparée de l'Europe de l'Est contrairement à ses engagements de Yalta, a créé le Kominform en 1947, encouragé partout dans le monde la subversion des régimes démocratiques et soufflé sur le feu de l'anti-américanisme. Les États-Unis ont compris peu à peu que la Grande Alliance avait vécu. Ils ont dès lors réagi en plusieurs étapes. Cette thèse, résumée grossièrement, donne raison au président Truman, mais elle a été combattue dès l'origine par ceux qui soutenaient,

1. Sur l'ensemble du débat historiographique, se reporter à Marco Altherr, « Les origines de la guerre froide : un essai d'historiographie », *Relations internationales,* n° 9, 1977, p. 69-81.
Herbert Feis a notamment publié *Churchill, Roosevelt, Stalin. The War They Waged and the Peace They Sought,* Princeton, Princeton University Press, 1957 ; *Le Marchandage de la paix. Potsdam, juillet 1945,* Paris, Arthaud, 1963 ; *From Trust to Terror. The Onset of the Cold War, 1945-1950,* New York, W.W. Norton, 1970.

comme Henry Wallace, que Roosevelt n'aurait pas suivi le même chemin, qu'il fallait coûte que coûte jouer le jeu de la conciliation, de la coopération et de la négociation. L'école traditionaliste a coexisté avec l'école réaliste dont les défenseurs, parmi lesquels George Kennan, affirment que la nature a horreur du vide, que l'affaiblissement des grandes puissances en Europe appelait une intervention croissante des deux Supergrands et qu'ils ne se sont pas opposés l'un à l'autre pour des raisons morales ou idéologiques, mais tout simplement pour la défense de leurs intérêts matériels, étant entendu que l'URSS porte l'entière responsabilité des tensions internationales.

Puis, l'école révisionniste occupa le devant de la scène. Sa thèse principale se résume en une phrase : les États-Unis sont à l'origine de la guerre froide. Soit pour des raisons économiques : la recherche des marchés et des matières premières, les besoins d'un capitalisme qui aspire à une expansion continue et se caractérise par la politique de la « porte ouverte » (aux idées, aux investissements, aux produits américains). Ces idées, on les retrouve dans les ouvrages de Joyce et Gabriel Kolko, de William A. Williams, de Lloyd C. Gardner [1]. Soit pour des raisons politiques et stratégiques : l'incompréhension de la notion soviétique de sécurité, la brutalité de la « diplomatie atomique » de Truman, l'hostilité des États-Unis à toute idéologie de gauche. Gar Alperovitz, Barton J. Bernstein, D.F. Fleming [2] ont, à des

1. Joyce et Gabriel Kolko, *The Limits of Power. The World and United States Foreign Policy, 1945-1954,* New York, Harper and Row, 1972. William A. Williams, *The Tragedy of American Diplomacy,* Cleveland, The World Publishers, 1959. Lloyd C. Gardner, *Architects'of Illusion : Men and Ideas in American Foreign Policy, 1941-1949,* Chicago, Quadrangle Books, 1970.

2. Gar Alperovitz, *Atomic Diplomacy : Hiroshima and Potsdam,* New York, Simon & Schuster, 1945. Barton J. Bernstein, « Les États-Unis et les origines de la guerre froide », *Revue d'histoire de la Deuxième Guerre mondiale,* n° 103, juillet 1976, p. 51-72. D.F. Fleming, *The Cold War and Its Origins, 1917-1960,* Londres, George Allen & Unwin, 1961. John L. Gaddis, *The United States and the Origins of the Cold War, 1941-1947,* New York, Columbia University Press, 1972. George C. Herring, *Aid to Russia, 1941-1946 : Strategy, Diplomacy, and the Origins of the Cold War,* New York, Columbia University Press, 1973.

degrés divers, défendu ces opinions. Les post-révisionnistes, enfin, comme John L. Gaddis, George C. Herring, bénéficient des travaux de leurs prédécesseurs et de leurs propres travaux qui s'appuient sur des sources nouvelles. Ils sont beaucoup moins dogmatiques, écartent dans la mesure du possible les considérations morales et le militantisme et constatent, comme tous les historiens qui exercent leur profession avec honnêteté, que plus on entre dans le détail, moins l'histoire est simple.

Il convient de serrer au plus près l'évolution chronologique. Roosevelt dans les dernières semaines de sa vie, Truman ensuite sont conscients que les accords de Yalta sur l'« Europe libérée » ne seront appliqués que si l'Union soviétique le veut bien. Ce sont ses troupes qui occupent l'Europe à l'est de l'Elbe, et non les troupes américaines. Les Américains ont beau protester contre la violation des accords, ils ne disposent d'aucune force de coercition. Somme toute, ils observent que l'URSS a délimité une zone d'influence et qu'ils ne sauraient l'en empêcher. Dans cette perspective, la « diplomatie atomique » n'est qu'une vue de l'esprit. Le monopole atomique des États-Unis, on l'a bien vu, n'a pas empêché l'Union soviétique de se constituer un empire qui lui sert de glacis stratégique. Quant au capitalisme triomphant, on se demande où il triomphe dans la politique des États-Unis à l'égard de l'Europe de l'Est.

S'agissant de la Grèce et de l'Europe occidentale, les Américains se sont vraisemblablement trompés. Ils ont attribué à Staline des intentions qu'il aurait été bien incapable de réaliser. Les communistes grecs ne recevaient pas d'aide de Moscou, ou si peu, mais de Belgrade qui agissait en fonction de ses intérêts propres. En France et en Italie, le parti communiste jouait la carte de la légalité, et non point celle de la révolution. Dans une lettre à Tito qui fut publiée en 1948, Staline déclarait : « L'armée soviétique vint à l'aide du peuple yougoslave, vainquit l'envahisseur allemand, libéra Belgrade et créa ainsi les conditions nécessaires pour que le parti communiste yougoslave prît le pouvoir. Malheureusement, l'armée soviétique n'a pas aidé et ne pouvait pas aider de la même manière les partis communistes français et italien. »

La doctrine Truman, en conséquence, se justifie sur le plan de la stratégie globale des États-Unis. Ses motivations idéologiques, telles qu'elles sont exprimées dans le discours du 12 mars 1947, sont exagérées. Le plan Marshall sauva l'Europe occidentale de la misère, ouvrit des perspectives nouvelles et attrayantes à l'économie américaine, accentua la coupure du vieux continent en deux blocs, mais rien ne prouve que l'Union soviétique s'apprêtait à renverser ou à faire renverser le régime démocratique en France et en Italie. En revanche, il a accroché l'Allemagne de l'Ouest au bloc occidental. Il est de fait que les diplomates et les experts militaires chargés de la prévision à Washington ont tendance, par déformation professionnelle ou pour se mettre à l'abri des mauvaises surprises, à imaginer le pire. Que l'Union soviétique consolide ses positions en Europe orientale, qu'elle tarde à retirer ses troupes du territoire iranien, qu'elle abandonne des armes japonaises aux communistes chinois, qu'elle exerce de nouvelles pressions sur la Turquie, qu'elle répète à satiété que l'économie capitaliste ne tardera pas à s'effondrer, autant de gestes et de propos qui suscitent les plus profondes inquiétudes dans les bureaux du Pentagone et du département d'État. Réagissant à l'excès, les États-Unis prennent des mesures qui font peur, se laissent aller à des déclarations incendiaires et provoquent à leur tour de violentes réactions de la part de l'Union soviétique. De ce point de vue, les États-Unis portent une responsabilité dans les origines de la guerre froide. Mais n'oublions pas que des témoins américains ont décrit, dès 1945, ce qu'ils voyaient en Roumanie, en Hongrie et en Bulgarie, que les Européens eux-mêmes, placés aux premières loges, ont souvent tiré le signal d'alarme et surtout que les archives américaines sont, pour le moment, les seules accessibles. Peut-être comprendrait-on mieux la situation, se formerait-on un jugement plus équilibré et reconstituerait-on plus exactement le tableau de l'après-guerre en Europe, si les historiens pouvaient aussi consulter d'autres documents. Quant au pacte de l'Atlantique et à la guerre de Corée, ils découlent l'un et l'autre de l'enchaînement des faits. Les camps sont alors délimités. La guerre froide ne se réchauffe pas ou, si l'on préfère, les deux Supergrands ne s'opposent pas directement. Mais les guerres régionales restent possibles. La course aux armements est une conséquence inévitable de l'équilibre de la terreur. Dès lors, chaque camp tient à conserver ses positions et à profiter des erreurs ou des maladresses de l'autre.

2. En quoi la guerre froide a-t-elle modifié les rapports des États-Unis avec le reste du monde ? A la notion traditionnelle de politique étrangère se substitue une nouvelle expression, celle de sécurité nationale. Ce qui revient à dire que la défense des États-Unis nécessite la coordination de la diplomatie, des services économiques et culturels, des administrations militaires sous l'autorité du président. Tout comme la Seconde Guerre mondiale avait été une guerre totale, la guerre froide exige le recours à toutes les armes de la nation. Un bouleversement des habitudes est significatif. Il se manifeste dans la loi de 1947, intitulée loi sur la sécurité nationale. Signée par le président le 26 juillet, elle crée un nouveau poste, celui de secrétaire à la Défense qui devient « l'assistant principal du président pour tout ce qui touche à la sécurité nationale ». Il coordonne les activités des secrétaires à la Marine, à l'Armée et à l'Aviation. Il reçoit les conseils, comme le président des États-Unis, du Comité des chefs d'état-major qui prépare les plans stratégiques et assure l'unification du commandement. Le premier secrétaire à la Défense fut James Forrestal qui avait occupé jusqu'alors les fonctions de secrétaire à la Marine. Quant au département de la Défense, il ne fut mis sur pied qu'en 1949 et s'établit dans les bâtiments du Pentagone. Le secrétaire à la Défense est alors, de droit, membre du cabinet, tandis que les trois secrétaires placés sous son autorité n'ont pas de siège permanent au cabinet. La même loi de 1947 prévoit la formation d'un Conseil national de sécurité qui, on le sait, réunit autour du président le secrétaire à la Défense, le secrétaire d'État, les trois secrétaires des forces armées [1]. Il a pour mission « de conseiller le président sur l'intégration de la politique intérieure, de la politique extérieure et de la politique militaire à propos de la sécurité nationale ». De plus, il évalue « les

---

1. La loi de 1947 a été amendée en 1949. Les trois secrétaires des forces armées perdent leur place au Conseil national de sécurité. Le vice-président y reçoit un siège. Quant au secrétaire à la Défense, il est désormais assisté par un adjoint et trois assistants. Enfin, le président des chefs d'état-major participe, sans voix délibérative, aux réunions.

objectifs, les engagements et les risques des États-Unis concernant notre puissance militaire présente et potentielle ». Renforcé et mieux structuré, le NSC jouera un rôle de premier plan à partir de la présidence de Kennedy. Enfin, la loi de 1947 crée la CIA dont il sera question plus loin. C'est dire combien la réorganisation est importante et témoigne du rôle que les États-Unis entendent tenir dans les affaires du monde.

La diplomatie n'est pas pour autant abandonnée. Sous l'impulsion de Marshall (1947-1949), puis d'Acheson (1949-1953), le département d'État tient une place primordiale. D'ailleurs, outre leur participation active à l'ONU, à l'UNESCO qui est fondée en 1946 et aux organismes qui s'y rattachent, les États-Unis se lancent dans une surprenante pactomanie. A côté du traité de l'Atlantique Nord, auquel se joignent la Grèce, la république fédérale d'Allemagne et la Turquie, les États-Unis signent un traité avec les Philippines (30 août 1951), avec le Japon (8 septembre 1951), avec l'Australie et la Nouvelle-Zélande. Un véritable réseau diplomatique est tissé en moins d'une décennie.

L'action économique revêt un caractère nouveau avec l'aide aux pays étrangers. La doctrine Truman, le plan Marshall, les secours d'urgence aux alliés atlantiques ont constitué l'ossature d'une aide économique et militaire. Elle est amplifiée par le point 4 du discours d'entrée en fonctions que Truman prononce le 20 janvier 1949. Il réclame du Congrès le vote de 45 millions qui serviront à soutenir l'essor industriel et le progrès technique des pays sous-développés. Jusqu'au début de la guerre de Corée, l'aide économique l'emporte sur l'aide militaire ; puis, celle-ci fait un bond qui ne lui permet pas de prendre la première place, mais l'en rapproche beaucoup. Comme les États-Unis participent aussi au financement de la Banque mondiale, de la Banque Export-Import, de l'UNRRA (organisme des Nations unies qui porte secours aux réfugiés), sans compter les prêts et les dons exceptionnels, on parvient à un total impressionnant. Pour la période qui s'étend de 1945 à 1963, le total de l'aide à l'étranger s'élève à près de 90 milliards de dollars, dont 40 milliards vont à l'Europe occidentale, y compris la Yougoslavie, 16,5 milliards à l'Asie, 23 milliards à l'Extrême-Orient. L'Amérique latine doit se contenter de 5 milliards et l'Afrique de 1,5 milliard. Soit 2,7 %

du produit national brut de 1946, 1,5 % du PNB de 1950, 0,8 %
du PNB de 1963. C'est dire également combien les débats au
Congrès sur les crédits d'aide deviennent un élément de la vie
politique américaine et quelles activités les pays intéressés
déploient pour obtenir toujours plus.

La guerre froide n'est pas seulement diplomatique, militaire et
économique. Elle touche encore au domaine des idées et de la
culture. Les États-Unis en ont pris conscience lentement. Ce
n'est qu'en 1940 qu'est créée, au sein du département d'État, une
division des relations culturelles. Pendant la guerre, l'Office of
War Information a tenu le rôle de ministère de la propagande,
tandis que l'Office of the Co-ordinator of Inter-American Affairs
s'adressait plus spécialement à l'Amérique latine. La loi Mundt-
Smith de 1948 redonne vigueur à un programme d'information et
d'échanges culturels, mais il faut attendre 1953 pour que naisse
l'United States Information Agency (USIA) qui regroupe les
services culturels à l'étranger du gouvernement des États-Unis.
La Voix de l'Amérique, seule station de radio à l'époque qui
appartienne au gouvernement fédéral, ne reçoit la totalité des
fonds qu'elle demande qu'à partir de 1949. Somme toute, les
échanges d'étudiants et de professeurs (mis en place par le
programme que fait voter le sénateur Fulbright en 1946), une
aide hésitante à la Voix de l'Amérique, une machinerie puissante
qui accompagne la gestion du plan Marshall, de solides encouragements à l'industrie cinématographique et aux maisons d'édition, voilà pour l'essentiel la politique culturelle des États-Unis.
Si l'année 1948 constitue un véritable point de départ, l'année
1950 correspond à une accélération avec la création à Berlin
du congrès pour la liberté culturelle et l'on retrouve parmi les
membres fondateurs des Anglais comme Hugh R. Trevor-Roper,
des Français comme Raymond Aron, des Américains comme
James Burnham et Arthur M. Schlesinger.

Et la CIA ?

Les forces armées se sont dotées de services de renseignements, la marine en 1882, l'armée de terre en 1917-1918. Il

existait au département d'État un cabinet noir qui avait pour mission de briser le secret des codes étrangers ; il fut supprimé en 1929, quand le secrétaire d'État, Henry Stimson, déclara que « les gentlemen ne lisent pas le courrier des autres ». Bref, à la fin des années trente, les États-Unis disposaient de renseignements, savaient même décoder les télégrammes que Tokyo adressait à l'ambassadeur du Japon à Washington, mais ne disposaient pas d'un service qui pût interpréter les informations et en dresser une synthèse. L'initiative vint de Bill Donovan que le président Roosevelt chargea en 1942 de mettre sur pied l'Office of Strategic Services (OSS). Les hommes de Donovan collaborèrent étroitement avec l'Intelligence Service des Britanniques et jouèrent un rôle important en Afrique du Nord, en Italie, dans les Balkans et en Extrême-Orient. Il y avait parmi eux des personnalités promises au plus brillant avenir, comme l'historien William Langer, son frère le psychanalyste Walter Langer, un politologue comme Walt Rostow ou le futur directeur de la CIA, Allen Dulles. Toutefois, le 20 septembre 1945, en dépit des protestations énergiques de Donovan, le président Truman supprima l'OSS. La Central Intelligence Agency (CIA) est créée par la loi du 26 juillet 1947. Sa mission ? « Coordonner et évaluer les renseignements relatifs à la sécurité nationale. » Son chef est nommé par le président des États-Unis avec l'approbation du Sénat ; il peut être civil ou militaire.

La charte de la CIA a provoqué en 1947 deux sortes de critiques. Allen Dulles, par exemple, regrette que l'Agence ait pour seule fonction de coordonner et d'évaluer les renseignements, alors que, selon lui, l'espionnage moderne suppose à la fois des activités civiles et militaires, les premières étant scientifiques, politiques et sociales. Il regrette également que la CIA soit placée sous l'autorité du Conseil national de sécurité, composé pour l'essentiel des représentants des forces armées. Dulles conclut que les auteurs de la proposition de loi ont été exagérément timides. Les adversaires de la CIA rappellent avec force que jusqu'en 1941 l'espionnage paraissait indigne des États-Unis, ce qui est conforme aux traditions nationales. Ils s'inquiètent des pouvoirs qu'ils jugent excessifs du directeur de l'Agence, se demandent si la loi ne confie pas au président une sorte de « Gestapo » dont il sera le maître absolu, en tout cas une police politique dont il conviendrait de limiter les compétences avec plus de rigueur. Le FBI, lui, craint que le nouvel organisme n'empiète sur ses prérogatives.

De fait, le texte de la loi cherche à rassurer. La CIA n'aura « aucun pouvoir de police, d'assignation ou de maintien de l'ordre, ni aucune fonction de sécurité interne ». Du renseignement à l'étranger, oui ; du contre-espionnage aux États-Unis, non. Mais le NSC peut confier à la CIA « d'autres fonctions et missions ». Dans leur grande majorité, les Américains se rendent aux arguments les plus convaincants. Par crainte qu'un nouveau Pearl Harbor ne se produise, que des espions soviétiques ne tissent des réseaux comme celui que les Canadiens ont découvert en 1946. Somme toute, la CIA aidera le président à prendre ses décisions, assurera la coordination indispensable des services de renseignements, permettra de mieux comprendre une situation internationale passablement complexe, de prévoir à court et long terme, d'agir discrètement et efficacement.

Le principal théâtre d'opérations de la CIA, c'est alors l'Europe occidentale, surtout la France et l'Italie que les États-Unis estiment menacées par la subversion communiste. Elle n'intervient pas à découvert. Mais des révélations postérieures nous ont appris qu'elle a distribué de l'argent à des partis et à des syndicats qui lui paraissaient défendre le monde libre. Des exemples ? Lors de sa réunion du 19 décembre 1947, le NSC donne mission à la CIA d'empêcher une victoire communiste aux élections législatives que l'Italie a prévues pour le printemps de 1948. Du blé, des dizaines de milliers de lettres que des Italo-Américains adressent au « vieux pays », des discours, de l'argent, des armes, une aide technique, des brochures, des articles, tout est bon pour gagner la bataille. La CIA a dépensé une dizaine de millions de dollars. Et l'Italie a bien voté. Scénario comparable en France. La CIA aide financièrement les fondateurs de Force ouvrière, à la demande de Léon Blum. L'aide est versée par l'intermédiaire de David Dubinsky qui préside le syndicat de la confection ; puis, la CIA agit directement et, plusieurs années de suite, donnera une subvention de 1 million de dollars. La CFTC reçoit aussi une part de la manne. Un membre du gouvernement français est rétribué par la CIA qui aurait même envisagé, avant d'y renoncer, de distribuer 700 000 dollars pour assurer l'adoption du traité de la CED par l'Assemblée nationale [1].

Bien que ces activités ne bénéficient pas, à l'époque, d'une intense publicité, elles sont connues par un grand nombre d'initiés. Aucun ne proteste en public. Pourquoi, d'ailleurs, le feraient-ils, puisque la CIA, en l'occurrence, franchit les limites de sa mission d'origine, mais sert les intérêts de la démocratie et du monde libre ? Mieux encore, la CIA est accusée de n'en pas faire assez. Un article du *New York Times,* paru le 2 août 1950, souligne les échecs de l'Agence. Elle n'a pas prévu, note le journaliste, la défaite des nationalistes chinois, pas compris les événements de Palestine, pas vu venir le « coup de Prague » ni la défection de Tito qui a quitté le camp soviétique. McCarthy se demandera même si la CIA n'a pas été infiltrée par des communistes. Trois succès redorent le blason de l'Agence dans les années cinquante : le rétablissement du Shah d'Iran en 1953 qui avait été chassé par le mouvement nationaliste du docteur Mossadegh ; la contre-révolution qui prend le pouvoir au Guatemala en 1954 ; la publication, deux ans plus tard, du rapport secret que Khrouchtchev avait lu devant le XXᵉ congrès du parti communiste d'URSS.

3. Les États-Unis ont-ils gagné la guerre froide ? Ils n'étaient pas menacés directement par l'Union soviétique en 1945-1949, mais à la fin des années cinquante ils risquent de subir une attaque nucléaire. Leur objectif, c'est donc de préserver la paix dans le monde. Objectif partagé, sans aucun doute, par l'URSS. Encore fallait-il que le monopole atomique ne les conduisît pas à l'arrogance et qu'ils fussent prêts à partager une part de leur richesse avec leurs amis et alliés. Ils ont manifesté cette modération et cette générosité. Par la même occasion, ils ont réussi à endiguer le communisme à l'ouest de l'Elbe. C'est la conclusion de Raymond Aron dans *République impériale* : « La diplomatie

1. Cf. Trevor Barnes, « The Secret Cold War : the CIA and American Foreign Policy in Europe, 1946-1956 », in *The Historical Journal,* 1981, p. 389-415 et 641-670.

américaine, écrit-il, a réussi en Europe non seulement parce qu'elle a endigué le communisme, mais parce qu'elle a favorisé progrès économique et liberté humaine. » Aussi ont-ils bâti un empire qu'unissent des liens diplomatiques, militaires, culturels, économiques. Ils sont ainsi devenus, suivant un slogan de l'époque, les « leaders du monde libre ». L'expression réclame un commentaire. Le « monde libre » est une expression qui naît en novembre 1949 au congrès des syndicats du monde libre. Elle s'oppose à « monde communiste » et vise à redonner du lustre à un camp qui a laissé se perdre dans l'ambiguïté les mots de « paix », de « démocratie », de « peuple ». C'est plus qu'un slogan politique ; c'est une image de marque. Quant aux « leaders », ils ne sont pas des chefs absolus, même si quelquefois ils font sentir avec brutalité que ce sont eux qui gouvernent l'empire. En fait, l'empire survit sans révolte – ce qui n'est pas le cas de l'autre empire, faut-il le rappeler ? – parce qu'il est fondé sur la liberté et sur un leadership qui n'a rien d'une dictature, qu'on peut en sortir, agiter les eaux calmes de l'alliance, que les alliés ne sont nullement des esclaves. En ce sens, qu'il s'agisse de l'Europe occidentale ou du Japon, les États-Unis ont remporté la victoire.

Autre victoire : le Moyen-Orient dont on dit volontiers qu'il est « compliqué ». Les États-Unis ne l'abordent pas avec des idées exagérément simples, mais ils font face à une situation qu'ils n'avaient pas prévue. Lorsque les Britanniques renoncent en 1947 à régler le problème de la Palestine, les États-Unis se sentent obligés de prendre le relais. Parce qu'ils n'ont pas beaucoup fait pour empêcher l'extermination des Juifs de 1940 à 1945 et qu'ils éprouvent un sentiment de culpabilité. Parce que Truman et le parti démocrate ont besoin, surtout pour les élections de 1948, des suffrages des électeurs juifs. Parce que les compagnies américaines s'intéressent au pétrole du golfe Persique et que l'Union soviétique ne demande qu'à aider le mouvement sioniste qui incarne, à ses yeux, la résistance à l'impérialisme britannique. A la fin de 1947, les États-Unis approuvent le plan de partage, auquel se rallie la majorité des deux tiers des membres de l'Organisation des Nations unies. Quelques mois plus tard, ils font machine arrière et recommandent qu'un *trusteeship* de l'ONU soit établi sur la Palestine. Lorsque, le 15 mai 1948, l'État d'Israël proclame son indépendance, les États-Unis le reconnaissent pourtant *de facto*, onze minutes après la lecture de la proclamation. Sans perdre, précisons-le, l'amitié des gouvernements arabes. C'est que la tornade nassérienne n'a pas encore bouleversé le monde de l'islam.

Toutefois, les Américains ont perdu la guerre froide dans les pays sous-développés. Tout simplement parce qu'ils ont oublié qu'il fallait la mener là aussi. Leur attitude à l'égard de l'Amérique latine n'a pas changé, depuis que Roosevelt inaugurait la « politique du bon voisinage ». Ici, l'impérialisme américain n'est point une expression creuse ou polémique, mais une réalité de la vie quotidienne qui paraît d'autant plus immuable que rien ni personne ne menace leur « arrière-cour ». L'Afrique reste le champ des dominations coloniales. En Asie, on sait combien la perte de la Chine a été un traumatisme national pour les États-Unis. De là cette implication dans la défense de Formose, le soutien accordé à la politique française en Indochine et, tout compte fait, l'extension de la guerre froide à l'Asie tout entière. Sans que les Américains sentent venir le schisme du monde communiste qui opposera l'Union soviétique à la Chine populaire.

Une nation sous influence

Si l'on en croit le président Truman, le 80e Congrès, qui siège en 1947-1948, n'a « rien fait ». Excellent thème de propagande pour un candidat démocrate aux élections présidentielles. Mais Truman sait bien qu'il a tort. De la doctrine Truman à la résolution Vandenberg, en passant par le plan Marshall, les traités de paix avec l'Italie et les alliés de l'Allemagne nazie, sans oublier la loi sur la sécurité nationale, le 22e amendement (approuvé en 1947, ratifié par les États en 1951) qui limite à deux mandats la présidence d'une seule et même personne, le 80e Congrès n'a pas chômé. Il est évident que la guerre froide laisse son empreinte sur la société américaine. De plus en plus, les États-Unis ressemblent à une nation sous influence. D'un côté,

les portes du paradis s'entrouvrent au bénéfice des transfuges
et des réfugiés qui ont « choisi la liberté » ; d'un autre côté,
à l'intérieur du camp américain, une nouvelle discipline est à
l'ordre du jour.

Les États-Unis, en effet, ne peuvent échapper à l'obligation
morale de recevoir des réfugiés de la guerre. Ceux que l'on
appelle pudiquement les « personnes déplacées ». De 1948 à
1955, elles sont 406 026 à entrer sur le territoire américain. C'est
peu, convenons-en. Mais il ne faut pas oublier que les quotas
d'immigration continuent de rester en vigueur et qu'au cours
de la même période, 1 458 000 personnes au total, y compris
les *displaced persons,* sont admises aux États-Unis. C'est dire
l'importance des nouvelles dispositions. Truman a joué en ce
domaine un rôle capital. Les personnes déplacées, ce sont des
Juifs qui ont échappé à la mort dans les camps d'extermination et
ne souhaitent pas revenir en Pologne ou en Union soviétique ; ce
sont aussi des réfugiés de démocraties dites populaires, des
Chinois que l'avance des communistes a fait fuir. L'UNRRA a
pour mission de les prendre en charge. Les États-Unis lui versent
de fortes sommes. Le Congrès ne semble pas décidé à aller
au-delà. En octobre 1946, le président propose de « libéraliser »
la législation américaine. Il revient à la charge en 1947. En vain.
La loi sur les personnes déplacées est votée en 1948. Truman la
signe, tout en déclarant qu'elle exerce une injuste discrimination
à l'égard des Juifs polonais, en raison de la date de référence que
le Congrès a choisie (22 décembre 1945). Cela fait, malgré tout,
20 000 entrées qui sont autorisées au-delà des quotas, en provenance des États baltes et de la Pologne orientale que les
Soviétiques ont annexée. La loi de 1950 porte le nombre total à
416 000, mais alors la politique d'immigration fait l'objet d'un
contrôle tatillon par crainte de l'infiltration d'agents communistes. Il est regrettable, pourtant, que dans le flot se soient glissés
quelques nazis mal repentis, dont on reparlera trente ans plus
tard.

Le pouvoir syndical est, à son tour, touché par les effets de la
guerre froide. L'année 1946 a été marquée, on s'en souvient, par
d'interminables grèves. Divisé en deux centrales qu'entourent
des syndicats indépendants, le syndicalisme connaît sa force, en

use et certains ajoutent : en abuse. Il y a d'abord des pratiques
illégales : le racket que dénonce, à longueur de colonnes, la
presse du groupe Hearst et du groupe McCormick. Il y a ensuite
le soupçon politique : le CIO s'est laissé noyauter par des
communistes et une dizaine de syndicats sont aux mains des
membres ou des sympathisants du parti communiste. La preuve,
c'est que le CIO a adhéré en 1945 à la Fédération syndicale
mondiale (qu'il quittera en 1949) d'obédience communiste. Bref,
du côté des conservateurs, républicains ou démocrates, les
raisons ne manquent pas de restreindre le pouvoir syndical. Le
80ᵉ Congrès dispose de la majorité qui convient. Au Sénat
comme à la Chambre, les propositions de lois pleuvent. Au début
de 1947, Fred Hartley, un représentant républicain du New
Jersey, et Robert Taft, le sénateur républicain de l'Ohio,
s'entendent sur un texte commun. Les débats dans l'opinion et au
Congrès sont animés. La Chambre donne son accord par 308 voix
contre 107 ; le Sénat, par 68 voix contre 23. Truman appose son
veto. Les assemblées, conformément à la Constitution, passent
outre en votant, une deuxième fois, la proposition à la majorité
des deux tiers, Le 23 juin 1947, la loi Taft-Hartley entre en
vigueur. Elle modifie profondément les dispositions de la loi
Wagner de 1935. Désormais, une grève ne peut pas être
déclenchée sans préavis. Une période de « refroidissement »,
fixée à quatre-vingts jours, doit permettre de rechercher la
conciliation, si le président des États-Unis estime que l'arrêt de
travail met en péril la sécurité nationale. Le personnel d'encadre-
ment, les fonctionnaires de l'État fédéral, des États et des collectivités locales, les employés de maison, les ouvriers agricoles
ne disposent ni du droit de grève ni même du droit de former un
syndicat. Les organisations syndicales perdent le privilège de
l'embauche (*closed shop*) ; les salariés sont tenus, après l'embauche, de s'inscrire dans le syndicat de l'entreprise, si leur contrat le
précise et si l'État n'interdit pas cette pratique (*union shop*). Un
certain nombre de pratiques syndicales sont interdites : les grèves
de sympathie, les boycottages secondaires, le refus de négocier
une convention collective, des cotisations excessives, les grèves
dirigées contre le gouvernement, etc. « En outre, tous les
responsables [d'un syndicat] sont tenus d'attester qu'ils ne sont

pas communistes, qu'ils ne sont pas sympathisants ni membres ou sympathisants de groupes qui croient au renversement du gouvernement par la force, la violence ou d'autres moyens illégaux ou l'enseignent. » Sinon, le syndicat n'est plus reconnu par la loi et ne bénéficie pas de la protection du Bureau national des relations avec le monde du travail.

Cette législation antisyndicale s'oppose aux acquis du New Deal. Par rapport aux années trente, c'est le reflux. Et dans les milieux libéraux et syndicaux, l'indignation est à son comble. Pourtant, les démocrates, redevenus majoritaires en 1949, n'abrogeront pas la loi Taft-Hartley. Sans doute parce qu'à ce moment-là, l'opinion accepte sans rechigner les conséquences de la guerre froide et qu'elle a tendance à assimiler les excès du pouvoir syndical à des indices de la subversion communiste. Elle veut une purge et elle l'obtient. Au congrès de Cleveland d'octobre 1949, le CIO rejette l'affiliation des syndicats communisants, qui sont immédiatement concurrencés par de nouveaux syndicats. Déjà en 1948, l'AFL et le CIO s'étaient retrouvés pour soutenir Truman et combattre Wallace. A présent, ce qui sépare les deux centrales compte moins que ce qui les rapproche. Des rivalités entre les personnes retardent la grande réconciliation qui ne se produit qu'en 1955. La centrale unifiée, l'AFL-CIO, sera présidée par George Meany. Il y aura encore des grèves, des négociations acharnées avec les patrons, de substantielles augmentations de salaires, mais les forces syndicales ont sacrifié un peu de leur passé et de leur diversité au profit de la lutte contre le communisme.

Les élections présidentielles, elles aussi, sont marquées par l'empreinte de la guerre froide. La coalition rooseveltienne vole en éclats. L'électorat démocrate se divise à la fois sur la politique étrangère et sur la politique intérieure. Peu d'observateurs imaginent, encore au début de l'année 1948, que le président Truman se représentera et bien des démocrates souhaitent que leur parti ait la sagesse de désigner un candidat moins controversé, en tout cas plus populaire. Les difficultés de Truman remontent à 1946, lorsque, le 20 septembre, il a renvoyé son secrétaire au Commerce, Henry Wallace, qui prêchait une politique étrangère conforme, disait-il, à la pensée de Roosevelt, c'est-à-dire conciliante à l'égard de l'Union soviétique. Bon nombre d'intellectuels se précipitent au secours de Wallace et forment un groupe, les Progressive Citizens of America. Peu après, les Americans for Democratic Action (ADA), avec à leur tête Eleanor Roosevelt, Reinhold Niebuhr et Chester Bowles, recommandent une politique libérale à l'intérieur et une ferme résistance aux Soviétiques. Les choix de 1947 accentuent les divisions. Wallace prend parti contre la doctrine Truman qui fera de l'Amérique « la nation la plus haïe du monde », contre le plan Marshall qui crée un bloc antisoviétique ; il accuse Truman de se laisser manipuler par Wall Street et par l'armée. En décembre 1947, il annonce sa candidature à la présidence.

Pour Truman, la menace est grave. Certes, ses positions sur l'endiguement sont approuvées par une majorité de l'opinion, y compris l'opinion démocrate. Mais ses qualités de leader sont toujours mises en doute. Le vote démocrate sera divisé ; le candidat républicain l'emportera donc aisément. Qui penserait que Truman soit capable de remonter la pente ? Il faut un homme nouveau, providentiel, qui attire à lui des millions d'électeurs hésitants et déçus. James Roosevelt, le fils aîné de l'ancien président, prend des contacts avec le général Eisenhower, qui n'est alors affilié ni au parti démocrate ni au parti républicain, et l'encourage à se porter candidat. Eisenhower dit et redit qu'il ne se présentera pas. Pourtant, Truman ne perd pas l'espoir. L'un de ses conseillers, Clark Clifford, lui propose un plan d'action, le 19 novembre 1947. Il faut frapper fort pour reconstruire la coalition rooseveltienne, prendre des mesures qui satisfassent le monde du travail et les agriculteurs, les Noirs, les Juifs et les autres groupes ethniques, se montrer aussi libéral que Wallace au risque d'effrayer les démocrates du Sud et ne pas hésiter à dépeindre Wallace sous les traits d'un sympathisant communiste. Le grand atout de Truman, conclut Clifford, c'est la guerre froide, sur laquelle un consensus s'est établi. Et puis, « en temps de crise, le citoyen américain est toujours tenté de soutenir son président ».

Le président candidat applique scrupuleusement la recette. Avec les syndicats, pas de difficultés. Truman s'est opposé à la loi Taft-Hartley. Il lui suffit de promettre que, dans son second mandat, il tâchera d'en obtenir l'abrogation. Son hostilité déclarée au communisme fait le reste, au moment où les centrales écartent les mal-pensants. Il promet, enfin, de reprendre la politique de welfare, qui s'inspirera de celle de Roosevelt. Plus question de New Deal ; c'est l'heure du Fair Deal. Les événements de l'étranger le servent aussi à merveille. Le « coup de Prague », le blocus de Berlin aggravent la peur du communisme. Truman en profite pour attaquer Wallace. « Nous ne devons pas, déclare-t-il, nous laisser aller à subir une propagande insidieuse, suivant laquelle, pour avoir la paix, il suffit de la vouloir. Je ne veux pas et je n'accepterai pas l'appui politique de Henry Wallace et de ses communistes. »

Sur les deux autres points du plan Clifford, la réussite n'est pas complète. Récupérer le vote juif n'est pas facile. Le président se bat pour l'existence de l'État d'Israël et remporte, haut la main, la course de vitesse que se livrent les États-Unis et l'Union soviétique pour reconnaître au plus vite son indépendance. Mais le sionisme jouit alors, aux États-Unis comme ailleurs, du soutien de la gauche, y compris les communistes. Wallace ne fait pas exception à la règle. Ses positions libérales ne font que renforcer sa bonne image de marque auprès des électeurs juifs. Entre Wallace et Truman, voilà une rude bataille en perspective, surtout dans l'État de New York, souvent décisif dans le cadre des élections présidentielles avec ses quarante-sept grands électeurs. Sur le problème noir, les positions de Truman sont très courageuses. Il continue d'œuvrer pour les droits civiques des Noirs. Pour arrêter la discrimination, voire les violences que le Ku Klux Klan suscite, il nomme une commission d'enquête présidentielle. Bien avant que ne commence la campagne électorale. Après avoir reçu le rapport de la commission, il adresse des recommandations au Congrès en février 1948. Il demande, en particulier, le vote d'une loi contre le lynchage, la protection des droits électoraux, la suppression de la ségrégation dans les transports en commun. Les libéraux lui reprochent de n'avoir rien fait pour faire disparaître la ségrégation raciale dans le système scolaire. Mais le Sud proteste contre les « excès » de Truman qui en aurait déjà fait trop. Le gouverneur de la Caroline du Sud, Strom Thurmond, rassemble ses amis politiques pour faire reculer le président. Truman résiste avec détermination ; la presse noire le soutient. Les *dixiecrats*, c'est-à-dire les partisans du Sud traditionnel, rompent avec le parti démocrate et présentent leur propre candidat, Thurmond. Le parti est maintenant divisé en trois. La convention nationale désigne le président sortant pour porter ses couleurs. Mais le moral n'y est pas. Truman a beau stimuler l'ardeur des démocrates, ils ne sont pas du tout optimistes.

L'optimisme est plutôt du côté républicain. Ici, la bataille porte sur le choix du candidat qui sera, c'est évident, le prochain président des États-Unis. Thomas Dewey, le gouverneur de New York, avait échoué contre Roosevelt en 1944. Cette fois-ci, en 1948, il a tout pour gagner : sa *machine* politique est parfaitement huilée, son programme n'a pas de quoi effrayer. Il réclame le maintien des principaux acquis du New Deal, l'abaissement des impôts, le contrôle plus rigoureux de l'administration fédérale, une politique étrangère dans la ligne de celle de Truman. Les républicains proposent de changer le chef d'orchestre et de jouer la même partition. Pourquoi feraient-ils d'autres propositions ? Les sondages leur accordent une nette avance. Ils n'ont qu'à se laisser porter par la vague qui leur a donné la majorité au Congrès en 1946. C'est là leur erreur. Tout comme les démocrates, ils ont sous-estimé la combativité de Truman qui, à soixante-quatre ans, manifeste un dynamisme exceptionnel. Il parcourt en train le pays, prononce d'innombrables discours, bouscule sur son passage les idées et les convictions. Il s'en prend sans ménagement au Congrès qui n'a pas combattu l'inflation, pas suivi une véritable politique du logement, cautionné l'injustice du système fiscal, voté la loi Taft-Hartley. Il attaque Dewey, Wallace et Thurmond. C'est une campagne tous azimuts, et non un baroud d'honneur. Un spécialiste des sondages, Elmo Roper, n'est pas convaincu. Il cesse d'interroger l'opinion dès le mois de septembre, car, conclut-il, l'affaire est entendue ; la campagne, terminée. Le *New York Times* et *Life Magazine* voient déjà Dewey à la Maison-Blanche. Dewey lui-même prend une semaine de vacances, peu avant la date du scrutin. Truman se bat sans relâche. Le 2 novembre arrive enfin. Les premiers résultats confirment les sondages. Le *Chicago Tribune* fait sa manchette

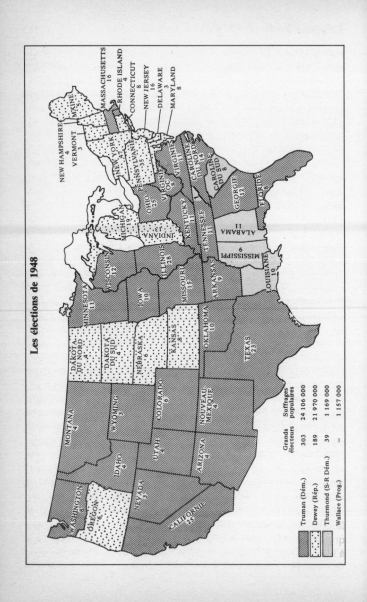

Les élections de 1948

	Grands électeurs	Suffrages populaires
Truman (Dém.)	303	24 106 000
Dewey (Rép.)	189	21 970 000
Thurmond (S-R Dém.)	39	1 169 000
Wallace (Prog.)	—	1 157 000

WASHINGTON 8
OREGON 6
CALIFORNIE 25
NEVADA 3
IDAHO 4
MONTANA 4
WYOMING 3
UTAH 4
ARIZONA 4
COLORADO 6
NOUVEAU-MEXIQUE 4
DAKOTA DU NORD 4
DAKOTA DU SUD 4
NEBRASKA 6
KANSAS 8
OKLAHOMA 10
TEXAS 23
MINNESOTA 11
IOWA 10
MISSOURI 15
ARKANSAS 9
LOUISIANE 10
WISCONSIN 12
ILLINOIS 28
MICHIGAN 19
INDIANA 13
KENTUCKY 11
TENNESSEE 11
MISSISSIPPI 9
ALABAMA 11
OHIO 25
VIRGINIE OCC. 8
VIRGINIE 11
CAROLINE DU NORD 14
CAROLINE DU SUD 8
GEORGIE 12
FLORIDE 8
NEW HAMPSHIRE 4
VERMONT 3
MAINE 5
NEW YORK 47
PENNSYLVANIE 35
MASSACHUSETTS 16
RHODE ISLAND 4
CONNECTICUT 8
NEW JERSEY 16
DELAWARE 3
MARYLAND 8

Truman (Dém.)
Dewey (Rép.)
Thurmond (S-R Dém.)
Wallace (Prog.)

sur « Dewey bat Truman ». Quelques heures plus tard, surprise, ravissement ou désolation. Truman est vainqueur.

Le président sortant a recueilli 24 105 802 voix ; Dewey, 21 970 650 ; Thurmond, 1 169 063 ; Wallace, 1 157 172. Au sein du collège électoral, Truman dispose de 303 mandats ; Dewey, de 189, et Thurmond, de 39. Apparemment une victoire facile pour le candidat démocrate, que confirment les élections législatives, puisque les démocrates redeviennent majoritaires dans les deux assemblées du Congrès. En fait, le scrutin a été beaucoup plus serré qu'il n'y paraît. Dewey aurait pu obtenir la majorité des voix en Californie, en Illinois, dans l'Ohio, l'Idaho et le Wyoming, si seulement 34 000 suffrages, soit 0,75 % des votants, s'étaient portés sur son nom. Ce léger déplacement de suffrages populaires lui aurait donné la majorité absolue dans le collège électoral. Comment expliquer, dans ces conditions, le succès de Truman ? Le président a su pallier ses deux faiblesses les plus évidentes. La première se nomme Thurmond. Les *dixiecrats* ont remporté quatre États (Alabama, Louisiane, Mississippi, Caroline du Sud). Autant de perdus pour Truman. Mais Thurmond a débarrassé Truman des extrémistes de droite et redonné au parti démocrate une coloration plus libérale. Thurmond n'a pas réuni derrière lui tout le Sud, mais il a canalisé les mécontentements et empêché ainsi les républicains de pénétrer dans un fief démocrate. Sans le vouloir, il a rendu un grand service à Truman. L'autre faiblesse a pour nom Wallace. Il a fait perdre à Truman la majorité dans le New York, le Connecticut, l'Indiana, le Maryland, le Michigan, soit 95 mandats. C'est énorme, même si Wallace lui-même n'est pas représenté au sein du collège électoral. Dans une proportion de 75 %, ses électeurs sont des Juifs, des Noirs et surtout des citadins. Toutefois, Wallace n'a pas réussi dans le Wisconsin ni dans le Minnesota, deux États où la tradition progressiste est encore vivace. Et en bénéficiant du soutien, trop bruyant sans doute, des communistes, là encore il a débarrassé Truman d'alliés encombrants, qui faisaient partie de la coalition rooseveltienne depuis une dizaine d'années. Reste que Wallace fut, plus encore que Thurmond, le principal obstacle à la réélection de Truman. Ce qui justifie *a posteriori* la stratégie de Clifford.

L'électorat de Truman se compose de fermiers, satisfaits de la politique agricole du gouvernement fédéral, surtout du maintien de prix et de crédits avantageux, d'ouvriers qui restent attachés au parti démocrate, de Noirs, de catholiques (Polonais, Irlandais, Allemands, Italiens), de Juifs qui n'ont pas cédé à l'attrait de la candidature de Wallace. Le parti démocrate reste, dans l'opinion, le parti majoritaire. Sa domination sur la vie politique semble solidement établie. Il rassemble maintenant les minorités urbaines dont les membres sont les fils et les filles des immigrants d'hier, les classes moyennes qui n'ont rien oublié de la misère des années trente, et tous ceux qui éprouvent un attachement indéfectible pour le Welfare State. En un sens, cette coalition ressemble à celle qui a porté et maintenu au pouvoir Franklin Roosevelt. Peut-être est-elle plus solidement soudée. D'ailleurs, un sondage Roper que publie le *New York Herald Tribune*, le 19 juin 1949, montre que le parti républicain est devenu, de 1944 à 1948, un peu plus le parti des riches, un peu moins celui des classes moyennes et des pauvres. Comme si la division entre la gauche et la droite prenait soudainement aux États-Unis des caractéristiques plus sociales. A moins qu'une personnalité charismatique brouille les cartes...

Aussi est-ce sans hésitation que Truman s'engage dans le Fair Deal. Il propose l'augmentation du salaire minimal, l'extension de la couverture sociale, une politique du logement, l'intervention du gouvernement fédéral dans la vie économique. L'étonnant, c'est qu'une partie du programme ait été réalisée. Car les Américains sont de plus en plus préoccupés – et les législateurs sentent la direction du vent – par la chasse aux sorcières, et non par le succès du Welfare State.

Le maccarthysme

Les origines du maccarthysme, il faut les faire remonter à 1946. Le 25 novembre de cette année-là, le président Truman met sur pied une commission temporaire, chargée d'enquêter sur la loyauté des fonctionnaires fédéraux. Sont considérés comme déloyaux les partisans du totalitarisme, du fascisme, du communisme et tous ceux qui prêchent la subversion du régime. A partir de 1947, les administrations reçoivent la consigne d'interroger leurs employés et de renvoyer éventuellement les *security risks*, ceux qui, par leurs opinions sinon par leurs activités, menacent la sécurité des États-Unis. L'*attorney general* établit la liste des organisations subversives, dont les membres et les amis sont les suspects. Le FBI recueille des renseignements et les transmet, si nécessaire, à la commission de contrôle de chaque administration. Le Federal Bureau of Investigation fut créé en 1908 par Charles J. Bonaparte, l'*attorney general* de l'époque, avec pour mission de poursuivre ceux qui avaient violé les lois fédérales et commis des crimes impliquant plusieurs États. Depuis 1924 et jusqu'à sa mort en 1972, J. Edgar Hoover est son directeur tout-puissant. L'heure de gloire du FBI sonne au temps de la Grande Dépression. Une vague de banditisme s'abat sur le pays et le FBI s'emploie victorieusement à pourchasser les gangsters de tout poil. *Les Incorruptibles* rappellent sur nos écrans l'épopée des *G-men*. Mais, à mesure que la législation fédérale s'étoffe, le FBI étend ses compétences. Hoover met en place des directions régionales, des bureaux locaux que gèrent des agents spéciaux. Le Bureau utilise systématiquement les empreintes digitales, recourt aux analyses scientifiques, bref devient un modèle à suivre qui aide les polices locales et témoigne d'une efficacité remarquable dans la lutte contre la criminalité. En 1936, Roosevelt prend une initiative qui devait avoir d'incalculables conséquences. Il convoque Hoover à la Maison-Blanche et lui donne un ordre verbal : enquêter sur les fascistes et les communistes qui pourraient menacer les institutions américaines. Le 6 septembre 1939, une directive écrite confie au FBI la lutte contre l'espionnage, le sabotage, la violation des lois de neutralité. En principe, pas d'enquête sur le terrain, mais la collecte des renseignements qui seront transmis par les polices locales. Truman renouvelle le mandat de Hoover ; ses successeurs en feront autant.

Hoover ne s'en tient pas à la lettre des instructions qu'il a reçues. Il crée des fichiers qui ne cessent pas de grossir. Par exemple, lorsque la Seconde Guerre mondiale éclate, il fait dresser la liste des personnes qui manifestent de la sympathie pour l'Allemagne, l'Italie ou le communisme. Il suffit de relever les noms des abonnés à certains périodiques, des adhérents à des associations suspectes. Les indicateurs fournissent des compléments d'information. Puis, Hoover ajoute les résidents étrangers, voire les citoyens des États-Unis qui, à son avis, peuvent nuire aux intérêts du pays, instaure une censure sélective du courrier ; plus tard, il procède à l'installation de micros clandestins ou de tables d'écoute sans se soucier d'obtenir l'autorisation du pouvoir judiciaire. A la fin de la guerre, le FBI est devenu un redoutable instrument entre les mains de son directeur qui participe activement à la lutte contre les communistes. Une loi, l'Internal Security Act de 1950, étend les pouvoirs du FBI et permet à Hoover de donner plus d'ampleur à ses fichiers. En 1951, la procédure de contrôle est encore aggravée : plus besoin d'apporter des preuves sur la déloyauté d'un fonctionnaire, de simples doutes suffisent pour justifier la révocation. La purge révèle-t-elle le noyautage des rouages administratifs ? En fait, de 1947 à 1953, 26 000 employés de l'administration fédérale ont fait l'objet d'une enquête approfondie ; 16 000 ont été déclarés innocents ; 7 000 ont démissionné et 739 ont été révoqués, les uns parce qu'ils appartenaient à des organisations dites subversives, d'autres pour immoralité sexuelle ou homosexualité, d'autres enfin parce qu'ils avaient recouru à l'usage de la drogue. Quoi qu'il en soit, la chasse aux sorcières a bien commencé et c'est le pouvoir exécutif qui l'a ouverte.

Le Congrès, de son côté, ne reste pas inactif. Depuis 1938, la Chambre des représentants dispose d'une commission sur les Activités anti-américaines (House Un-American Activities Committee, HUAC) qui combat les influences nazies, fascistes et communistes aux États-Unis. En 1947, la HUAC entreprend une vaste enquête dans les milieux du cinéma. En convoquant le tout-Hollywood, elle est assurée de faire parler d'elle, de bénéficier d'une publicité extraordinaire et gratuite. Les stars défilent. En fin de compte, dix personnalités, parmi lesquelles Dalton Trumbo, Ring Lardner et Edward Dmytrik, refusent de dire si elles sont ou ont été membres du parti communiste. Elles sont condamnées à des peines de prison. Un bilan bien maigre pour la commission. A la fin de l'été 1948 éclate l'affaire Alger

Hiss, l'un des *new dealers* les plus brillants, un diplomate qui a participé à la conférence de Yalta et joué un rôle de premier plan dans la fondation de l'ONU, bref un membre éminent de l'*establishment* politique. Hiss est accusé par la HUAC d'avoir appartenu au parti communiste et transmis des documents officiels à l'Union soviétique. Est-il vraiment coupable ? On ne le sait toujours pas aujourd'hui. Mais il est condamné pour faux témoignage, le 21 janvier 1950, à cinq ans de prison. L'affaire a porté sous les feux de l'actualité un jeune représentant de Californie, Richard Nixon, qui a été un très zélé enquêteur et a su, dit-on, démasquer le traître. Elle a profondément troublé les Américains. Hiss coupable, c'est la trahison des élites, la preuve qu'un complot puissant menace les États-Unis. N'est-ce pas aussi la clef des événements les plus récents : le triomphe de Mao Tsö-tong, l'explosion de la première bombe atomique des Soviétiques ? Les espions ne sont-ils pas partout présents ? Les Anglais arrêtent Klaus Fuchs en février 1950 ; les Américains, les époux Rosenberg en juin-juillet : n'ont-ils pas livré aux Soviétiques les secrets de la bombe atomique ?

De là une question qui ne cesse pas de hanter les esprits. Truman agit-il comme il convient ? Si Roosevelt a trop cédé à Yalta, murmure-t-on, c'est qu'il était malade, vieilli, naïf et que ses conseillers nourrissaient de noirs desseins. Si, aujourd'hui encore, la conspiration existe, il faut en démasquer les auteurs et les acteurs qui ne peuvent être que les communistes américains et leurs amis. Certes, les effectifs du parti communiste sont ridiculement faibles : à peine 43 000 membres en 1951, 25 000 en 1953, y compris les agents du FBI. Mais l'influence du parti est autrement plus forte. Des sympathisants ont infiltré les syndicats, l'enseignement, les milieux intellectuels, les médias. Au temps du New Deal, pendant la Grande Alliance, un courant de sympathie en faveur de l'Union soviétique a traversé les États-Unis. Des liens se sont noués entre les libéraux et les « compagnons de route ». La peur des rouges resurgit. Un climat d'hystérie collective s'instaure. Apprenti-sorcier, Truman a fait peur, alors qu'il voulait rassurer l'opinion. Des politiciens ambitieux se sont emparés d'un thème qu'ils sentaient populaire. Le maccarthysme existe avant qu'on ne parle de McCarthy.

C'est le 9 février 1950 que Joseph McCarthy, sénateur républicain du Wisconsin, dénonce, dans son discours de Wheeling (Virginie-Occidentale), la mainmise des communistes sur le département d'État. Des preuves, il n'en a pas. Il prêche la croisade, accentue un traumatisme et tâche d'en profiter pour sa carrière politique. De 1950 à 1954, l'inquisition atteint son paroxysme. A Washington, bien sûr, où sévissent commissions et sous-commissions d'enquête. Dans les États, où les assemblées législatives, le pouvoir exécutif et les institutions publiques ne veulent surtout pas être accusés d'être *soft on communism* (mous dans la lutte contre le communisme). Dans le secteur privé, enfin, où aucune entreprise ne tient à gâcher son image de marque en embauchant des « compagnons de route », des sympathisants ou des membres non repentis du parti communiste. Des listes noires circulent, avec les noms de ceux qu'il faut écarter ; des listes grises indiquent les suspects. La pollution du vocabulaire trahit l'atmosphère du temps. Un libéral, c'est un « compagnon de route ». Un « compagnon de route », c'est un communiste. Un communiste, c'est un espion à la solde de l'URSS. Avoir demandé des réformes sociales et politiques, défendu ouvertement le principe de l'égalité raciale, c'est être suspect, donc à moitié condamné. Aux étrangers, la moindre critique des États-Unis est interdite. Pour les Américains, le conformisme le plus plat est de rigueur. Le FBI, qui sert de bras séculier aux inquisiteurs, ne manque pas d'informateurs, des obsédés de la dénonciation, des organisations patriotiques qui croient obéir à leurs devoirs, d'anciens communistes qui s'efforcent de rentrer dans les bonnes grâces des puissants. Malheur à celui qui a été dénoncé ou reconnu ! On peut démontrer qu'on n'a jamais appartenu à la moindre organisation communisante, qu'on a vaillamment défendu le pays de 1941 à 1945, la calomnie n'en laisse pas moins des traces. La délation se transforme en instrument de défense. Pour se disculper, on donne des noms. En avril 1951, Dmytrik livre les noms de vingt-six communistes de Hollywood. Elia Kazan, qui milita au parti communiste de 1934 à 1936, dit à la HUAC en 1952 ce qu'il croit savoir sur l'emprise communiste dans les milieux du cinéma. Puis, il achète une page entière du *New York Times* pour s'expliquer et tourne *Sur les quais* qui fait l'apologie de l'indic, de celui qui brise la loi du silence pour faire triompher la justice tout en renonçant au confort de la complicité. A l'inverse, Arthur Miller exalte dans *les Sorcières de Salem* (1953) et dans *Vu du pont* (1955) le courage des adversaires de l'inquisition et stigmatise la lâcheté. Un thème qu'on retrouve, par exemple, dans le film de Fred Zinnemann, *Le train sifflera trois fois* (1952). Charlie Chaplin, victime d'une campagne de presse d'autant plus violente qu'il a conservé des amitiés coupables et qu'après un séjour de quarante et un ans aux États-Unis il n'a toujours pas pris la nationalité américaine, se réfugie en 1952 en Europe. Jules Dassin, sur la liste noire depuis 1947, suit l'exemple, tout comme Joseph Losey.

McCarthy ne fait pas dans la nuance. Dean Acheson, l'ami d'Alger Hiss, est accusé d'avoir des faiblesses pour le communisme. Owen Lattimore, un expert dans les affaires d'Extrême-Orient, serait responsable à lui seul d'avoir « perdu » la Chine. Le général Marshall, l'organisateur de la victoire américaine de 1945, l'auteur du célèbre plan, l'ancien secrétaire d'État et secrétaire à la Défense, subit de violentes attaques pour n'avoir pas soutenu Tchang Kaï-chek en 1946. Jusqu'au jour où, en 1954, McCarthy va trop loin, s'en prend à l'armée tout entière et menace directement les fondements de la société politique. Les caméras de la télévision font découvrir, en cent quatre-vingt-sept heures d'antenne réparties sur trente-cinq jours, à 20 millions de téléspectateurs l'homme odieux qu'il peut être. Ses amis le lâchent. Ses collègues au Sénat se décident, enfin, en décembre 1954, à condamner son attitude. McCarthy meurt, dans l'oubli, en 1957.

Deux questions se posent aux historiens. Quelle signification convient-il de donner au maccarthysme ? Quels ont été les effets de ce mouvement d'intolérance ? Il n'est pas facile de dresser le bilan chiffré du maccarthysme. Si l'on met à part le cas des Rosenberg [1], aucun inculpé n'a été condamné à mort. Certaines mesures se sont heurtées à l'opposition des tribunaux ou bien ne visaient qu'à intimider. Le département de la Justice, par

---

1. Sur l'affaire Rosenberg, voir Ronald Radosh et Joyce Milton, *Dossier Rosenberg,* Paris, Hachette, coll. « Documents », 1985.

exemple, menace de dénaturaliser les subversifs en s'appuyant sur une loi de 1952. Mais sur les treize dénaturalisations qui ont été prononcées entre 1945 et 1956, aucune n'a été suivie d'effet. La résistance à l'intolérance s'est organisée lentement et a recouru avec efficacité au pouvoir judiciaire. Sur les cent trente mesures d'expulsion qui ont frappé des étrangers, vingt-six ont été appliquées. En revanche, des employés, des ouvriers, des enseignants ont perdu leur emploi. Qui mesurera les cicatrices que la chasse aux sorcières a pu laisser sur les individus, leurs souffrances morales, la peur de tous les jours ? Le maccarthysme a partiellement survécu à McCarthy. Son influence, on la retrouve dans cette obsession du communisme ou bien dans cette politique étrangère, trop souvent dépourvue de souplesse, qui aboutira à la guerre du Viêt-nam et à la reconnaissance tardive de la république populaire de Chine. De toute évidence, c'est là l'un des plus tristes épisodes de l'histoire des États-Unis, une de ces maladies honteuses qui frappent les nations et dont les plus saines seulement se remettent.

Le maccarthysme, c'est la réaction des Américains à l'intensité de la guerre froide. Ils se sont longtemps débattus dans un dilemme. Le communisme est-il une force politique comme les autres, se demandaient-ils, ou bien n'est-il que l'instrument de l'expansionnisme soviétique ? Le maccarthysme tranche le dilemme. La législation témoigne de cet état d'esprit. En 1940, la loi Smith visait à combattre les publications, les groupes, les conspirations qui recommandent ou encouragent le renversement par la violence ou par la force du gouvernement des États-Unis. En 1950, la loi McCarran, adoptée malgré le veto du président Truman, a pour but de lutter contre la « conspiration communiste mondiale » et exige des organisations communistes ou communisantes qu'elles viennent se déclarer auprès d'un organisme officiel. En 1954, une nouvelle loi met le parti communiste hors la loi. Il est vrai que les textes de 1950 et de 1954 sont inapplicables et que la Cour suprême ne tardera pas à les annuler. Mais la loi de 1940 a entraîné des inculpations et des condamnations.

Le maccarthysme, c'est aussi l'arme des républicains pour abattre les démocrates. Lorsque McCarthy dénonce en 1953 les

« vingt années de trahison », il attaque la présidence de Roosevelt et celle de Truman. Le New Deal a ouvert l'Amérique aux idées socialistes ; la Seconde Guerre mondiale, à la pénétration soviétique partout dans le monde. Les responsables du désastre sont les démocrates. Le salut viendra des républicains. Sans doute bien des démocrates ont-ils, par conviction ou par calcul politique, démontré qu'eux aussi savaient lutter contre le communisme. Mais le principal instigateur et le principal bénéficiaire du maccarthysme, c'est le parti républicain. Là se trouvent les raisons du succès et de l'échec de McCarthy. Point de programme qui puisse inspirer un mouvement de masse. McCarthy s'adresse à l'électorat du parti républicain, plus particulièrement aux travailleurs manuels, aux catholiques, aux personnes âgées, aux pauvres blancs, aux Américains les moins instruits. Son discours est celui des démagogues. Il dit que l'Est et ses grandes villes sont pourris, que l'*establishment* intellectuel de la côte Est est corrompu, que la démocratie parlementaire ne vaut rien si elle n'exprime pas la volonté du peuple.

Ce qu'ajoute McCarthy avec la force que l'on sait, c'est que le monde libre est menacé par le communisme international, à l'intérieur comme à l'extérieur des États-Unis, que les démocrates sont par leur passivité les complices de la subversion. Mais McCarthy lui-même ne cherche pas à s'emparer du pouvoir suprême. Il n'est pas Hitler. Il prépare la victoire des républicains et lie son sort à celui de la droite du parti. En ce sens, il a besoin de Nixon et Nixon se sert de lui, jusqu'au jour où McCarthy n'est plus utile et devient même franchement embarrassant. C'est qu'en 1954, un an après la mort de Staline et la signature de l'armistice en Corée, les Américains sont moins angoissés ou plus habitués à vivre dans un monde dangereux. Le président des États-Unis est républicain. En 1953-1954, la majorité du Congrès est de nouveau républicaine. Le style débraillé de McCarthy détonne et ne sert plus. Il est temps de se débarrasser du personnage, de cette baudruche qu'on a gonflée pour mieux vaincre l'adversaire. Et le maccarthysme, après avoir terrorisé l'Amérique pendant quatre ans au moins, est remisé dans le hangar des vieilles lunes, tout en laissant dans bien des cœurs le souvenir impérissable du cauchemar.

13

La force tranquille
(1953-1964)

Il arrive fréquemment que l'on découpe l'histoire des États-Unis suivant les mandats des présidents. Il y aurait ainsi la présidence d'Eisenhower qui correspondrait, pour l'essentiel, aux années cinquante, une « morne plaine ». Puis, surgirait la présidence de Kennedy, emportée au rythme haletant de la jeunesse, brutalement interrompue par l'assassinat de Dallas. Découpage commode et insuffisant. En fait, il conforte l'un des thèmes chers à la propagande kennedyenne, puisqu'il s'appuie sur l'idée que, grâce à Kennedy, l'Amérique a repris sa « marche en avant ». La réalité historique est autre. D'Eisenhower à Kennedy, les convergences l'emportent sur les divergences. Pendant une bonne dizaine d'années, avant que ne déferle la révolution des droits, avant que la guerre du Viêt-nam ne vienne exercer des effets ravageurs sur la société, il se dégage des États-Unis une force tranquille qui rassure les Américains et impressionne les étrangers. Le modèle américain se fixe. Il renvoie à une Amérique sage, un peu terne, engluée dans les conventions sociales, voire le conformisme béat, dépourvue d'idéologie si l'on en croit le sociologue Daniel Bell, fière de son insolente réussite matérielle à laquelle aspire alors toute l'Europe. C'est l'Amérique, modèle attraction ou modèle repoussoir, suivant le camp de la guerre froide auquel appartient l'observateur. A l'historien de découvrir l'immuable et le changeant. En un mot de répondre à la question : ces années 1953-1964 annoncent-elles déjà la tourmente culturelle qui va s'abattre sur les États-Unis ?

Une démocratie qui fonctionne

Le régime politique des États-Unis est celui d'une démocratie. Il fonctionne sans à-coups. Les élections ont lieu régulièrement : les présidentielles tous les quatre ans, les législatives tous les deux ans (renouvellement complet de la Chambre des représentants et renouvellement par tiers du Sénat). Dans les États (48 jusqu'en 1959, puis 50 avec l'admission d'Hawaii et de l'Alaska) comme dans les collectivités locales, les consultations populaires désignent les responsables politiques. Le danger communiste ? Allons donc ! Outre qu'il a été exagérément grossi par la peur et le maccarthysme, il est évident que, libres de leurs mouvements, les communistes américains préféreraient influer sur les syndicats et sur une partie de l'opinion ; mais ils n'ont pas les moyens de renverser le régime. Le régime, d'ailleurs, réunit un consensus. Pour les Américains d'alors, point de doutes : ils ont la meilleure constitution du monde et la preuve, c'est qu'elle est la plus ancienne des constitutions écrites qu'une démocratie applique. Il ne faut surtout pas en changer. Toutes les enquêtes des politologues montrent, pourtant, que l'Américain moyen accorde peu d'importance à la vie politique. Il s'intéresse avant tout à son travail, à sa famille, à sa santé. Lors de la campagne électorale de 1956, un tiers des personnes interrogées suivent attentivement le débat politique, un tiers pas du tout, le dernier tiers distraitement en s'en tenant aux informations télévisées. Les opinions émises sur les grands problèmes de l'heure manquent de finesse, voire de la réflexion la plus élémentaire. Le citoyen moyen n'exprime jamais de philosophie cohérente et globalisante de la vie politique. Il ne craint pas les contradictions, sans doute parce qu'il ne les saisit pas. De là, un contentement qui ne surprend pas. En 1958, 11 % estiment que le gouvernement fédéral gaspille très peu de rentrées fiscales et 45 % qu'il gaspille beaucoup. Phénomène courant parmi les contribuables. A la question : « Le gouvernement est-il malhonnête ? », 28 % répondent « pratiquement pas », 26 % « beaucoup ». « Les hommes publics se soucient-ils de ce que pense le peuple ? » Oui, pour

64 %. Enfin, « le gouvernement fonctionne-t-il au bénéfice de quelques-uns ou bien au bénéfice de tous ? », 80 % pensent que c'est au bénéfice de tous. Bel enthousiasme !

Les Américains se sentent en confiance à l'intérieur des partis politiques, en particulier dans les deux plus grands, les seuls qui comptent vraiment. Point de cartes, de corvées, de cotisations. On n'adhère pas ; on s'affilie. Lorsqu'on s'inscrit sur les listes électorales – une nécessité qui s'impose avant chaque consultation –, on se déclare républicain, démocrate ou indépendant, pour pouvoir voter dans les primaires républicaines ou démocrates [1]. Le choix repose sur trois fondements : la famille, l'école, les médias. On est d'un parti ou de l'autre, par attachement familial, sous l'influence d'un enseignement fortement mâtiné d'instruction civique ou en raison du poids de la télévision. Que surviennent une rupture dans le tissu familial, une crise économique et sociale comme la Grande Dépression, une promotion dans le statut socio-économique, et le passage d'un parti à l'autre devient possible, sinon probable.

La répartition des forces politiques ne change pas jusqu'en 1964. On le voit bien à travers les sondages que depuis 1952 l'université du Michigan à Ann Arbor a précieusement collationnés. Les enquêteurs ont posé trois questions : « D'une façon générale, vous considérez-vous républicain, démocrate ou autre chose ? », « Si vous êtes républicain ou démocrate, vous direz-vous profondément ou faiblement républicain ou démocrate ? », « Si vous êtes indépendant ou autre chose, vous sentez-vous plus proche du parti républicain ou du parti démocrate ? » Voici les réponses en pourcentages (tableau 17).

De fait, on constate que le parti démocrate reste majoritaire. Il rassemble la coalition qu'a formée Roosevelt et que Truman a reconstituée, puis consolidée. Un cinquième des Américains se déclarent « indépendants » en dépit des sympathies pour les deux grands partis. C'est là une source d'instabilité pour les résultats électoraux. Et il ne faut pas oublier qu'au-delà des affiliations politiques, les Américains participent en grand nombre aux

1. Les indépendants peuvent ou non voter dans les primaires, suivant la législation de chaque État.

activités des lobbies (organisations du monde agricole, syndicats, groupements professionnels, etc.) qui contribuent, eux aussi, à façonner la vie politique.

TABLEAU 17

**Répartition des Américains
suivant les affiliations politiques**

	1952	1954	1956	1958	1960	1962	1964
Fortement démocrates	22	22	21	27	20	23	27
Faiblement démocrates	25	26	23	22	25	23	25
Indépendants proches des démocrates	10	9	6	7	6	7	9
Indépendants	6	7	9	7	10	8	8
Indépendants proches des républicains	7	6	8	5	7	6	6
Faiblement républicains	14	14	14	17	14	16	14
Fortement républicains	14	13	15	11	16	12	11
Sans opinion	3	4	4	4	3	4	1
Personnes interrogées	*1 784*	*1 130*	*1 757*	*1 808*	*1 911*	*1 287*	*1 550*

Néanmoins, l'Américain, qui s'enorgueillit de vivre dans une démocratie, ne fait pas d'efforts pour désigner ses représentants. Le taux d'abstention [1] reste élevé. Il s'établit à 47 % en 1948 – une année, on s'en souvient, où les conflits idéologiques ont été

1. Le taux d'abstention est calculé par rapport aux Américains en âge de voter, et non par rapport à ceux réellement inscrits sur les listes électorales. L'inscription n'est d'ailleurs pas obligatoire et dépend de conditions qui ne sont pas exactement identiques dans tous les États.

aigus. Il tombe à 36,7 % en 1952, remonte légèrement en 1956 (39,4 %), atteint son point le plus bas en 1960 (36 %), puis revient à 38,3 % en 1964. Encore ne s'agit-il que d'élections présidentielles, qui attirent plus que les autres et concernent tous les citoyens en âge de voter. Le taux est plus inquiétant pour les élections législatives et franchement alarmant pour les consultations locales. On n'est donc pas surpris par les réponses d'une grande majorité. « Avez-vous assisté à des réunions politiques ? » Non, pour 95 à 97 %. « Avez-vous donné de l'argent à un candidat ou à un parti ? » Non, pour 88 à 96 %. Une infime minorité de citoyens actionne la machine politique, la plupart par dévouement, quelques-uns par intérêt personnel. Le plus souvent, elle marche toute seule, sous le regard admiratif d'hommes et de femmes peu passionnés, trop peu instruits des complexités de la vie politique, qui n'ont aucune envie de payer de leur personne.

Deux hommes dominent l'époque par leurs fonctions et par leur style. S'ils détiennent le pouvoir suprême, c'est qu'ils incarnent l'esprit du temps et de la nation. En 1952, le général Eisenhower est un héros de la guerre. Dans la mesure où les regards se tournent en priorité vers l'Europe, l'ancien commandant en chef des troupes alliées en Europe jouit d'une plus grande popularité que MacArthur qui exerça les mêmes fonctions sur le théâtre d'opérations du Pacifique. Peut-être la simplicité, l'apparente bonhomie d'Eisenhower s'opposent-elles à l'égocentrisme et à la folie des grandeurs de MacArthur. Et puis, il y a eu la guerre de Corée. MacArthur a commis des erreurs de jugement. Après son limogeage, il est le prisonnier de la droite, l'homme dont on dit qu'à force de jouer les proconsuls, il pourrait devenir César et franchir le Rubicon. Aucune crainte de ce genre avec Eisenhower.

Il est né le 14 octobre 1890 à Denison dans le Texas et a grandi à Abilene dans le Kansas. Une famille pauvre, pieuse, plutôt pacifiste. Le jeune Ike (son véritable prénom est Dwight) n'a pas d'éclatantes dispositions intellectuelles, mais il aime le sport et parvient à se faire admettre en 1911 à West Point. Au cours de la Grande Guerre, il reste aux États-Unis pour y remplir des tâches administratives. Il grimpe lentement les échelons de la hiérarchie, entre à l'état-major général en 1925, rédige un guide des champs de bataille en Europe sans avoir mis les pieds en Europe (son premier voyage en France date de 1928), est affecté aux Philippines de 1935 à 1939 auprès de MacArthur. En décembre 1941, le général Marshall le fait venir à l'état-major et le désigne, l'année suivante, bien que trois cents officiers généraux aient plus d'ancienneté que lui, comme commandant des forces américaines en Europe. Puis, il assure le commandement en chef de l'expédition alliée en Afrique du Nord. La suite, on la connaît.

La guerre terminée, Eisenhower tente de réorganiser les trois armes. En 1948, il prend sa retraite et accepte la présidence de l'université Columbia à New York. Eisenhower qui jusqu'à cette date n'a jamais voté ne se sent ni démocrate ni républicain. Mais il n'ignore pas que des généraux vainqueurs sont devenus présidents des États-Unis. Entre-temps, sensible aux dangers que court le monde libre, il reprend du service et commande les forces de l'OTAN. En 1952, il cède à la pression de ses « amis ». Le voici candidat républicain à la présidence. Une situation confortable, car au sein du parti, seul Robert Taft, le sénateur de l'Ohio, aurait pu lui disputer la place. Mais Taft, très hostile aux acquis du New Deal et à la politique étrangère de Truman, n'est pas populaire. Au contraire d'un Ike, tout sourires, toute modestie et auréolé de gloire. Dans le domaine des relations internationales, l'expérience de l'ancien commandant en chef allié dépasse de loin, de très loin, celle des autres. Quant aux démocrates, usés par le pouvoir, attaqués sans relâche par McCarthy, ils n'ont pas le vent en poupe. De plus, ils choisissent pour candidat le gouverneur de l'Illinois, Adlai Stevenson, admirable d'éloquence et d'élégance morale, libéral de la meilleure école, mais victime d'une image de marque trop intellectuelle et contraint d'assumer l'héritage de Truman dont une majorité d'Américains ne veulent plus.

Eisenhower se laisse porter par la vague. Au besoin, il fait une ou deux concessions, par exemple lorsqu'il ne défend pas le général Marshall que McCarthy estime trop « mou » envers le communisme. Seul incident de parcours : en septembre 1952, son colistier, le sénateur Richard Nixon, que la droite du parti souhaite faire accéder à la vice-présidence, est accusé par la presse d'avoir touché un pot-de-vin de 18 000 dollars. Nixon se défend dans un discours télévisé qui fait pleurer les foules. Le scandale est évité. Plus rien ne peut bloquer la route du succès. Ike a promis d'aller en Corée pour accélérer le retour de la paix, de combattre le communisme et de pourchasser la corruption. Il remporte 34 millions de suffrages contre 27 pour Stevenson. Seul, le Sud a résisté au raz de marée. Et encore... Le Texas, la Virginie, l'Oklahoma et le Tennessee ont voté républicain. Dans les grandes villes, la candidature d'Eisenhower a détruit la coalition rooseveltienne. Mais ce succès personnel rapporte peu au parti républicain, qui obtient tout juste la majorité des sièges à la Chambre et l'égalité des sièges au Sénat. Quoi qu'il en soit, écartés du pouvoir suprême depuis 1932, les républicains prennent enfin leur revanche.

Incarnation du conservatisme, figure apaisante et rassurante, le président Eisenhower a suscité l'enthousiasme des uns, le plus grand nombre, et les sourires condescendants des autres. On lui a reproché de trop peu travailler, de jouer au golf trop souvent, de n'être pas brillant, d'être excessivement moralisateur, un peu provincial, de laisser agir ses conseillers comme s'il n'était qu'une potiche. Caricature injuste. Eisenhower a appliqué des méthodes qui ne sont ni celles de Truman ni celles de Kennedy. Ancien chef militaire, il délègue une partie de ses pouvoirs, tout en conservant le soin de décider en dernier ressort. C'est pourquoi jusqu'en 1958, l'assistant du président, Sherman Adams, tient un rôle capital. Le cabinet n'est pas composé par les caciques du parti, car Eisenhower n'a jamais eu de liens étroits avec les républicains. Il préfère s'adresser à des hommes de terrain, à des *managers* qui ont donné la preuve de leurs talents et de leur goût pour l'administration. Charles E. Wilson, le secrétaire à la Défense, appartient à cette catégorie. Ancien président de General Motors, il s'est illustré par une déclaration qu'il convient de rapporter comme Wilson l'a faite : « Ce qui est bon pour les États-Unis est bon pour General Motors, et *vice versa*. » Il faut également citer le nom de George Humphrey, un industriel de Cleveland, qui reçoit le département du Trésor ; Ezra Taft Benson, qui va au département de l'Agriculture. Et surtout John Foster Dulles, un avocat international, mêlé à la politique extérieure de son pays depuis 1919, qui devient secrétaire d'État et le reste jusqu'à sa mort en 1959, tandis que son frère, Allen, dirige la CIA. Pour faire bonne mesure, une femme entre au cabinet, Oveta Culp Hobby, secrétaire à la Santé, à l'Éducation et aux Affaires sociales. Le département du Travail est confié, pour peu de temps il est vrai, à Martin Durkin, le chef du syndicat AFL des plombiers. De là, l'expression ironique qu'utilise la *New Republic* pour présenter le cabinet : huit millionnaires et un plombier. En fait, Eisenhower a construit son cabinet à son image : des hommes mûrs, familiers des grosses institutions. Il consulte les uns et les autres, non point pour les opposer, mais pour recevoir des avis et trancher en connaissance de cause. Le cabinet ressemble à un conseil d'administration. Dans cette perspective, le vice-président remplit les tâches que le président souhaite éviter, comme la conduite de la campagne pour les élections législatives de 1954 et de 1958, certains voyages à l'étranger. Un signe démontre que le président ne renonce pas à exercer ses prérogatives, toutes ses prérogatives, et qu'il a même tendance à les étendre. Eisenhower est le premier à nommer un assistant spécial pour les affaires de sécurité nationale. Lui-même préside en huit ans 329 des 366 réunions du NSC. Recevant son successeur en décembre 1960, il lui dit que le NSC « est devenu la réunion hebdomadaire la plus importante du gouvernement ». Bien plus, ce président, qu'on peint sous les traits du protecteur timoré de Dulles le tout-puissant, a multiplié à ses côtés les fonctions touchant à la politique étrangère. Une manière de limiter l'influence du département d'État.

Reste l'idée que le président Eisenhower aurait incarné le plus médiocre des conservatismes et l'étroitesse des liens entre le gouvernement et les milieux d'affaires. Encore une fois, c'est inexact et injuste. Si l'accusation était fondée, comment expliquer qu'Ike ait été réélu si aisément, qu'il soit demeuré populaire à la fin de son second mandat et jusqu'à sa mort en 1969 ? La vérité, c'est que l'image d'Eisenhower a beaucoup souffert de la naissance et du développement du mythe Kennedy.

John F. Kennedy a une tout autre personnalité, vient d'un tout autre milieu et adopte une tout autre démarche. Il est né le 29 mai 1917 à Brookline, un faubourg de Boston. John (ses parents le surnomment Jack) est le deuxième enfant d'une famille qui en comptera neuf (quatre garçons et cinq filles). Ses parents ont uni, par leur mariage en 1914, deux familles irlandaises de Boston, celle des Kennedy dont l'immigration aux États-Unis remonte au milieu du xixe siècle et celle des Fitzgerald qui a tenu une place non négligeable dans la vie politique de Boston. Joseph Kennedy, le père de John, mène une carrière brillante : il fonde une banque dans East Boston, se lance dans de fructueuses affaires de constructions navales, de productions cinématographiques, de distribution de boissons alcoolisées, d'import-export en tous genres. Il bâtit une immense fortune. En dépit de deux handicaps, dont on mesure mal l'ampleur aujourd'hui. Les Américains de vieille souche se méfient des Américains d'origine irlandaise, quand ils ne les méprisent pas. Dans un pays à majorité protestante, les catholiques sont fort mal vus. Joseph Kennedy a, pourtant, l'inébranlable volonté de réussir et de pousser ses fils à jouer un rôle politique de premier plan. John est un élève médiocre, que les cours, fussent-ils ceux de Harvard, n'intéressent pas. Mais comme son père a été nommé ambassadeur des États-Unis à Londres par le président Roosevelt et qu'il y habite de 1938 à 1940, John découvre l'Europe au temps de la montée des périls et s'initie sur place aux réalités internationales.

L'Amérique entre en guerre. John se fait affecter dans la marine. En 1943, dans les îles Salomon, il sauve les hommes de son PT 109 qu'un destroyer japonais a coupé en deux. Peu après, en août 1944, le frère aîné meurt au-dessus de la Normandie, aux commandes d'un bombardier. Rien de très surprenant si, en novembre 1946, John Kennedy se présente à la Chambre des représentants dans un district irlandais de Boston. Il recourt à l'inappréciable aide de sa famille, à son passé de héros de la guerre, à l'argent paternel qui coule à flots. Sa campagne est dynamique, « à l'américaine », remplie de contacts humains et dépourvue d'idées trop tranchées. Kennedy est démocrate, comme beaucoup d'Américains d'origine irlandaise. Élu à vingt-neuf ans, le jeune représentant reste discret. Il prend position sur les problèmes qui préoccupent ses électeurs : les syndicats, le logement, les écoles privées. Il n'éprouve aucune difficulté à se faire réélire en 1948 et 1950. En 1952, il aborde une nouvelle étape de sa vie. Cette fois-ci, il brigue l'un des deux sièges de sénateur. Il emploie la même technique que précédemment : l'argent, les frères, les sœurs, la mère, le père plus discrètement, les poignées de main, peu de discussions proprement politiques. Le succès est acquis de justesse, mais il est valorisant puisque l'adversaire s'appelle Henry Cabot Lodge. Kennedy est alors une star montante de la vie politique. Une star de gauche ou de droite ? Difficile à dire. Il a voté contre la proposition de loi Taft-Hartley, approuvé la doctrine Truman, le plan Marshall et le point 4. Ce qui ne l'empêche pas, le 23 janvier 1949, de faire porter « la responsabilité de l'échec de notre politique étrangère [en Chine] à la Maison-Blanche et au département d'État ». Il ne manque pas de dénoncer les traîtres : « Nos diplomates et leurs conseillers, les Lattimore et les Fairbanks, se sont tant préoccupés de l'imperfection du système démocratique en Chine après vingt ans de guerre et des récits de corruption en haut lieu qu'ils ont perdu de vue l'enjeu énorme pour nous d'une Chine non communiste. » Un peu plus tard, John Kennedy prend ses distances à l'égard du maccarthysme, mais son père n'a que des sympathies pour le grand inquisiteur, et son frère, Robert, collabore, l'espace de quelques mois, avec le sénateur du Wisconsin.

Le mystère des idées politiques du sénateur Kennedy ne se dissipe pas. Tout comme le mystère qui plane sur son état de santé. En 1954, Kennedy se fait opérer et il lui faudra plus d'un an pour s'en remettre. Est-ce la blessure de guerre qui s'est rouverte ? Une vieille blessure de jeunesse qui résulterait d'une chute au cours d'un match de football ? Une déformation congénitale de la colonne vertébrale ? Quant à l'usage de la cortisone, s'explique-t-il par la maladie d'Addison dont serait atteint le jeune sénateur ? Toujours est-il que Kennedy est absent du Sénat, le jour où une majorité de sénateurs votent la censure de McCarthy. Il est alors sur son lit d'hôpital, avec son épouse, Jacqueline Lee Bouvier, à ses côtés.

Une fois rétabli, il montre sans ambiguïté que la prochaine étape sera la campagne pour les élections présidentielles. En 1956, il a tenté de recevoir l'investiture du parti pour la candidature à la vice-présidence. Échec. Il ne désespère pas.

Les élections de 1960

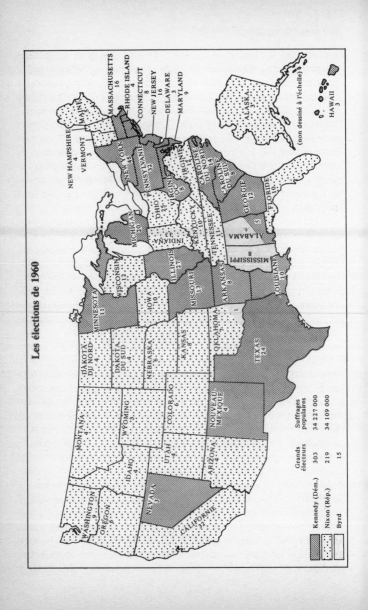

	Grands électeurs	Suffrages populaires
Kennedy (Dém.)	303	34 227 000
Nixon (Rép.)	219	34 109 000
Byrd	15	

WASHINGTON 9
OREGON 6
CALIFORNIE 32
NEVADA 3
IDAHO 4
MONTANA 4
WYOMING 3
UTAH 4
ARIZONA 4
NOUVEAU MEXIQUE 4
COLORADO 6
DAKOTA DU NORD 4
DAKOTA DU SUD 4
NEBRASKA 6
KANSAS 8
OKLAHOMA 1
TEXAS 24
MINNESOTA 11
IOWA 10
MISSOURI 13
ARKANSAS 8
LOUISIANE
WISCONSIN 12
ILLINOIS 27
MICHIGAN 20
INDIANA 13
KENTUCKY 10
TENNESSEE 11
MISSISSIPPI 8
ALABAMA 6
OHIO 25
VIRGINIE OCC. 8
VIRGINIE 12
CAROLINE DU NORD 14
CAROLINE DU SUD 8
GEORGIE 12
FLORIDE 10
PENNSYLVANIE 32
NEW YORK 45

NEW HAMPSHIRE 4
VERMONT 3
MAINE 5
MASSACHUSETTS 16
RHODE ISLAND 4
CONNECTICUT 8
NEW JERSEY 16
DELAWARE 3
MARYLAND 9

ALASKA 3
HAWAII 3
(non dessiné à l'échelle)

Continuant à négliger son travail de sénateur mais facilement réélu en 1958, il parcourt le pays en tous sens. Il apprend à connaître et à se faire connaître, ne refuse jamais de prendre la parole, saute d'un avion à l'autre. Kennedy met sur pied une machine électorale qui s'étend sur l'ensemble du pays avec des managers locaux et des comités de soutien. Il amorce une nette évolution vers la gauche, vers le libéralisme comme on dit aux États-Unis. Il fait un pas vers la défense des droits civiques des Noirs, se rapproche tant bien que mal des milieux syndicaux. En 1957, il se prononce publiquement pour l'indépendance de l'Algérie et réclame, dans la foulée, que l'aide à l'étranger soit plus forte et moins militaire.

Le 2 janvier 1960, il annonce qu'il se présentera aux élections présidentielles. Il lui faut, d'abord, convaincre les instances de son parti qu'il est le meilleur candidat. De là cette bataille des primaires. Pour l'instant, son rival démocrate se nomme Hubert H. Humphrey, sénateur du Minnesota, tandis que Stevenson et Lyndon Johnson comptent les coups avant de faire connaître s'ils seront ou non candidats. La bataille commence dans le Wisconsin : Kennedy bat Humphrey, mais la victoire manque d'ampleur. Elle se transporte en Virginie-Occidentale, un État de la « ceinture de la Bible » dans lequel il n'est pas recommandé d'être un candidat catholique. Kennedy affronte le problème directement et gagne. Le parti ratifie le choix des primaires et pour équilibrer le *ticket* démocrate sur le plan régional Kennedy choisit comme colistier Lyndon Johnson, sénateur du Texas. En face de lui, Richard Nixon et son colistier, que Kennedy connaît bien, Henry Cabot Lodge. Kennedy centre sa campagne sur la notion de mouvement. L'Amérique, dit-il, s'est endormie sous le règne soporifique d'Eisenhower. Elle s'est laissé distancer par l'Union soviétique dans la course aux armements comme dans celle aux missiles balistiques. Elle est menacée, à cent cinquante kilomètres de ses côtes de Floride, par les agissements de Fidel Castro. Elle se laisse aller au fond du marasme économique. Bref, il faut que les États-Unis se remettent en marche. Au terme de la convention démocrate de Los Angeles, Kennedy résume son programme : « Nous nous trouvons aujourd'hui, déclare-t-il, au bord d'une nouvelle frontière, la frontière des années soixante, une frontière de possibilités inconnues, de périls inconnus, une frontière d'espoirs et de menaces irréalisés. » Plutôt vague... De fait, les différences entre le programme de Kennedy et celui de Nixon sont ténues. Les résultats du scrutin témoignent de cet interminable coude à coude. Sur près de 69 millions de suffrages, Kennedy recueille 49,71 % et Nixon, 49,55 %. Kennedy l'emporte dans vingt-trois États qui lui donnent 301 mandats. Une fois de plus, il aurait suffi du déplacement de quelques milliers de voix, ici ou là, pour que le résultat soit inversé. Est-ce, malgré tout, l'annonce de grands changements ? Kennedy, le premier, a souligné combien son élection à la présidence revêtait une signification spéciale. Enfin, un président des États-Unis né au XXe siècle. C'est la « transmission du flambeau », le triomphe de la jeunesse, etc. Toute réflexion faite, le programme du vainqueur est si filandreux, si imprécis qu'il échappe à l'analyse. La victoire de Kennedy, c'est d'abord le retour au bercail démocrate des électeurs qui, exceptionnellement, avaient voté en 1952 et 1956 pour un républicain parce qu'il s'appelait Eisenhower.

Toutefois, il ne faut pas sous-estimer l'importance historique du scrutin de 1960. Pour la première fois dans l'histoire des États-Unis et dans celle du monde, la télévision a tenu une place déterminante. L'explication ? En 1950, 3,9 millions de foyers américains étaient équipés d'un récepteur de télévision ; dix fois plus, d'un poste de radio. En 1960, 45 millions de foyers reçoivent la télévision. Si la radio fait mieux, c'est de peu. Au cours des années cinquante, le nombre des stations émettrices s'est multiplié par six. Certes, la télévision et la politique ont fait bon ménage pendant la campagne de 1952. Les conventions sont retransmises sur le petit écran depuis 1948. Les conseillers d'Eisenhower ont su mettre en scène leur candidat beaucoup plus efficacement que ceux de Stevenson. Le clou de la campagne a été le discours de Nixon en septembre. En 1954, la télévision a fait découvrir un McCarthy insupportable, coupant la parole aux plus hautes autorités de l'État, indigne de la démocratie américaine. En 1959, le débat télévisé, auquel se sont livrés, à l'exposition américaine de Moscou, Nikita Khrouchtchev et le vice-président Nixon montra, une fois de plus, l'impact du nouveau médium. Ces exemples ne font qu'annoncer l'événement majeur de la vie politique en 1960 : les débats entre les deux candidats à la présidence. Ces débats ne relèvent ni de l'information ni de la publicité, mais de la politique-spectacle. Kennedy et Nixon ont accepté de débattre quatre fois, non pas face à face, mais en répondant aux questions de quelques journalistes. Le premier débat s'est tenu à Chicago le 26 septembre ; les trois autres, en octobre : d'abord à Washington, puis à New York pour Kennedy et Los Angeles pour Nixon, enfin à Los Angeles. Rien de souple dans la formule, dont les détails ont été définis par les états-majors. Les candidats, guindés, se tiennent debout derrière des pupitres. Il n'empêche que, d'après les sondages, 115 millions d'Américains ont suivi au moins l'un des débats, en fait surtout le premier. D'après Roper, 57 % des votants ont été influencés par ce qu'ils ont vu et entendu, mais 6 % seulement, et dans trois cas sur quatre en faveur de Kennedy, ont pris leur décision à la suite des débats.

Si Kennedy a remporté la victoire de la télévision, c'est qu'il a su assimiler des recettes élémentaires, alors que les Américains qui n'ont écouté les débats qu'à la radio ont donné la victoire à Nixon. Cette nouvelle dimension des élections présidentielles a immédiatement provoqué des inquiétudes. Savoir se tenir et s'exprimer devant une caméra ne prouve pas que l'on ait les qualités requises pour devenir un bon président. L'historien Henry Steele Commager fait observer qu'à l'âge électronique, George Washington n'aurait pas accédé à la magistrature suprême. L'homme politique doit-il accepter – et comment ferait-il autrement ? – que l'opinion scrute ses paroles et la manière dont il les débite, ses reparties, les plis de sa bouche, la couleur de sa chemise, les clignements de ses yeux et la résistance de son maquillage aux projecteurs ? Voilà que les politiciens se soumettent aux professionnels du spectacle, à ceux qui composent et mettent en scène les spots publicitaires. Bref, la politique de papa a cessé d'exister dans les années soixante. N'est-ce pas une menace grave qui pèse sur le régime démocratique ?

Malgré ces critiques, lorsque Kennedy prend ses fonctions le 20 janvier 1961, c'est la réconciliation entre les intellectuels et les politiques. Le tout-Harvard et le tout-MIT se joignent au tout-Washington pour célébrer l'avènement du jeune roi Arthur qu'entourent les brillants chevaliers du royaume de Camelot [1]. Kennedy se donne l'image du mécène qui réunit autour de lui les meilleurs artistes, les techniciens les plus renommés, les gloires les plus célèbres de l'intelligence. C'est qu'au fond, il s'agit de consolider un mythe Kennedy dont Kennedy est à la fois l'inventeur et l'utilisateur : un homme dans la force de l'âge, marié à une sorte de princesse, père de deux enfants, sportif, élégant, soucieux de gouverner dans la gaieté et l'efficacité, riche, ne manquant jamais l'occasion de lancer un mot d'esprit. Kennedy est le Superman de la politique américaine. La présidence ressemble maintenant à un *imperium* qui revêt l'élu de la nation. Les journalistes manifestent de la déférence. Les petits enfants font du président le modèle à imiter : quand ils seront grands, découvre un sondage, ils voudront eux aussi occuper le bureau ovale de la Maison-Blanche. Les grandes décisions, c'est là qu'elles se prennent. Encore que, dans ce domaine, le contrepoids du Congrès puisse faire effet de blocage.

L'assassinat de Kennedy accentue l'évolution. Le 22 novembre 1963, dans une rue de Dallas, le président est abattu. Tant qu'on n'en saura pas davantage, on se contentera de dire que Lee Harvey Oswald a tiré les coups de feu, a été arrêté et, deux jours plus tard, devant les caméras de la télévision, assassiné à son tour par Jack Ruby. Des dizaines de volumes, y compris le rapport Warren de 1964, ont tenté d'apporter la lumière sur l'énigme de Dallas. Rien n'est pour l'instant définitivement assuré et peut-être rien ne le sera-t-il jamais. Les Américains ont ressenti, à l'annonce de la nouvelle, un véritable traumatisme, qu'ils ont eux-mêmes comparé au choc provoqué par l'attaque japonaise sur Pearl Harbor. Partout dans le monde, sauf en Chine populaire, c'est la consternation. L'homme assassiné accède au rang des martyrs. Comme l'écrit le *New Yorker* : « Par sa mort, il a semblé incarner la force de la Raison elle-même, abattue par les forces sauvages et incontrôlables du Chaos. » Comment dès lors porter le moindre jugement sur un Kennedy devenu dieu, sur le

---

1. *Camelot* est une comédie musicale de Frederick Lœwe et Alan Jay Lerner. Elle remporte un grand succès à Broadway en 1960.

héros qui réunit les qualités de l'Amérique et la raison universelle ? Rehaussée par une tragédie qui s'inscrit dans la réalité
quotidienne, la présidence atteint, à travers le mythe Kennedy, le
sommet de son prestige. Elle ne peut plus aller au-delà et ne
tardera pas à redescendre la pente.

Essor et à-coups de l'économie

La société américaine est dynamique. En dépit des à-coups de
l'économie, elle est marquée par la croissance, le renouveau des
secteurs d'activités, le triomphe des classes moyennes et les
débuts de la déségrégation raciale. C'est une société d'abondance
qui abandonne ses caractères archaïques pour entrer de plain-
pied dans la modernité.

L'expansion démographique se poursuit. En 1950, la population des États-Unis s'élève à 151 684 000 habitants ; dix ans plus
tard, à 180 671 000, soit une augmentation de 19 % contre
14,5 % dans la décennie précédente et 7,2 % dans les années
trente. Jusqu'en 1964, rien n'arrête l'évolution puisque les
estimations à cette date donnent 191 889 000 Américains. L'accroissement naturel l'emporte nettement sur l'immigration, malgré des aménagements à la loi des quotas. Le *baby boom* ne s'est
guère ralenti. Le taux de natalité glisse de 25 à 23,7 ‰ et reste
jusqu'en 1964 supérieur à 21 ‰. Quant au taux de mortalité, il est
passé en dessous de la barre de 10 ‰ et se situe aux evirons de 9,9
– 9,4 ‰. Ce qui pose plusieurs problèmes. Comment expliquer,
par exemple, que le *baby boom* se prolonge ? Les Américains
traversent une période de prospérité économique, mais l'acquisition des biens matériels ne les empêche pas d'aspirer à fonder des
familles de trois ou quatre enfants. Un phénomène culturel qui se
reflète dans les films, les séries télévisées, les comportements
quotidiens. Une vraie famille, c'est une grande famille, des
garçons et des filles qui animent la maison, une mère affairée, qui
suit les conseils du docteur Spock et s'efforce de limiter les dégâts
que cause la marmaille, un père qui gagne la vie de tous. De quoi
réjouir les fabricants de machines à laver, les marchands de
couches et tous ceux qui tirent profit de l'explosion démogra-

phique. Les progrès de la médecine ont été remarquables, tout autant que les découvertes pharmaceutiques. Des vaccinations révolutionnaires sont introduites : contre la diphtérie, la polio-myélite, la rougeole, la rubéole, la coqueluche. La tuberculose recule de manière spectaculaire. La typhoïde, la malaria, la grippe, la pneumonie, la fièvre puerpérale disparaissent complè-tement ou se limitent à des formes relativement bénignes. Une meilleure alimentation, une chirurgie plus scientifique, l'usage de la pénicilline, des sulfamides, des antibiotiques, de la cortisone produisent des résultats étonnants. L'espérance de vie s'allonge : en 1940, un Blanc pouvait s'attendre à vivre jusqu'à 62,8 ans ; une Blanche, jusqu'à 67,3 ans ; en 1964, un Blanc, jusqu'à 67,7 ans ; une Blanche, jusqu'à 74,6 ans. Quant à la mortalité infantile, qui se situait aux environs de 34 ‰ en 1944 dans l'État du Massachusetts, elle tombe à 19,8 ‰ en 1964. Le danger vient maintenant des maladies cardio-vasculaires, du cancer, des maladies mentales et des accidents d'automobile.

L'immigration joue malgré tout un rôle. Ce sont les Latino-Américains et les sujets des territoires administrés par les États-Unis qui remplacent, lois des quotas obligent, l'immigra-tion européenne. De 1945 à 1962, un demi-million de Porto-ricains quittent leur île pour s'établir à New York et dans les environs. Les raisons de la migration se conforment au schéma traditionnel. Les Mexicains, eux, se fixent dans les États du Sud-Ouest (Texas, Nouveau-Mexique, Arizona, Californie) et s'emploient surtout dans l'agriculture. Leur condition est plus précaire que celle des Portoricains, car ils ont très souvent franchi illégalement la frontière. Leurs employeurs les exploitent. Leur droit à l'instruction, à des soins médicaux, etc., n'est guère respecté. Tout compte fait, la proportion des Américains nés à l'étranger est au plus bas : 7 % en 1950, 5 % en 1960. L'homo-généité de la population américaine n'est nullement menacée par les nouveaux venus.

La répartition régionale subit de profondes transformations. Pendant la guerre, la mobilité de la population avait avantagé la région des Grands Lacs, les alentours des métropoles du Nord-Est, les lieux d'implantation des activités industrielles. Après la guerre, de nouveaux axes de développement apparaissent. Au nord de l'Ohio et à l'est du Mississippi, l'augmentation de la population atteint, de 1940 à 1960, les 40 %, soit plus que la moyenne nationale (33 %) ; dans les États de la côte Sud de l'Atlantique, près de 50 % ; dans les États des Rocheuses, 60 %, et dans les États de la côte pacifique, environ 100 %. Des villes comme Houston, Albuquerque, Tucson ou Phœnix doublent, triplent, voire quadruplent leur population. Los Angeles dépasse Philadelphie. Et pour un cinquième du total, l'essor démographique vient de la Californie.

Traditionnellement, les États qui attirent sont ceux qui offrent des emplois, des perspectives économiques encourageantes : le Michigan avec ses usines de fabrication automobile, le New Jersey avec les industries liées au raffinage du pétrole, le Delaware, le Maryland, le Washington avec l'essor de l'entreprise Boeing à Seattle, le Texas aux possibilités quasi illimitées, etc. Il faut désormais ajouter un critère qui explique les déplacements : la qualité du climat ou, si l'on préfère, la qualité de la vie que l'on définit par un climat agréable, la lumière des paysages, des notions qui jusqu'alors n'avaient préoccupé qu'une infime minorité. C'est là l'origine de la ruée vers la Californie, la Floride, l'Arizona, le Nouveau-Mexique, le Nevada. Plus encore que le souci écologique, l'attrait pour la beauté naturelle, le tourisme, les parcs nationaux, les stations de montagne, les casinos et les *night-clubs* témoigne du vieillissement de la population. Il est fréquent, en effet, que des Américains prennent leur retraite dans les lieux enchanteurs qu'ils n'ont pas eu la chance de connaître pendant leur vie active ou bien qu'encore actifs ils recherchent un emploi qui servira de transition avec une retraite prochaine.

Autre changement spectaculaire : la population des campagnes a baissé au point qu'au début des années soixante, trois Américains sur quatre vivent dans des zones urbanisées, que ce soient les centres des villes (*downtowns*) ou les banlieues (*suburbs*). Il y a alors 211 districts métropolitains qui comptent au total 112 millions d'habitants, soit 62 % de la population nationale. Mais la plus grande partie de cette nouvelle urbanisation s'est faite au profit des banlieues. Les centres urbains ont tendance à se dépeupler ou à stagner.

Pour conclure ce rapide bilan, il faut souligner combien la force démographique sous-tend la force économique. Parce qu'ils sont plus nombreux, les Américains réclament plus de routes, d'écoles, d'hôpitaux, de produits agricoles et industriels. Ils peuvent faire appel à plus d'initiatives, à plus de matière grise. Leur démographie, outre qu'elle témoigne d'une nation en pleine santé, les prépare à affronter les défis de l'époque.

TABLEAU 18

Évolution régionale de la population des États-Unis de 1940 à 1960 (en milliers d'habitants)

	1940	1950	1960
Washington	1 736	2 379	2 853
Oregon	1 090	1 521	1 769
Californie	6 907	10 586	15 717
États des			
Rocheuses, dont :	4 150	5 075	6 855
– Arizona	532	581	951
– Utah	499	750	1 302
Texas	6 415	7 711	9 580
Floride	1 897	2 771	4 952
New York	13 479	14 830	16 782
Nord-Est	35 977	39 478	44 678
Centre-Nord	40 143	44 461	51 619
Sud	41 666	47 197	54 973
Ouest	14 379	20 190	28 053

SOURCE : *Statistical Abstracts, 1982-1983*, p. 10.

S'agissant des activités industrielles, l'évolution se poursuit dans deux directions. En premier lieu, le gigantisme des entreprises. General Motors fait un chiffre d'affaires légèrement inférieur au budget de la France. Le montant de ses ventes dépasse les ressources combinées du New York, du New Jersey, de la Pennsylvanie, de l'Ohio, du Delaware et des six États de la Nouvelle-Angleterre. La Standard Oil du New Jersey possède une flotte pétrolière de 6 millions de tonnes, soit une fois et demie celle de l'Union soviétique. Son capital s'élève à 17 milliards de dollars et correspond aux actifs de Chicago ajoutés à ceux de Los Angeles. La place des grandes entreprises tend d'ailleurs à s'accroître. Les cinquante plus grandes produisent 17 % de la valeur ajoutée en 1947, 23 % en 1954, 25 % en 1963 ; les cent plus grandes, 23, 30 et 33 % ; les deux cents plus grandes, 30, 37 et 41 %. Somme toute, sur 300 000 entreprises, 0,1 % produisent un tiers de la valeur ajoutée, emploient 25 % des ouvriers, versent un tiers des salaires, assument 40 % des investissements nouveaux et utilisent la moitié du matériel d'exploitation.

Et pourtant, le système repose sur la concurrence et la notion de libre entreprise. « La concurrence, écrit Galbraith, est chez nous beaucoup plus qu'une notion technique ; elle est le symbole de tout ce qui est bien. Même si nous ne pouvions continuer à vivre en régime de concurrence classiquement pur, il nous faudrait continuer à la vénérer sur un trône. » La régulation du marché s'opère par les formes d'organisation financière et par la surveillance des institutions fédérales qui interdisent l'établissement d'un monopole. En revanche, la loi du petit nombre, de l'oligopole, est parfaitement possible. La production des cigarettes, par exemple, est partagée entre quatre firmes ; celle des autos, pour 95 % entre GM, Chrysler et Ford ; celle des savons et des détergents, entre Procter & Gamble, Colgate et Unilever ; celle de l'aluminium, entre Alcoa, Reynolds et Kaiser. L'oligopole donne aux producteurs des avantages considérables : de gros bénéfices, un taux de rentabilité élevé, la possibilité d'un autofinancement à 70 ou 75 %, l'efficacité d'un marketing sur une grande échelle, l'ouverture vers la recherche fondamentale. L'acheteur, en revanche, supporte des prix d'achat élevés, puisque entre les détenteurs de l'oligopole s'établit une coordination plus ou moins spontanée. La manie des fusions trouve dans l'oligopole un cadre idéal : de 1948 à 1969, 1 413 firmes d'un capital d'au moins 10 millions de dollars ont fait l'objet d'une fusion, en particulier dans le textile, le pétrole et l'industrie alimentaire.

Et beaucoup d'ajouter : peu importe le gigantisme, puisque les États-Unis ont abordé aux rivages du capitalisme populaire. ATT

a plus de 2 millions d'actionnaires ; GM, plus de 1 million ; Esso,
700 000 ; l'US Steel, environ 350 000. En fait, 84,5 % des deux
cents plus grandes entreprises sont dirigées par des *managers* qui
ne possèdent qu'une infime partie des capitaux. Ce qui compte,
c'est la technostructure, c'est-à-dire le groupe formé par la
direction et tous les cadres dont la fonction consiste à apporter
des talents, des connaissances et de l'expérience. Ces *managers*
sont issus des mêmes établissements d'enseignement, notamment
la Harvard Business School et le MIT (Massachusetts Institute of
Technology). Ils élaborent au sommet une stratégie globale,
partagent la même idéologie, établissent des liens étroits avec la
recherche appliquée. Quatre groupes financiers dominent-ils les
deux cents plus grandes entreprises ? Mais il y a des pouvoirs
compensateurs, comme les syndicats et les consommateurs. Un
petit *business* survit, s'étend même dans le domaine de l'alimentation, de la confection, de la sous-traitance, des garages. Là où
elle existe, la grande entreprise est productive et efficace, stimule
l'initiative personnelle, tire parti des facteurs physiques, démo-
graphiques, sociaux et institutionnels. Le capitalisme américain,
pense-t-on dans les années cinquante, est bon par définition. Il
suffit que le gouvernement le laisse en paix, en se contentant de
pourchasser les excès et les abus, et l'intérêt de tous y trouvera
son compte.

En second lieu, les nouveautés du monde industriel. Parmi les
industries les plus dynamiques, il faut citer l'industrie automobile, la production aéronautique, la chimie et la fabrication des
appareils électriques. L'automobile est, plus encore que dans les
années vingt, le symbole de l'époque. En 1946, 2 millions d'autos
individuelles avaient été construites ; en 1950, la production
avoisine 6,6 millions ; elle approche les 8 millions en 1955, faiblit
sensiblement dans les années suivantes pour battre un nouveau
record en 1965 avec 9,3 millions. Ce qui veut dire qu'au sortir de
la guerre les États-Unis comptaient 28 millions d'autos immatri-
culées, 40 millions en 1950, 52 millions en 1955, 61,6 millions en
1960, 75 millions en 1965. Si l'on rapporte ces chiffres à la
population, cela fait une auto pour 3,77 habitants en 1950, une
pour 2,92 en 1960. Les belles américaines sont alors de grosses
voitures, aux chromes rutilants, aux contours compliqués et, dira

Ralph Nader, dangereux ; elles sont équipées de freins assistés et souvent d'une direction assistée, avec une boîte de vitesses à transmission automatique. Elles dévorent beaucoup d'essence qui, il est vrai, ne coûte pas cher, empruntent des autoroutes dont le réseau ne cesse pas de s'étendre et font vivre des millions de personnes. L'automobile porte aux transports ferroviaires un coup mortel que l'aviation civile confirme. Elle transforme les paysages urbains et ruraux, sème sur son passage des centres commerciaux, des ensembles suburbains et place les accidents de la route au quatrième rang des principales causes de mortalité. Elle crée aussi un genre de vie, avec les *drive-ins*, des restaurants, des banques, des cinémas, voire des lieux de culte spécialement aménagés pour les automobilistes. Sur ce marché américain, les constructeurs étrangers se risquent à peine, d'autant qu'à cette époque les marchés nationaux (en Europe ou au Japon) sont loin d'être saturés. Volkswagen est moins timide que Renault et implante un réseau, dont la *beetle* (la coccinelle) sert d'image de marque. Les Anglais existent à peine. Les Japonais sont absents.

Les appareils électriques sont à l'origine, eux aussi, d'une activité débordante. Les conditionneurs d'air, les couvertures électriques, les séchoirs, les lave-linge, les congélateurs, les lave-vaisselle, les tondeuses à gazon, les réfrigérateurs, les tourne-disques sont devenus des objets de première nécessité. En 1956, 81 % des familles américaines possèdent un téléviseur, 96 % un réfrigérateur, 67 % un aspirateur, 89 % une machine à laver le linge. Dans les quartiers et les villages les plus pauvres, l'antenne sur le toit, la grosse voiture devant la maison, quelques appareils démodés ne signalent nullement la présence d'une famille aisée, mais confirment la généralisation des appareils électriques. L'essor de l'électronique date de la même époque et le transistor connaît dans d'autres domaines que celui de la télévision un brillant avenir.

Si l'on voulait évoquer d'autres produits de l'industrie américaine, il faudrait citer les DC 4, 6 et 7, les Boeing, les Super-Constellation, l'emploi systématique des métaux légers comme l'aluminium et le titane, les tissus synthétiques qui remplacent la soie, la rayonne, et très souvent la laine et le coton. Tout comme

TABLEAU 19

Répartition des salaires

Par catégorie

	Cols bleus		Cols blancs
1950	18 475 000	(40,9 %)	26 747 000
1955	20 476 000	(40,4 %)	30 199 000
1960	20 393 000	(37,6 %)	33 840 000
1965	21 880 000	(36,0 %)	38 936 000

Dans les principaux secteurs d'activités

	1950	1960
Mines	901 000	712 000
Industries	15 241 000	16 796 000
Fonction publique	6 026 000	8 353 000
Services	5 382 000	7 423 000

il conviendrait de souligner que l'automation progresse à grands pas. L'époque est riche en innovations. Un nombre croissant de salariés travaillent, non pas dans les industries qui produisent des biens de consommation ou d'équipement, mais dans les activités qui rendent des services. C'est donc la nature même du travail industriel qui est en train de changer. Les cols bleus, qu'on pourrait assimiler aux travailleurs manuels, diminuent en pourcentage.

L'agriculture change peu. Même si la main-d'œuvre qui s'y emploie diminue [1], ce sont des problèmes identiques à ceux de la période précédente qui se posent. En particulier, la surproduction qui menace le niveau des prix et l'intervention fédérale que

1.

Population agricole et population active				
	1950	1955	1960	1964
Population active	63 858 000	68 072 000	72 142 000	75 830 000
Population agricole	7 160 000	6 449 000	5 458 000	4 523 000

les fermiers estiment indispensable. Les fermiers américains ont atteint un remarquable niveau de productivité, au prix d'un équipement très moderne, en rémunérant cher les bras qu'ils doivent utiliser. Le résultat est paradoxal. De 1947 à 1960, le revenu net de l'agriculture a baissé de 35 % et, dans le même temps, le revenu net par ferme a baissé de 12 %. Sans aucun doute il y a des distorsions entre les exploitations qui sont gérées sur des superficies moyennes et celles qui occupent de vastes étendues. Mais toutes les exploitations ressentent, de près ou de loin, les effets de la surproduction. L'agriculture américaine est victime de son succès. Tous les rendements ont augmenté : le maïs de 41 %, le blé de 44 %, le coton de 70 %, les pommes de terre de 38 %, le tabac de 34 %. Au fur et à mesure que les rendements s'accroissent, les stocks d'invendus s'entassent. Depuis le temps du New Deal, le gouvernement fédéral a pris l'engagement de soutenir les prix agricoles. Il a le choix entre deux méthodes : encourager la réduction des surfaces cultivées ou verser aux fermiers la différence entre le cours mondial et le prix de revient raisonnable, dénommé prix de parité. Le secrétaire à l'Agriculture du président Eisenhower souhaiterait la fixation d'un prix de parité qui ne resterait pas rigide et baisserait avec l'augmentation des réserves. Le Congrès, de son côté, n'ignore rien de l'arithmétique électorale et n'éprouve aucun enthousiasme pour cette échelle mobile. Le peu qu'il fait provoque le mécontentement dans les campagnes et c'est là l'une des raisons de la défaite des républicains aux élections législatives de 1954. La loi de 1956 s'oriente vers une réduction des superficies dans un but conservationniste. Ce qui n'empêche pas la production obtenue sur une superficie réduite de battre tous les records de 1956 à 1960. Quant à la loi de 1958, elle engage l'agriculture dans la voie de l'échelle mobile des prix agricoles. Les stocks invendus restent entre les mains du gouvernement fédéral qui reçoit dès lors le droit de vendre ou de donner à l'étranger, de procéder aux États-Unis à des distributions gratuites de lait et de nourriture. Une arme alimentaire dans les relations internationales ? L'expression est exagérée, car les États-Unis ne s'en servent pas et sont d'autant moins tentés de le faire qu'elle pourrait être à double tranchant.

Le commerce américain se porte bien. A la fin de la guerre, les États-Unis possèdent un stock d'or de 20 milliards de dollars. C'est le stock le plus important du monde. Le système monétaire international, qui a été mis sur pied à Bretton Woods en 1944, leur donne entière satisfaction et se fonde sur les parités fixes, étant entendu que le dollar raccroché à l'or (35 dollars pour une once d'or) sert de monnaie de réserve internationale. Le stock d'or continue d'augmenter dans l'après-guerre et les États-Unis n'ont qu'un souci, qui est de taille il est vrai, c'est de ne pas perdre le contact avec les autres pays industrialisés que la guerre a ruinés. Après 1953, la prédominance américaine se maintient, bien qu'elle commence à subir les contrecoups de la concurrence européenne et japonaise. Le véritable retournement de la situation, mal perçu par les contemporains, date de 1958. A partir de cette date, et à quelques exceptions près, la balance des paiements est déficitaire ; quant à la balance commerciale, elle ne penche du côté des importations qu'à partir de 1971. Ce qui signifie que les États-Unis vivent au-dessus de leurs moyens, s'appuient sur leur domination monétaire pour payer leur déficit et créent ou laissent se créer une situation malsaine.

Les échanges se font, pour l'essentiel, avec les pays développés comme le Canada, le Japon et les États de l'Europe du Nord-Ouest. L'achat de matériel de transport, d'appareils de photo, de téléviseurs, de vêtements, de produits énergétiques accentue le déficit. Les capitaux américains vont s'investir dans l'achat d'entreprises étrangères, tandis que des capitaux étrangers à long terme se placent aux États-Unis. Enfin, l'aide à l'étranger stimule les échanges avec la Turquie, l'Iran, le Pakistan, l'Inde, Taïwan, la Corée du Sud, etc. En un mot, les États-Unis gardent leur avance technologique. Ils sont à la tête des pays industrialisés et ont creusé un écart considérable avec leurs poursuivants. Toutefois, les premiers craquements se font entendre. L'écart se réduit.

L'un des principaux ouvrages de John Kenneth Galbraith s'intitule *la Société d'abondance* (1958). Il rend bien le climat qui prévaut aux États-Unis. En dépit des crises et du chômage (3 288 000 chômeurs en 1950, 2 852 000 en 1955, 3 852 000 en 1960, 3 786 000 en 1964), c'est l'abondance qui caractérise les

États-Unis d'Eisenhower et de Kennedy. A preuve les indicateurs économiques. Le produit national brut passe de 285 milliards en 1950 à 396 milliards en 1955, à 504 milliards en 1960, à 685 milliards en 1965. Certes, il s'agit de chiffres calculés en dollars courants. Si l'on choisit la référence en dollars constants (valeur de 1958), la hausse du PNB reste aussi impressionnante : 355,3 milliards, 438 milliards, 487,7 milliards, 617,8 milliards. L'inflation est contenue. Le PNB par tête, calculé en dollars constants (valeur de 1958), passe de 2 342 dollars en 1950 à 2 650 en 1955, à 2 699 en 1960 et à 3 180 en 1965. Rien d'étonnant, dans ces conditions, si les firmes américaines versent en 1956 12 milliards de dividendes annuels, si la fortune des Américains s'élève à 875 milliards, si l'épargne individuelle correspond à 7,5 % du revenu. De 1948 à 1953, le produit réel net a augmenté de 5 % par an ; de 1953 à 1957, de 2,4 % ; de 1957 à 1960, de 2,8 % ; de 1960 à 1966, de 5,2 %. Un dernier chiffre qui fera réfléchir : en 1955, l'économie américaine produit 50 % des biens dans le monde et regroupe 6 % de la population de la planète.

Pour avoir une idée plus précise, quelques commentaires s'imposent. Le taux de croissance du PNB par habitant augmente à raison de 2,3 % par an de 1950 à 1968, et même de 3,4 % de 1960 à 1968. C'est beaucoup par rapport aux périodes antérieures, y compris les années vingt, celles de la prospérité, au cours desquelles la hausse se situait en dessous de 2 %. Fini, le temps du besoin où l'Amérique devait s'assurer le strict nécessaire. Avec l'avance dont elle dispose sur les autres pays industrialisés, elle explore une phase encore inconnue de l'histoire économique. Pourtant, le taux de croissance est plus faible qu'en Europe occidentale (5,2 % en république fédérale d'Allemagne, 4,1 % en France) et qu'au Japon (8,9 %). Pour l'instant, le différentiel ne se fait pas sentir, mais il est évident que la diminution de l'écart apparaîtra clairement avant la fin des années soixante.

L'essor économique est traversé de crises de longueur inégale. L'après-guerre, on le sait, n'a pas déclenché de marasme prolongé. Mais il a fallu que les effets de la guerre de Corée s'exercent pour que la récession de 1949 se dissipe. Une nouvelle récession suit les accords de Panmunjom, de juillet 1953 à août 1954. Un autre ralentissement se produit en 1958. Du coup, la production industrielle baisse de 14 % et le nombre des chômeurs croît. La reprise est lente, ce qui permet au président Kennedy de déclarer : « Nous prenons le pouvoir après sept mois de récession, trois ans et demi de stagnation, sept ans de croissance économique au ralenti, neuf ans de crise agricole. » Kennedy agit alors en augmentant le salaire minimum, en versant une aide accrue aux chômeurs, en autorisant les versements anticipés des pensions, en accroissant le déficit budgétaire. Les résultats sont médiocres. Galbraith et Heller, deux économistes keynésiens, font adopter la *new economics* qui fait du budget fédéral une arme économique. Kennedy propose des allégements fiscaux et un crédit d'investissement de 7 %. En fait, c'est le président Johnson qui recueillera les bénéfices de cette politique, mais dès la fin de 1965 les tendances inflationnistes l'emportent. Sans doute est-ce le niveau des dépenses de consommation des ménages qui explique que les crises durent peu. Mais ce qui sous-tend l'expansion économique porte deux noms. En premier lieu, les dépenses publiques. Non pas qu'un gouvernement républicain s'efforce d'accroître les revenus de transferts (dépenses de sécurité sociale, indemnités de chômage, pensions des anciens combattants, etc.), et d'ailleurs Kennedy le démocrate ne fait pas mieux, faute d'une majorité qui le soutienne au Congrès. En revanche, les dépenses militaires et les dépenses de fonctionnement des administrations publiques ne cessent pas d'injecter de l'argent dans le circuit. En second lieu, les achats à crédit. Il n'est pas rare d'acheter une automobile en versant seulement 100 dollars et en s'engageant à payer le reste sur trois ans. Il est fréquent d'acheter la maison familiale sur quinze ou vingt ans. La valeur des achats à crédit s'établit à 27 milliards au milieu des années cinquante. Chaque Américain consacre 12 % de son revenu au remboursement des crédits qu'il a souscrits. L'heure de la publicité a sonné, qui rend tout attrayant et rien inaccessible. C'est ainsi que l'économie américaine poursuit son essor.

Une société des classes moyennes

La société américaine est-elle dépourvue de classes ? Oui, si l'on en croit la majorité des sociologues et si l'on s'en tient à la définition marxiste. Il serait pourtant bien naïf d'imaginer que les clivages sociaux n'existent pas aux États-Unis. A commencer par la distinction entre les cols blancs et les cols bleus. C. Wright Mills, qui publie *White Collar. The American Middle Classes* [1] en 1951, s'en explique. Selon lui : « Par leur accroissement numérique, les cols blancs ont donné un démenti aux théoriciens du XIXe siècle qui prévoyaient une société divisée en patrons et ouvriers. Par leur masse, ils ont transformé la société américaine. » Ils incarnent les classes moyennes, étant entendu qu'à l'intérieur de cette catégorie des groupes sociaux se distinguent suivant le niveau des revenus, la nature de l'activité professionnelle et, comme toujours aux États-Unis, les origines ethniques, les appartenances religieuses et les caractères raciaux. Les travailleurs manuels, qu'on désigne par le terme de cols bleus, s'unissent pour obtenir des satisfactions immédiates, mais ne constituent pas une classe. Ils aspirent à leur tour à se fondre dans les classes moyennes. Bref, sous l'influence des médias, de la consommation de masse, du développement de l'instruction, une conviction domine toutes les autres ; c'est que la société est « fluide », qu'il n'y a pas de prédestination sociale, même si le seul mérite ne suffit pas à assurer la progression dans la hiérarchie sociale.

Les Américains sont conscients des inégalités de revenus. Ils savent que la fortune nationale n'est pas équitablement répartie. Ce qui les rassure et que les statistiques confirment, c'est qu'il se produit un tassement dans l'éventail des revenus. Les 5 % qui détenaient les plus hauts revenus disposaient en 1947 de 17,5 % des revenus en argent ; dix ans plus tard, leur part s'élève à 15,8 % et en 1967 à 15,2 %. Les revenus moyens tendent à

1. Paru en français sous le titre *Les Cols blancs. Essai sur les classes moyennes américaines*, Paris, Éd. du Seuil, coll. « Points », 1970.

englober une portion plus nombreuse de la population. Bref, à condition de n'être pas malade ni chômeur, de n'être pas noir, d'être un homme plutôt qu'une femme, un Américain peut nourrir l'espoir d'améliorer sa condition et, s'il n'en fait pas encore partie, d'entrer dans les classes moyennes ou de voir ses enfants y pénétrer.

La vérité des statistiques se confond avec celle du quotidien. Tout n'est pas parfait, loin de là. La pauvreté existe encore beaucoup plus qu'on ne le croit. Galbraith a attiré l'attention de ses lecteurs en 1958 sur les plus malheureux. Sans provoquer les réactions de l'opinion. Quatre ans plus tard, Michael Harrington secoue une Amérique trop satisfaite en décrivant dans l'*Autre Amérique* celle des chômeurs, des malades mentaux et physiques, des déclassés, des femmes seules, des vieux, des handicapés, des Noirs. Si l'on fixe la limite supérieure de la pauvreté à un revenu annuel de 3 000 dollars pour une famille de quatre personnes, 20 à 25 % des Américains, 30 à 40 millions d'hommes et de femmes de toutes races, de tous milieux, de toutes régions, sont pauvres. Ce qui choque, c'est que la pauvreté se maintienne, qu'elle progresse même très lentement dans le pays le plus prospère du monde, au moment où l'on pensait qu'enfin les besoins les plus élémentaires seraient satisfaits.

Il n'empêche que cols bleus et cols blancs (de l'ancien style : petits entrepreneurs, fermiers, hommes d'affaires, artisans ; du nouveau style : professions libérales, cadres moyens et supérieurs, employés de bureau et de commerce), tous communient dans la même idéologie, dans la même aspiration au succès matériel, dans la même recherche du statut social, dans la même éthique du travail. C'est en ce sens que les séparations entre les classes ont été abolies. Dans les têtes plus que dans les faits. Le symbole de cette nouvelle société, c'est la résidence de banlieue. Que l'on parcoure les environs de New York, de Boston, de Chicago, de Saint Louis, de Houston ou de San Francisco, le paysage reste identique. Des rues bordées d'arbres, des maisons en bois (rarement en briques) que ceinturent des pelouses impeccablement tondues, la voie d'accès au garage, le *driveway*, occupée par une auto, parfois deux ou davantage. Au-dessus de la porte du garage, un panier de basket-ball pour distraire les enfants et les adultes. Chez les plus riches, un court de tennis privé ; sinon, des courts qui appartiennent à la municipalité ou à un club. Un peu plus loin, entouré d'un haut grillage, le terrain de base-ball. Des rues parallèles qui se coupent à angle droit avec, de temps à autre, des places rondes qui servent de lieux de réunion pour les enfants. Le même scénario se déroule tous les jours ouvrables. De 7 à 8 heures, les autos quittent les *driveways*. Au volant, les maris qui partent au travail et rentreront entre 18 et 19 heures. Vers 8 h 30, voici les cars de ramassage scolaire, les *school buses*, peints en jaune, leurs lumières rouges clignotant pour signaler qu'ils chargent leurs jeunes passagers ; ils les ramèneront vers 15 h 30. Pendant une bonne partie de la journée, les rues sont vides, sauf lorsqu'une mère promène ses enfants en bas âge, ceux qui ne vont pas encore à l'école et ne disposent pas d'une *nursery school*, l'école maternelle presque toujours privée. Des vieillards se chauffent au soleil, mais ils sont d'autant plus rares que la ségrégation de fait entre les âges provoque très tôt l'éclatement des familles. De temps à autre surgit un centre commercial avec ses boutiques, ses supermarchés, ses banques, ses cafétérias, ses stations-service, ses cinémas. C'est un lieu d'approvisionnement, de distraction et de promenade. Discrets et malgré tout bien visibles, dégageant une impression de dignité et de richesse, les *funeral parlors*, les salons funéraires, sont une institution de la vie américaine : ils servent de chapelles, de morgues, de centres d'embaumement pour des morts qui ont suscité une véritable industrie. Et innombrables, blanches ou roses, impeccablement entretenues, les églises et les synagogues. La vie religieuse tient une place capitale dans les banlieues et dans les villes. C'est que l'athéisme est rare et souvent confondu avec le communisme. Les religions sont extrêmement diverses et, comme l'a dit Eisenhower, « notre système de gouvernement n'a pas de sens, s'il ne se fonde sur une foi religieuse intense – et peu m'importe la religion qu'on pratique ». En 1957, à la question, « Quelle est votre religion ? », 96 % des Américains interrogés donnent une réponse précise. De plus, une véritable renaissance de la foi s'est produite depuis 1945, qu'il s'agisse des confessions protestantes, du catholicisme ou du judaïsme. Est-ce le résultat de l'opulence et de la suburbanisation qui auraient créé l'insatisfaction et l'insécurité ? Est-ce l'esprit de la guerre froide ? Ou la loi de Hansen, qui veut que la troisième génération subisse une crise d'identité et se raccroche aux symboles religieux de la première génération d'immigrants ? En 1956, la moitié des États acceptent que la Bible soit lue dans les écoles publiques ; cinq ans plus tard, un tiers des districts scolaires, localisés dans le Sud et le Nord-Est, exigent des prières dans les salles de classe. Malgré la séparation traditionnelle entre l'Église et l'État, les écoles religieuses bénéficient d'une aide publique pour financer les transports, les repas et l'achat des manuels de leurs élèves. C'est au début des années soixante que la Cour suprême s'emploie à limiter l'influence de la religion sur l'école (interdiction de la prière dans les établissements scolaires en 1962). Il n'empêche qu'avant comme après, appartenir à une communauté religieuse est le signe d'une bonne adaptation à la société. Auprès du curé, du pasteur ou du rabbin, on manifeste son sens social et civique. Peu importe ce que l'on croit et comment l'on croit ; l'essentiel est d'agir en faveur de son prochain. Dans les banlieues où chacun connaît son voisin, ce sont là des contraintes auxquelles il n'est guère possible d'échapper.

Banlieues toujours recommencées, havres de paix et d'ennui ! A vrai dire, elles reflètent le statut social de leurs habitants. Il suffit d'un peu d'expérience pour y reconnaître l'habitant de la classe moyenne-inférieure ou celui de la classe moyenne-supérieure. La qualité des bâtiments, l'utilisation des espaces, les dimensions des jardins donnent des renseignements que l'on peut lire à livre ouvert. Et au travers de ces lieux-dortoirs, on pourrait dessiner une géographie de la mobilité sociale. Quitter le centre des villes, voilà un premier pas qui témoigne d'une élévation du niveau de vie. Et puis, de banlieue en banlieue, se poursuit l'acquisition de l'aisance. Jusqu'au jour où, mais ce sera pour la génération suivante dans le meilleur des cas, on reviendra s'installer dans les quartiers les plus chics de la ville. On aura alors cessé d'appartenir à la classe moyenne pour faire partie de l'*establishment*, de ceux qui gagnent beaucoup d'argent, possèdent un très bel appartement en ville et une résidence secondaire à la campagne, envoient leurs enfants dans les écoles les plus chères et dans les universités les plus prestigieuses.

La banlieue, c'est un cadre de vie. L'urbaniste architecte qui se double d'un promoteur immobilier fait ici figure de metteur en scène. L'homme qui réussit le mieux en ce domaine se nomme William Levitt. Au lendemain de la guerre, il construit dans les environs de New York une première Levittown : des maisons individuelles, puis des écoles, des églises, des magasins. Deuxième essai en 1951, cette fois-ci aux alentours de Philadelphie. Aux abords de la zone résidentielle, il a implanté un centre commercial. Troisième tentative : à Willingboro, dans le New Jersey, les maisons sont regroupées en quartiers autour des écoles et d'autres bâtiments sociaux ; des terrains sont réservés pour les constructions religieuses. Les maisons sont préfabriquées. Il y a le style Cap Cod, le style Rancher, le style colonial. Les couleurs proposées sont nombreuses et introduisent un élément de variété. Mais le mode de vie réclame l'homogénéité : pas de murs entre les jardins (comme dans toutes les banlieues américaines), pas de linge mouillé qu'on ferait sécher à la vue de tous pendant le week-end, une pelouse coupée chaque semaine. Le promoteur sélectionne ses clients. Il fixe des prix élevés, ce qui élimine les moins fortunés. Il écarte, officiellement ou discrètement, au moins jusqu'au début des années soixante, les acheteurs noirs. En 1967, la Levittown du New Jersey est composée pour 47 % de protestants, pour 37 % de catholiques, pour 14 % de Juifs. Les résidents sont mariés et relativement jeunes. Ils vont à l'église, au temple ou à la synagogue et participent avec enthousiasme aux activités dites civiques.

Une vie communautaire se crée. Vous emménagez ? Les voisins viennent vous aider, gardent les enfants, vous donnent les renseignements indispensables sur le quartier. Vos enfants vont-ils dans une école qui n'est pas desservie par les cars de ramassage scolaire ? Les mères organisent un *car pool*, un roulement pour assurer le transport par autos individuelles. Vous désirez faire une sortie ? Un adolescent accepte, pour quelques dollars, de faire le *baby-sitting*. Sans oublier les scouts, les associations de parents d'élèves, les clubs de poker ou de bridge, les organismes civiques de toutes sortes qui vous ouvrent leurs portes, vous accueillent à grandes tapes dans le dos, vous placent tout de suite à égalité avec les résidents plus anciens. Dans *The Organization*

Man, William Whyte décrit l'atmosphère de Park Forest, un de ces ensembles suburbains. Le texte du message publicitaire qui accueille le futur résident est typique : « Vous appartenez à Park Forest. Dès que vous entrez dans notre cité, vous le savez : vous êtes les bienvenus, vous êtes membres d'un groupe, vous pouvez vivre dans une petite ville pleine d'amis au lieu de vivre tout seul dans une ville immense. Vous pouvez avoir des amis qui vous recherchent et vous prenez plaisir à les fréquenter. Venez ! Découvrez l'esprit de Park Forest. » Ici, les résidents s'emploient à se convaincre que la distinction entre les classes n'existe pas.

Quel changement dans les mentalités américaines ! Les observateurs s'inquiètent, comme William Whyte, comme David Riesman qui publie en 1950 *la Foule solitaire*. Les États-Unis ont été bâtis sur l'individualisme, voire sur la loi du plus fort, du plus résistant, et le darwinisme y a connu son heure de gloire. Voilà que les Américains ont pris l'habitude de vivre dans de « petites boîtes », toutes identiques, de faire les uns comme les autres, de se conformer à un modèle général dont il est interdit, sous la pression sociale, de s'écarter. L'intimité est une notion en voie de disparition. L'originalité est assimilée à une conduite déviante. Les banlieusards perdent leur temps à des loisirs qui ne les distraient pas, à des réunions entre voisins insupportablement pesantes et obligatoires sous peine de passer pour asociaux. Les enfants s'ennuient. Les épouses attendent le retour de leur Ulysse en faisant d'interminables parties de bridge, cigarette aux lèvres, café ou whisky à portée de la main, à moins qu'elles ne soient astreintes aux lourdes charges d'une famille nombreuse. Le samedi, les maris se livrent au bricolage jusqu'à s'en donner la nausée. La maison ressemble à un bijou, mais qu'on y étouffe ! Comment échapper à cette atmosphère, alors qu'en déménageant on a perdu ses racines et le contact avec sa famille ? L'Américain de 30 à 40 ans ? Un col blanc qui gagne bien sa vie, améliore son statut social en changeant d'emploi, donc d'entreprise et de ville. Il vend sa maison pour en acheter une autre, semblable à la première, et retrouver ailleurs l'atmosphère qu'il vient de quitter. Il a beau passer d'une banlieue à l'autre, le changement ne se fait pas sentir. Partout il est soumis, par les spots publicitaires que distillent la radio et la télévision, par les pages de publicité qui envahissent son journal, par les pancartes qui décorent tristement les routes, à la persuasion clandestine qu'a décrite le sociologue Vance Packard. Il vit dans un monde de symboles : il ne mange, ne fume, ne boit, ne conduit, ne s'habille qu'en fonction de l'image qu'il veut donner de lui-même. Et tout en se faisant plaisir, il offre au *business* de fructueuses affaires. C'est le revers de la médaille, la face cachée du bonheur des banlieues, la misère morale du riche. Peut-être, en son for intérieur, dissimule-t-il des pulsions, des envies que rapportent tant bien que mal les rapports Kinsey sur les comportements sexuels des Américains et des Américaines. Peut-être certains découvrent-ils, dans *Playboy*, fondé en 1953 par Hugh Hefner, qui tire à 800 000 exemplaires six ans plus tard, un dérivatif nécessaire qu'agrémentent les clubs Playboy (le premier s'ouvre en 1960). Pour le moment, s'il y a frustration, elle ne débouche pas sur la contestation, moins encore sur la révolte. On se souvient encore des vaches maigres d'avant-guerre et on surmonte l'ennui de l'aisance en songeant aux tristes années trente.

Dans les banlieues qui forment le royaume de la famille, une famille nucléaire, limitée aux seuls enfants et aux parents, on a presque toujours le sentiment que le rôle unique de la femme, c'est celui de la mère, de la procréatrice. Conclusion exagérée, qui s'explique sans doute par la réaction féministe de la période postérieure. D'abord, le contrôle des naissances est appliqué, grâce au stérilet et déjà par la pilule. L'Église catholique exprime son opposition, sans grand effet, et les Églises protestantes adoptent une attitude opposée. A défaut de la contraception, l'avortement sert à limiter les naissances, bien qu'il soit illégal jusqu'à l'arrêt de la Cour suprême de 1973. Et pourtant, une véritable culture de la famille prend pour centre le rôle de la mère, la *mom*, attentionnée, tyrannique, qu'on place sur un piédestal sans lui reconnaître les mêmes droits qu'à l'homme. Les périodiques féminins exaltent à qui mieux mieux la maternité. D'innombrables ouvrages et d'innombrables séries télévisées soulignent les délices de la vie familiale et le rôle de la banlieusarde qui régente sa maisonnée, tout en reconnaissant l'autorité suprême, et souvent absente, du père. La mère aide à la socialisation des enfants, décide des produits que la famille achète, retient son mari à la maison en se faisant tour à tour épouse et maîtresse séduisante. A elle de cuisiner, de tenir le ménage, d'être en un mot la reine du foyer. La reine ou la prisonnière ? C'est l'affaire de chacune et le sentiment de chaque époque. Beaucoup de femmes se livrent, dans leur temps libre, aux joies de la peinture et de la pose des papiers peints, font du jardinage, cousent ou participent bénévolement à des activités sociales. La plupart ne s'ennuient pas. La rationalisation de leur existence, c'est de savoir, à travers leurs lectures, qu'elles font ce que la société attend d'elles.

Malgré tout, le travail féminin progresse. En 1960, deux fois plus de femmes qu'en 1940 exercent une activité salariée, soit 40 % des femmes âgées de plus de 16 ans. Les femmes mariées qui travaillent à l'extérieur du foyer représentent 30 % de leur catégorie en 1960, contre 15 % en 1940. Les mères de famille au travail sont passées de 1,5 million à 6,6 millions. En 1960, le mari et l'épouse ont une activité salariée dans 10 millions de familles. Ce qui est remarquable, c'est que ce sont les femmes d'un milieu aisé et d'un haut niveau intellectuel qui entrent sur le marché du travail. Par exemple, celles qui ont obtenu un diplôme universitaire exercent un métier dans 53 % des cas en 1962 ; celles qui n'ont pas dépassé le niveau du lycée occupent un emploi dans 36,2 % des cas. Les épouses des cols blancs se précipitent plus volontiers que celles des cols bleus vers des travaux rémunérés. Elles aiment cette activité extérieure, y trouvent une source de fierté et d'indépendance, en tirent des revenus complémentaires qui permettront à la famille d'accéder à un niveau de vie plus élevé. L'évolution est sensible. L'explosion du féminisme ne se serait pas produite, à partir de 1963-1965, si le terrain n'avait pas été préparé.

Les débuts de la déségrégation raciale

Sans doute Truman a-t-il lancé le mouvement de déségrégation, mais dans l'ensemble la ségrégation raciale continue de s'imposer dans les États du Sud et dans ceux qui « bordent » la frontière avec le Nord et l'Ouest. Des lois interdisent les mariages qualifiés de « mixtes », réglementent la séparation des races dans les écoles et dans les bâtiments publics. Avec ou sans loi, un Noir ne peut entrer chez un Blanc du Sud qu'en empruntant la porte de derrière, doit descendre du trottoir lorsqu'il croise un Blanc, balaie le magasin mais ne sert pas les clients blancs, peut faire un shampooing à une cliente blanche mais non lui mettre les bigoudis. Bref, le code de conduite qui régit les relations entre Noirs et Blancs descend dans les détails les plus sordides et, qu'il soit écrit ou tacite, conforte les pratiques discriminatoires.

Le système se fissure en 1954. La Cour suprême rend, cette année-là à l'unanimité, un arrêt qui fait jurisprudence, le fameux *Brown v. Board of Education of Topeka, Kansas*. Elle rejette les conclusions que d'autres juges à la Cour avaient données en 1896 dans l'arrêt *Plessy v. Ferguson*. Impossible d'admettre, dit-elle, que la ségrégation scolaire donne les mêmes avantages aux Américains des deux races. L'idée qu'en étant séparées, elles puissent néanmoins rester égales ne tient pas. Il faut que les établissements secondaires, y compris ceux qui étaient jusqu'alors réservés aux Blancs, s'ouvrent à tous les élèves « aussi rapidement que possible ». La décision, qui doit beaucoup à Earl Warren, le *chief justice* que le président Eisenhower vient de nommer, provoque une véritable révolution. D'autres arrêts la confirment. Cela signifie que le système scolaire des États ségrégationnistes doit être modifié, que la déségrégation scolaire fera tache d'huile et s'appliquera aux autres domaines des relations sociales, que l'une des caractéristiques des États du Sud est condamnée par le pouvoir judiciaire fédéral. Rien n'est moins simple que de faire exécuter l'arrêt : l'exécutif est d'ailleurs partisan de la modération et le Congrès est encore moins disposé à s'engager dans la voie des réformes. Quant aux États du Sud, ils sont décidés à résister comme si la guerre civile allait se répéter.

Jusqu'en 1965, la situation change lentement. Il est vrai qu'en 1957, le président Eisenhower dépêche des troupes fédérales à Little Rock, Arkansas, pour permettre à des enfants noirs de pénétrer dans une école « blanche ». La même année, le Congrès vote une loi sur les droits civiques, qu'il confirme en 1960. Mais d'une part, les États « bordiers » acceptent d'obéir aux nouvelles dispositions ; d'autre part, un mouvement d'opinion se déclenche, qui contribuera à accélérer l'évolution. Sous l'influence des organisations noires, la National Advancement Association for Colored People (NAACP), le Congress of Racial Equality (CORE), la National Urban League, la Southern Christian Leadership Conference (SCLC) qu'anime le pasteur Martin Luther King, des manifestations de protestation sont mises sur pied. King réussit en 1955 à imposer la déségrégation des autobus de Montgomery (Alabama). Le mouvement s'étend aux restaurants et aux transports routiers. Les organisations noires sont soutenues par la plupart des syndicats, des Églises et par les libéraux blancs. Et pourtant, en dépit des promesses du candidat Kennedy, le gouvernement fédéral continue de pratiquer une politique relativement timorée. Comme Eisenhower, le président Kennedy impose, cette fois-ci dans le Mississippi, l'intégration d'un étudiant noir. Son frère Robert, qui occupe les fonctions d'*attorney general,* fait tant bien que mal respecter la loi. En fait, l'année 1963 est décisive. King organise des manifestations non violentes à Birmingham (Alabama) ; la police locale réagit avec violence sous l'œil des caméras de la télévision. Une prise de conscience se fait dans l'ensemble du pays, renforcée par le discours que prononce à Washington, sur les marches du Capitole, le 28 août, le pasteur King : « J'ai fait un rêve, s'écrie-t-il, que mes quatre enfants vivront un jour dans une nation où ils ne seront pas jugés en fonction de la couleur de leur peau, mais en fonction de leur caractère. C'est notre espoir. » Le président Kennedy se décide, enfin, à mettre tout le poids de son influence dans la balance. Et ce que l'assassinat du 22 novembre ne lui permettra pas d'accomplir, son successeur le fera.

Le programme est chargé. Il convient de réussir à mettre fin à la discrimination dans la politique du logement, dans l'embauche, dans l'inscription sur les listes électorales, dans les moyens de transport. Il faudra aussi que l'intégration se fasse. Au fond, en 1964, dix ans après l'arrêt *Brown*, une seule école du Mississippi est réellement « intégrée », c'est-à-dire qu'elle était réservée aux enfants blancs et qu'elle reçoit maintenant des élèves des deux races. Au même moment, une infime proportion des étudiants noirs de Caroline du Sud fréquente des établissements anciennement « blancs ». La Floride, la Virginie, le Tennessee, le Texas ne font pas mieux. L'inscription sur les listes électorales est tout autant significative : dans le Mississippi, 6,1 % des Noirs en âge de voter ont franchi les obstacles et réussi à s'inscrire ; en Alabama, 13,7 % ; dans les autres États du Sud, la proportion varie entre 30 et 40 %. Il est encourageant de constater que le Congrès vient d'adopter un amendement à la Constitution qui interdira pour les élections fédérales la *poll tax,* un droit qu'il faut acquitter dans certains États, notamment ceux du Sud, pour pouvoir voter. Le 24e amendement, approuvé par trente-huit États, entre en vigueur en 1964.

Si le Sud cède peu à peu, il reste encore beaucoup à faire ailleurs. Non pas dans le domaine de la ségrégation que les États du Nord, du Middle West et de l'Ouest ont combattue et interdite depuis longtemps, mais dans la lutte contre la pauvreté. C'est que la migration des Noirs vers le Nord se poursuit. En 1960, les États-Unis comptent 18 871 831 Noirs. Sur ce total, 60 % vivent dans le Sud, 34,3 % dans le Nord, le reste dans l'Ouest. Les Noirs forment de plus en plus une population urbaine et l'élément le plus pauvre du prolétariat des grandes cités. En 1964, les Américains entrevoient la fin de la ségrégation raciale. Le problème noir resurgira ailleurs, sous d'autres formes.

Leaders du monde libre

Plus que jamais auparavant les États-Unis se conduisent en leaders du monde libre. Ils assument pleinement leurs responsabilités de puissance impériale sur le plan militaire, diplomatique et, ce qui est nouveau, culturel.

Si l'on s'en tient aux paroles, le président Eisenhower rompt avec la politique de son prédécesseur. N'est-ce pas la recommandation que lui a donnée Dulles ? Plus question d'accepter le moindre compromis avec le communisme international. Le danger communiste menace l'âme de l'Occident. L'endiguement, c'est l'acceptation immorale d'une zone d'influence soviétique,

une attitude passive et défaitiste des États-Unis. Il faut songer à
« libérer » les peuples asservis par l'URSS. Au *containment* doit
succéder le *roll back*. Parce qu'il faut gagner les élections de
1952, Dulles oublie qu'il a soutenu la diplomatie de Truman, qu'il
a même participé à son élaboration et qu'il propose une politique
passablement dangereuse pour la paix du monde. Mais les mots
sont trompeurs. Eisenhower ne tarde pas à souligner que la
« libération » se fera par des moyens pacifiques, par la persuasion
morale et non par la force. En outre, son principal souci est de
réduire le coût de la défense nationale. Dans cette perspective, il
inaugure un *new look,* qui consiste à donner la priorité à l'arme
nucléaire sur les armements conventionnels. C'est pourquoi les
crédits vont à la construction de porte-avions, de bombardiers et,
plus tard, de missiles. L'armée de terre est sacrifiée et les
États-Unis comptent sur le développement des forces terrestres
des alliés de l'OTAN. L'aviation stratégique et la marine
jouissent, en revanche, d'un traitement de faveur. La nouvelle
stratégie va dans le sens des représailles massives : en cas
d'attaque, les Américains déclencheront le feu nucléaire. De
quoi faire peur aux éventuels ennemis et aux amis, quand on sait
que les États-Unis disposent de la bombe thermonucléaire depuis
1952 et l'Union soviétique depuis 1953. D'ailleurs, Dulles ne
cache pas que, pour contenir le communisme, les États-Unis ne
craindront pas d'aller jusqu'au « bord du gouffre de la guerre »,
entendons : de la guerre nucléaire.

Dans la pratique quotidienne, la politique étrangère d'Eisenhower témoigne néanmoins d'une grande prudence. Pas d'aven-
turisme, pas de gestes inconsidérés, une recherche constante et
vaine d'une limitation des armements. Sans doute soutient-il le
renforcement du camp occidental. De ce point de vue, l'échec de
la CED déçoit profondément Washington. Mais la « révision
déchirante » dont Dulles avait menacé une France récalcitrante
ne se produit pas. L'OTAN est consolidée, mais il n'est pas
question d'accepter le directoire à trois que propose le général de
Gaulle en 1958 et du coup l'intégration des forces armées au sein
de l'Alliance atlantique fait l'objet d'une contestation interne.
Les États-Unis poussent au réarmement de la république fédérale d'Allemagne, ce qui ne les empêche pas de signer en 1954

le traité de paix à quatre avec l'Autriche. Ils garantissent l'indépendance de Berlin-Ouest, alors que les Soviétiques s'inquiètent de la fuite vers le monde libre de milliers d'Allemands de l'Est. Ils n'interviennent pourtant pas quand les Berlinois de l'Est se soulèvent en juin 1953, ni en 1956, quand les Hongrois et les Polonais tentent de recouvrer un peu de leur liberté. Ce qui se passe au-delà de l'Elbe, c'est l'affaire de l'URSS, et non des États-Unis.

En revanche, Eisenhower montre que pour lui, les puissances moyennes qui font partie du camp occidental comme la France et la Grande-Bretagne ne sauraient en aucun cas agir indépendamment du leader et mettre en péril l'équilibre précaire que les deux Grands ont instauré. C'est pourquoi lorsque les Français et les Britanniques se joignent en octobre-novembre 1956 aux Israéliens pour essayer de renverser le colonel Nasser qui vient de nationaliser le canal de Suez, les États-Unis imposent à leurs alliés une reculade peu glorieuse.

Quant à l'espoir d'une limitation des armements, ils se perd dans les sables et dans de vaines conférences internationales. Celle de Paris qui réunit en 1960 Khrouchtchev, Macmillan, de Gaulle et Eisenhower se termine avant même de commencer, parce qu'un avion-espion américain, l'U 2 piloté par Gary Powers, a été abattu par la DCA soviétique, que Khrouchtchev veut des excuses et des promesses qu'Eisenhower n'entend pas lui donner. Et puis, comment croire à un possible accord entre les deux Grands, maintenant que l'Union soviétique a envoyé dans l'espace, le 5 octobre 1957, son premier satellite, le Spoutnik, dont le bip-bip moqueur sème la panique en Amérique ? Une course à la construction de missiles intercontinentaux s'ouvre alors.

En Extrême-Orient, l'ennemi principal reste la Chine populaire. Après la signature d'un armistice en Corée, il faut regrouper les pays qui redoutent l'expansionnisme communiste. De là, ces pactes et traités dont Dulles semble avoir la manie. L'Organisation du traité de l'Asie du Sud-Est (OTASE), réunit le 8 septembre 1954 les États-Unis, la France, la Grande-Bretagne, l'Australie, la Nouvelle-Zélande, le Pakistan, les Philippines, la Thaïlande ; elle assure également la protection du

Viêt-nam du Sud, du Laos et du Cambodge. Le traité avec la
Chine nationaliste de Taïwan date du 2 décembre 1954 ; le traité
avec la Corée du Sud, du 1er octobre 1953 ; le nouveau traité avec
le Japon, du 19 janvier 1960 ; le pacte de Bagdad lie en 1954 les
États-Unis, la Grande-Bretagne, la Turquie, le Pakistan, l'Iran et
l'Irak (ce dernier pays se retire peu après) et promet l'aide
américaine à tout pays du Moyen-Orient que menacerait l'Union
soviétique. Dès 1958, Eisenhower respecte sa promesse et fait
débarquer des *marines* au Liban à la demande du gouvernement
libanais.

Tout compte fait, c'est toujours l'endiguement qui prévaut. La
pactomanie de Dulles est identique à celle de Truman et
d'Acheson. L'aide économique s'étend aux pays du tiers monde
qui viennent de révéler leur force au congrès de Bandung (1955)
et tend indirectement à mondialiser la guerre froide. La CIA
accroît son rôle et intervient notamment au Guatemala en 1954
pour y renverser un gouvernement trop « progressiste ». Bref,
Eisenhower prolonge, à moins qu'il ne l'accentue, la politique de
Truman. Sans doute parce que, même après la mort de Staline,
les États-Unis n'ont pas d'autres possibilités.

Kennedy promet de faire mieux et s'inspire des mêmes
principes. Lui aussi, croit à la mission des États-Unis : défendre
les libertés, la démocratie, se battre contre toutes les formes du
totalitarisme, ne pas recommencer l'erreur tragique de la France
et de l'Angleterre à Munich. En outre, Kennedy est avide d'action immédiate, de « coups » spectaculaires. Président activiste, il
veut « s'engager ». Le résultat immédiat, c'est que la guerre
froide s'aggrave, au moins jusqu'à 1962. Les contre-révolution-
naires cubains, qui ont été armés, entraînés et transportés par la
CIA, débarquent en avril 1961 dans la baie des Cochons. Ils
échouent lamentablement. Kennedy assume avec courage la
responsabilité de l'échec, bien que les plans de l'opération aient
été préparés sous la présidence d'Eisenhower. Il tâche de se
montrer aussi ferme que possible sur la question de Berlin, sans
pouvoir empêcher les Soviétiques et leurs alliés d'Allemagne de
l'Est de construire en août 1961 le mur de Berlin. Dans le
domaine des armements, Kennedy s'aperçoit très vite que le
missile gap – sur lequel il a tant insisté au cours de la campagne

électorale – n'existe pas. Il se lance, malgré tout, dans un programme d'armement d'une impressionnante ampleur.

Toutefois, sur plusieurs points, la politique étrangère et la politique de défense de Kennedy témoignent d'un nouveau cours. Les États-Unis renoncent à leur doctrine des représailles massives pour adopter celle de la riposte graduée. Ils s'engagent à défendre leurs alliés européens et ne menacent plus les Soviétiques de mettre tout de suite l'intégralité de leur puissance nucléaire dans la balance. C'est plus crédible, donc plus efficace. Dans la diplomatie américaine, l'Europe n'occupe plus la priorité des priorités. La guerre froide y a gelé pour longtemps les positions. Il suffit donc de défendre le *statu quo,* quitte à proposer aux alliés un grand dessein, un projet d'association vague et irréalisable ; Kennedy a découvert et fait découvrir à ses compatriotes l'importance cruciale des pays en voie de développement ; il a compris que désormais la rivalité entre les deux Grands s'exercera en ce domaine. Aussi multiplie-t-il les initiatives, comme la création d'un « corps de la paix », l'élaboration d'un programme d'aide alimentaire, qui donnent des résultats mitigés. Une fois encore devancés par les Soviétiques, les Américains se lancent dans la conquête de la lune et de l'espace : une démarche à la fois scientifique et militaire par ses implications.

La crise des missiles de Cuba qui éclate en octobre 1962 constitue, dans la politique étrangère de Kennedy, une césure. Le président des États-Unis a remarquablement manœuvré. Il a fait reculer l'Union soviétique et, conséquence indirecte, ouvert la voie à une détente entre les deux Grands. C'est le triomphe des États-Unis. Leur supériorité dans le domaine des armements est incontestable : ils possèdent trois fois plus de missiles que l'URSS, cinq fois plus de bombardiers à long rayon d'action. Un formidable programme est en cours de réalisation. Leur puissance nucléaire s'établit à 30 000 mégatonnes, soit 30 milliards de tonnes de TNT. Peu avant sa mort, Kennedy dresse le bilan : « En moins de trois ans, observe-t-il, nous avons augmenté de 50 % le nombre des sous-marins Polaris prévus pour être opérationnels avant la fin de la prochaine année fiscale, de 70 % et plus le total de nos achats de Polaris, de 75 % nos achats de

Minutemen, de 50 % le nombre de bombardiers stratégiques en état d'alerte de quinze minutes, de 100 % le nombre total d'armes nucléaires mises à la disposition de nos forces stratégiques. »

Des États-Unis puissants, si puissants qu'on pourrait croire qu'ils sont le seul Supergrand de la planète, une économie dynamique qui fait envie et ne suscite pour le moment aucune inquiétude, une sécurité nationale largement assurée, un président dont les discours séduisent l'Europe et une grande partie du tiers monde, pourquoi les Américains s'inquiéteraient-ils ? En fait, sur un problème capital, Kennedy laisse à son pays un legs tragique. Comme ses prédécesseurs, il refuse de reconnaître la Chine populaire et ne discerne pas les premiers signes d'un schisme avec l'Union soviétique. Comme Eisenhower, il suit de près les événements d'Indochine et soutient à Saigon le gouvernement de Ngo Dinh Diem. Lui aussi croit dans la théorie des dominos : si le Viêt-nam du Sud tombe aux mains des communistes, les autres pays de la région succomberont les uns après les autres. Sans doute se laisse-t-il trop aisément convaincre par les chefs militaires et les rapports de la CIA. Toujours est-il que le nombre des « conseillers » américains du Viêt-nam du Sud s'accroît, alors qu'ils n'étaient que 685 au printemps de 1961. En juin 1962, 5 576 soldats américains servent au Viêt-nam du Sud ; ils sont 16 732 en octobre 1963 et déjà 489 y ont trouvé la mort. C'est l'engrenage, dont Kennedy porte l'entière responsabilité. L'assassinat de Diem en novembre 1963 complique encore la situation à Saigon. La guerre du Viêt-nam a commencé.

Puissance militaire et diplomatique, les États-Unis sont aussi les leaders du monde libre par leur influence culturelle. Qu'on en juge ! William Faulkner reçoit le prix Nobel de littérature en 1950 ; Ernest Hemingway en 1954 ; John Steinbeck en 1962. Les écrivains américains ont acquis une réputation internationale que plus personne ne leur conteste. Norman Mailer, Irwin Shaw, Nelson Algren, Saul Bellow, Jack Kerouac, J.D. Salinger composent une cohorte prestigieuse, tandis que tous les théâtres du monde montent les chefs-d'œuvre de Tennessee Williams, d'Arthur Miller et d'Eugene O'Neill. Dans les arts plastiques, même constatation. Jackson Pollock domine le monde des peintres américains et fait triompher l'expressionnisme abstrait. New York est devenue la capitale mondiale de la peinture. Des architectes, nés aux États-Unis ou réfugiés, comme Frank Lloyd Wright, Mies Van der Rohe et Eero Saarinen, inventent des styles et des formes qui s'imposent en Amérique et en Europe. Les sciences sociales trouvent un nouveau paradis dans les universités américaines.

Les États-Unis imposent leur empreinte davantage encore sur la culture populaire. Trois exemples le montrent à l'évidence. Le premier apporte une confirmation ; il s'agit du cinéma. Échaudé par le maccarthysme, Hollywood renonce aux films à messages politiques et se contente de tourner quelques films qui traitent de problèmes sociaux, comme *l'Homme au bras d'or* (la drogue) ou *la Fosse aux serpents* (l'aliénation mentale). En revanche, les superproductions remportent de francs succès, qu'il s'agisse des *Dix Commandements,* de *Ben Hur* ou de *Spartacus.* Les *thrillers* d'Alfred Hitchcock et de quelques autres se dégagent d'une production abondante et trop souvent médiocre. Tout comme il est vrai que mis à part quelques bons *westerns,* la plupart des films hollywoodiens sur le Far West sont plutôt affligeants. Qu'importe ! L'usine à rêves fonctionne et exporte ; elle contribue à façonner des générations d'Américains et d'étrangers. Le deuxième exemple concerne la télévision. Les États-Unis inventent une nouvelle forme d'expression composée de journaux d'information, de séries insipides et de jeux très populaires jusqu'au moment où, en 1958, on découvre qu'ils ont fait l'objet de trucages. Piètres programmes, diront les bons esprits. Oui, mais comment ne pas admettre que les autres réseaux de télévision dans le monde se mettent l'un après l'autre à l'école américaine, sauf à perfectionner le modèle ? Enfin, troisième exemple, le *rock'n roll.* C'est un phénomène de société qui bouleverse le milieu de la chanson en même temps que des millions de garçons et de filles. La révolution date de 1954, avec le succès de *Graine de violence* et de sa musique, avec par ailleurs la découverte d'Elvis Presley, un jeune camionneur blanc qui chante comme les Noirs. Une révolution qui s'explique par les débuts de la libération des mœurs, l'influence d'une jeunesse de plus en plus nombreuse, les effets de la télévision.

Ces trois exemples illustrent la nouvelle culture populaire que les États-Unis ont inventée et qu'ils exportent, sans le vouloir expressément, dans le monde libre, dans les États « socialistes » et dans le tiers monde. Avec les musées superbement aménagés et disséminés aux quatre coins du pays, les orchestres qui illustrent les principales villes, les bibliothèques et les expositions, les États-Unis apprennent à tirer parti de la civilisation des loisirs et indiquent aux nations de l'Ancien Monde la voie à suivre. Dans ces conditions, pourquoi douteraient-ils de leur avenir ? Ils éprouvent, de toute évidence, le sentiment d'avoir atteint leur maturité. Les observateurs étrangers ressentent la même impression. C'est pour cela que le pays fascine, agace et ne laisse jamais indifférent.

4

Les doutes et les incertitudes
(1964-1985)

14

La « Grande Société »
(1964-1968)

Au lendemain de l'assassinat de Kennedy, un irrésistible vent de réforme balaie les États-Unis. Les changements que le défunt président avait l'intention de provoquer font désormais partie de l'héritage, d'un héritage sacré comme si les Américains portaient dans la tragédie de Dallas une responsabilité collective. Le dernier hommage à Kennedy, c'est au moins de terminer ce qu'il avait entrepris, souvent d'aller au-delà. Aussi, pendant quatre ans, est-ce la victoire de l'Amérique libérale. Un puissant renouveau de l'esprit rooseveltien s'empare de l'opinion, du Congrès et de la présidence. Avec, cette fois, une différence fondamentale. L'Amérique est prospère. Elle peut s'offrir des réformes qui, trente ans plus tôt, seraient apparues comme des rêveries ou comme un luxe impossible. Elle peut se lancer dans le New Deal du riche. A sa tête, le successeur de Kennedy, dans lequel on voit tantôt le fidèle héritier, tantôt l'usurpateur du jeune prince précocement disparu. Jusqu'au moment où le bouleversement se heurte à l'infranchissable obstacle : la guerre du Viêt-nam. Dès lors, la lutte contre la pauvreté cède la place à la lutte contre le communisme. Et les succès de Johnson s'évanouissent pour faire apparaître ses tragiques erreurs.

Lyndon B. Johnson, un président libéral

Dallas, 13 h 35, le 22 novembre 1963. Le vice-président Lyndon B. Johnson prête le serment constitutionnel et accède à la magistrature suprême. Une heure auparavant, il suivait comme tant d'autres la voiture du président. Le voici maintenant dans l'avion qui ramène à Washington la dépouille mortelle de John Kennedy. A ses côtés, Jacqueline Kennedy, le tailleur encore taché de sang. Jamais succession ne fut plus dramatique, comme si un metteur en scène, soucieux de réussir ses effets, avait voulu serrer en quelques images une tragédie nationale. Et pourtant, Johnson ne manque pas de qualités qui devraient faire de lui un excellent président des États-Unis. Il n'est pas seulement l'homme que le hasard a désigné. Mais quel contraste avec Kennedy !

Il est né le 27 août 1908 dans le fin fond du Texas, près de Stonewall. Profondément il est, profondément il reste un homme du Sud-Ouest. Inlassable conteur qui ne craint pas de se muer en un intarissable bavard, vantard au point de confondre ses rêves avec la réalité, il a vécu à la campagne, puis dans une petite ville l'existence de Texans ni riches ni pauvres, à mille lieues de la côte atlantique et de sa culture. Son père était passionné par la politique et passait pour un bon vivant, un peu vulgaire. Sa mère nourrissait beaucoup d'ambitions pour ses fils et ses filles. Quant au jeune Lyndon, pas du tout intellectuel, il n'aime guère les études. A l'école, il a laissé le souvenir d'un élève insupportable. Aussi à l'égard de ceux qui manient les idées et les mots, Johnson éprouve-t-il, sa vie durant, une admiration certaine, de la crainte et un solide mépris. « Ils ont peu de considération pour moi », disait-il. Une antienne qu'il n'a pas cessé de reprendre. Son regard se tourne vers l'Ouest, par exemple vers la Californie. Les grandes universités de l'Est, que ce soit Harvard, Yale ou Princeton, font partie pour lui d'une autre planète. L'Europe, c'est le vieux continent qui ne peut plus rien donner au Nouveau Monde et ne mérite pas son attention. Johnson a gardé en mémoire les récits de la Frontière que lui faisait son grand-père paternel. Il se souvient ou croit se souvenir des immenses troupeaux qu'il fallait conduire à bon port en dépit des difficultés du terrain et du climat. Il n'oublie rien des qualités viriles des *cowboys,* de la vie romanesque des pionniers et de la réalité bien moins engageante des campagnes privées d'électricité, à peine pénétrées par les chemins de fer, menacées par les incursions des

Indiens, des campagnes qu'il faut domestiquer et aménager. Rien à voir avec le monde de l'enfance de Kennedy.

A peine sorti de l'enseignement secondaire, Johnson part pour la Californie. Il en revient en 1927 pour entrer dans un obscur *college* du Texas, San Marcos, où il se prépare au métier d'instituteur. Puis, il enseigne dans un petit village de Mexico-Américains. C'est alors qu'il saisit la chance de sa vie. Un nouveau représentant au Congrès fédéral recherche un assistant parlementaire. Lyndon Johnson lui plaît et en 1931 le jeune homme de vingt-trois ans part pour Washington. La capitale fédérale, il l'habitera jusqu'à 1969, jusqu'à la fin de son mandat présidentiel. C'est là qu'il s'est métamorphosé en un animal politique et qu'il a mené en trente-cinq ans une carrière particulièrement brillante. Sans complexes, il aborde les hommes politiques, se fait connaître pour devenir, au sein du Congrès, un personnage que sa stature (1,80 mètre, des formes longilignes), sa volubilité, son dynamisme rendent aisément reconnaissable. Mais le poste d'assistant parlementaire ne saurait être qu'un tremplin. En 1935, le président Roosevelt a créé la National Youth Administration pour aider les jeunes à sortir du chômage. Johnson est nommé directeur pour le Texas. Une fois de plus, il s'impose sur le terrain. Et il profite d'une élection partielle en 1937 pour obtenir le siège de représentant fédéral de sa circonscription du Texas. Jusqu'en 1949, il est à la Chambre des représentants, régulièrement réélu tous les deux ans. En novembre 1948, il réalise une nouvelle ambition en conquérant l'un des deux sièges de sénateur du Texas. Une belle victoire, acquise de peu (87 voix d'avance sur un total de 900 000 suffrages exprimés dans les élections primaires), qui lui ouvre les portes de l'assemblée la plus prestigieuse. Entre-temps, il a épousé en 1934 Claudia Taylor, surnommée Lady Bird (Coccinelle), dont il aura deux filles, Lucy et Linda. Les jeunes époux ont su placer leurs économies en achetant en 1943 une petite station de radio d'Austin qui ne tarde pas à prospérer sous la surveillance de Lady Bird et à faire de ses propriétaires des millionnaires.

Au Sénat, Johnson déploie une activité incessante. Dès 1953, il préside le groupe démocrate, alors minoritaire. Deux ans plus tard, après que les démocrates ont repris la majorité aux républicains, il occupe une fonction plus importante encore puisqu'il négocie directement avec le président Eisenhower. D'ailleurs Johnson travaille trop et subit en 1955 une crise cardiaque. Le sénateur du Texas s'en remet vite et demeure l'une des chevilles ouvrières du régime. Il sait à merveille persuader ses collègues du Sénat, note soigneusement leurs qualités, leurs défauts, leurs aspirations, s'attire des sympathies, bref exerce une sorte de domination ou du moins d'ascendant.

Alors, pourquoi changer de cap en 1960 ? C'est que Johnson se laisse aller à des ambitions présidentielles. Mais contrairement à son collègue du Massachusetts, il ne met pas sur pied une machine électorale, ne parcourt pas le pays en long et en large, ne sollicite pas l'adhésion populaire. La course à l'investiture démocrate, Johnson la perd et se contente, à la surprise de ses amis, d'être le candidat démocrate à la vice-présidence. Sans doute espère-t-il qu'il sera un vice-président influent. Grave erreur. Les vice-présidents ne font que ce que les présidents veulent bien qu'ils fassent. Certes, Kennedy confie à Johnson des tâches spécifiques et valorisantes, comme la présidence du comité sur l'égalité dans l'embauche et de la NASA, la participation aux réunions les plus importantes du cabinet et la préparation des grands discours, des missions à l'étranger (dans trente-trois pays, dont le Viêt-nam du Sud, Israël, la Grèce, le Sénégal). Mais Johnson ne peut que rester dans l'ombre, en raison de ses fonctions et de ses goûts qui l'écartent du milieu fortuné, un peu snob, des Kennedy. Bref, la vice-présidence est pour lui, comme pour tous ses prédécesseurs, une épreuve frustrante.

Elle est d'autant plus frustrante que l'homme déborde d'idées. Il ne s'encombre pas d'un programme idéologique ou de convictions doctrinales. Johnson est un esprit pragmatique qui croit à la mission civilisatrice des États-Unis, s'efforce d'agir pour le mieux-être de ses concitoyens et d'aménager la société industrielle pour qu'elle soit plus humaine, plus équitable. Son modèle, c'est Franklin Roosevelt. Il l'a dit et redit. Il a eu l'honneur de rencontrer le grand homme peu après avoir été élu à la Chambre. Roosevelt l'a charmé, puis aidé dans sa carrière politique. L'admiration qu'il a éprouvée pour le New Deal a renforcé en lui des tendances populistes. Il tâche « d'être le représentant du peuple, de représenter tout le peuple, pas seulement ceux qui ont de l'argent et de l'influence ». Dans cette perspective, le rôle du gouvernement fédéral consiste à éliminer les « intérêts spéciaux », les banquiers de New York, de Chicago et de Boston. Il convient de protéger les petits fermiers, les employés, les pauvres. Pas question, toutefois, de déclencher la guerre entre les classes sociales. Johnson croit, au contraire, que les États-Unis forment une société sans classes, dans laquelle n'importe qui peut grimper les barreaux de l'échelle sociale. La démagogie, ce serait de vitupérer le monde des affaires, Wall Street ou les grosses sociétés et d'oublier que tous les Américains, quels qu'ils soient, peuvent rendre service aux États-Unis.

La politique étrangère, elle, ne passionne pas Johnson. Sans doute a-t-il revêtu l'uniforme en 1941 et souhaité se battre, mais le président Roosevelt a demandé aux parlementaires de regagner leur poste. Il a pourtant tiré une leçon du conflit mondial, une leçon simple, sinon simpliste, qu'il a résumée en quelques mots : « Une chose est claire. Qu'il soit communiste, fasciste ou armé d'un pistolet, la seule chose qu'un voyou comprenne, c'est la force et la seule chose qu'il craigne, c'est le courage. [...] Je veux la paix. Mais l'expérience humaine m'enseigne que si je prends la rue de derrière pour échapper au voyou de mon village et ne pas me battre avec lui, je ne fais que reporter le jour du drame. Il ne tardera pas à me poursuivre dans ma maison. [...] Si vous laissez le voyou pénétrer dans votre jardin, il entrera chez vous dès le lendemain et le jour suivant, il violera votre femme dans votre lit. Mais si dès le début vous lui dites : " Maintenant, ça suffit, attends une minute ", il comprendra qu'il a affaire à un homme courageux, à quelqu'un qui va lui résister. C'est alors, et alors seulement, que vous retrouverez un peu de tranquillité. » La personnalité et les idées de Johnson sont illustrées par cette courte histoire : le goût de l'anecdote, l'esprit de la Frontière tel qu'il se dégage des *westerns,* la certitude que Munich et ses compromis incarnent la faute suprême et que les États-Unis feraient bien de ne pas imiter les démocraties occidentales de 1938.

Voilà l'homme qui accède au pouvoir en novembre 1963. Un style différent de celui de Kennedy, c'est le moins qu'on puisse dire, mais sur le fond des conceptions identiques, celles qui ont marqué le consensus libéral des années cinquante. Le progrès social n'a pas de limites et les États-Unis disposent à présent des moyens de supprimer la pauvreté, l'analphabétisme, la discrimination raciale. Un seul danger menace le pays : le communisme ; de là, la nécessité de lui résister partout dans le monde. D'ailleurs, Johnson commence par affirmer qu'il poursuit la politique, étrangère et intérieure, de Kennedy. Il se donne l'image du continuateur. Peu à peu, à mesure qu'il s'installe dans ses nouvelles fonctions, plus encore après qu'il est élu à la présidence en novembre 1964, il se sent investi d'une réelle légitimité et ne cesse pas de marquer les années 1964-1968 de son empreinte.

Et il innove. Première innovation : les méthodes de travail. Les secrétaires et les hauts fonctionnaires qui avaient été nommés par Kennedy s'éloignent de la Maison-Blanche, sauf Dean Rusk qui conserve la charge du département d'État jusqu'en janvier 1969, sauf Robert McNamara, McGeorge Bundy, Walt Rostow qui exercent plus ou moins longtemps des fonctions importantes. Les hommes de Johnson occupent les places vacantes ; ils sont plus jeunes que leurs prédécesseurs, moins influents sur le « patron ». Les conseillers les plus écoutés s'appellent George Meany, le président de l'AFL-CIO, Abe Fortas et Clark Clifford, des amis qui ont une longue expérience politique, Dean Acheson, John McCloy et Robert Murphy qui parlent au nom de la vieille garde (démocrate et républicaine). Johnson est un infatigable travailleur qui entre dans son bureau de la Maison-Blanche à 7 heures, le quitte pour un somme réparateur de 14 à 16 heures et y retourne jusqu'à 21 heures. Ses moyens d'information sont variés : les journaux télévisés, la presse écrite, d'innombrables entretiens. Johnson n'est pas un président qui s'isole. Tout au contraire. Il a bâti sa carrière politique sur la multiplicité des contacts humains. Pourquoi changerait-il à cinquante-cinq ans ? Il ne cherche pas à structurer son entourage à la manière d'un état-major. Une fois de plus, il se rapproche de Roosevelt beaucoup plus que d'Eisenhower. Sans doute est-il plus autoritaire que son modèle. L.B.J. possède une personnalité attachante et envahissante. Il est partout. Ses conseillers doivent être prêts, à toute heure de la journée et de la nuit, à le servir, à lui fournir les renseignements et les idées qu'il réclame. Il déborde d'énergie. De sa mission présidentielle, il se fait la conception la plus élevée : « La tâche la plus ardue du président, déclare-t-il le 4 janvier 1965, n'est pas de faire ce qu'il faut, mais de savoir ce qu'il faut faire. » Et tirant sa conclusion de ce qu'il a vu autour de lui au Texas, au milieu de celles et de ceux qui par leur indomptable énergie ont mis en valeur une terre ingrate, il ajoute : « Un président ne définit pas une vision, nouvelle et personnelle, de l'Amérique. Il la puise dans les espoirs du passé. Elle existait, lorsque les premiers colons virent les côtes du Nouveau Monde et lorsque les premiers pionniers s'avancèrent vers l'Ouest. Elle n'a pas cessé de nous inspirer. Elle soutient chaque président. » Inutile d'ajouter que la présidence impériale fait d'énormes progrès. Des progrès, toutefois, insensibles, que les contemporains remarquent peu. Ils s'inscrivent dans la logique de l'évolution. Depuis une trentaine d'années, les Américains s'y sont habitués, sinon résignés. A leurs yeux, la présidence demeure une force bienfaisante, le moteur indispensable des réformes.

Ce n'est pas que Lyndon Johnson soit très populaire. Bien sûr, les élections présidentielles de novembre 1964 lui valent un triomphe : 43 128 958 voix contre 27 176 873 qui vont à son adversaire républicain, 468 mandats de grands électeurs contre 52 ; quarante-quatre États plus le district de Columbia [1] lui ont donné la majorité. C'est mieux que Roosevelt en 1936. Mais l'atout majeur de Johnson, c'est le programme de Barry Goldwater, le champion du conservatisme républicain, hostile à l'extension de l'État-providence, partisan d'une inébranlable fermeté à l'égard de l'Union soviétique, n'hésitant pas à proclamer que « l'extrémisme dans la défense de la liberté n'est pas un vice. Et [que] la modération dans la recherche de la justice n'est pas une

---

1. Le 23ᵉ amendement (adopté par le Congrès en 1960 et approuvé par les États l'année suivante) attribue au district de Columbia trois grands électeurs. Ils s'ajoutent aux 535 que les États désignent pour constituer le collège électoral.

vertu ». Avec sa franchise et sa brutalité de langage, Goldwater
effraie. Beaucoup disent alors qu'il est en retard de trente ans ;
en fait, il a quinze ans d'avance. Quoi qu'il en soit, le centre
politique lui échappe et se jette dans les bras de Johnson. Un
mariage de raison, non pas un mariage d'amour. Les uns
reprochent à L.B.J. d'avoir pris la place de Kennedy, écarté
Robert Kennedy du poste d'*attorney general* et d'une éventuelle
vice-présidence, renié l'héritage. Les autres s'étonnent des libertés que le président se permet de prendre avec la vérité. Il
manipule l'opinion, affirment les journalistes qui évoquent le
credibility gap, l'absence de crédibilité. L'intensification de la
guerre au Viêt-nam renforcera encore l'accusation. Comme si
Johnson avait été le premier ou le dernier président à se servir
de la presse ! De toute évidence, le courant passe mal. Pour
Johnson, les journalistes l'ont toujours maltraité, alors qu'il a
tout fait pour les cajoler, les aider, les informer ; ils lui ont
toujours préféré Kennedy. Accusation excessive. Ce qui demeure, c'est que les relations avec la presse ne s'amélioreront
pas, à mesure que les années passeront. Sans doute est-ce cela
qui explique que le président ne trouve pas le contact avec l'opinion publique et moins encore avec les universitaires et les
intellectuels.

En revanche, les relations avec le Congrès sont excellentes. Là,
Johnson est à l'aise ; il est chez lui dans ce milieu qu'il connaît sur
le bout des doigts. De plus, ses amis démocrates y détiennent une
solide majorité. Aux élections de 1964, les démocrates gagnent
38 sièges à la Chambre des représentants et sur un total de 435
sont maintenant 295. Au Sénat, leur nombre s'élève de 66 à 68.
Dans les deux cas, une majorité substantielle qui laisse insensible
aux états d'âme et aux revirements. Johnson a assimilé les leçons
de Sam Rayburn, le *speaker* de la Chambre, l'ancien protecteur
du jeune élu du Texas. Il sait comment prendre les législateurs. Il
propose des réformes, tout en leur donnant l'impression qu'ils
participent à leur élaboration. Cette notion de participation est
fondamentale. Johnson ne croit pas que la présidence, fût-elle
impériale, puisse imposer quoi que ce soit au Congrès. Les
difficultés et les échecs de Kennedy lui en ont apporté la
confirmation. Il convient donc que la Maison-Blanche prépare

soigneusement, avec tous les moyens dont elle dispose, le programme législatif. Puis, vient le temps des consultations avec les législateurs les plus influents. Les projets sont modifiés, accommodés. Avant que le président ne les présente à l'opinion, une nouvelle consultation entre la Maison-Blanche et le Congrès supprime les ultimes hésitations et les résistances. Si c'est nécessaire, la concertation peut se dérouler entre le président et un seul sénateur ou un seul réprésentant dont l'avis est déterminant. Jamais un président des États-Unis n'avait autant flatté les membres du Congrès, su avec autant d'habileté jusqu'où aller, saisi le moment opportun, résisté à la pression populaire, suivi l'interminable processus législatif, lu chaque jour le *Congressional Record* pour ne rien laisser passer, atteint à une telle maîtrise dans les relations avec le Congrès. En ce domaine, Johnson s'est même fait théoricien : « Sans une attention constante de l'administration, note-t-il, la plus grande partie de la législation franchit le processus parlementaire à la vitesse d'un glacier. » En fait, il faut que les rapports entre le Congrès et la Maison-Blanche s'apparentent à un « inceste ». Le président doit « les connaître mieux qu'ils ne se connaissent eux-mêmes. Sur cette base, il doit bâtir un système qui s'étend du berceau au cercueil, du moment où une proposition de loi est déposée jusqu'au moment où elle devient une loi officielle du pays ». C'est cette excellente connaissance du processus, ces méthodes particulièrement efficaces qui permettent à Johnson d'obtenir d'excellents résultats.

Les objectifs que se fixe le président Johnson se résument en une expression, commode et médiatique : la « Grande Société ». Il l'a utilisée dans son discours du 22 mai 1964 à l'université du Michigan : « Nous avons maintenant la possibilité, dit-il, non seulement d'avancer vers une société riche et puissante, mais de nous élever vers la Grande Société. La Grande Société repose sur l'abondance et la liberté pour tous. Elle exige la fin de la pauvreté et de l'injustice raciale ; nous y sommes totalement engagés. Mais ce n'est qu'un commencement. » La « Grande Société », c'est à la fois la guerre contre la pauvreté et la lutte contre toutes les formes de discrimination, en particulier la discrimination raciale.

A la base, des études sociologiques, comme celle de Michael

Harrington, d'Oscar Lewis et de Daniel P. Moynihan. Tous décrivent une culture de la pauvreté qui affecte les attitudes, les conceptions, franchit le fossé des générations et engendre une pauvreté héréditaire, lie les comportements familiaux au niveau socio-économique. Le gouvernement fédéral doit intervenir pour briser le cercle vicieux et faire adopter des réformes qui touchent aux relations interraciales dans le domaine de l'emploi, du logement, de l'instruction publique, de l'environnement, de la défense des consommateurs. Un immense programme que la Maison-Blanche présente en plusieurs étapes et que le Congrès adopte dans les deux ans qui suivent l'assassinat de Kennedy.

Car là se trouve le cœur du problème. Les Américains de 1964 sont, dans leur majorité, frappés d'une crise d'idéalisme. Rien ne leur paraît impossible, surtout quand ils veulent démontrer, au monde et à eux-mêmes, que la tragédie de Dallas n'a nullement entamé leur confiance dans l'avenir. Le scepticisme n'a pas pour autant disparu : 83 % des personnes interrogées doutent que l'on puisse annihiler la pauvreté. Qu'importe ! Johnson réussit à lever les hésitations. N'est-ce pas en réformant à temps qu'on évite une révolution ? Ceux que l'on aide aujourd'hui ne deviendront-ils pas demain de nouveaux producteurs, de nouveaux consommateurs, de nouveaux contribuables ? L'Amérique possède les moyens de sa politique, un taux de chômage réduit à 4,5 % que le gouvernement compte abaisser encore en diminuant les impôts, un taux d'inflation particulièrement bas, des investissements privés qui se portent bien, un dollar solidement accroché à l'or, des matières premières qui ne coûtent pas cher.

Mais la pauvreté, comment la définir ? En fait, le pauvre, c'est maintenant une femme noire, établie dans un taudis de Harlem ou de Bedford-Stuyvesant, sans emploi, entourée d'enfants illégitimes qui subissent les tentations de la drogue et de la délinquance. De bons esprits ne manquent pas de critiquer cette image. Voilà du misérabilisme, voire du racisme, s'écrient-ils. Les Américains pauvres vivent au contraire dans l'aisance, si l'on compare leur condition à celle des habitants du tiers monde. Les sondages révèlent que 90 à 95 % des pauvres aux États-Unis possèdent un poste de télévision, 50 % une machine à laver, 70 % en Californie une automobile. Mauvais argument, réplique-t-on en face. Il convient de prendre en considération la notion de pauvreté relative. En premier lieu, le fossé ne s'est pas comblé entre les groupes sociaux. Les 20 % les plus pauvres reçoivent 5 % du revenu national en 1947, 4,6 % en 1962. En deuxième lieu, si les Américains qui vivent en dessous du seuil de pauvreté passent de 22 % en 1959 à 11 % en 1973, des études plus précises mettent en relief le degré de privation. Detroit, 1962-1963 : une enquête dans 13 000 familles (81 % sont des familles noires) qui reçoivent une aide pour élever leurs enfants. Le budget moyen s'élève à 1 920 dollars par an. Pas de fruits, pas de légumes, pas de viande fraîche, une nourriture insuffisante. Dans trois cas sur quatre les enfants ne possèdent pas d'imperméable. Une famille sur neuf est abonnée au téléphone. Le tiers des familles doivent assumer le coût des dépenses de santé, que la ville de Detroit ne peut pas prendre en charge.

Les enquêtes de ce genre se multiplient. Elles aboutissent toutes aux mêmes conclusions. Néanmoins, le nouveau pauvre ne suscite pas un élan général de charité et de solidarité. Bon nombre d'Américains s'indignent de la multitude d'enfants illégitimes qui emplissent les ghettos. S'il faut allouer de l'argent, ne vaudrait-il pas mieux le réserver aux mères légitimement mariées ? Jusqu'à quel point les Blancs peuvent-ils favoriser la démographie galopante de la communauté noire ? N'y a-t-il pas parmi ces pauvres des individus méritants qu'il faut aider et des paresseux qu'il est préférable d'abandonner à leur sort ? Ne faudrait-il pas donner plus d'autorité aux pouvoirs locaux, qui connaissent les tenants et les aboutissants d'une situation, plutôt qu'à une administration fédérale, lointaine et ignorante ? Chacun propose des réponses qui découlent d'une idéologie, au minimum d'une attitude politique. Ce que l'on observe, c'est que, dans les années soixante, ils sont majoritaires les Américains qui se rallient au Welfare triomphant. Malgré les ambiguïtés du programme social, les risques qu'il fait courir aux possédants, les espoirs peut-être irréalisables qu'il nourrit parmi les défavorisés, les États-Unis se sentent l'obligation morale d'adopter une attitude généreuse. Car dans une société de consommation, accepter que la pauvreté subsiste, ce serait immoral, donc profondément contraire aux idéaux américains. L'hebdomadaire

Time exprime fort bien cette idée en octobre 1965 : « La réalité de la nouvelle pauvreté s'oppose à la richesse des États-Unis. Elle prend plus de poids par le discours permanent, souvent autosatisfait, sur la richesse. [...] C'est la pauvreté de ceux qui ont un réfrigérateur, affirment leur droit à posséder un récepteur de télévision, ont peut-être vraiment besoin d'une automobile, doivent aller chez le dentiste. Même si cette pauvreté ne ressemble pas à celle d'hier ou à celle d'ailleurs, il vaut la peine de lui faire la guerre. » Bref, il est temps d'agir.

L'année 1964 est marquée par l'adoption de deux lois importantes. La première, que le président signe le 2 juillet, porte sur les droits civiques. Le Civil Rights Act fait suite à l'arrêt de la Cour suprême de 1954, à l'amendement constitutionnel de 1962-1964 qui supprime la *poll tax* et à diverses mesures législatives, toutes dispositions qui visaient à obtenir la disparition des pratiques ségrégationnistes et discriminatoires.

Le mois suivant, Johnson signe l'Economic Opportunity Act qui comprend, pour les deux années à venir, des mesures visant à lutter contre la pauvreté avec un budget d'environ 1 milliard de dollars pour l'année 1965. L'Office of Economic Opportunity (OEO), dirigé par Sargent Shriver, beau-frère de Kennedy, propose à la fois des programmes d'apprentissage et des services sociaux, soutient l'agriculture et le petit commerce, crée un corps de volontaires du travail dans les zones de pauvreté, stimule l'enseignement préélémentaire (*head start*) et encourage les bureaux locaux de l'OEO à former des groupes d'action communautaire, les Community Action Programs, qui participeront à la gestion des services. Une bonne loi ? Sans aucun doute, si l'on s'en tient à l'exposé des motifs et aux intentions des législateurs. Il s'agit tout simplement d'éliminer la pauvreté avant que les États-Unis ne célèbrent le bicentenaire de leur indépendance, en ouvrant des écoles, en créant des emplois, en diffusant des connaissances techniques et en apprenant aux pauvres à s'aider eux-mêmes et à gérer les services d'entraide. Mais les crédits alloués sont-ils suffisants? Ne conviendrait-il pas de réformer au préalable le système fiscal pour assurer une nouvelle répartition des ressources ? Pour les critiques, l'Economic Opportunity Act donne l'impression à ceux qui ont qu'on va prélever sur leurs revenus, tandis que, dans la réalité, ceux qui n'ont pas sont encouragés à rêver sans disposer des moyens nécessaires à l'amélioration de leur sort.

Tout compte fait, le Congrès a beaucoup travaillé en 1964. L'année suivante, il fait mieux encore. Il vote le Medicare et le Medicaid, qui instaurent les bases d'un système national de santé, des mesures d'aide aux écoles publiques et aux étudiants de l'enseignement supérieur, une loi sur les droits électoraux, le Voting Rights Act, des subventions destinées à faciliter aux pauvres le paiement de leurs loyers, un programme d'embellissement des routes, un programme d'aide aux États des Appalaches et crée une Fondation nationale pour les arts et les humanités. Un département du Logement et du Développement urbain (Housing and Urban Development, HUD) vient s'ajouter aux divers départements ministériels. En 1966, des lois sur les transports publics, sur la protection des eaux et des paysages naturels complètent l'arsenal. En 1968, enfin, le Congrès se décide à interdire la discrimination raciale en matière de logement. C'est dire combien la « Grande Société » semble sur le point de transformer les États-Unis.

Dès lors, on peut évoquer un modèle américain de couverture sociale, différent du modèle suédois ou du modèle français. Les États-Unis ne ressemblent ni à une social-démocratie ni aux systèmes capitalistes, sauvages et brutaux, du XIXᵉ siècle. Des « filets de sécurité » (*safety nets*) sont tendus pour éviter les chutes catastrophiques dans la misère. Le Welfare State réunit les prestations sociales, comme la vénérable sécurité sociale qui maintenant couvre 90 % des Américains, l'allocation-chômage et l'aide aux familles qui ont des enfants à charge (AFDC) ; les prestations en nature comme la quasi-gratuité des soins médicaux pour les personnes âgées (Medicare) et pour les indigents (Medicaid), l'aide au logement, les tickets d'alimentation (*food stamps*), les crédits versés par le gouvernement fédéral pour subventionner les cantines scolaires ; les programmes qui ont pour but de stimuler l'apprentissage et le retour au travail ; les services sociaux et les organismes qui prennent en charge les plus défavorisés.

Un vaste ensemble, d'une quarantaine de programmes, que

gèrent le département de la Santé, de l'Éducation et de l'Assistance sociale (Health, Education and Welfare, HEW), le département du Logement et du Développement urbain, le département de l'Agriculture, le département du Travail, des agences fédérales. Un énorme budget, puisqu'en 1950 le total s'élevait à 8 milliards de dollars constants (valeur de 1980), en 1960 à 40 milliards, en 1970 à 109 milliards. En 1971, les dépenses sociales de l'État équivalent à 31,69 % de son budget global et à 7,75 % du produit national brut. Ce qui ajoute encore à l'ampleur du Welfare, c'est qu'une seule et même personne peut bénéficier de plusieurs programmes. Supposons une famille composée de la mère et de ses deux enfants, disposant d'un revenu inférieur au seuil de pauvreté. Elle a droit à une bonne vingtaine de programmes : l'AFDC, le Medicaid, les tickets d'alimentation, l'aide alimentaire aux mères et à leurs enfants en bas âge, la gratuité des repas que les enfants prennent à l'école et, pendant les vacances scolaires, une aide au logement, une allocation de garde pour les enfants, sans oublier les divers services sociaux, l'aide à l'emploi, à l'apprentissage, etc.

Comment le président Johnson ne se réjouirait-il pas ? Il le dit en 1965 : « Je ne veux pas être le président qui aura bâti des empires, étendu la souveraineté nationale ou recherché la grandeur. Je veux être le président qui aura instruit de jeunes enfants, [...] aidé à se nourrir ceux qui ont faim, [...] aidé les pauvres à mener leur vie et protégé les droits de chaque citoyen à voter. » Il n'a rien négligé pour donner aux nouvelles lois la publicité la plus éclatante, celle que réclame une époque dominée par les médias électroniques. La loi sur le Medicare, il est allé la signer à Independence auprès de Truman qui, le premier, en 1945, proposa un système national de santé ; la loi sur l'enseignement primaire et secondaire, il la signe auprès de l'institutrice de ses jeunes années ; le Voting Rights Act est paraphé dans le bureau du Sénat où Lincoln avait signé la proclamation d'émancipation. Et lorsqu'une nouvelle loi supprime les quotas d'immigration en 1965 pour définir des critères d'admission moins rigoureux, Johnson se déplace jusqu'à New York et vient signer au pied de la statue de la Liberté.

Ces opérations spectaculaires de relations publiques n'empêchent pas les critiques envers la « Grande Société ». C'est qu'à partir de 1966, Johnson se préoccupe de plus en plus de la guerre du Viêt-nam. Son attention se détourne des programmes sociaux, dont il ne surveille pas assez attentivement l'application, qu'il ne cherche pas à améliorer ou à étendre. Le conflit absorbe une part importante du budget fédéral. Quant à la pauvreté, elle n'a pas disparu. Elle s'est réduite dans le Sud, parce que le développement économique transforme le Sunbelt, les États du soleil, et qu'une bonne partie des pauvres ont préféré partir pour le Nord et l'Ouest. Au début des années soixante-dix, malgré tout, le Sud compte 12 millions de pauvres (sur un total de 25), dont 70 % sont des Blancs, accablés par le sous-emploi et les bas salaires. La pauvreté frappe ailleurs très lourdement les Noirs, les Hispaniques, les Indiens : 41 % des non-Blancs sont atteints contre 12 % des Blancs. Elle touche durement les familles monoparentales (dans lesquelles le chef est presque toujours une femme). Les personnes âgées ont, en revanche, notablement amélioré leur condition. Bref, tout ce que l'on peut noter, c'est que le nombre absolu des pauvres a baissé : 39 millions en 1959 (22 % de la population des États-Unis), 32 millions en 1965 (17 %), 25 millions en 1968 (13 %), 23 millions en 1973 (11 %). Dans ce progrès relatif, quelle est la part de la croissance économique ? Quelle est celle de la « Grande Société » ? Il est évident que les résultats auraient été bien meilleurs si l'administration fédérale avait laissé moins de marge de manœuvre aux États, eux-mêmes inégalement prospères, et si les sommes allouées avaient été plus fortes. Faut-il, comme les sociologues Cloward et Piven, établir une corrélation entre l'assistance sociale et les bas salaires, celle-ci justifiant ceux-là, donc souligner le rôle fonctionnel du Welfare ? Toujours est-il que le nombre des assistés augmente : 7,1 millions en 1960, 7,8 millions en 1965, 11,1 millions en 1969. Une double réaction se prépare. Celle des contribuables qui acquièrent le sentiment que l'éthique du travail, l'usage des fonds publics, le dysfonctionnement du système économique sont atteints par l'« industrie du Welfare ». Celle des pauvres qui s'attendaient à mieux, tâchent de s'organiser en 1968 en se mettant en marche vers Washington (mais très peu participent de fait à la manifestation) et se sentent victimes des espérances déçues.

Les émeutes urbaines

Si l'on veut saisir l'ampleur des frustrations qu'a créées la « Grande Société », il suffit d'analyser, ne fût-ce que brièvement, l'évolution du problème noir. Johnson, un sudiste ? Oui, mais à la National Youth Administration et à la Chambre des représentants, il a adopté des positions libérales. Il fut plus prudent au Sénat, parce que ses électeurs étaient plus conservateurs. Il a ainsi combattu le lynchage et la taxe électorale tout en soutenant que le gouvernement fédéral ne devait pas intervenir en ce domaine. Président des États-Unis, il s'engage sans ambiguïtés. Le Civil Rights Act de 1964 est capital. Il met fin à la ségrégation raciale dans les bâtiments publics et les écoles, à la discrimination dans les pratiques d'embauche et le processus électoral. Sur ce dernier point, la loi n'est pas assez vigoureuse. C'est pourquoi Johnson fait voter en 1965 le Voting Rights Act qui autorise l'*attorney general* à dépêcher des inspecteurs avec la mission de faire inscrire les Noirs sur les listes électorales. Les résultats sont impressionnants là où les Noirs éprouvaient les pires difficultés à s'inscrire. De 1964 à 1968, le pourcentage des Noirs inscrits passe en Alabama de 19 à 53 %, en Louisiane de 32 à 60 %, dans le Mississippi de 6 à 44 %. Les conditions requises, comme l'examen des connaissances, sont suspendues pour éviter qu'elles ne servent de prétextes aux partisans de la suprématie blanche. Somme toute, les revendications du mouvement noir, telles qu'elles avaient été exprimées depuis une dizaine d'années, sont satisfaites, au moins sur le plan législatif. Reste l'application. Reste également la suppression des discriminations en matière de logement, dont on sait qu'elles ne seront supprimées par la loi qu'en 1968.

C'est alors qu'on s'aperçoit que le problème noir n'est pas circonscrit au Sud et qu'il revêt une gravité inquiétante dans le Nord, le Middle West et l'Ouest, dans les grandes villes où les Noirs ne cessent de s'installer à la recherche d'un travail et de meilleures conditions de vie. Le gouvernement fédéral en est conscient, puisqu'en mars 1965, Daniel P. Moynihan, secrétaire adjoint au Travail, publie un rapport qu'il intitule : « La famille noire. Une affaire nationale. » Le rapport souligne, à la suite d'études historiques qui ont porté sur la période de l'esclavage et ses conséquences, que la famille noire a éclaté, qu'elle ne tient plus son rôle social et qu'en conséquence, si rien n'est fait pour lui redonner un minimum de stabilité, les États-Unis courent le risque de sombrer dans une « nouvelle crise des relations interraciales ». A l'origine de la désintégration de la famille noire, l'esclavage qui a détruit le tissu familial au point d'annihiler le rôle du père. La période de la ségrégation a accentué l'évolution ; le déplacement vers les villes, également. A cela s'ajoutent les terribles problèmes du chômage, dont les Noirs sont les victimes désignées. En 1963, « une année de prospérité », constate Moynihan, 29,2 % des Noirs n'avaient pas de travail, la moitié des chômeurs étant restés inactifs pour plus de quinze semaines. Or, la croissance démographique se poursuit au rythme de 2,4 % par an. Les conséquences de cette culture de la pauvreté sont évidentes : les tests d'intelligence montrent que les enfants noirs ont des aptitudes intellectuelles plus faibles que les enfants blancs et se heurtent à d'insupportables obstacles pour rattraper leur retard scolaire. Rien d'étonnant si le taux de criminalité et de délinquance est particulièrement élevé. Vient enfin la recommandation principale de Moynihan : « La politique des États-Unis est de faire partager entièrement au Noir américain les responsabilités et les droits des citoyens. Dans ce but, le gouvernement fédéral élaborera des programmes qui viseront, directement ou indirectement, à conforter la stabilité et les ressources de la famille noire américaine. »

Ces conclusions, le président Johnson les fait siennes. Le 24 septembre 1965, il promulgue un *executive order* qui recommande aux entreprises et aux institutions recevant des fonds fédéraux de réserver aux minorités non blanches (et aux femmes) une partie des emplois vacants. Cette politique, dite d'action positive (*affirmative action*), est une pièce capitale du dispositif johnsonien. Un sentiment de culpabilité et le souci de la justice sociale poussent l'opinion publique à aller, dans sa majorité, dans le même sens. Quelques critiques, toutefois, relèvent dans le rapport des jugements et des résonances paternalistes, voire racistes. En 1966, une commission présidentielle avance une série de propositions qui touchent à la fois à l'administration de la justice, au fonctionnement des institutions communautaires, à l'instruction publique, à l'assistance sociale et aux structures familiales. De fait, peu de ces recommandations se sont transformées en décisions législatives.

En effet, un événement majeur se produit au cours de l'été de 1965 qui sera suivi de récurrences, plus ou moins spectaculaires, jusqu'à l'été de 1968. C'est l'émeute de Watts, un quartier de Los Angeles, qui inaugure la vague des émeutes urbaines, au moment précisément où le gouvernement fédéral s'est engagé sans réserve dans la lutte contre la discrimination raciale. Au moment aussi où la guerre du Viêt-nam détourne les énergies du pays vers l'Asie du Sud-Est et donne une actualité nouvelle au thème de l'ordre intérieur, bon nombre de villes américaines brûlent, déchirées par des manifestations raciales, pillées et ensanglantées. Les étés chauds se succèdent et contribuent à radicaliser le mouvement noir. Tout en provoquant un retournement de l'opinion blanche, le retour de bâton (*backlash*) comme on dit à l'époque.

La violence ne naît pas subitement en 1965. Sans remonter au XIXᵉ siècle ni même à la première moitié du XXᵉ siècle, on sait qu'il y eut des « désordres » en 1963 à Birmingham (Alabama), à Savannah (Georgie), à Cambridge (Maryland), à Chicago ou à Philadelphie. Pour l'essentiel, il s'agissait de manifestations pour les droits civiques, auxquelles participaient des Noirs et des Blancs fraternellement unis, qui se déroulaient souvent sous la forme de *sit-ins*, dans le cadre de la non-violence. Si certaines se sont mal terminées, c'est que la police locale est intervenue avec maladresse et brutalité. Des incidents du même ordre se sont produits dans d'autres villes en 1964. Mais en 1965, l'émeute ne se localise plus dans le Sud ou le Nord-Est ; elle se déroule à Los Angeles. Le scénario qui en est à l'origine deviendra classique. Dans la soirée du 11 août, alors qu'une vague de chaleur s'est abattue sur la ville, un policier arrête un jeune Noir pour excès de vitesse. Le jeune Noir a trop bu et se débat. Les habitants du ghetto vivent une grande partie de leur existence dans la rue. Ils assistent à la scène. Alertés par les cris, ils s'approchent. Le policier se croyant menacé fait un geste maladroit. Une bagarre se déclenche. La foule grossit. Un millier de manifestants noirs se mettent à jeter des pierres et des bouteilles sur la police, à tirer de leurs autos les Blancs qui passent par hasard et à incendier des bâtiments. La nuit suivante, l'émeute continue. Les magasins des alentours sont incendiés. Des coups de feu éclatent. La garde nationale, aux ordres du gouverneur de l'État, intervient et fait usage de ses armes. Après cinq jours d'émeutes qui se sont étendues à la partie sud-est de Los Angeles, le calme revient. C'est l'heure du bilan : 34 morts, 1 072 blessés, 977 bâtiments détruits ou endommagés, 4 000 personnes interpellées, 35 millions de dégâts matériels. Sans doute y a-t-il eu jusqu'à 35 000 Noirs qui ont participé aux pillages des magasins et 60 000 autres qui se sont contentés de regarder le spectacle. L'émeutier typique est jeune, souvent de moins de 20 ans ; il a un emploi et a reçu une éducation élémentaire. Rien à voir avec les voyous ordinaires. Pour les sociologues, c'est le « nouvel homme » du ghetto.

Watts fait école. Suivant le décompte officiel, 43 émeutes raciales se sont produites en 1966 et 164 au cours des neuf premiers mois de 1967. Une bonne centaine ont suivi l'assassinat de Martin Luther King au début d'avril 1968, y compris dans la capitale fédérale que la garde nationale a occupée et quadrillée pendant une semaine. Si leur déroulement présente de nombreux points communs (un incident banal, la chaleur et l'excitation des rues du ghetto, des bagarres, des tireurs isolés, des scènes d'incendie et de pillage), il faut pourtant mettre à part l'émeute de Newark (New Jersey) en juin 1967 et celle de Detroit en juillet 1967. A Newark, les émeutiers sont relativement organisés. Seuls, les magasins que possèdent des Blancs font l'objet de pillages. D'ailleurs, les magasins pillés ne sont pas incendiés, car ils sont en bois et qu'au-dessus, habitent des familles noires. A Detroit, c'est l'inverse : aucune directive, aucune retenue. Des quartiers entiers sont livrés aux flammes, bureaux et logements compris, quelle que soit la couleur de peau de leurs propriétaires et de leurs occupants. Le pillage est mené à bien par des pauvres, certes, mais aussi par des Noirs des classes moyennes. A la fin du grand chambardement de Detroit, 43 morts, dont 33 Noirs, environ 40 millions de dégâts. L'émeute a duré cinq jours.

Pour l'ensemble des violences raciales de 1965 à 1968, il faut compter au moins 225 morts, 4 000 blessés et 112 millions de dollars de bâtiments partis en fumée ou de marchandises volées. L'émeute de Watts est survenue à la fin de la semaine au cours de laquelle Lyndon Johnson a signé le Voting Rights Act. Cette loi, a-t-il dit, est un « triomphe de la liberté ». Aussi ne comprend-il pas ce qui se passe à Watts : « Comment est-ce possible, se demande-t-il tout haut, après tout ce que nous avons fait ?... Le monde est-il sens dessus dessous ? » L'un de ses collaborateurs ajoute : « Il ne pouvait pas l'accepter. Il refusait de lire les câbles qui provenaient de Los Angeles et décrivaient la situation. Il refusait de répondre au téléphone aux généraux qui demandaient des avions pour transporter la garde nationale. » Ce désarroi au sommet de l'État est encore plus vivement ressenti à tous les niveaux de l'opinion. Il illustre l'échec du libéralisme, du consensus qui a prévalu jusqu'alors depuis une dizaine d'années. Le désarroi s'aggrave encore dans les années suivantes, surtout lors de l'extraordinaire flambée de 1967. L'Amérique profonde, qui suit les événements par la presse et surtout par la télévision, est abasourdie. Dans les villes que touchent les émeutes, les Blancs se terrent chez eux en attendant que les passions s'apaisent.

Pour comprendre et pouvoir donner une réponse satisfaisante aux questions que chacun se pose, le président des États-Unis nomme une commission d'enquête le 28 juillet 1967. Elle a pour instructions de répondre à trois questions : 1. Que s'est-il passé ? 2. Pourquoi ? 3. Que faut-il faire pour éviter le renouvellement des émeutes ? Le rapport, épais (plus de 600 pages et une vingtaine de pages de graphiques dans l'édition du *New York Times*), détaillé, honnête, paraît en 1968 et apporte quelques éléments d'explication – une source irremplaçable pour les historiens. La commission a eu accès aux documents du FBI et de la CIA, des départements de l'exécutif, des polices et des tribunaux qui, au niveau des États et des villes, ont également enquêté. Tous concluent à l'absence d'un chef d'orchestre. Point de complot : « Les désordres urbains de l'été de 1967 n'ont pas été causés par un groupe organisé ou une conspiration. [...] La commission n'a découvert aucune preuve d'après laquelle les désordres, en totalité ou partiellement, ou les incidents qui les ont provoqués ont été préparés ou dirigés par une organisation ou un groupe sur le plan international, national ou local. » Le directeur du FBI, J. Edgar Hoover, qui n'a jamais péché par excès de laxisme à l'égard des « subversifs », déclare à propos des émeutes de 1966 : « La plupart des émeutes et des troubles résultent de mouvements spontanés de violence populaire », mais il affirme que des voyous de toutes origines, des éléments criminels, des agitateurs communistes et extrémistes ont soufflé sur le feu.

Cela signifie que les militants les plus radicaux du mouvement noir se sont efforcés de récupérer à leur profit des violences qu'ils n'avaient pas fait naître, dans le but évident de démontrer leur influence et sans doute aussi de déstabiliser le gouvernement des États-Unis. Certains d'entre eux se sont déplacés d'un État à l'autre, d'un ghetto à l'autre pour stimuler les ardeurs. Stokely Carmichael et Rap Brown ont tenu ce rôle. A la fin de juillet 1967, Brown se trouve à Cambridge (Maryland) ; il s'en prend aux Blancs qui ont pillé l'Afrique, encourage ses auditeurs noirs à brûler et dévaliser les magasins appartenant à des Blancs. Carmichael lance un appel à la révolution du tiers monde, dont les Noirs américains seraient des combattants. Mais le rôle de ces deux agitateurs est tout à fait mineur. Les émeutes résultent de causes lointaines et de causes immédiates. L'histoire économique, sociale, politique, peut-être psychologique des ghettos noirs constitue l'explication fondamentale. La discrimination permanente, la déségrégation qui n'en finit pas de s'achever, le rejet de la non-violence, le sentiment d'impuissance et d'envie, l'espoir, excessif évidemment, que tout changera très vite, voilà les principales motivations des émeutiers. Il ne faut pas sous-estimer, dans cette recherche de l'explication, le poids des médias. Les journaux, surtout les journaux télévisés, diffusent des images terribles et instructives. Ces images servent d'exemples. Elles donnent des idées et font des émules. L'effet d'imitation a bien existé, quoique la presse ait accompli sa tâche plutôt honnêtement. Dans cette épidémie de violences, la télévision fait office d'agent porteur. La commission conclut : « Plus la " couverture " des événements est assurée par la télévision, plus les émeutes s'intensifient. Une analyse du contenu indique qu'en dépit de l'évolution de l'émeute, la " couverture " par la télévision a décru brutalement après le premier jour. »

De plus, les polices locales n'étaient pas prêtes à affronter des événements de ce type. Non pas qu'ils soient inconnus dans l'histoire des États-Unis, mais parce qu'elles disposent de pouvoirs limités, sont constituées en unités fragmentées, ne savent pas comment faire pour « contrôler » les rues des ghettos et n'ont pas prévu qu'elles devraient intervenir dans de telles circonstances. L'appel à la garde nationale est la solution du dernier recours, lorsque le maintien de l'ordre est impossible par la police de la ville ou du comté, mais les soldats sont encore plus dépaysés dans le ghetto que les policiers. Quant aux émeutiers, ils peuvent acheter des armes, piller des armureries, fabriquer des cocktails Molotov. Des tireurs isolés s'embusquent sur les toits, sèment la panique, poussent la garde nationale à tirailler. Dans les rues, les émeutiers succombent à un accès de fièvre. S'ils pillent, ce n'est pas pour réaliser tout de suite la société socialiste, mais tout simplement pour atteindre le bonheur matériel, un peu du rêve américain de l'appropriation individuelle. Ces marchandises, coûteuses, étincelantes, les ont fait rêver pendant des mois. Ils profitent des circonstances pour se servir sans payer.

La fièvre tombée, chacun observe les dégâts. Les Blancs ont eu peur, mais leurs quartiers ne sont nullement le théâtre de violences. Les émeutes se déroulent dans les quartiers noirs seulement. Outre les propriétaires blancs des magasins des ghettos, les principales victimes, ce sont les Noirs eux-mêmes qui se retrouvent dans des quartiers délabrés, au milieu de bâtiments incendiés, le long des rues jonchées de détritus. Les émeutiers ont agi comme s'ils voulaient effacer les traces de leur misère et s'automutiler pour mieux afficher leur impatience.

Alors, quels remèdes ? La commission énumère des solutions sociales et économiques : plus d'argent pour aider les pauvres, une meilleure gestion des affaires municipales, un effort pour réduire le chômage des Noirs. Elle adresse d'instantes recommandations aux polices et aux tribunaux. Toutes mesures qui nécessitent des crédits, donc un soutien législatif. Il n'est, toutefois, pas certain que les Blancs, y compris ceux qui ont toujours été les plus fermes soutiens du mouvement noir, comprennent vraiment ce qui se passe, en un mot l'exaspération grandissante des habitants des ghettos. En revanche, il suffit de regarder la télévision, de pénétrer dans les banlieues résidentielles pour constater que les émeutes ont retourné l'opinion, que bon nombre de Blancs s'équipent d'armements sophistiqués pour le cas où..., qu'on apprend ici ou là, à ceux et à celles qui ne savent pas encore, comment se servir d'un revolver et d'une carabine. Dans les classes moyennes, on aspire au retour de « la loi » et de « l'ordre ». D'accord pour aider les Noirs, à condition qu'ils ne se révoltent plus et qu'ils comprennent qu'il existe des limites à ne pas franchir.

Or, c'est l'inverse qui se produit. Le mouvement noir se radicalise. A partir de l'été de 1966, un nouveau slogan se répand. Les ghettos se laissent séduire par l'expression : *black power*, le « pouvoir noir ». Quelle signification lui attribuer ? Carmichael y va de sa définition : « Chaque groupe dans notre pays détient le contrôle de son quartier, sauf nous.[...] Eh bien, nous allons élire des shérifs là où nous le pouvons, là où nous avons la majorité. » Ce qui revient à dire que les Noirs n'ont plus aucune raison d'éprouver un sentiment d'infériorité. Ils valent bien les Italiens, les Irlandais ou les Juifs. Pour s'en convaincre, il suffit de l'affirmer, d'en témoigner et de tenter de conquérir le pouvoir politique (par des moyens légaux, si l'on se réfère à la définition de Carmichael). *Black is beautiful*, ce qui est noir est beau, les coiffures afro-américaines, les vêtements qui rappellent l'Afrique, les chants et les danses de l'esclavage. Les Noirs se rattachent au continent africain, qui vient de reconquérir son indépendance et prend une place grandissante dans les relations internationales. La négritude devient la qualité majeure, un signe de ralliement, l'annonce de la victoire prochaine. Mais si l'on suit bien la pensée de Carmichael, le « pouvoir noir » donnera aux Noirs une place dans la société américaine. Élire des shérifs, c'est accéder au pouvoir local dans le cadre du système politique ; ce n'est pas réclamer un État noir, moins encore prêcher le retour en Afrique. L'intégration passe, en conséquence, par la conquête du pouvoir dans les villes et les comtés, comme si le gouvernement fédéral devenait inaccessible, dangereux ou impur. Avec ou

sans les libéraux blancs ? Le « pouvoir noir » les écarte, car les
Noirs ne peuvent compter que sur eux-mêmes. Le vice-président
des États-Unis, Hubert H. Humphrey, qui incarne le libéralisme,
roosevelt**i**en et johnsonnien, n'a pas tout à fait tort d'observer
que « le racisme est le racisme ». Les champions du « pouvoir
noir » luttent contre le racisme en exaltant une forme de
racisme.

De là, l'éclatement du mouvement noir suivant l'âge des
leaders, leurs origines géographiques, leurs convictions idéologiques. Martin Luther King a reçu le prix Nobel de la paix en 1964.
Belle récompense, qui couronne dix ans d'un militantisme
pacifiste et chrétien. Récompense compromettante aux yeux des
jeunes et des radicaux. King n'en continue pas moins à mener
campagne dans le Sud et surtout à présent dans les ghettos du
Nord et du Middle West. Le SCLC agit, non pas en faveur de
droits politiques et d'une déségrégation qui sont garantis par les
lois de 1964-1965, mais en faveur d'une politique sociale énergique contre la pauvreté. La marche sur Washington en 1968, peu
après son assassinat, est conduite par Ralph Abernathy, son
fidèle lieutenant. Tout compte fait, la popularité de King n'a
cessé de s'affaiblir. Auprès des Blancs son audience s'effrite,
encore plus lorsqu'il se lance dans la dénonciation de la guerre du
Viêt-nam. Le FBI répand sur son compte des ragots et des
calomnies. King tente de reprendre en main la situation en se
réclamant, lui aussi, du « pouvoir noir ». Avec des résultats
inégaux...

Les vieilles organisations noires sont divisées : la NAACP est
plutôt contre le « pouvoir noir » ; le CORE, plutôt pour. Il y a
ceux qui vont au-delà de l'autonomie politique. Les « musulmans
noirs », par exemple, sont apparus dans les États-Unis du New
Deal. Ils proposent la rédemption du peuple noir par l'adhésion à
l'islam, dénoncent la malignité de la race blanche, aspirent à
redonner influence et pouvoir aux Noirs à l'écart des Blancs. Le
tout sur fond de pureté morale : pas de drogue, pas de tabac ni
d'alcool, un code de conduite très strict. C'est Malcolm X,
anciennement Malcolm Little, qui fait connaître les « musulmans
noirs », avant de rompre avec le mouvement en 1963 et d'être
assassiné en 1965. Ils sont alors aux environs de 40 000. Le

Student Non Violent Coordinating Committee (SNCC) appartient dans ses premières années au mouvement pour les droits civiques. Puis, vers 1964-1965, il se débarrasse de ses alliés blancs. Carmichael leur conseille de lutter de leur côté, tandis que les Noirs assumeraient seuls la défense de leurs intérêts. Le SNCC abandonne également sa philosophie de la non-violence [1], durcit ses positions et repousse la « résistance passive » au profit d'un radicalisme musclé. En 1966, Huey P. Newton et Bobby Seale fondent le parti des Panthères noires : pas d'islam, pas d'héritage africain, mais l'exaltation d'un nationalisme révolutionnaire qui serait étroitement lié aux nationalismes du tiers monde ; collaboration, au moins après 1969, avec des groupuscules blancs qui partagent les mêmes convictions idéologiques, le même attrait pour le recours aux armes, le goût de l'action spectaculaire et peut-être l'aspiration à détruire plus qu'à construire. La presse a sans doute, une fois encore, involontairement fait croire que les Panthères noires, que le SNCC ou les « musulmans noirs » méritaient de longs articles. Elle a tourné sur ces petits groupes les projecteurs de l'actualité et les a grandis. Pourtant, lorsqu'aux Jeux olympiques de Mexico en 1968 deux sprinters noirs américains montent sur le podium et saluent la foule le poing levé, on ne peut plus ignorer, partout dans le monde, que le « pouvoir noir » est devenu le mot d'ordre de la communauté noire aux États-Unis.

La révolution des droits

Le mouvement noir offre un modèle à tous les mouvements de contestation qui traversent la société américaine des années soixante. Un peu à la manière de l'abolitionnisme qui, un siècle auparavant, avait inspiré les autres réformismes.

La révolution des droits comprend, en premier lieu, le mouvement de libération des femmes, le Women's Lib. En un sens, rien de très nouveau, puisque le féminisme américain naît au milieu

1. Le « Non Violent » est remplacé par « National ». Un changement significatif.

du XIXe siècle et a remporté, au lendemain de la Première Guerre mondiale, la victoire du suffrage. Mais la revendication féministe a évolué avec le temps. De ce point de vue, un ouvrage tient une place importante, celui que Betty Friedan publie en 1963 sous le titre *The Feminine Mystique*. Friedan se réclame de Simone de Beauvoir, dont *le Deuxième Sexe* a été traduit en anglais en 1952 et constitue la bible des féministes américaines. La réalité qu'elle décrit avec vivacité est bien américaine. Les femmes, dit-elle en substance, sont des victimes. On leur fait croire qu'elles ne se réalisent vraiment que dans leur rôle d'épouses et de mères. La publicité et les magazines qui en vivent ne cessent pas d'exalter « le monde de la chambre à coucher, de la cuisine, de la vie sexuelle, des enfants et du foyer ». La femme n'existe pas par elle-même ni pour elle-même. Elle vit à travers la vie de son mari et de ses enfants. Adulée dans le mythe américain de la *Mom,* enfermée dans un « camp de concentration confortable », piégée dans sa superbe maison de banlieue, elle s'infantilise et ne parvient pas à s'épanouir. La solution ? Renoncer à cette mystique qui s'apparente à une mystification, accéder à l'égalité des chances avec les hommes, sortir d'un enfer pavé de bonnes intentions. En fin de compte, conclut Betty Friedan, il conviendrait qu'une femme puisse entreprendre et mener à bien une carrière professionnelle, ce qui lui permettrait de s'intégrer pleinement dans la société et de ne ressentir aucune frustration au sein de sa famille.

La critique de Betty Friedan mêle des observations incontestables à des réflexions qui le sont moins. La femme américaine, même si sa condition est plus satisfaisante que celle de la plupart des femmes dans le monde, subit encore des injustices. Il suffit de se reporter au domaine juridique, à l'éventail des salaires, à l'analyse des relations sociales. Au fond, le salaire moyen des femmes est inférieur de 40 % au salaire moyen des hommes. Le chômage touche plus la main-d'œuvre féminine que la main-d'œuvre masculine. Le droit matrimonial favorise les maris. La contraception, moins encore l'avortement ne sont pas reconnus

---

1. Paru en français sous le titre *La Femme mystifiée*, Paris, Gonthier, 1964.

partout. Symbole révélateur : une femme est d'abord mademoiselle (*Miss*), puis madame (*Mrs.*), comme si le mariage la faisait accéder à un statut supérieur. Sur d'autres points, Betty Friedan convainc moins aisément. Il n'est pas certain que l'activité salariée, fût-elle exercée dans le cadre d'une profession librement choisie, soit la panacée universelle, que les ouvrières voient dans l'usine un instrument de leur libération, que l'éducation des enfants, la gestion du foyer, le bénévolat déplaisent à toutes et puissent se confondre avec un esclavage domestique. A lire *la Femme mystifiée*, on acquiert le sentiment que l'auteur s'adresse en priorité à elle-même et à ses semblables, c'est-à-dire aux femmes des classes moyennes qui ont fait de bonnes études, acquis une véritable formation professionnelle et aspirent à quitter le foyer pour retrouver ou découvrir un bureau confortable. Dans le même temps, Friedan exprime une conception tout à fait américaine, qui a déjà franchi les frontières des États-Unis pour pénétrer dans les sociétés développées, celle du salut par le travail. C'est le fondement de l'ouvrage ; c'est aussi le fondement de la civilisation américaine. Une éthique partagée par beaucoup d'Américains et d'Américaines, puisque le livre est un best-seller qui se vend à plus d'un million d'exemplaires.

Il paraît à un moment opportun. Les contemporaines de Betty Friedan constatent que, même au sein des organisations réformistes, le sexisme se porte bien. Avec une tranquille insolence, le révolutionnaire Carmichael déclare que « la position des femmes dans notre mouvement devrait être horizontale ». Ailleurs, elles sont chargées de tâches mineures, jamais de responsabilités primordiales. Comment faire disparaître cette discrimination ? En 1966, Betty Friedan fonde la National Organization for Women (NOW), une organisation de femmes d'un niveau d'instruction élevé, souhaitant des réformes qui pourraient être obtenues par l'art de la persuasion et le processus politique. NOW est trop modérée, protestent des esprits plus radicaux. Des femmes que pousse la volonté de contestation incluent dans leur réflexion la réforme, sinon la destruction du système économique, le combat contre la guerre du Viêt-nam. Certaines réclament le droit au lesbianisme. Les revendications du mouvement sont étendues : la contraception, l'avortement, l'égalité des salaires, un amendement constitutionnel qui garantirait aux femmes l'égalité totale avec les hommes, la création de crèches, des changements fondamentaux dans le vocabulaire et dans les comportements sociaux. Bien des Américaines se réunissent alors en petits groupes pour parler de leurs problèmes, pour « prendre conscience » et chercher ensemble des solutions. Ce mouvement de fond se cache quelquefois derrière des gestes spectaculaires, comme l'abandon public des soutiens-gorge, qui ont pour but de provoquer la curiosité des médias et n'expriment guère l'essentiel des revendications. Tout de même, ce n'est pas parce que des techniciens de la manipulation de l'opinion, les spécialistes de Madison Avenue, s'emparent des thèmes et les récupèrent à leur profit qu'il faut sourire d'un esprit de réforme, influent et durable.

A la fin des années soixante, l'affaire est entendue. Une majorité de femmes se déclarent victimes de la discrimination sexiste. Un signe qui ne trompe pas : les politiques se préoccupent du vote féminin au point qu'en 1972 le 27e amendement à la Constitution est voté par le Congrès et soumis aux États pour ratification [1]. Les universités avaient instauré des départements d'études noires ; elles créent aussi des départements d'études féminines, pour mettre en relief le rôle des femmes dans l'histoire, pour les préparer à assumer des fonctions sociales et économiques, pour étudier la littérature écrite par des femmes. Les entreprises privées et les administrations publiques ont compris qu'il ne faut pas prendre le risque de heurter l'opinion et se méfient désormais comme de la peste de tout ce qui s'assimile à une pratique discriminatoire. En 1973, la Cour suprême reconnaît le droit à l'avortement. *Miss* et *Mrs*. sont remplacés par l'unique *Ms. (mizz)*. Le titre 7 du Civil Rights Act sert à combattre la discrimination raciale et la discrimination sexiste. Il est interdit de publier des petites annonces pour embaucher des hommes seulement, à moins qu'il n'y ait des raisons professionnelles qui justifient cette pratique. La loi de 1963 sur l'égalité des salaires déclenche 351 plaintes en 1965 et 565 en 1970. Les Églises

1. Il assure « l'égalité des droits dans le cadre de la loi » sans discrimination « due au sexe » des personnes.

protestantes, elles-mêmes, cèdent à la pression : en 1970, l'Église luthérienne autorise l'ordination des femmes ; un an auparavant, le conseil international des Églises a élu sa première présidente.

Tout irait-il pour le mieux dans le meilleur des mondes ? Les féministes sont de plus en plus divisées sur le but ultime du mouvement. Égalité ou identité ? Le 27e amendement conduirait à l'identité et à l'abandon d'une série de protections qui servent aussi la cause des femmes. Une phrase résume le dilemme : « Si nous gagnons, qu'allons-nous perdre ? » Un sondage de 1971 révèle que 42 % des femmes sont favorables et 43 % opposées aux efforts entrepris pour améliorer la condition féminine. Parmi les premières, des célibataires, des divorcées, des moins de 30 ans, des diplômées de l'Université, des Noires ; parmi les secondes, des femmes mariées, des plus de 30 ans, des Blanches. Le nombre des femmes au travail a augmenté : 16 522 000 en 1950, 22 millions en 1960, 30,5 millions en 1970, soit pour cette dernière année les deux cinquièmes de la population active et 42 % de la population féminine de plus de 16 ans. L'autre nouveauté, c'est que les femmes mariées conservent leur activité professionnelle : en 1949, elles constituaient 30 % de la population féminine active ; en 1970, 60 %. Mais l'égalité des salaires n'est toujours pas réalisée. Tout au contraire. En 1955, le salaire moyen des femmes correspondait à 63,9 % du salaire moyen des hommes ; en 1968, à 58,2 %. Sans doute cela s'explique-t-il par les emplois que les femmes, plus nombreuses sur le marché du travail, occupent. Dans tous les domaines d'activités, les femmes sont au bas de l'échelle. Dans l'enseignement supérieur, elles accèdent difficilement au grade de professeur. Dans les emplois industriels, elles sont techniciennes, rarement ingénieurs. Dans le commerce, elles sont à la tête de petites entreprises et, plus souvent encore, de simples vendeuses. Leur entrée dans les professions libérales se fait au compte-gouttes : elles constituent 7 % des médecins, 4 % des architectes, 3 % des avocats, 2 % des dentistes, 1 % des ingénieurs. En 1960, 16 d'entre elles siègent à la Chambre des représentants et 1 au Sénat. Dix ans plus tard, elles sont 10 dans le premier cas et toujours 1 dans le second, 306 dans les assemblées législatives des États (soit 40 de moins qu'une décennie plus tôt). Quant à imaginer une femme élue à la présidence ou à la vice-présidence des États-Unis, c'est un rêve lointain en dépit du bruit qu'a fait le mouvement féministe dans les années soixante.

Autre mouvement caractéristique de l'époque : celui des Indiens. Mais avant d'en souligner l'originalité, il convient de rappeler le cadre dans lequel il s'inscrit. Dans la mesure où le consensus social s'émiette, la composition pluri-ethnique des États-Unis revient à la surface. La dénonciation d'une Amérique dominée par les Anglo-Saxons, blancs et protestants (en anglais les *White Anglo-Saxon Protestants,* WASP) se fait plus pressante. Les WASP, dit-on alors, ont imposé leur langue, leur culture et leur mode de vie ; ils ont fait du protestantisme la religion de référence, encore que la diversité des dénominations produise une véritable échelle sociale des convictions protestantes. Bien plus, les WASP ne supportent pas d'autres modes de culture et de pensée ; ils réduisent à sa plus simple expression l'extraordinaire complexité du peuplement des États-Unis. A leur décharge, ils ont été les fondateurs du pays et ont longtemps détenu la majorité dans la population nationale. Ce n'est plus vrai aujourd'hui. Depuis les grandes vagues d'immigration de l'avant-Première Guerre mondiale, les WASP n'ont pas cessé de perdre leur prépondérance démographique. C'est même pour cela qu'ils ont déclenché les réactions xénophobes, racistes, antipapistes et antisémites des années vingt. L'élection de Kennedy à la présidence marque une rupture. Les succès du mouvement noir provoquent, à leur tour, une réflexion nouvelle sur la composition sociale des États-Unis. Et les enfants, surtout les petits-enfants des immigrants italiens, slaves, juifs, asiatiques, latino-américains revendiquent leur héritage familial. De plus en plus, ils évoquent leur « fierté ethnique ». L'ethnicité devient un facteur d'identification. Une enquête du Bureau du recensement en 1969 montre que 75 millions d'Américains sur 198 millions se déclarent allemands, anglais, irlandais, espagnols, italiens, polonais ou russes. Trois ans plus tard, ils sont 102 millions (les enquêteurs ont ajouté les catégories : français, gallois, écossais). Encore ne s'agit-il que de référence à des États d'origine. L'ethnicité, c'est aussi la perception d'une appartenance religieuse et raciale. A la limite, tous ceux qui ne sont pas WASP sont des *ethnics*. Il s'agit bien de la valorisation d'un héritage culturel et du poids social d'une communauté à l'intérieur des États-Unis. D'après *Ethnicity : Theory and Experience* que Nathan Glazer et Daniel Moynihan ont publié en 1975, l'ethnicité apparaît aux États-Unis comme une réaction à l'État-providence, une manière de faire pression sur les pouvoirs politiques pour obtenir davantage, donc un comportement essentiellement pragmatique. Quoi qu'il en soit, ce vaste débat, souvent confus, toujours passionnel, se vit au quotidien. Les Américains ne renient pas vraiment la notion de *melting pot*. Ils souhaitent que soit reconnu le pluralisme ethnique qui permet à chaque groupe d'être fier de son particularisme avant de s'unir aux autres dans l'ensemble national.

Le mouvement indien présente une caractéristique supplémentaire. C'est qu'il réveille de vieux démons. Il rappelle les guerres et les massacres qui ont failli anéantir la population indienne des États-Unis, les réserves misérables dans lesquelles ont été enfermés les survivants. Il contraint à réfléchir sur une histoire récente, sur les responsabilités que portent les héritiers des pionniers de la Frontière – un héritage que le cinéma et la télévision ne cessent pas de rappeler à leur manière. Le mouvement indien, c'est bien une contestation majeure.

Le Congrès a adopté en 1953 la politique de *termination*. Les Indiens auront les mêmes droits et les mêmes devoirs que les autres citoyens des États-Unis. La nationalité américaine leur a été conférée en 1924 et la loi de 1934 a prévu de nouvelles modalités d'organisation politique et économique des réserves. La politique de *termination* fait peur à beaucoup d'Indiens qui se demandent avec inquiétude si la disparition des réserves ne réduira pas leurs habitants à la misère. C'est pourquoi il est décidé en 1958 que chaque tribu choisira ou non de mettre fin à l'existence des réserves. En fait, tout au long des années soixante, le militantisme indien s'accentue. Une nouvelle expression apparaît, le « pouvoir rouge », dont on voit bien qu'elle est calquée sur l'expression du « pouvoir noir ». Des ouvrages sont publiés, qui proposent une histoire des Indiens vue par les Indiens, comme le livre de Vine Deloria, *Custer Died for Your Sins* (1969). Des manifestations se déroulent, notamment des *fish-ins* : les manifestants se mettent à pêcher là où en principe ils ne doivent pas le faire et opposent à la police une résistance passive. Mieux encore, ils s'emparent de l'île d'Alcatraz, dans la baie de San Francisco, en novembre 1969, pour attirer l'attention des médias et rappeler que l'île leur a appartenu. Plus tard, ils occupent également Ellis Island dans le port de New York, le bâtiment du Bureau des affaires indiennes (BIA) à Washington, le hameau de Wounded Knee (Dakota du Sud), théâtre de la dernière bataille de la dernière guerre indienne. De fait, l'essentiel de la contestation a pour cadre les tribunaux. Elle a pour but d'imposer au gouvernement fédéral et aux gouvernements des États la restitution de terres qui ont été enlevées par la force ou la ruse aux Indiens. Des procès qui donnent souvent les résultats escomptés par les Indiens.

Les Indiens d'aujourd'hui sont, d'après le recensement de 1970, aux environs de 800 000. Ils se retrouvent dans plusieurs organisations, comme le National Congress of American Indians, créé en 1944, qui exprime des points de vue modérés, le National Indian Youth Council qui rassemble les éléments les plus jeunes, les plus pauvres, les plus radicaux aussi, l'American Indian Movement qui n'hésite pas à recourir à des manifestations violentes (Alcatraz, Wounded Knee) et à demander l'abolition du BIA qui serait un organisme d'administration coloniale. Les uns et les autres ne sont plus très éloignés lorsqu'ils définissent leurs objectifs : de nouvelles relations avec le pouvoir fédéral, la récupération des terres indiennes, le maintien des valeurs culturelles des Indiens. Quant à l'idée d'un séparatisme indien, elle existe et a toujours existé avec des hauts et des bas qui varient suivant le contexte international et l'atmosphère politique aux États-Unis. De là, ces conflits émiettés qui éclatent en Alaska, dans le Maine, le Washington et le New York, avec des références très marquées aux dimensions religieuses et historiques de la protestation : les Indiens réclament leurs terres, leurs droits de chasse et de pêche, la liberté de vivre en Indiens, le tout sur fond de contestation ethnique, et ils bénéficient de l'appui d'une partie de l'opinion libérale et des tenants de la contre-culture. Ils démontrent ainsi que dans une société hautement technologique, orientée vers la planétarisation des modes de vie et de production, en route vers la lune, le retour à la tradition constitue un antidote, à tout le moins une revendication populaire. Qu'obtiennent-ils ? Des commissions d'enquête font des recommandations. Le Congrès vote en 1968 une sorte de déclaration des droits. Le président Nixon renonce en 1970 à la politique de *termination*. Les tribunaux sont saisis des plaintes des tribus. Les Indiens ont de nouveau voix au chapitre.

Avec le recul, ce qui semble le plus nouveau dans la révolution des droits, promis au plus bel avenir, c'est l'entrée des jeunes dans la vie politique et leur participation massive aux bouleversement culturels. Certes, la majorité électorale, abaissée à 18 ans en 1971 [1], pourrait en être le symbole. Mais ce serait un symbole bien affadi, car pendant toute une décennie, les moins de 30 ans ont mis sens dessus dessous le consensus libéral qui fut le plus ferme soutien de Kennedy et de Johnson.

Il va de soi que le phénomène contestataire, s'il s'enracine dans la jeunesse, a d'autres sources et d'autres exutoires. Il imprègne la société tout entière. Le rôle principal que jouent les jeunes s'explique, en premier lieu, par les effets de l'évolution démographique. Les enfants du *baby boom* parviennent à l'âge adulte. Ils n'ont jamais connu la pauvreté des années trente, le chômage généralisé, les soupes populaires des grandes villes. La prospérité qui les entoure, dont ils profitent, façonne le regard qu'ils jettent autour d'eux. Pourquoi craindraient-ils de s'en prendre au conformisme ambiant ? Pourquoi se priveraient-ils de vitupérer une Amérique qui se veut libérale et n'a pas éliminé la misère,

1. La majorité électorale est abaissée à 18 ans par le 26e amendement (adopté par le Congrès et approuvé par les États en 1971). Auparavant, la majorité électorale était fixée à 21 ans dans tous les États, sauf en Georgie et dans le Kentucky (où elle était déjà à 18 ans), en Alaska (19 ans) et à Hawaii (20 ans).

qui se dit généreuse et idéaliste et mène ce que beaucoup appellent une politique impérialiste ? Pourquoi ne réfléchiraient-ils pas à une autre forme de société, maintenant que, grâce à la « révolution académique », ils accèdent en masse aux *colleges* et aux universités, des lieux protégés, propices aux discussions ? A partir de là, deux contestations prennent leur essor.

La première est politique. Elle se baptise : la nouvelle gauche. Étant entendu que, dans l'expression, l'adjectif vaut plus que le nom qu'il qualifie. La vieille gauche, celle des communistes ou des libéraux, est balayée, l'une profondément affaiblie par le maccarthysme, l'autre engoncée dans le confort de l'*establishment*. La nouvelle gauche se crée spontanément en 1960, au terme d'une décennie marquée par la torpeur. Elle naît sur les campus, à la suite des manifestations en faveur du mouvement des droits civiques, ou pour protester contre la présence des militaires qui assurent la préparation au service national dans les universités. La Californie, en particulier le campus universitaire de Berkeley, lui sert de berceau. En 1964, le mouvement pour la liberté de parole provoque des incidents, annonce une révolution des étudiants qui ne tardera pas à s'étendre à d'autres campus, définit des thèmes et des programmes. Le mouvement critique vigoureusement les libéraux de la vieille école qui exaltent les vertus du processus électoral au lieu de comprendre les bienfaits de l'action directe, qui sont obsédés par l'anticommunisme au lieu de se préoccuper du tiers monde, qui font confiance aux pratiques de la démocratie représentative au lieu d'aspirer à la véritable démocratie, c'est-à-dire à la suppression des intermédiaires professionnels.

En même temps, la nouvelle gauche découvre un jeune homme de vingt ans, Tom Hayden, qui tient une place prédominante dans une association d'étudiants, les Students for a Democratic Society (SDS). Les SDS ont participé aux manifestations dans le Sud contre la ségrégation raciale. Et Hayden a défini les buts du mouvement en 1962 pour la convention qui se réunit à Port Huron, dans le Michigan. La déclaration de Port Huron met en accusation la démocratie américaine telle qu'elle est pratiquée et réclame une « démocratie de participation ». Le rôle moteur sera assuré par les étudiants et les professeurs. Souvent obscure,

toujours aride et vague, la déclaration remporte un succès de
librairie : quatre rééditions ; 60 000 exemplaires sont vendus en
quatre ans. Les incidents de Berkeley font de Hayden le prophète
de la nouvelle gauche. Ils ont aussi attiré l'attention du grand
public sur des groupuscules dont on ne parlait guère auparavant.
Y aurait-il eu une suite sans la guerre du Viêt-nam ? Que seraient
devenus les SDS sans la guerre à la guerre qu'ils ont entreprise ?
De plus en plus, à mesure que les années passent, ils dénoncent
l'impérialisme américain – sur ce point, leur héros se nomme Che
Guevara – et l'exploitation de la classe ouvrière. Les incidents qui
perturbent le fonctionnement de l'université Columbia à New
York, en 1968, témoignent du passage des SDS aux actes
révolutionnaires et annoncent les scissions. La lassitude se fait
sentir. Le mouvement s'essouffle à la fin des années soixante. En
1969, il éclate : le Progressive Labor Party exalte l'internationa-
lisme prolétarien ; le Revolutionary Youth Movement se tourne
vers les *hippies* ; les Weathermen partisans de l'action violente
rassemblent une poignée d'adhérents, malgré la flambée de
manifestations qui suit l'invasion américaine du Cambodge et la
fusillade à Kent State University (Ohio) en mai 1970.

Et pourtant cette contestation politique, si minoritaire, si
contraire soit-elle à ce que souhaite la très grande majorité des
Américains, s'inscrit dans le bouillonnement des idées qui agite
les États-Unis. Par rapport au mouvement libéral, c'est une
déviance. Mais une déviance qui a exercé une influence : sur la
lutte contre la guerre du Viêt-nam, sur la désacralisation de
l'autorité politique et universitaire, sur la critique du pouvoir en
général et du pouvoir de l'argent en particulier. Les SDS ont
apporté leur soutien aux causes les plus radicales. On serait tenté
de se demander si leur rôle n'a pas été plus puissant que celui des
marxistes traditionnels, si les Américains n'ont pas redouté ces
étudiants révolutionnaires plus que les vieux militants du parti
communiste ou des organisations trotskistes.

La deuxième forme de contestation est plus difficile encore à
cerner, parce qu'elle revêt des formes insaisissables et s'emploie à
combattre la culture traditionnelle. La contre-culture n'est même
pas une invention des années soixante. Elle a toujours existé.
C'est pourquoi la recherche des précurseurs est particulièrement

frustrante. Faut-il évoquer les *hipsters* noirs, tenants de l'hédo-
nisme et de la sensualité, se livrant sans retenue aux plaisirs
sexuels ? On pourrait tout aussi bien insister sur l'influence
d'écrivains comme Allen Ginsberg, Jack Kerouac, Ken Kesey,
qui composent la *beat generation*. Or, les *beatniks* arpentent,
depuis le milieu des années cinquante, les rues de Greenwich
Village à New York, d'Haight-Ashbury à San Francisco ou
de Venice West à Los Angeles. Ce sont des bohèmes, des anti-
conformistes qui repoussent de toutes leurs forces les comportements et la morale des classes moyennes. Pacifistes, internationalistes, antiracistes, ils sont « individualistes forcenés, [...]
ignorent le pouvoir politique et fuient l'action collective concer-
tée [...]. Pauvres et vagabonds par choix, ils se désintéressent
d'une éventuelle redistribution des richesses superflues quant
à leur idée du bonheur individuel [1] ». Inutile d'ajouter qu'ils
forment un monde à part qu'on tolère sans chercher à l'imiter.

Ce qu'il faut expliquer, c'est pourquoi la manière de vivre et de
sentir d'une infime minorité s'est répandue en quelques années
au point de marquer une décennie. De nouveaux maîtres à
penser sont-ils responsables ? Oui, dans une large mesure, et l'on
n'oubliera pas que la contestation naît sur les campus, c'est-à-dire
là où l'influence des « gourous » intellectuels est la plus forte. Un
sociologue comme C. Wright Mills, un historien comme William
Appleman Williams, un penseur comme Paul Goodman, un
philosophe comme Herbert Marcuse publient des ouvrages, dont
le tirage est limité sans aucun doute, mais qu'on lit, qu'on
commente, qui suscitent des disciples. Teintée ou non de
marxisme, leur réflexion vise à contester le consensus des années
cinquante, à porter un regard critique sur la société qui les
entoure, donc à provoquer une rupture. D'ailleurs plus encore
que Marx, le modèle s'appelle Freud. En 1955, Marcuse a publié
Eros and Civilization. Il y fait appel à Freud pour montrer la voie
de la libération. La liberté, observe Marcuse, ne repose ni sur des
garanties constitutionnelles ni sur des pratiques politiques ; elle
correspond avant tout à la libération de l'Éros, à la satisfaction

1. Marie-Christine Granjon, *L'Amérique de la contestation. Les
années 60 aux États-Unis,* Paris, Presses de la FNSP, 1985, p. 146.

« des besoins instinctifs de l'homme ». Norman O. Brown, professeur à l'université Wesleyenne, fait paraître en 1959 *Life Against Death*. Il exprime la profession de foi d'un freudien optimiste. L'homme, dit-il en substance, peut atteindre le bonheur dont il a nourri ses rêves d'enfant en se livrant aux plaisirs du corps. Dans cette philosophie, point d'idées politiques, mais là encore une libération des instincts qui s'oppose au puritanisme traditionnel. C'est une aspiration à l'amour sous toutes ses formes, l'amour hétérosexuel et homosexuel, dans la monogamie ou la polygamie. Peu importe ! Il faut faire remonter l'inconscient au niveau du conscient pour créer un nouveau moi, le moi dyonisien. Timothy Leary, professeur à Harvard, pousse la doctrine plus loin encore. Au cours de l'été de 1960, il découvre au Mexique la marijuana, puis passe à la consommation du LSD. Scandale et indignation ! Leary est chassé de Harvard. Le Congrès met le LSD hors la loi en 1966, mais il y a déjà 1 million d'Américains qui y ont recours. Le règne de la drogue s'établit dans les universités. Les paradis artificiels sont à portée de main.

La contre-culture prend forme. Elle a sa géographie : les campus, en particulier celui de Berkeley, les quartiers de la bohème à New York, San Francisco, Los Angeles, la Californie. Elle a sa presse, la presse *underground* que complète un type particulier de films. Elle a son image de marque. L'Amérique d'abord, le reste du monde ensuite découvrent avec étonnement les *hippies* : cheveux longs, vêtements vaguement inspirés par l'habillement oriental, refus de la société d'abondance, aliments naturels, la drogue (de la marijuana au LSD en passant par le haschisch), des colliers de perles, des fleurs, pour certains le recours aux cultes de l'Inde ou du Japon. La contre-culture a également son slogan : « Faites l'amour, pas la guerre », une véritable provocation sur l'arrière-plan du Viêt-nam. Les *hippies* ne forment pas un mouvement uni, mais une manière de vivre. Une partie d'entre eux créent en février 1968 le parti international de la jeunesse (Youth International Party, ou *yippies*) qui se donne pour mission de détruire la société, la culture, le monde politique qui les entourent. Enfin, la contre-culture a sa musique ; elle vit dans la musique, celle des *folk-singers,* comme

Joan Baez, Pete Seeger ou Bob Dylan première manière. Mais à vrai dire, les héros, ce sont les Beatles, des Anglais, que les Américains reçoivent en 1964. Un ouragan ! Le studio de télévision qui les accueille contient 800 places et 50 000 personnes tentent d'y pénétrer. Preuve que le phénomène de la « nouvelle » musique a déjà largement dépassé le milieu des *hippies*. Ils sont assiégés dans leur hôtel. Leur disque suivant se vend à 3 millions d'exemplaires, alors qu'il n'est pas encore sorti dans le commerce. Leur premier film, *A Hard Day's Night* (1964), enthousiasme les foules. Réaliste, la reine d'Angleterre les décore pour les remercier d'avoir comblé une part importante du déficit commercial de la Grande-Bretagne. C'est aussi par la musique que passe le *protest,* qu'il s'agisse de la critique sociale, de la lutte contre la guerre du Viêt-nam ou des thèmes généraux de la contre-culture, qu'il s'agisse du folk ou du rock dont Elvis Presley est plus que jamais le champion toutes catégories.

Les barrières du puritanisme cèdent. On le voit quand on étudie les comportements sexuels des Américains. Le 27 juin 1969, par exemple, les policiers de New York font une descente dans un bar de Greenwich Village, où se réunissent des homosexuels. Bagarres, arrestations. Un mois plus tard, le Front de libération des *gays* est fondé. Ce qui était jusqu'à maintenant considéré comme une honte est publiquement affiché, sinon célébré. Peu après, une semaine pour les homosexuels est instaurée à New York et San Francisco devient la capitale américaine de l'homosexualité. Rien d'étonnant si, dans la foulée, les bonnes causes en tous genres rassemblent des défenseurs qui se font entendre. Il faut défendre les prisonniers politiques, réformer les médias, protéger les droits des enfants, restreindre la consommation du tabac. Tout bouge. L'art ne reste pas insensible au mouvement général. L'expressionnisme abstrait est dépassé. C'est l'heure du *pop art,* de l'art minimal, de l'abstraction chromatique ; le temps d'Andy Warhol, de Jasper Johns, de Roy Lichtenstein, de Mark Rothko et de Robert Motherwell. Jamais autant que dans les années soixante les États-Unis n'ont éprouvé une telle aspiration au changement. Jamais autant non plus les valeurs traditionnelles ne se sont si rapidement défaites.

La contre-culture est-elle une nouvelle culture ? Dans *le Regain américain,* Charles Reich l'affirme avec force : « Une révolution est en cours, écrit-il. Elle n'est pas comme les révolutions du passé. Elle a pris sa source dans l'individu et la culture. Et si elle réussit, elle ne changera la culture qu'en dernier ressort. Elle n'a pas besoin de la violence pour s'imposer et la violence ne parviendra pas à l'arrêter. » L'éthique du travail ne jouit plus du respect universel. Le progrès technique fait l'objet des plus vives critiques et ses effets sont dénoncés simultanément par les partisans de la contre-culture et les défenseurs de l'environnement, ces écologistes qui commencent à faire parler d'eux. Les consommateurs s'organisent et font sentir leur volonté aux industriels et aux commerçants. Et pourtant, la contre-culture s'essouffle à la fin de la décennie. C'est qu'elle a été récupérée. Les *hippies* ne sont plus les seuls à porter des cheveux longs et à s'habiller à l'orientale. Les écologistes diffusent le goût des aliments naturels. Ce qui semblait extraordinaire entre peu à peu dans la vie quotidienne. Dans le même temps, bien des Américains s'insurgent contre une philosophie de la contemplation qu'ils assimilent volontiers à la philosophie de la paresse. Ils font remarquer que pour jouir de l'air qu'on respire, du temps qui passe et des beautés de la nature, il faut commencer par produire, donc par travailler ; que cette contre-culture repose avant tout sur l'usage des drogues, douces d'abord, dures ensuite ; que la liberté des mœurs conduit tout droit à la licence et à la pornographie ; que le refus de « la loi » et de « l'ordre » ne saurait être élevé à la hauteur d'une doctrine politique ; que l'hostilité à l'engagement militaire en Indochine conforte la subversion. Bref l'Amérique profonde s'inquiète. Ce ne sont pas les libéraux qui l'effraient, mais la complaisance qu'ils montrent à l'égard des excès et des abus. Une réaction s'amorce. Le temps se couvre.

15

De la guerre du Viêt-nam à l'affaire du Watergate

Le 20 juillet 1969, la mission Apollo 11 atteint son objectif. A 22 h 56 (heure de la côte atlantique des États-Unis), Neil Armstrong descend du *lem* (*lunar module*) et pose le pied sur le sol lunaire. Il est peu après suivi par Edwin Aldrin. Les deux astronautes sautillent, plantent le drapeau américain, procèdent à des expériences scientifiques. Des centaines de millions de téléspectateurs assistent en direct, dans l'émerveillement, aux premiers pas de l'homme sur la lune. Le plus grand événement peut-être de l'histoire du XXᵉ siècle. Les Américains viennent de gagner la course à l'espace, dans laquelle le président Kennedy les a engagés huit ans plus tôt. Et pourtant, ils vivent dans le même temps le pire des déchirements. La guerre du Viêt-nam a brisé le consensus national. Les États-Unis sont en proie à une vague déferlante de contestation. Et ce qui les attend dans les cinq années suivantes ressemble à une tornade, à un « long cauchemar », dira le président Ford en 1974.

Les motivations du président Johnson

Si les Américains sont intervenus dans le Sud-Est asiatique, c'est que, de Truman à Johnson, ils ont été pris dans un engrenage. Les forces économiques ont ici peu d'importance. Au Viêt-nam, au Laos et au Cambodge, les investissements américains sont négligeables, surtout si on les compare avec ceux de la France, l'ancienne puissance coloniale. Le marché indochinois n'est pas un débouché. En 1969, par exemple, le Viêt-nam du Sud absorbe à peine 1 % des exportations américaines et dès 1967 les financiers de New York préfèrent la paix à la guerre. Sans doute a-t-on découvert du pétrole au large des côtes vietnamiennes, mais c'est en 1970. Décidément, on ne voit pas quelles ressources attireraient les Américains ni quelles affaires expliqueraient leur engagement militaire. Certes, les marchands d'avions et d'armes, les fournisseurs en tous genres de l'armée, le « complexe militaro-industriel » dénoncé par le président Eisenhower, font de gros bénéfices grâce à la guerre, mais ils ne sont pas responsables de son déclenchement et n'auraient pas à eux seuls les moyens d'imposer sa poursuite. D'autant que les États-Unis sont alors prospères, que leur puissance économique exerce une sorte de primauté dans le monde, qu'ils peuvent à la fois améliorer leur niveau de vie, mener une guerre coûteuse et gagner la course à la lune, bref goûter au beurre et fabriquer des canons.

Leurs motivations sont essentiellement idéologiques et politiques. Il faut en revenir, une fois de plus, à la politique d'endiguement du communisme. Tout est subordonné à cet objectif. L'hostilité au colonialisme, profondément ancrée dans l'histoire nord-américaine, a certainement inspiré Roosevelt qui se demandait si les États-Unis devaient aider la France à restaurer son autorité en Indochine. Mais dès 1945-1946, la sympathie que les Américains ont pu ressentir pour Ho Chi Minh a fondu comme la neige au soleil. Les mouvements de libération nationale, dans la mesure où ils sont liés à l'Union soviétique, font peur. La guerre froide a dissipé les bonnes intentions.

Avec l'Indochine, un autre élément d'explication surgit. Si, à la fin des années cinquante, l'Europe court moins de risques, n'est-il pas nécessaire que les États-Unis tournent à présent leur regard vers le tiers monde et particulièrement vers une Asie, traversée par des courants nationalistes, progressivement libérée de la présence coloniale ? Cette question, ce sont les libéraux qui la posent. Ils éprouvent le complexe de McCarthy. Attaqués avec violence par le sénateur du Wisconsin, ils ont subi l'accusation d'être des anticommunistes « mous », d'avoir perdu la Chine, en un mot de nuire, par leur indéracinable naïveté, à l'intérêt national. A tout moment, ils se croient obligés de montrer qu'ils ne sont pas des faibles mais des durs, pas des naïfs mais des réalistes, pas des suppôts du pacifisme mais des combattants de la guerre froide. Cet état d'esprit imprègne Kennedy, Johnson et leurs collaborateurs. Somme toute, la croisade contre le communisme doit être menée partout où le communisme menace. L'Asie du Sud-Est a droit à la liberté autant que l'Allemagne et la France.

Pour eux, le communisme international s'incarne dans l'Union soviétique. La progression de l'un, c'est l'expansion de l'autre. Or, dans la péninsule indochinoise, les Soviétiques ne sont pas directement présents. Leur place est tenue par les Chinois. La Chine de Mao, voilà l'ennemi. Les Américains viennent de l'affronter en Corée, un conflit majeur qui constitue pour eux l'exemple même de l'agression communiste, la référence à laquelle se conforment les chefs militaires, un sujet permanent de réflexion. Puis, ils ont protégé avec les soldats de Tchang Kaï-chek les îles de Quemoy et de Matsu. En 1962, ils ont aidé l'Inde qui affrontait les divisions chinoises. Deux ans plus tard, la Chine est devenue la cinquième puissance nucléaire du monde. Kennedy n'a cessé de mettre en garde ses concitoyens. Johnson reprend le thème, le 7 avril 1965, dans un discours à l'université Johns Hopkins : « Sur cette guerre, dit-il, et sur toute l'Asie une autre réalité domine : l'ombre insistante de la Chine communiste. Les dirigeants de Hanoï sont poussés par Pékin. Voilà un régime qui a supprimé la liberté au Tibet, attaqué l'Inde et a été condamné par les Nations unies pour son agression en Corée. Voilà une nation qui vient au secours des forces de la violence sur presque tous les continents. La lutte au Viêt-nam s'inscrit dans une perspective plus large visant à poursuivre l'agression. » Toutefois, les Américains discernent mal les premiers craquements qui se produisent dans l'alliance russo-chinoise. Ils continuent de croire à une unité de vues que prouve, semble-t-il, le traité sino-soviétique de 1950. Peut-être cette myopie tient-elle au limogeage, au temps du maccarthysme, de bon nombre d'experts de l'Extrême-Orient, accusés de n'avoir rien compris à l'évolution chinoise ou, pire encore, d'avoir été des compagnons de route du communisme. Lorsque les Américains saisiront l'ampleur du fossé qui sépare les deux États socialistes, il sera trop tard pour qu'ils fassent machine arrière au Viêt-nam.

Alors, si la Chine s'apprête à avaler ses voisins, que faire ? Arthur M. Schlesinger, l'historien qui fut aussi l'un des conseillers de Kennedy, répond en 1967 : « L'Asie est un très grand continent. Avec une diversité de cultures, de traditions et d'États. Les nations d'Asie chérissent leur indépendance comme ailleurs dans le monde. Croire qu'un décret mystique rend inévitable qu'elles soient dévorées par l'empire chinois n'est pas convaincant. » Il faut résister. L'erreur suprême serait l'*appeasement,* comme les Français et les Britanniques l'ont pratiqué dans leurs relations avec Hitler. Si la Chine et l'URSS avaient les mains libres au Viêt-nam, bientôt le Laos, le Cambodge, la Thaïlande, la Malaisie, les Philippines, le Japon tomberaient comme « une rangée de dominos », a dit Eisenhower en 1954. Deux ans auparavant, le Conseil national de sécurité a défini la théorie des dominos en notant qu'en Asie du Sud-Est, « la perte d'un seul pays aboutirait probablement à la soumission relativement rapide à un alignement avec le communisme par les autres pays de ce groupe ». Du Sud-Est asiatique, la menace se déplacerait en Inde, au Moyen-Orient, puis en Europe. Le sénateur John Kennedy partage ce point de vue, puisqu'en 1956 il voit dans le Viêt-nam « la pierre d'angle du monde libre dans le Sud-Est asiatique, la clef de voûte, le doigt dans la fissure de la digue. La Birmanie, la Thaïlande, l'Inde, le Japon et, manifestement, le Laos et le Cambodge seront menacés, si la marée rouge du communisme déferle sur le Viêt-nam ». Lorsque, dans son discours d'entrée en fonctions, il promet que les États-Unis « défendront leurs amis, combattront leurs ennemis pour assurer la sauvegarde et le succès de la liberté », il va de soi que la promesse vaut aussi pour le Viêt-nam du Sud. Si l'expansion soviétique est contenue, l'Asie du Sud-Est sera sauvée, le traité du Sud-Est asiatique (OTASE) qui étend sa protection sur le Viêt-nam sera respecté et les États-Unis resteront, partout dans le monde, auprès de tous leurs alliés, des amis fidèles, des protecteurs crédibles, les leaders du monde libre.

Ce raisonnement n'est contesté que par une poignée d'Américains. Les autres, politiques de tous bords, journalistes et experts, n'expriment pas d'opinions divergentes. Reste une question capitale. Cet endiguement, comment le pratiquer ? Là-dessus, les idées sont confuses. Peut-être étendre le plan Marshall à l'Asie et à l'Amérique latine. Le président Johnson se prononce en avril 1965 en faveur d'une TVA, à la manière de celle qu'a lancée Franklin Roosevelt, qui transformerait la vallée du Mékong et ferait accéder le Viêt-nam du Sud à l'*American way of life*. Il faut aussi vendre des armes aux amis des États-Unis. Se battre à leur place ou à leurs côtés ? Non ; tout au plus, dans les circonstances les plus graves, faire intervenir l'aviation. Les Américains n'imaginent pas en 1964 qu'ils puissent envoyer, à 20 000 km de chez eux, un corps expéditionnaire qui s'opposerait aux Chinois et aux Vietnamiens du Nord. Première équivoque, que leurs dirigeants politiques ne prennent pas la peine de dissiper. Il n'y a pas eu de débat public sur la défense de l'Asie depuis l'époque de la guerre de Corée. Présidents et secrétaires d'État agissent suivant les nécessités du moment, les contraintes électorales et les demandes des alliés. De 1950 à 1954, par exemple, ils ont accepté que les États-Unis financent la guerre d'Indochine, celle des Français contre le Viêt-minh. Leur aide est passée de 10 millions à 1 milliard de dollars et a servi à payer les trois quarts des dépenses de guerre de la France. En revanche, le président Eisenhower a refusé, contrairement à l'opinion de son vice-président Richard Nixon, que l'aviation américaine porte secours aux assiégés de Dien Bien Phu. Puis, à partir de 1954, les Américains occupent à Saigon la place que les Français se sont empressés de leur céder. Maintenant que le Viêt-nam est divisé en deux États, (pour combien de temps ?) que sépare le 17e parallèle, ils soutiennent les efforts « démocratiques » de Ngo Dinh Diem, le Premier ministre du Viêt-nam du Sud. Ils n'ont pas l'intention d'envoyer des soldats. Tout au plus des conseillers, discrets, instruisent-ils les troupes sud-vietnamiennes. Lorsque John Kennedy devient président des États-Unis, la situation se complique. Les communistes du Sud ont formé un Front national de libération, le Viêt-cong, avec l'appui de Hanoi. Diem n'a pas fait les réformes qu'il a promises.

Et Khrouchtchev souffle sur le feu en promettant le soutien de l'Union soviétique aux « guerres de libération nationale ». Kennedy n'hésite pas. D'accord pour neutraliser le Laos, mais pas d'accord pour abandonner le Viêt-nam du Sud. Des forces spéciales, les « bérets verts », qui relèvent de la CIA, sont dépêchées au Viêt-nam. Puis, Kennedy envoie des conseillers militaires et deux compagnies héliportées, mais il refuse en 1961 qu'un contingent de 6 000 à 8 000 hommes aille combattre aux côtés des Sud-Vietnamiens. L'année suivante, pourtant, 149 hélicoptères et 73 appareils américains ont déjà effectué 2 048 sorties. Ce sont des missions d'entraînement, dit-on à Washington. La CIA lance des opérations clandestines au Laos et au Viêt-nam du Nord. Le nombre des conseillers militaires s'accroît. En novembre 1963, Diem est assassiné avec la complicité des responsables locaux de la CIA et lorsque Kennedy tombe, à son tour, sous les balles d'un assassin, on sait que plus de 16 000 soldats américains stationnent sur le territoire du Viêt-nam du Sud.

Comme Kennedy, Johnson autorise la CIA à poursuivre ses infiltrations et ses coups de main au nord du 17e parallèle. Comme Kennedy, il constate que les Sud-Vietnamiens se battent mal et conclut que, pour annihiler rapidement la « subversion », il faut « américaniser » la guerre. Comme Kennedy, il juge inutile d'alerter ses concitoyens. D'ailleurs, Johnson est conscient qu'il ne peut pas rejeter l'héritage de son prédécesseur. Trahir l'engagement du président martyr et laisser une démocratie tomber aux mains des communistes ? On aurait dit que « je suis un lâche, un homme sans virilité, sans colonne vertébrale ». D'un autre côté, Johnson se préoccupe en priorité de la « Grande Société ». La négliger pour faire la guerre ? Ce serait abandonner « tous mes espoirs de nourrir ceux qui ont faim et d'abriter ceux qui n'ont pas de logement ». Ne pas endiguer les communistes ? « On m'aurait considéré [...] comme un *appeaser* [...] bientôt placé dans l'impossibilité de faire quoi que ce soit pour qui que ce soit n'importe où dans le monde. » Une seule solution à ce dilemme : agir vite, frapper fort au Viêt-nam pour régler le problème et revenir aussitôt aux programmes de la Grande Société.

C'est pourquoi Johnson tire parti des circonstances. Le 2 août 1964, dans le golfe du Tonkin, un destroyer américain, le *Maddox,* est attaqué par des vedettes lance-torpilles nord-vietnamiennes. Le 4 août, nouvelle attaque. Johnson saisit l'occasion. Il réunit les leaders du Congrès, lance un appel à l'unité nationale et fait voter le 7 août une résolution qui autorise le président à riposter comme il l'entend. Les bombardements sur le Viêt-nam du Nord ont commencé dès le 5. Il est vrai qu'au Sénat une certaine inquiétude s'est manifestée. Un sénateur a demandé si la résolution donnera le droit au président d'aller jusqu'à la guerre. Réponse du sénateur William Fulbright, qui préside la commission des Affaires étrangères : « C'est ainsi que je l'interprète. » Mais enfin, un bâtiment de la marine nationale a été attaqué. Impossible de lier les mains du président ou de douter de sa bonne foi. La vérité devait être révélée partiellement, sept ans plus tard, à la suite de la publication des *Papiers du Pentagone,* un ensemble de 7 000 pages de documents et d'analyses rassemblées par le département de la Défense en 1967-1968 pour faire le point et livrées au *New York Times* et au *Washington Post* par une « fuite ». Le gouvernement américain appliquait, depuis le 1er février 1964, le plan d'opérations 34 A, élaboré par la CIA pour contraindre Hanoi à lâcher le Viêt-cong et le Pathet Lao (le mouvement communiste au Laos). Des satellites-espions recueillaient des renseignements. Des saboteurs et des agitateurs étaient parachutés sur le territoire nord-vietnamien. Des commandos du Sud, conseillés par des Américains, débarquaient sur les côtes du Nord avec pour mission de faire sauter les ponts stratégiques. Des chasseurs-bombardiers T 28, basés au Laos, pilotés par des Thaïlandais sous le commandement d'officiers de la CIA, pilonnaient régulièrement des objectifs ennemis et recevaient l'aide électronique de bâtiments américains, comme le *Maddox*. L'état-major américain avait dressé la liste de quatre-vingt-quatorze cibles au Viêt-nam du Nord qui seraient bombardées dès que le Congrès aurait adopté une résolution soutenant l'action du président. On sait aujourd'hui, grâce à des documents qui ont été ouverts à la recherche historique, que le *Maddox* n'a vraisemblablement jamais été attaqué, que son commandant a cru déceler des traces de torpilles sur son écran de radar, puis s'est rendu compte de son erreur, qu'à Washington le président Johnson a voulu, quels que fussent les événements, montrer sa détermination. L'un de ses conseillers, Bill Moyers, témoigne (*International Herald Tribune,* 8 mai 1985, p. 8) : « Il y a deux raisons. La menace que faisait peser la droite de Barry Goldwater et la menace qui venait des " faucons " du parti démocrate, l'aile animée par l'esprit de la guerre froide, très importante au début des années soixante et principalement présente grâce aux sympathisants de Kennedy. Johnson avait l'œil fixé sur les conseillers de Kennedy qui l'entouraient, comme Robert McNamara, McGeorge Bundy et Dean Rusk [1], et il se demandait tout haut, un peu plus tard, ce qu'ils auraient pensé s'il avait adopté une attitude qu'ils auraient jugée trop molle. »

Tout compte fait, le président Johnson a utilisé l'émotion publique, pour ne pas dire qu'il l'a suscitée ; il a fait adopter une résolution que ses services tenaient prête depuis longtemps et engagé l'escalade contre les communistes dans la légalité. Du coup, les Américains ont été plongés dans la guerre sans s'en rendre compte. Et comment l'auraient-ils compris en cet été de 1964 ? La campagne pour les élections présidentielles bat son plein. Goldwater accuse le président de manquer de fermeté : les opérations du Viêt-nam, dit-il en substance, c'est une guerre qu'il faut mener avec les moyens appropriés. Johnson, lui, rappelle qu'il est le successeur de Roosevelt, de Truman et de Kennedy, qu'il veut rendre la société plus juste, ouverte aux droits des minorités. Avec lui, ce sont les réformateurs et les libéraux qui l'emporteront. Le Viêt-nam paraît bien lointain. Et puis, les États-Unis y interviennent au nom de la liberté et de la démocratie, même si le régime de Saigon n'incarne vraiment ni l'une ni l'autre. L'engagement militaire des États-Unis, en tout état de cause, sera bref.

Il n'en fut rien. En quelques mois, la guerre prend des dimensions nouvelles. Elle oppose deux sociétés plus que deux

1. Robert McNamara est secrétaire à la Défense de 1961 à 1967. Il est alors remplacé par Clark Clifford. Dean Rusk est secrétaire d'État de 1961 à 1969. McGeorge Bundy est assistant pour les affaires de sécurité nationale de 1961 à 1966.

camps. D'un côté, les communistes du Nord et du Sud, réduits à des moyens archaïques, des soldats en sandales de caoutchouc qui poussent des bicyclettes le long de la piste Ho Chi Minh, mais habitués à la guerre subversive depuis une vingtaine d'années, prêts à tout supporter par conviction ou par contrainte, inlassablement équipés par l'Union soviétique et la Chine populaire, creusant sous les villages et dans les rizières des tunnels impossibles à repérer. De l'autre côté, les Américains, avec leurs alliés sud-vietnamiens et des unités sud-coréennes, australiennes et néo-zélandaises, qui recourent à la technologie la plus évoluée, emploient les armes les plus sophistiquées, puisent dans des ressources qui paraissent inépuisables, cherchent avant tout à faire vite et à économiser la vie de leurs hommes.

La guerre revêt deux aspects distincts. Le plus spectaculaire, c'est la guerre aérienne. Là, les Américains détiennent la maîtrise absolue. Les superforteresses volantes B 52 déversent leurs cargaisons de bombes au napalm et à billes. Les chasseurs-bombardiers opèrent d'innombrables sorties. En trois ans, près de 3 millions de tonnes de bombes sont lâchées sur le Viêt-nam du Nord, la zone démilitarisée qui correspond au 17e parallèle et le Viêt-nam du Sud, soit une fois et demie de plus que les bombardements alliés de la Seconde Guerre mondiale. En outre, les Américains utilisent depuis 1961 des défoliants et des herbicides – comme l'agent orange – pour empêcher l'ennemi de s'abriter et mieux surveiller les abords des bases, des aérodromes et les routes. Un tiers de la forêt du Viêt-nam est atteint. Les terres arables et la faune, également. On a parlé à ce propos de la destruction d'un système écologique et inventé le terme d'écocide. On s'apercevra que l'agent orange exerce des effets cancérigènes sur les organismes humains.

La suprématie aérienne des États-Unis se heurte à des obstacles. La DCA de l'adversaire remporte des succès et réussit à capturer des pilotes de B 52 et de chasseurs-bombardiers. Il n'est pas question pour les Américains d'utiliser des armes nucléaires ni même de bombarder le port de Haiphong (sauf en 1972) dans lequel des cargos soviétiques débarquent le matériel et les munitions. Pas question non plus de violer l'espace aérien de la Chine, encore que des combats sino-américains aient eu lieu et que les Vietnamiens du Nord aient fait de la Chine un sanctuaire. Obstacles secondaires ! Les Américains veulent imposer aux communistes la négociation et n'hésitent pas à pratiquer l'escalade. N'empêche qu'ils n'ont pas atteint leurs objectifs. Les bombardements auraient été une stratégie décisive, si le Viêt-nam avait été un pays industriel. La guérilla, elle, résiste bien. La pacification ne peut se faire par l'emploi de la seule aviation. Elle nécessite la présence de fantassins.

Le général Westmoreland commande les troupes américaines de 1964 à 1968. Sans difficulté, il obtient les renforts qu'il réclame au Pentagone. Ses effectifs au Viêt-nam passent de 23 000 hommes en 1964 à 184 000 en 1965, avant d'atteindre le demi-million en 1968. Auxquels il convient d'ajouter les soldats sud-vietnamiens et leurs alliés. Mais, à la différence de la guerre de Corée, il n'y a ni front ni batailles entre les grandes unités et l'infanterie n'a pas reçu la consigne d'envahir le Nord. Des combats importants se déroulent à Da Nang et aux environs en 1965, à Khe Sanh en 1967 et 1968, à Pleiku en 1965, à Quang Tri en 1966 et 1967. L'essentiel consiste à établir ou à rétablir l'autorité de Saigon dans les campagnes, à éviter que le Viêt-cong ne reprenne les villages « libérés » et à lutter contre une subversion permanente. Westmoreland pratique la guerre d'usure et fixe à ses troupes des missions aéroportées de commandos. En un point que l'état-major estime tenu par l'ennemi, des hélicoptères débarquent une compagnie qui établit une base. Les soldats cherchent le contact, attendent l'embuscade, tâchent de tuer le plus grand nombre possible d'adversaires, puis repartent. Ou bien encore, une zone est évacuée et les paysans sont regroupés dans des villages dits « stratégiques ». La zone est alors pilonnée par l'artillerie et l'aviation. A Washington, on réclame des résultats et pour les mesurer rien ne vaut les statistiques. Les unités combattantes sont tenues de fournir le dénombrement des pertes qu'elles ont infligées à l'ennemi. Plus les pertes sont lourdes, plus les unités sont jugées dynamiques. De là, cette ruée sur les chiffres, des morts comptés deux fois ou plus, des estimations souvent contestables. Et toujours cette hantise de l'adversaire qui se dissimule au sein de la population civile, qui peut aussi être une femme, un enfant ou un vieillard. Dans les campagnes, le danger est omniprésent. D'un trou creusé dans la digue d'une rizière partent des coups de feu. Des mines sont enfouies là où on les attend le moins. De janvier 1967 à septembre 1968, 23,7 % des Américains morts au combat ont sauté sur des mines. En période d'accalmie, les pertes dues aux mines s'élèvent à 40 %.

L'état-major ne cesse pas d'annoncer la victoire prochaine. A la fin de 1967 encore, Westmoreland fait une déclaration tout à fait rassurante : « Au cours de mes quatre années au Viêt-nam, dit-il, je n'ai jamais été aussi encouragé. » C'est alors que les communistes déclenchent l'offensive du Têt. Le 30 janvier 1968, au moment où les Vietnamiens célèbrent le Nouvel An lunaire, en violation de la trêve qu'ils avaient acceptée, les communistes lancent 70 000 hommes à l'assaut d'une centaine de villes du Viêt-nam du Sud. La guerre devient urbaine. Le 31, un commando pénètre dans l'ambassade des États-Unis à Saigon, pourtant fortifiée et constamment protégée, tient tête durant plusieurs heures aux forces américaines et démontre que le symbole même de la présence américaine peut être menacé. Huê tombe aux mains des assaillants qui résistent jusqu'au 24 février. Partout ailleurs, au terme de combats acharnés, les Américains et les Sud-Vietnamiens rétablissent la situation en quelques heures, au maximum en quelques jours. Du point de vue militaire, l'offensive du Têt est un échec pour les communistes qui ont subi de lourdes pertes. Westmoreland a raison de déclarer aux journalistes que « les plans soigneusement établis » de l'ennemi ont échoué. Mais sans doute tarde-t-on à saisir à Washington les motivations des stratèges du Viêt-nam du Nord et du Viêt-cong. L'offensive a été préparée depuis plusieurs mois ; des agents communistes ont été infiltrés, y compris dans l'ambassade des États-Unis ; des stocks d'armes et de munitions ont été introduits clandestinement dans les villes. Il ne s'agit nullement de faire pression sur l'opinion américaine, voire de peser sur le déroulement de la campagne électorale qui est sur le point de commencer. Comme le faisait observer Stanley Karnow, un journaliste américain : « Giap demeurait convaincu [que l'alliance entre les Américains et les Sud-Vietnamiens] finirait par se désagréger. [...] L'un des objectifs de l'offensive du Têt fut d'enfoncer un coin entre Américains et Sud-Vietnamiens [1]. » Donc, il fallait ébranler l'opinion sud-vietnamienne et lui démontrer que la puissance américaine avait ses limites, que la guerre était engagée dans une impasse dont les États-Unis ne sortiraient qu'en sacrifiant un peu de leur programme de défense et beaucoup de leurs programmes sociaux, qu'en revanche les communistes pouvaient, malgré leurs pertes, soutenir un long effort et parvenir à infliger des coups très durs à l'armée des États-Unis.

L'offensive du Têt provoque à Washington une nouvelle réflexion stratégique. Il apparaît alors que l'optimisme de Westmoreland est exagéré et que les communistes ne sont pas sur le point d'abandonner la lutte. Le général réclame un renfort de 200 000 hommes. Johnson accepte d'envoyer 35 000 à 50 000 soldats de plus pour qu'une solution politique soit possible. Ce n'est pas assez pour imposer une solution militaire. De plus, et le phénomène est particulièrement inquiétant pour le gouvernement américain, l'opinion publique bascule. D'après les sondages, de novembre 1967 à mars 1968, 45 % des personnes interrogées continuent de donner leur soutien à la guerre du Viêt-nam. Mais la manière dont Johnson la conduit, approuvée par 40 % en 1967, est soutenue par 26 % seulement au début de février 1968. En mars, 78 % se déclarent persuadés que les États-Unis sont enlisés au Viêt-nam et que ce n'est pas Johnson qui parviendra à faire sortir le pays de ce bourbier. C'est aussi ce que dit Walter Cronkite, le présentateur-vedette du journal de la CBS, au terme d'un voyage au Viêt-nam : « Prétendre que nous nous approchons aujourd'hui de la victoire, c'est croire, contrairement à l'évidence, les optimistes qui se sont trompés dans le passé. Suggérer que nous sommes au bord de la défaite, c'est céder à un pessimisme irraisonnable. La seule conclusion raisonnable, même si elle n'est pas satisfaisante, c'est que nous sommes enfoncés dans l'ornière. » Et *Newsweek* de mettre en garde : « Une stratégie qui reviendrait à continuer la même chose est intolérable. » Joseph Kraft, l'un des plus célèbres commentateurs de la vie politique, conclut : « On ne peut pas gagner la guerre du

---

1. Stanley Karnow, *Viêt-nam,* Paris, Presses de la Cité, 1983, p. 329.

Viêt-nam. Plus elle dure, plus les Américains [...] subiront des pertes et des humiliations. »

Somme toute, même si ce n'était pas le but du Viêt-cong et du Viêt-nam du Nord, l'offensive du Têt a considérablement renforcé l'opposition au conflit aux États-Unis. De ce point de vue, elle constitue un tournant décisif.

La montée de l'opposition à la guerre

Les civils sont-ils responsables de l'insuccès des militaires ? Et dans ce cas, quels civils ? Voilà la question qui n'a pas cessé d'être posée depuis 1968. Le général Westmoreland croit au complot qui aurait porté préjudice à l'intérêt des États-Unis. Il l'a dit et redit, notamment en 1978 : « Il est lamentable que tant de personnes aient fait tout leur possible pour saper le soutien d'une politique que suivirent six présidents et qu'approuvèrent neuf législatures. » Au banc des accusés, les radicaux de la contestation, les libéraux qui les ont laissé faire, les médias qui ont provoqué des réactions excessives. Il est de fait que les contestataires furent les premiers à témoigner de leur hostilité à la guerre, par exemple à Berkeley sur le campus universitaire, en mars 1965. Au même moment, quatre-vingts professeurs de cette même université signent une pétition, qui paraît dans le *New York Times,* contre les bombardements américains du Viêt-nam du Nord. Des manifestations se déroulent du 15 au 17 octobre dans 60 villes et réunissent 70 000 personnes. Le 27 novembre, une « marche pour la paix au Viêt-nam » rassemble 20 000 manifestants. C'est un signe. Mais des libéraux, comme Arthur Schlesinger, John Kenneth Galbraith ou Reinhold Niebuhr expriment également des doutes, voire des critiques à l'égard de la politique vietnamienne du président Johnson. Des journalistes, comme Walter Lippmann, ne croient pas que les intérêts essentiels des États-Unis soient menacés au Viêt-nam. Enfin, à l'intérieur du gouvernement, George Ball, sous-secrétaire d'État, n'hésite pas à s'opposer au président Johnson et finit par démissionner en septembre 1966.

L'opposition s'accentue en 1966. C'est que le pouvoir exécutif a demandé des fonds supplémentaires. Le Sénat en profite pour manifester une certaine impatience. Notamment au sein de la commission des Affaires étrangères, dont le président, le sénateur Fulbright, décide de procéder à des auditions de témoins. En présence des caméras de télévision. Pour atténuer les effets sur l'opinion, Johnson s'envole vers Hawaii afin d'y rencontrer les dirigeants du Viêt-nam du Sud. Fulbright et ses collègues n'en poursuivent pas moins leur enquête. En 1967, un nouveau pas est franchi. D'un côté, le Congrès recommande au président la modération tout en affirmant sans ambiguïté qu'il soutient les forces armées qui combattent au Viêt-nam. De l'autre, Martin Luther King constate que le conflit gêne la réalisation de la « Grande Société » et conclut que pour améliorer le sort des pauvres et faire disparaître la discrimination raciale il faut aussi arrêter la guerre. Le 21 et le 22 octobre, une manifestation se déroule à Washington, devant les bâtiments du Pentagone. Plus de cinquante mille personnes réclament le rétablissement de la paix ; des manifestants déposent des fleurs dans les canons des fusils que dressent contre eux les troupes fédérales. Le 30 novembre, le sénateur du Minnesota, Eugene McCarthy (sans aucun lien de parenté avec le défunt sénateur Joseph McCarthy), décide de se présenter aux prochaines élections primaires du parti démocrate qui précéderont les élections présidentielles de 1968. Son programme : le rétablissement immédiat de la paix. La tension monte. Elle n'est nullement le fait des seuls radicaux, mais provient d'une fraction croissante de la population.

Le mouvement pour la paix exerce une influence qui n'est pas négligeable, mais, on le sait par les sondages, la moitié des Américains continuent à approuver la poursuite de la guerre. Les chantres du mouvement sont des intellectuels, des artistes, des journalistes. Ils sont de plus en plus nombreux, ceux qui maintenant s'opposent à un engagement militaire qui leur paraît injuste, immoral, dangereux pour l'âme de l'Amérique. La vieille tradition du *protest* renaît de ses cendres, en dehors des partis et des cadres traditionnels. Le bouillonnement des années soixante lui a redonné vigueur. La bataille contre la guerre du Viêt-nam, c'est un cri de ralliement pour tous ceux qui veulent changer la société américaine, le symbole d'une profonde division culturelle. C'est aussi un cri de ralliement à l'étranger pour les jeunes et les diverses gauches. Mais si les pétitions, les manifestations, les démonstrations d'hostilité contre les États-Unis sont spontanées ou téléguidées, si elles témoignent du malaise que déclenche l'agression d'un très puissant contre un très petit et nuisent à l'image de marque des États-Unis, ce sont les rassemblements et les défilés de New York, de Washington ou de Chicago qui impressionnent la majorité des Américains, peu sensibles en fait à l'opinion d'ailleurs. Et les hommes politiques, soucieux de se faire élire ou réélire, restent à l'écoute du peuple qui les entoure.

Les effets pervers de la conscription font le reste. Depuis 1948, les États-Unis ont adopté le service militaire obligatoire en temps de paix. Avec un système compliqué qui suppose le bon fonctionnement des 4 000 bureaux locaux de recrutement, la répartition des mobilisables en diverses catégories plus ou moins susceptibles d'être appelées et le principe des sursis qui s'applique aux étudiants, aux soutiens de famille et à tous ceux qui justifient d'une activité indispensable à la nation. L'incorporation ne signifie pas nécessairement le départ pour le Viêt-nam. Les États-Unis entretiennent des troupes en Allemagne, en Corée, dans le Pacifique et maintiennent des réserves sur leur propre territoire. Si l'on baptise « génération du Viêt-nam » les garçons âgés d'au moins 19 ans et d'au plus 26 ans, on parvient au total de 26 800 000. Là-dessus, 16 millions n'ont pas été appelés sous les drapeaux, soit parce qu'ils ont bénéficié d'un sursis, d'une exemption ou ne remplissaient pas les conditions minimales, soit parce qu'ils ont tourné la loi (environ 600 000). Sur les 11 millions qui ont été incorporés, 2 300 000 ont servi avant que le contingent ne soit envoyé au Viêt-nam, 6 500 000 ne sont pas allés au Viêt-nam, 1 600 000 ont combattu et 550 000 faisaient partie au Viêt-nam d'unités non combattantes. C'est dire qu'une faible proportion de la « génération du Viêt-nam » s'est retrouvée face aux troupes communistes. De plus, le système des sursis crée de profondes inégalités qui reflètent les inégalités sociales. Plus les revenus de la famille sont bas, plus les risques s'élèvent d'être incorporé, de partir pour le Viêt-nam, de faire partie des troupes combattantes. Parmi les diplômés de l'enseignement supérieur,

23 % sont incorporés, 12 % envoyés au Viêt-nam, 9 % placés en première ligne. Parmi les garçons qui n'ont pas terminé leurs études secondaires, les proportions ne sont pas les mêmes : respectivement 42, 18 et 14 %. Les Noirs forment 31 % des unités combattantes, alors que leur proportion dans l'ensemble de la population avoisine les 11 %. Enfin sur les 600 000 hommes qui ont tourné la loi sur le service militaire, un tiers seulement seront poursuivis et 8 750 punis par les tribunaux. C'est pourquoi il faut relativiser le mouvement d'hostilité à l'encontre de l'incorporation. Ceux qui brûlent leur livret militaire en public ou qui s'enfuient à l'étranger ou qui désertent constituent une infime minorité, que l'on retrouverait à des degrés divers dans toutes les guerres que les États-Unis ont faites, à l'exception sans doute de la Seconde Guerre mondiale qui a joui d'une popularité remarquable. Mais les insoumis et les déserteurs font parler d'eux, organisent des comités de lutte, forment parfois des groupuscules agissants, par exemple au Canada, et servent de caution aux opposants à la guerre.

Quoi qu'il en soit, le service militaire obligatoire, qui n'est pas une tradition américaine, provoque des craintes et des manifestations. Il symbolise l'oppression et l'injustice. Reste à savoir, et là-dessus les interprétations divergent, si l'opposition à l'armée découle de l'opposition à la guerre ou si l'opposition à la guerre découle du refus de servir et des craintes que suscite l'incorporation. C'est, malgré tout, un ciment qui unit le mouvement pacifiste à l'ensemble de l'opinion.

Les médias passent, plus encore que les contestataires et les libéraux, pour avoir stimulé la lutte contre la guerre. Cette thèse, souvent exprimée, est reprise avec force par Richard Nixon [1]. Évoquant l'offensive du Têt, il écrit : « Bien que ce fût une écrasante victoire pour le Sud-Viêt-nam et les États-Unis, le consensus universel de la presse fut que nous avions subi une défaite catastrophique. » Les journalistes, poursuit Nixon, n'ont rien compris à la situation politique et militaire en Indochine ; ils ont décrit à longueur de colonnes les difficultés des Améri-

---

1. Richard Nixon, *Plus jamais de Vietnams,* Paris, Albin Michel, 1985.

cains, sans souligner leurs victoires, et complètement négligé les atrocités commises par les communistes, par exemple à Huê. Ce jugement n'est pas tout à fait faux. Au moment où la guerre du Viêt-nam s'étend, la télévision a changé le style des informations qu'elle diffuse. En 1962, les journaux télévisés passent à trente minutes, soit, compte tenu des messages publicitaires, vingt-deux minutes d'informations, de reportages nerveux, réalisés avec des caméras plus petites, donc plus mobiles. Bref, une modernisation qui réclame de plus gros investissements et pousse un peu plus encore les principaux réseaux sur la voie de la concurrence. Chacun a ses stars, Walter Cronkite sur CBS, David Brinkley et Chet Huntley sur NBC.

Or les caméras suivent les soldats américains pas à pas et les chaînes diffusent toutes les images. Chaque soir, de la côte atlantique à la côte pacifique, les téléspectateurs découvrent les combats de la journée, des enfants mutilés, des civils tués, des bonzes qui se donnent la mort par le feu, les cadavres des soldats américains transportés dans de sinistres sacs de toile. Rien n'est dissimulé. La censure n'existe pas. Voici un *marine* qui, de son briquet, met le feu à un village. En pleine offensive du Têt, un reporter filme librement et à découvert le chef de la police saigonnaise qui vient d'extraire de sa cachette un guérillero communiste et l'abat froidement devant la caméra. Le poids de la presse écrite ne doit pas être sous-estimé. Lorsque le chroniqueur humoriste Art Buchwald présente le général Custer qui déclare après la bataille de Little Big Horn que les Sioux sont en fuite, ses lecteurs ont très bien compris la comparaison implicite. Le *Wall Street Journal*, qui n'a pas la réputation d'exprimer des opinions radicales, conclut : « Les Américains devraient se préparer à accepter, s'ils ne l'ont déjà fait, la perspective que les efforts déployés au Viêt-nam puissent être voués à l'échec. » Ajoutons que les manifestations en tout genre qui se déroulent aux États-Unis font bien évidemment l'objet de reportages télévisés et de commentaires. Les Américains sont donc tout naturellement soumis à une campagne d'opinion contre la guerre du Viêt-nam. Ils sont remarquablement informés sur les faits et gestes des soldats américains, sur les combats tels qu'on les voit du côté américain. Mais ils ne savent rien de ce que font les

Vietnamiens du Nord et le Viêt-cong. Les journalistes ont accès à l'un des deux camps, non point aux deux. Volontairement ou non, ils déforment une réalité infiniment complexe.

Toutefois, aucune étude ne permet pour le moment de jauger les effets que les médias ont pu exercer sur l'évolution de l'opinion. D'après les sociologues, les images télévisées renforcent les sentiments ; elles ne les créent pas. En un mot, les adversaires de la guerre ont trouvé de quoi nourrir leur hostilité et les partisans de l'engagement militaire se sont sentis confortés dans leur jugement. Tout au plus peut-on constater que l'offensive du Têt a provoqué un choc aux États-Unis. Mais est-ce la télévision qui en est responsable ? Ne seraient-ce pas plutôt les déclarations exagérément optimistes du haut commandement américain ? Le retournement de l'opinion s'explique sans doute par le fossé, que l'offensive du Têt a mis en valeur, entre les paroles et les faits. Ce qu'on appelait alors le *credibility gap*.

Comment terminer la guerre ?

Il est dès lors urgent de terminer la guerre. Comment ? Johnson ne cesse pas de lancer des appels à la négociation. Au mois de mars, il sait qu'il doit prendre immédiatement une décision spectaculaire. Eugene McCarthy recueille 42 % des voix dans les primaires du New Hampshire et Robert Kennedy a décidé de se lancer dans la campagne électorale en défendant lui aussi un programme de paix. Le 31 mars 1968, le président Johnson annonce devant les caméras de la télévision que les bombardements cesseront au nord du 20e parallèle, que les États-Unis sont prêts à négocier et que pour témoigner de son désintéressement politique il ne se représentera pas aux élections présidentielles de novembre. Les négociations entre les deux camps s'engagent en mai à Paris ; elles s'achèveront cinq ans plus tard.

Entre-temps, la campagne électorale commence. L'essentiel du débat politique porte sur la guerre du Viêt-nam. Trois candidats s'affrontent. Le 8 février, George Wallace, l'ancien gouverneur de l'Alabama, fait savoir qu'il sera candidat à la présidence au

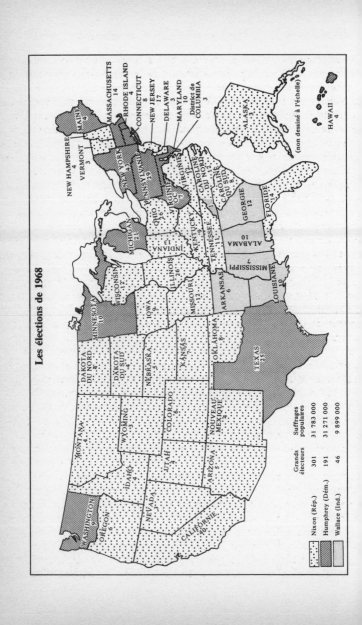

Les élections de 1968

	MAINE 4
NEW HAMPSHIRE 4	
VERMONT 3	MASSACHUSETTS 14
	RHODE ISLAND 4
	CONNECTICUT 8
NEW YORK 43	NEW JERSEY 17
PENNSYLVANIE 29	DELAWARE 3
	MARYLAND 10
VIRGINIE OCC. 7	District de COLUMBIA 3
VIRGINIE 12	
CAROLINE DU NORD 12	
CAROLINE DU SUD 8	
GEORGIE 12	
FLORIDE 14	
ALABAMA 10	
ALASKA 3	
HAWAII 4	
(non dessiné à l'échelle)	

OHIO 26
MICHIGAN 21
INDIANA 13
KENTUCKY 9
TENNESSEE 11
WISCONSIN 12
ILLINOIS 26
IOWA 9
MISSOURI 12
ARKANSAS 6
MISSISSIPPI 7
LOUISIANE 10
MINNESOTA 10
DAKOTA DU NORD 4
DAKOTA DU SUD 4
NEBRASKA 5
KANSAS 7
OKLAHOMA 8
TEXAS 25
MONTANA 4
WYOMING 3
COLORADO 6
NOUVEAU MEXIQUE 4
IDAHO 4
UTAH 4
ARIZONA 5
WASHINGTON 9
OREGON 6
NEVADA 3
CALIFORNIE 40

	Grands électeurs	Suffrages populaires
Nixon (Rép.)	301	31 783 000
Humphrey (Dém.)	191	31 271 000
Wallace (Ind.)	46	9 899 000

nom du parti américain indépendant. Son programme s'éclaire par son action passée. Wallace a lutté contre la déségrégation raciale, contre le mouvement des droits civiques, contre l'intervention fédérale dans les relations interraciales. Il a compris que ces thèmes peuvent aussi toucher une partie de l'électorat du Nord et du Middle West qui réclame l'application de la loi et le rétablissement de l'ordre. Il n'ignore pas qu'il ne parviendra pas à réunir une majorité de suffrages sur son nom, mais si aucun des deux principaux candidats n'obtient au collège des grands électeurs la majorité absolue, il faudra que l'un d'eux compose avec Wallace. Son colistier est un ancien général, Curtis LeMay, qui ne souhaite pas recourir aux armes nucléaires pour terminer la guerre du Viêt-nam, mais s'étonne qu'on puisse craindre de s'en servir. Du côté des démocrates, la situation est confuse. McCarthy s'oppose dans les primaires à Robert Kennedy. Le soir même de sa victoire en Californie, le 4 juin 1968, Robert Kennedy est assassiné. Stupeur dans le pays, deux mois après l'assassinat de King, cinq ans après celui de John Kennedy. Le parti démocrate se rallie à la candidature de Hubert Humphrey, le vice-président sortant, un libéral de la vieille école, débordant d'optimisme et de bonnes intentions, trop lié malgré tout à la politique vietnamienne du président Johnson. D'ailleurs, la convention démocrate à Chicago a donné lieu à des manifestations contre la guerre qui se sont terminées dans la violence, une fois de plus sous le regard indiscret des caméras de la télévision. Et comme on peut s'y attendre, le programme du parti ne saurait être un désaveu de Johnson.

Du côté républicain, Richard Nixon ne craint ni son rival de gauche, Nelson Rockefeller, ni son rival de droite, Ronald Reagan. Depuis plusieurs années, il a su rallier à lui les caciques du parti qui l'aident à obtenir l'investiture de la convention nationale. Son colistier est le gouverneur du Maryland, Spiro Agnew, un libéral qui glisse d'année en année vers des positions nettement conservatrices. Les sondages donnent la victoire à Nixon. Pourtant, Humphrey rattrape une grande partie de son retard. En fin de compte, les résultats sont serrés. Nixon a recueilli 31 785 480 suffrages populaires ; Humphrey, 31 275 165, et Wallace, 9 906 473. Au sein du collège électoral, Nixon dispose de 301 mandats, qui proviennent de l'Ohio, de l'Illinois, du New Jersey, de la Californie, des États des Grandes Plaines et des Rocheuses, des bordures du Sud, en tout 32 États. Humphrey l'emporte dans le New York, la Pennsylvanie, le Michigan et le Texas, plus le Washington et Hawaii, et recueille 191 mandats. Les États du Sud ont donné à Wallace 46 mandats. Difficile victoire pour Nixon, d'autant plus qu'au Congrès, les démocrates conservent la majorité des sièges.

En conquérant la présidence, Richard Milhous Nixon vient de prendre sa revanche. Et pourtant, sa carrière a été brillante. Il est né le 9 janvier 1913 à Yorba Linda, un faubourg de Los Angeles, dans une famille relativement pauvre, austère, dominée par la mère, une quaker rigoriste. Appliqué, obstiné, conscient de ses origines modestes et fermement décidé à réussir, Nixon est entré à l'université Duke (Caroline du Nord) pour y suivre des études de droit. En 1937, il devient avocat. Trois ans plus tard, il épouse Pat Ryan, qui lui donne deux filles. Pendant la Seconde Guerre mondiale, Nixon sert dans la marine. Chargé de tâches administratives, il n'a pas l'occasion de se battre. Mais une fois démobilisé, il fait comme beaucoup des jeunes hommes de son âge : il se lance dans la vie politique. Il est républicain comme son père et se présente en Californie du Sud, où il a conservé des attaches. Il est élu représentant au Congrès fédéral en 1946, au terme d'une campagne qu'il qualifie lui-même de « vigoureuse et agressive pour un programme de libéralisme pratique ». A l'exemple des autres candidats républicains, il s'en est pris au New Deal sans proposer de rejeter les acquis et a joué sur la lassitude des électeurs à l'égard de Truman et de ses partisans. Une particularité, toutefois : Nixon a deviné que l'anticommunisme systématique serait une excellente arme électorale et s'en est servi inlassablement contre son adversaire qu'il a accusé d'être communiste. En 1948, l'obscur représentant se fait connaître, quand il dénonce Alger Hiss devant la commission des Activités anti-américaines de la Chambre (HUAC). Il est réélu en novembre. En 1950, le voici candidat à l'un des deux sièges de sénateur de la Californie. Autre combat, mêmes méthodes. Le communisme, répète-t-il, menace les États-Unis et le monde. Le président Truman a bradé la Chine. Helen Gahagan Douglas, son adversaire démocrate, est « rose jusqu'à ses sous-vêtements » ; elle est « la petite chérie des Roses et des Rouges de Hollywood ». Nixon ne commet pas les excès auxquels se livre McCarthy, mais il y a du grand inquisiteur en lui et aucune des ruses du métier politique ne lui est inconnue.

Cette attitude lui réussit. En 1952, il est le colistier d'Eisenhower et, en dépit d'un scandale financier, il parvient à se faire élire à la vice-présidence des États-Unis. Pendant huit années, Nixon fait son apprentissage d'homme d'État. Ce n'est pas qu'Eisenhower lui manifeste une grande confiance, mais le vice-président voyage à l'étranger et quelquefois, comme au Venezuela en 1958, doit affronter la violence de l'antiaméricanisme. En 1959, à Moscou, il rencontre Khrouchtchev à l'exposition américaine et engage un dialogue télévisé avec le Soviétique. Trois fois, de 1954 à 1957, il remplace Eisenhower malade. Bien que son influence soit limitée, Nixon devient un expert des relations internationales, un excellent connaisseur des rouages de l'État, le successeur désigné d'Ike. Les élections présidentielles de 1960, il les perd de justesse par maladresse, par malchance ou, plus simplement, parce que Kennedy a plus de charme et dispose d'une meilleure *machine* électorale. C'est pour Nixon une immense déception. Qui s'aggrave encore, lorsqu'en 1962 il ne parvient pas à se faire élire gouverneur de Californie. Commence alors la traversée du désert. Beaucoup croient finie sa carrière politique et nombreux sont ceux qui s'en réjouissent, en pensant à ses manœuvres politiques, à son image d'ennemi du libéralisme, à sa personnalité qui n'attire pas les sympathies. Peu à peu, toutefois, Nixon remonte la pente. D'année en année, de voyages en tournées de conférences, il s'identifie au centre du parti républicain. En 1968, c'est le grand retour. Richard Nixon se présente, à cinquante-cinq ans, en homme d'expérience, en défenseur de « la loi » et de « l'ordre », en républicain qui saura, comme d'autres républicains avant lui, terminer la guerre dans laquelle les démocrates ont empêtré le pays.

En entrant à la Maison-Blanche, il a la ferme intention de se réserver les grands problèmes de politique étrangère. Peu avant, il a déclaré : « J'ai toujours pensé que notre pays pouvait se gouverner à l'intérieur sans président. Tout ce qu'il faut, c'est un cabinet compétent qui gouvernerait le pays à l'intérieur. Il faut un président pour la politique étrangère ; le secrétaire d'État n'est pas vraiment important. C'est le président qui fait la politique étrangère. » Il s'appuie sur Henry Kissinger, professeur à Harvard, qui devient son assistant pour les affaires de sécurité nationale et à partir de septembre 1973 seulement cumulera cette fonction avec celle de secrétaire d'État. Si Kissinger est souvent le concepteur, toujours le personnage remuant, celui dont les médias s'emparent pour le transformer en mythe, Nixon reste le véritable décideur. A-t-il un plan pour mettre fin à la guerre du Viêt-nam ? Il l'a répété tout au long de la campagne électorale, en se cantonnant dans le vague. De fait, le problème politique qu'il doit résoudre n'est pas simple. Nixon est l'élu d'une majorité plutôt conservatrice, affronte un pays profondément divisé dans lequel les libéraux réclament à cor et à cri l'arrêt immédiat des combats. Les communistes acceptent de négocier tout en poursuivant les combats et en scrutant les signes de faiblesse des États-Unis. Nixon se donne comme objectif de retirer les troupes américaines du Viêt-nam, progressivement, sans leur enlever l'indispensable « couverture » aérienne, et de renforcer l'armée du Viêt-nam du Sud. C'est la politique de vietnamisation. Un vaste programme d'armement est appliqué : 1 million de fusils M 16, 12 000 mitrailleuses M 60, 40 000 lance-grenades, 2 000 canons lourds et légers sont livrés au Viêt-nam du Sud, auxquels s'ajoutent des navires, des avions, des hélicoptères, des véhicules en tous genres. Une comparaison chiffrée mérite de retenir l'attention. De 1966 à 1968, l'aide économique et militaire des États-Unis aux trois États d'Indochine s'est élevée à 5 216 millions de dollars, dont 4 433 millions pour le seul Viêt-nam du Sud. De 1969 à 1972, l'aide totale atteint 11 623 millions, dont 9 579 millions pour le Viêt-nam du Sud. En contrepartie, les effectifs américains décroissent : 536 000 soldats en 1968, 475 000 en 1969, 334 000 en 1970, 156 000 en 1971. De quoi satisfaire les Américains qui appelaient de leurs vœux un désengagement militaire, encore qu'ils reprochent à Nixon de ne pas aller assez vite. La preuve ? C'est que le Congrès, fidèle reflet de l'opinion publique, multiplie les scrutins sur la guerre : de 1964 à 1972, il s'est prononcé 94 fois, mais de 1969 à 1972, 80 fois et presque toujours pour exiger l'accélération du processus de paix.

Pourtant, Nixon ne veut pas que les forces américaines quittent le Viêt-nam du Sud en catastrophe et qu'elles abandonnent le régime de Saigon, ce qui reviendrait à livrer l'ensemble du pays aux communistes. Il s'efforce de « terminer la guerre et de gagner la paix ». De là, une stratégie qui ne se limite nullement à la vietnamisation. Les États-Unis continueront à se battre, non point pour faire reculer le communisme ou l'expansionnisme chinois, ni même pour conserver leur crédibilité auprès de leurs alliés, mais tout simplement pour obtenir la fin honorable des combats. Kissinger mène sans relâche les négociations avec les Vietnamiens du Nord, à Paris et dans la banlieue parisienne, en secret et en public. De mai 1968 à janvier 1973, il y a 174 séances. Pour convaincre leurs interlocuteurs qu'ils n'entament pas et ne continuent pas des pourparlers par faiblesse et épuisement, les États-Unis frappent fort en Indochine, essentiellement au moyen de leur aviation. Une fois de plus, les chiffres parlent d'eux-mêmes. Si près de 3 millions de tonnes de bombes avaient été larguées sous la présidence de Johnson, c'est un total de 4 212 000 tonnes qui, sous la présidence de Nixon, tombent sur les concentrations ennemies au Viêt-nam du Sud, le long de la piste Ho Chi Minh qui traverse le Laos et le Cambodge, et, à partir d'avril 1972, sur le Viêt-nam du Nord. Pour mettre un terme aux activités du « sanctuaire » cambodgien, les troupes américaines et sud-vietnamiennes envahissent le Cambodge en avril 1970 ; elles entrent au Laos en février 1971. Les ports nord-vietnamiens sont minés en mai 1972. Somme toute, ce sont des années frustrantes et troublées pour les Américains qui ont perdu de vue les objectifs que poursuit leur pays au Viêt-nam, s'impatientent et protestent contre une tragédie qui n'en finit pas de s'achever. Surtout lorsqu'en novembre 1969, un journaliste américain révèle qu'au lendemain de l'offensive du Têt des soldats américains ont massacré, sans raisons convaincantes, les habitants d'un village, My Lai.

Dans le même temps, le président Nixon et Henry Kissinger élaborent la stratégie du *linkage*. Dans le dialogue que mènent les deux superpuissances, tous les domaines sont liés. La détente avec Moscou est à l'ordre du jour, à condition que l'Union soviétique s'emploie à convaincre Hanoi qu'il faut négocier un accord. Entre les deux Grands, rien n'empêche un minimum d'entente, même pas les bombardements américains à l'extrême fin de 1972 sur les régions les plus peuplées du Viêt-nam du Nord. D'ailleurs, le rapport des forces évolue en faveur des États-Unis. Car Nixon, l'homme de la droite républicaine, l'un des farouches défenseurs du « lobby » chinois qui a si violemment critiqué Truman d'avoir perdu la Chine, rétablit des contacts entre Washington et Pékin en 1971 et vient lui-même rendre visite à Mao Tsö-tong en 1972. Une véritable révolution de la politique étrangère des États-Unis, et pour l'URSS le signe que les cartes se brouillent.

Tout compte fait, il faut reconnaître que non sans mal Richard Nixon a réussi là où son prédécesseur a échoué. Le 27 janvier 1973, les accords de Paris mettent fin pour les Américains à la guerre du Viêt-nam. L'indépendance du Sud est reconnue. Les troupes étrangères devront se retirer du Laos et du Cambodge. Les États-Unis promettent leur aide économique aux États de la péninsule indochinoise. Et Nixon vient d'être réélu triomphalement à la présidence. N'est-il pas sur le point de devenir le héros de son pays ? En fait, la victoire est de courte durée. Vingt mois plus tard, Nixon est acculé à la démission.

C'est que le retour de la paix a tardé et que le tissu national s'est profondément déchiré. En Indochine même, l'armée des États-Unis se désagrège. Les chefs militaires n'ont pas toujours été à la hauteur de leurs tâches et l'on ne soulignera jamais assez qu'ils portent une part de responsabilité dans la demi-défaite. Parmi les soldats, l'usage des drogues, douces et dures, progresse avec la complicité des « gros bonnets » de Saigon. Sans doute la culture de la drogue s'est-elle installée aux États-Unis dans les années soixante, mais elle prend une ampleur nouvelle au Viêt-nam et après le retour des anciens combattants aux États-Unis. Sur le champ de bataille, les tensions raciales s'aggravent. Des soldats noirs refusent de faire la « guerre des Blancs » contre un peuple du tiers monde. Des officiers sont pris à partie, voire blessés ou tués par leurs propres hommes qui refusent de se battre et jettent des grenades à fragmentation sur les chefs trop

TABLEAU 20

Effectifs américains et pertes au Viêt-nam

	Effectifs	Morts	Blessés
1960	900		
1961	3 200	13	3
1962	11 300	52	78
1963	16 300	114	411
1964	23 300	195	1 039
1965	184 300	1 428	6 114
1966	385 300	6 053	30 093
1967	485 000	11 057	62 023
1968	536 000	16 508	92 817
1969	475 000	11 527	70 216
1970	334 000	6 065	30 643
1971	156 800	2 349	8 936
1972	24 200	551	1 221
1973		271	60
1974		226	0
1975		160	50

SOURCE : Congressional Quarterly, *Congress and the Nation*, vol. 3, p. 901 et vol. 4, p. 905.

TABLEAU 21

Coût de la guerre du Viêt-nam pour les États-Unis en millions de dollars courants

	Dépenses militaires	Dépenses totales	PNB
1965	700	700	681 000
1966	15 119	15 119	743 000
1967	17 161	22 180	790 000
1968	19 278	26 266	865 000
1969	19 762	26 461	931 000
1970	14 401	18 536	977 000
1971	9 570	12 062	1 047 000

SOURCE : Congressional Quarterly, *Congress and the Nation*, vol. 4, p. 909.

zélés. Des trafics en tout genre rapportent gros aux plus débrouillards. D'ailleurs, autour des bases américaines, tout se vend et s'achète : des femmes, de l'héroïne, du matériel militaire. A la vérité, à mesure que les années passent, aucun soldat ne veut risquer de figurer sur la liste des derniers morts de la guerre. Un signe qui en dit long : certains ont peint sur leur casque quatre U (*The Unwilling Led by the Unqualified Doing the Unnecessary for the Ungrateful* : les non-volontaires commandés par des incapables, accomplissant l'inutile pour des ingrats). Les ingrats, ce sont les Vietnamiens du Sud qui paraissent attacher plus d'importance à l'argent qu'à la défense de leur patrie, qui sont prêts à tous les compromis et à toutes les trahisons pour sauver leur peau. Les ingrats, ce sont surtout les Américains de l'arrière qui ne cessent de défiler et de témoigner leur réprobation, qui n'accueillent pas avec des sourires mais avec mépris et colère les anciens du Viêt-nam, comme s'ils étaient des pestiférés et des criminels. Pourquoi se battre, si l'on ne défend pas la démocratie et l'intérêt national ? Partir pour le Viêt-nam, c'était pour beaucoup de ces jeunes gens de 19-20 ans une aventure, un dépaysement, l'occasion de prendre l'avion pour la première fois. C'était aussi refaire ce que les pères avaient fait et ne cessaient de raconter : une guerre juste, une « croisade », combattre du bon côté, comme dans les *westerns*. « La guerre, dit un sergent, j'y pensais comme John Wayne l'avait montrée : il n'y a que les méchants qui se font tuer [1]. » Or, au Viêt-nam, rien n'est simple. La tragédie est quotidienne. Le bilan d'une décennie de guerre est lourd pour les Américains. On dénombre 57 000 morts, dont 46 000 tués au combat, et 30 000 blessés. Le prix du conflit n'a pas encore été calculé, mais il s'élève à 140 milliards de dollars si l'on s'en tient aux dépenses budgétaires, soit 3 % du produit national brut pour chacune des trois années les plus coûteuses (1967, 1968 et 1969). L'économie américaine s'est affaiblie. Le déficit de la balance des paiements, aggravé dès 1971 par le déficit de la balance commerciale et par l'accentuation de l'inflation, provoque en 1971 la dévaluation du dollar. La devise américaine n'est plus solidement accrochée à l'or, comme elle l'était depuis 1934. Et le commerce

---

1. *Cf. Time,* 13 juillet 1981, p. 40.

international est désorganisé par l'instauration des changes flottants à partir de 1973, la fin du système de Bretton Woods. Les programmes de la « Grande Société » sont compromis.

Les Américains commencent à peine à tirer les leçons de la guerre du Viêt-nam. La plus évidente, c'est que pour la première fois dans leur histoire ils ont perdu une guerre. C'est dire quelle blessure le conflit a faite dans les esprits et dans les cœurs, quelle démoralisation il a engendrée, quelles conséquences il a exercées sur les mentalités. Sans parler des dommages qu'il a causés à l'image de marque des États-Unis dans le monde.

L'affaire du Watergate

C'est aussi la guerre du Viêt-nam qui provoque l'affaire du Watergate et la chute de Richard Nixon. Tout commence par l'arrestation, dans la nuit du 17 juin 1972, de cinq cambrioleurs qui ont pénétré dans l'immeuble du Watergate, à Washington, où se trouve le quartier général du parti démocrate. Les policiers découvrent que les cambrioleurs ont des liens avec la Maison-Blanche, notamment avec le comité pour la réélection du président Nixon. Ce n'est qu'« une tentative de cambriolage de troisième ordre », déclare le porte-parole de la présidence. Deux reporters du *Washington Post,* Carl Bernstein et Bob Woodward, ne se contentent pas de l'enquête officielle. L'effraction avait pour but la pose de micros clandestins ; c'est donc une affaire politique. Quels en sont les tenants et les aboutissants ? Qui acceptera de donner des informations à deux jeunes journalistes ?

La campagne pour les élections présidentielles ne s'en déroule pas moins sans à-coups. Les démocrates choisissent pour candidat le sénateur George McGovern, qui propose des réformes sociales et réclame la fin des combats au Viêt-nam ainsi qu'une politique étrangère teintée d'isolationnisme. Nixon n'éprouve guère de peine à obtenir un second mandat, non seulement parce qu'il a cette fois recueilli les voix qui s'étaient portées, quatre ans auparavant, sur la candidature de Wallace, mais parce que bon nombre d'Américains estiment que McGovern est trop à gauche.

Tous les États de l'Union, y compris ceux du Sud, donnent la majorité de leurs voix au président sortant, sauf le Massachusetts et le district de Columbia. Du coup, les politologues s'interrogent. Est-ce la fin de la décennie libérale et la victoire du conservatisme ? Le Sud a-t-il définitivement basculé dans le camp républicain et renoncé à constituer l'un des bastions du parti démocrate ? Le scrutin de 1972 n'est-il, au contraire, qu'un accident de l'histoire ? Des questions qui, pour l'instant, restent sans réponses.

Au lendemain du scrutin, l'enquête sur l'affaire du Watergate reprend. Les tribunaux s'en mêlent et procèdent à des inculpations. Des proches de Nixon sont impliqués. Les journalistes révèlent des détails qui entretiennent le suspense. En janvier 1973, le Sénat, dont 57 membres sur 100 sont démocrates, crée une commission spéciale d'enquête (4 démocrates, 3 républicains), dont les auditions commenceront à la mi-mai. Les séances seront télévisées. Nixon monte alors en première ligne. Le 17 avril, il annonce qu'il vient d'interroger son entourage et qu'on l'avait fort mal informé de l'affaire. Quelques jours plus tard, il se sépare de ses deux principaux collaborateurs, Ehrlichmann et Haldeman. Les rumeurs les plus folles continuent de circuler. Elles éclatent au grand jour, lorsque les sénateurs font défiler, à la barre de leur commission spéciale, les principaux témoins, des membres d'hier et d'aujourd'hui de l'entourage présidentiel.

Les Américains regardent, médusés, fascinés, ce prodigieux spectacle médiatique. Ils découvrent les arcanes de la démocratie et ne peuvent en croire ni leurs yeux ni leurs oreilles. Ils apprennent que leur président a menti. Oui, dès que le cambriolage a été connu, Nixon s'est tenu informé et n'a pas cessé depuis lors d'étouffer l'affaire ou de multiplier les obstacles au fonctionnement de la justice. Dissimuler des micros ici et là, placer des lignes téléphoniques sur tables d'écoute, recourir grâce à des fonds secrets à des opérations de basse police, rien n'était plus courant, car la Maison-Blanche, obsédée par l'opposition à la guerre du Viêt-nam, vit « dans la mentalité du bunker », comme si elle était assiégée par des ennemis puissants et omniprésents. Le plus surprenant, c'est que Nixon enregistrait depuis deux ans toutes les conversations qu'il avait avec son entourage et ses visiteurs, sans en avertir qui que ce soit, sans doute pour rassembler les matériaux qui lui serviraient à rédiger ses mémoires à moins que ce ne fût pour dissiper les malentendus avec ses interlocuteurs. Sommé de livrer les bandes magnétiques à la commission sénatoriale, Nixon refuse. Quand il s'y résigne sous la contrainte des tribunaux, on constate que dix-huit minutes d'enregistrement ont été effacées, celles qui auraient permis de savoir si oui ou non le président était au courant de la préparation du cambriolage.

Sa cote de popularité tombe en chute libre. Elle avait atteint 62 % au milieu de 1972, presque 70 % en janvier 1973 lors de la signature du cessez-le-feu au Viêt-nam ; elle descend à 25 % en octobre 1973. Nombreux sont les Américains qui sont persuadés que le président a préparé avec ses conseillers le projet de cambriolage du Watergate. Et tous suivent l'affaire avec une passion quotidienne qui a de quoi étonner l'observateur étranger. Ils se désintéressent du reste du monde, alors qu'en octobre éclate la guerre du Kippour qui met le Moyen-Orient à feu et à sang et menace la paix dans le monde, alors que Kissinger se rend à Moscou pour négocier avec Brejnev et qu'à Washington Spiro Agnew, accusé d'avoir touché des pots-de-vin, démissionne le 10 octobre et cède la vice-présidence des États-Unis à Gerald Ford [1]. Bref, l'affaire du Watergate s'apparente à un traumatisme national. Et un an après sa réélection triomphale, Richard Nixon, accusé par la majorité de ses concitoyens, est lâché par les siens.

La Chambre des représentants lance la procédure d'*impeachment,* qui devrait aboutir au procès du président devant le Sénat transformé en haute cour. Au cours des six premiers mois de 1974, les chefs d'accusation sont énoncés. L'effraction du Watergate d'abord, mais aussi les « sales » coups qui ont tristement illustré la campagne électorale de 1972 et que l'on vient de

1. Le 25ᵉ amendement (voté par le Congrès en 1965 et approuvé par les États en 1967) prévoit qu'en cas de décès ou de démission du président, le vice-président lui succédera. Dans le cas où le vice-président cesserait d'exercer ses fonctions, le président désigne un successeur dont le choix doit être confirmé par les deux chambres du Congrès.

révéler, le programme de surveillance électronique que l'exécutif applique sans l'autorisation du législatif ni du judiciaire, les avantages financiers que Nixon a tirés pour lui-même de l'exercice des fonctions présidentielles, les « amabilités » que la Maison-Blanche à consenties à des amis riches et parfois véreux, le bombardement du Cambodge en 1969-1973 qui s'est fait sans que le Congrès l'ait voté, le gel de fonds alloués par les représentants et les sénateurs à l'exécutif. Contre cette avalanche d'accusations, Nixon se bat pied à pied, se résigne aux concesssions inévitables, tente de redresser la situation en apparaissant comme l'un des grands leaders du monde. C'est la déroute. En juillet 1974 la Cour suprême, saisie par le procureur spécial chargé de l'affaire, exige, par 8 voix contre 0, que le président livre toutes les bandes magnétiques qui lui sont réclamées pour les besoins de l'enquête.

Dès lors, le président comprend qu'il y aura une majorité à la Chambre pour voter sa mise en accusation et une majorité au Sénat pour voter sa condamnation politique. Le combat est perdu d'avance. Le 9 août, Richard Nixon cède la place au vice-président Ford. C'est la première fois dans l'histoire des États-Unis qu'un président renonce volontairement à terminer son mandat.

Cette affaire, que les Américains ont suivie avec passion et qu'ils ont enfouie depuis lors au fond de leur mémoire collective, réclame des explications. Elle souligne, une fois de plus, l'importance du rôle de la presse, écrite et audiovisuelle. Ce n'est pas seulement le *Washington Post* qui s'est lancé à la recherche de la vérité, mais aussi les autres grands quotidiens, les périodiques, les réseaux de télévision. Le quatrième pouvoir a bien mérité son nom et n'a d'ailleurs pas manqué de crier victoire, bien qu'on lui ait reproché, ici ou là, d'avoir agi sans se soucier de ses responsabilités nationales et internationales. Au-delà de la presse, c'est tout le système démocratique qui, en dépit des atteintes qu'il a subies, a résisté au choc. La démocratie américaine, mise à l'épreuve, a passé l'obstacle et quel obstacle ! Les tribunaux ont montré une indéfectible indépendance. Le Congrès a joué le rôle que lui réserve la Constitution. Gerald Ford est président des États-Unis d'août 1974 à janvier 1977, alors qu'il n'a été élu ni à la vice-présidence ni à la présidence. En fin de compte, le régime a survécu à la crise.

La deuxième leçon du Watergate, c'est que le Congrès a profité des circonstances pour prendre sa revanche. Depuis une quarantaine d'années, il n'avait pas pu résister à la présidence impériale. Tout récemment encore, il avait été incapable d'empêcher l'escalade du Viêt-nam. Il avait voté la résolution du golfe du Tonkin pour apprendre, sept ans plus tard, que les incidents d'août 1964 ne s'étaient pas déroulés comme Johnson l'avait dit et comme sénateurs et représentants s'étaient empressés de le croire. Il s'est laissé berner. Aussi la contestation des institutions politiques l'atteint-elle, comme elle atteint la présidence. Pour afficher sa détermination d'en finir avec la guerre du Viêt-nam et avec les abus de la Maison-Blanche, il adopte d'innombrables résolutions qui réclament la fin de l'engagement militaire. Comme elles n'émeuvent pas Richard Nixon, le Sénat vote le 29 juin 1973 un amendement à une proposition de loi, tendant à interdire le bombardement du Cambodge par l'aviation américaine à compter du 15 août. Une véritable mise en garde ! Le 7 novembre, le Congrès pousse l'offensive. A la majorité des deux tiers, il brise le veto présidentiel et adopte le War Powers Act, la loi sur les pouvoirs de guerre. Désormais, le président peut engager des troupes américaines sur un théâtre d'opérations étranger, s'il y a déclaration de guerre ou bien si un état d'urgence le réclame. En ce cas, il doit informer le Congrès dans les quarante-huit heures et retirer les troupes dans les soixante jours (le délai peut être prolongé de trente jours) si le Congrès ne vote pas la déclaration de guerre. Une manière d'éviter que l'engrenage du Viêt-nam ne se reproduise. De plus, sénateurs et représentants ne cessent pas d'exiger que la politique extérieure leur soit expliquée, qu'ils puissent effectivement en assumer le contrôle et imposent le veto législatif qui permet de surveiller l'application des lois et que la Cour suprême déclarera contraire à la Constitution. C'est dire que le Watergate et le Viêt-nam s'intègrent dans une seule et même perspective. L'affaire et la guerre offrent aux membres du pouvoir législatif la possibilité de reprendre au président un peu de son pouvoir. Ils ne la laissent pas échapper.

La troisième leçon nous ramène à Richard Nixon. Il était parvenu à convaincre une majorité de ses concitoyens qu'il avait changé, qu'il ne ressemblait plus à celui qui avait pourchassé par n'importe quels moyens les communistes et Alger Hiss et combattu ses adversaires politiques à coups de mensonges et d'insinuations. Nixon avait vieilli, mûri et pris ses distances à l'égard des brutalités de la vie politique. Les événements de 1973-1974 font reparaître l'homme d'hier, menteur, angoissé, fragile, incapable de communiquer avec son entourage, la presse et ses concitoyens. Il incarne la dissimulation, prend figure de politicien sans scrupule, prêt à recourir à toutes les combines, indigne de la charge politique et morale qu'une majorité d'Américains lui a confiée. Sans vergogne, il a violé la loi. En un mot, Tricky Dick (Richard le Truqueur) comme l'avait surnommé Helen Gahagan Douglas en 1950. Le portrait est injuste, compte tenu des qualités d'homme d'État dont Nixon a témoigné. Mais il met au jour les qualités que les Américains attendent de leur président et leur refus d'admettre que les détenteurs du pouvoir politique puissent être cyniques et amoraux. Est-ce à dire qu'en abattant Nixon, les libéraux, dont on sait qu'ils étaient en perte de vitesse, ont voulu retarder la victoire du conservatisme ? Peut-être, mais ce serait faire un complot de ce qui a été, de toute évidence, une réaction spontanée et confondre sans doute la cause avec la conséquence.

Enfin, l'enquête sur le Watergate débouche sur le grand déballage. Les pratiques les plus sordides sont révélées, bien qu'elles ne soient pas toutes imputables à Nixon. C'est l'heure de la purification. Les Américains sont particulièrement inquiets du comportement des polices. Ils découvrent la surveillance électronique, la pose de micros clandestins (*bugging*) et la mise sur tables d'écoute (*wiretapping*). Dès 1966, une revue contestataire, *Ramparts,* avait accusé la CIA de recourir à des méthodes plus que douteuses ; des livres avaient paru sur ce thème. Les Américains savaient que la CIA avait assumé de lourdes responsabilités au Viêt-nam, mais ils ne s'en préoccupaient pas. En 1971, c'est le FBI qui est sur la sellette. L'un de ses bureaux, à Media en Pennsylvanie, a été « cambriolé ». Des dossiers ont été photographiés. L'Amérique tout entière apprend que le FBI surveille les activistes de gauche, les étudiants et les Noirs. L'un des dossiers révèle qu'à Philadelphie les Panthères noires font l'objet d'écoutes téléphoniques ; un autre dossier concerne les membres des SDS. Les informateurs sont nombreux. On apprend peu à peu que, depuis 1956, le FBI applique le programme Cointelpro, un programme de contre-espionnage qui vise à surveiller, par tous les moyens, les communistes, les trotskistes, les Portoricains indépendantistes, les groupements extrémistes noirs, des associations procastristes. Hoover n'a rien négligé. L'enquête sur le Watergate ne fait que renforcer le malaise. Certes, Hoover est mort en mai 1972 et son successeur n'a ni l'autorité ni sans doute les intentions du défunt directeur. Mais les États-Unis ne se sont-ils pas engagés, sans le savoir et sans pouvoir faire machine arrière, dans la construction d'un État policier, dans une société totalitaire qui anéantit tous les principes de la démocratie ? Que penser, par exemple, de ces « plombiers » qui ont pénétré dans l'immeuble du Watergate ? Une police spéciale que la présidence a créée, des anciens de la CIA qui ne se préoccupent pas des lois, des amis du FBI à n'en pas douter. Jusqu'où cela ira-t-il ? N'est-ce pas la partie émergée de l'iceberg ? L'Amérique du Watergate s'interroge sur les limites de la liberté individuelle et sur les dangers des méthodes sophistiquées. Ses réactions particulièrement vives s'expliquent par la crainte que les États-Unis n'aient hérité d'une police politique et qu'il ne soit plus possible d'y vivre sans être épié, enregistré et fiché. Crainte excessive à n'en pas douter, mais crainte réellement éprouvée.

Voilà pourquoi en 1974 le malaise est profond. La guerre du Viêt-nam s'est achevée, au moins pour les États-Unis. Le scandale du Watergate a trouvé une solution, douloureuse mais nécessaire. C'est bien la fin d'un « long cauchemar ». A travers ces épreuves, que sont devenus les États-Unis ? Sont-ils encore le « meilleur espoir du monde » ? Ont-ils perdu leur innocence, celle d'un pays neuf, pour devenir comme les autres ? Les Américains d'alors diraient volontiers que leur pays est tombé au creux de la vague.

16

Au creux de la vague (1975-1980)

L'Amérique des années soixante-dix paraît s'enfoncer inexorablement dans la crise. Les mots en portent témoignage : déclin, abaissement, mal américain. Aucun n'est trop fort pour décrire un phénomène qui frappe tous les observateurs. Michel Crozier, lors d'un voyage en 1980, est bouleversé par les changements qu'il constate : « Je subis un terrible choc, écrit-il. Tout était semblable et pourtant différent : tout, en fait, avait changé de signification. Le rêve s'était dissipé, il n'en restait que des mots, une rhétorique vide. L'Université et la jeunesse étaient démoralisées, les syndicats ouvriers s'étaient enfermés dans la routine de négociations d'ailleurs de plus en plus infructueuses, le monde de la décision avait perdu toute prise sur le réel, l'économie partait à la dérive, les grandes corporations étaient empêtrées dans la pure gestion, la surinformation informatique noyait l'information, les statistiques – même celles du Census, le sacro-saint Bureau du recensement, orgueil de l'administration fédérale – n'étaient plus fiables. Le pays tout entier se trouvait déboussolé [1]. »

Impossible dès lors d'échapper à la question que les Américains et les étrangers se posent. Ces États-Unis qui ont marqué d'une empreinte impériale le monde de l'après-guerre ont-ils subitement cessé d'être l'une des deux superpuissances, sinon la seule superpuissance ? Ont-ils été rattrapés, peut-être dépassés sur le plan militaire par l'Union soviétique, sur le plan commer-

---

1. Michel Crozier, *Le Mal américain*, Paris, Fayard, 1980, p. 8.

cial et industriel par le Japon et la Communauté économique européenne ? Et comme les années creuses sont aussi les années Carter, on a tendance à accabler le président de l'après-Watergate, donc à réhabiliter Nixon et à chanter les louanges de Reagan. En fait, si les États-Unis du creux de la vague connaissent le doute, voire l'inquiétude, ils continuent à disposer d'étonnantes ressources, matérielles et morales, qui expliquent leur foudroyant retour postérieur à 1980. Le « mal américain » est une affection de courte durée.

La crise de confiance

La crise de confiance surgit de l'affaire du Watergate. Le scandale a entraîné la remise en cause de l'autorité. Deux exemples en témoignent. Depuis 1966, l'institut de sondage Louis Harris interroge les Américains sur la confiance qu'ils accordent à neuf institutions. Voici (tableau 22) les pourcentages obtenus à la question : « Avez-vous une grande confiance ? »

TABLEAU 22

La confiance des Américains à l'égard des grandes institutions sociales (en pourcentages)

	1966	1971	1973	1974	1975	1976	1977	1978	1979
Journaux télévisés	25	–	41	31	35	28	28	35	37
Médecine	73	61	57	50	43	42	43	42	30
Armée	62	27	40	33	24	23	27	29	29
Presse	29	18	30	35	26	20	18	28	28
Religion	41	27	36	32	32	24	29	34	20
Grosses sociétés	55	27	29	21	19	16	20	22	28
Congrès	42	19	29	18	13	9	17	10	18
Maison-Blanche	41	23	19	28	13	11	23	14	17
Syndicats	22	14	20	18	14	10	14	15	10
Moyenne	*43*	*27*	*33*	*28*	*24*	*20*	*24*	*25*	*23*

Source : *The National Journal,* 19 janvier 1980, p. 112.

Dans tous les secteurs, la chute est brutale. Sauf deux : la presse télévisée qui inspire une confiance grandissante, la presse écrite qui dans l'ensemble maintient sa crédibilité. Dans un cas comme dans l'autre, la qualité des reportages et des analyses sur le Watergate fournit l'indispensable explication. Quant aux autres acteurs de l'*establishment*, ils souffrent terriblement de la méfiance qu'inspire l'autorité en général.

Le deuxième exemple concerne les partis politiques. Ils subissent un net recul, dont profitent les indépendants, ceux qui ne se réclament ni des républicains ou des démocrates ni d'aucune autre formation. L'antipartisme progresse pour devenir, avec 30 à 40 % des Américains, la deuxième force politique du pays, juste derrière le parti démocrate, nettement devant le parti républicain. Les indépendants existent dans tous les groupes professionnels. Ils sont plus nombreux dans les emplois à haute qualification et à grande responsabilité, parmi les Blancs que parmi les Noirs, parmi les diplômés de l'enseignement supérieur que parmi les Américains d'un niveau d'instruction secondaire, dans les familles à revenus élevés que dans les familles défavorisées. La multiplication des indépendants résulte de l'enrichissement, de l'essor de la culture et de la société de consommation. Les jeunes, déçus par le bipartisme, et les intellectuels forment le gros des troupes. L'exemple des jeunes est le plus frappant. Sur les 160 millions de citoyens en âge de voter en 1980, près des deux cinquièmes ne votaient pas avant 1972. Ces 60 millions de jeunes sont arrivés à la vie politique avec la campagne qui a opposé McGovern et Nixon, au terme de la guerre du Viêt-nam. A la différence de leurs aînés, ils ne choisissent pas de s'affilier à un parti et préfèrent demeurer indépendants.

L'antipartisme, c'est aussi le refuge des mécontents. Comme ces catholiques qui refusent, contrairement au parti démocrate, la légalisation de l'avortement et la libéralisation des mœurs qu'ils jugent excessive. Comme ces Juifs qui s'inquiètent des tentations tiers-mondistes et anti-israéliennes de certains démocrates et constatent avec beaucoup d'affliction que la vieille alliance entre les libéraux blancs et les Noirs n'existe plus guère. Comme ces sudistes qui n'approuvent pas l'évolution des rapports interraciaux. Quant aux indépendants des milieux intellectuels, ils voient dans le jeu des partis le règne de la combine et des compromissions. Tous ont en commun de voter républicain ou démocrate suivant les programmes et les candidats qui se présentent à leurs suffrages ou bien encore de ne pas voter. Ces vagabonds de la vie politique ont, il est vrai, plus d'inclinations pour les démocrates que pour les républicains, car ils gardent en mémoire les temps héroïques du New Deal, l'idéalisme des Kennedy et les acquis de la « Grande Société ». Mais ce qu'il convient de souligner, c'est leur méfiance à l'égard des hommes politiques qu'ils jugent corrompus ou corruptibles, la répulsion qu'ils éprouvent à l'endroit du pouvoir de l'argent, la morne résignation qu'ils manifestent envers les partis. Les démocrates portent l'essentiel de la responsabilité dans la guerre du Viêt-nam, mais les républicains qui viennent d'être éclaboussés par l'affaire du Watergate ne trouvent pas grâce à leurs yeux. Les uns et les autres incarnent le mal, à la fois insupportable et inévitable.

Aussi accueillent-ils, avec autant sinon plus d'enthousiasme que leurs concitoyens, les mesures législatives qui visent à réglementer le financement des campagnes électorales. C'est que le coût des campagnes a pris soudainement une ampleur inquiétante. Lincoln avait, paraît-il, dépensé 100 000 dollars pour se faire élire président. En 1952, les campagnes ont coûté 140 millions ; en 1960, 175 millions ; en 1968, 300 millions ; en 1972, 425 millions ; en 1976, 540 millions ; en 1980, 1 milliard. Même si l'on tient compte du taux d'inflation, l'augmentation est considérable. Elle s'explique par le recours aux experts, l'accroissement du nombre des primaires présidentielles, l'emploi massif des techniques audiovisuelles. La réaction suit pas à pas la pression des événements. La loi de 1971 (Federal Election Campaign Act) limite les dépenses des candidats pour l'utilisation des médias. C'est la conséquence de l'impact grandissant de la télévision sur la vie politique, qui s'est notamment révélé au cours de la campagne de 1968. Les amendements adoptés en 1974 ne se comprendraient pas sans les découvertes que font alors les Américains sur les agissements du président Nixon. De nouveaux amendements sont votés en 1976, après que la Cour suprême eut invalidé certaines des dipositions de 1974. Enfin, les amendements de 1979, relativement mineurs, redonnent un peu d'importance aux comités locaux des partis.

Désormais, cinq garde-fous entourent les consultations électorales qui se déroulent au niveau fédéral. Les contributions sont limitées. Elles doivent faire l'objet d'une ou de plusieurs déclarations. Les dépenses ne sauraient rester secrètes et, dans certains cas, sont elles aussi circonscrites. Le financement sur fonds publics des élections présidentielles est instauré. Une commission de contrôle, enfin, est chargée de veiller à l'application des mesures ci-dessus énumérées. Par cette législation, les États-Unis montrent qu'ils sont maintenant conscients des dangers que l'argent fait courir au régime démocratique. Ils ont décidé de prendre des mesures d'urgence pour éviter le pire. Mais on a l'impression qu'ils se sont arrêtés à mi-chemin. La Cour suprême, en effet, a accepté en 1976 qu'un comité dépense autant d'argent qu'il le souhaite pour soutenir un candidat, à condition que sa comptabilité soit distincte de celle du candidat. Il suffit de former un comité d'action politique, un Political Action Committee (PAC), qui fait appel à des contributions volontaires. D'élection en élection, les PAC se multiplient : plus de 600 à la fin de 1974, 1 360 en 1978, 2 660 en 1980 dont 1 687 ont versé 60 millions aux candidats. La purification a été engagée ; elle ne s'est pas vraiment faite. L'effort rappelle, pourtant, le désir profond d'une majorité d'Américains de contrôler les pratiques politiques, de remettre en cause l'autorité, en un mot de se défier des puissants.

C'est dans ce contexte qu'il faut analyser le phénomène Carter. Pour certains, c'est une aberration, une sorte de parenthèse que le Watergate a ouverte pour quelques années. Pour d'autres, Carter incarne la nouvelle politique. La suite des événements fait pencher pour la première interprétation. Ce qui séduit dans la personnalité et la carrière de Carter, c'est qu'il n'est pas un habitué de Washington. Il n'appartient pas au sérail fédéral. Son principal leitmotiv consiste à dire qu'il n'a rien de commun avec les politiciens ordinaires : « Je ne vous mentirai pas », ne cesse-t-il pas de répéter. Carter joue la carte de l'honnêteté et de la transparence. En ce sens, il a parfaitement assimilé les leçons du Watergate. Né le 1er octobre 1924 à Plains en Georgie, Carter a suivi ses études dans les *colleges* locaux, puis est entré en 1946 à l'École navale d'Annapolis. Il a par la suite exercé le commandement du deuxième sous-marin nucléaire, le *Sea Wolf*, et s'est trouvé associé au programme de sous-marins atomiques que patronnait l'amiral Rickover. En 1953, il retourne à la vie civile. Son père vient de mourir. Jimmy doit s'occuper de la ferme familiale. La principale culture ? Des cacahuètes. Mais outre des champs, la famille possède des entreprises, une usine de traitement et une usine de conditionnement de coton. Carter est un fermier à la manière américaine. Il faudrait plutôt dire : le gestionnaire d'une vaste entreprise agricole.

Quoi qu'il en soit, le « fermier-physicien nucléaire » se passionne pour la politique. De 1963 à 1967, il siège au Sénat de Georgie. En 1966, il tente de se faire élire gouverneur de l'État. Échec sans appel. Il recommence en 1970 avec encore plus de détermination et d'opiniâtreté. Son programme s'inspire du populisme, si fréquent dans le Sud. Carter se donne pour le candidat de la classe ouvrière qui combat le candidat des affaires. Il s'oppose au *busing* et à la déségrégation des écoles telle qu'elle est imposée aux États par le gouvernement fédéral. Candidat de la droite populaire, Carter remporte la primaire démocrate, puis l'élection générale. A peine entré en fonctions, il déclare que « l'heure de la discrimination raciale est passée. [...] Aucun pauvre, aucun campagnard, aucun Noir ne devrait jamais souffrir d'être privé d'instruction, d'emploi ou d'une simple justice ». Retournement spectaculaire, qui métamorphose le gouverneur Carter en un ami des Noirs que soutiennent Andrew Young, l'ancien collaborateur de Martin Luther King, et le père du pasteur assassiné.

En 1972, Carter prend parti contre McGovern. Puis, après avoir terminé son mandat, il entreprend en 1975 de parcourir les États-Unis pour se faire connaître, en fait pour préparer sa candidature aux élections présidentielles. Ce qu'il déclare au cours de ses tournées de conférences est particulièrement vague. Hamilton Jordan, qui dirige sa campagne électorale, demande que pour les précisions on veuille bien attendre que « nous soyons entrés à la Maison-Blanche ». En fait, au sein du parti démocrate, Carter est un solitaire qui défend des positions modérément libérales. Par exemple, il repousse l'idée d'une aide fédérale aux grandes villes et le dit clairement en plein New York que vient d'atteindre une terrible crise financière. Il réclame une réorganisation des pratiques gouvernementales : pas de liens avec les groupes de pression, le financement sur fonds publics des campagnes pour les élections législatives, l'honnêteté dans la vie politique. La défense nationale, il connaît. Aussi ne manque-t-il pas de puissance de conviction pour exiger que les États-Unis se dégagent de leurs alliances avec des gouvernements répressifs, réduisent leurs interventions dans le monde, militent pour empêcher la dissémination des armements nucléaires et consacrent leurs énergies à développer leurs relations économiques avec le Japon et l'Europe. Sur le plan intérieur, il aborde le thème de la lutte contre le chômage, demande une réforme du système des aides sociales et du code des impôts, estime urgente une meilleure politique énergétique qui comporterait des quotas d'importation, des allocations fédérales et une solide volonté conservationniste.

Si l'on ajoute que Carter sourit de toutes ses dents, bénéficie de l'aide efficace et dévouée de son épouse, Rosalyn, adopte un comportement simple, démontre une inébranlable piété baptiste qui ne l'empêche pas, bien au contraire, de confesser ses faiblesses et s'appuie sur une équipe de Georgiens qui connaissent sur le bout des doigts les techniques de vente d'un candidat, on comprend pourquoi Carter peut séduire l'électorat. Voilà un homme sérieux qui étudie les dossiers. Médiocrement expérimenté, peut-être, mais sans liaisons compromettantes avec les vieux crocodiles de Washington, doté d'une sincérité à toute épreuve, Carter pourra faire sortir ses concitoyens du cauchemar du Viêt-nam et du Watergate, des combines politiciennes et de l'interventionnisme cynique et désordonné. Nouvelle étoile du monde politique, il bouscule tout sur son passage, annonce le triomphe du bien et de la vérité, fait des merveilles devant les caméras de la télévision.

Pourtant, Carter bat Ford de peu : 40 827 394 voix pour l'un ; 39 145 977 voix pour l'autre. Soit 297 mandats de grands électeurs contre 241. Carter a reconstitué derrière lui la coalition rooseveltienne qui s'était affaiblie depuis la fin des années soixante. Il a obtenu plus de 80 % du vote noir, 68 % du vote juif, 55 % du vote catholique, 74 % du vote libéral, 53 % du vote modéré, 60 % du vote des grandes villes, 62 % des voix des syndiqués. Il a fait beaucoup mieux que McGovern. Et surtout il a battu un président sortant qui n'avait pas démérité, mais auquel beaucoup d'Américains reprochaient d'avoir accordé le pardon à Richard Nixon et d'avoir accédé à ses fonctions sans avoir été élu. Carter reçoit un mandat, celui de redonner la santé à l'économie, à la société, bref de tirer les États-Unis de la crise morale et politique.

La crise économique

La crise économique passe pour avoir revêtu une gravité comparable à la crise de confiance. Rien n'est moins sûr. Il suffit pour s'en convaincre de se reporter au tableau des indicateurs économiques (tableau 23).

Le tableau appelle des commentaires. Contrairement à ce qui s'est produit pendant la Grande Dépression, le produit national brut ne chute pas. A l'exception des années 1974, 1975 et 1980, il progresse, même si on le mesure en dollars constants. De 1971 à 1980, il a, en dollars 1972, augmenté de 31,32 %, soit une moyenne annuelle légèrement supérieure à 3 %. Certes, il y a des moments difficiles ; mais c'est une tradition que même en pleine période d'expansion économique les États-Unis traversent des passages à vide, des récessions vite surmontées. Une comparaison internationale sera instructive : de 1975 à 1980, le PNB en dollars constants augmente de 3,6 % au Canada, de 5,1 % au Japon. Pour la même période et par tête, il croît de 2,6 % aux États-Unis, de 2,4 % dans les pays de l'OCDE, de 2 % au Canada et de 2,1 % au Japon. Les États-Unis n'ont donc pas traversé une crise économique ; tout au plus ont-ils connu un ralentissement de la croissance. Quant au taux de chômage, il atteint 7,1 % en 1980, après avoir franchi le sommet de 8,5 % en 1975 et l'étiage de 4,9 % en 1973. Sans doute crée-t-il un malaise, d'autant plus sensible que de 1975 à 1979 la tendance était à la baisse et qu'elle se renverse l'année suivante. Toutefois il faut

TABLEAU 23

Indicateurs économiques de 1971 à 1980

	1971	1972	1973	1974	1975	1976	1977	1978	1979	1980
PNB (en milliards de dollars courants)	1 063,4	1 185,9	1 326	1 434	1 549	1 718	1 918	2 164	2 408	2 633
Taux de croissance annuel		9,2	10,1	8,1	8,0	10,9	11,7	12,8	11,7	8,9
PNB (en milliards de dollars constants, valeur 1972)	1 122,4	1 185,9	1 254	1 246	1 232	1 298	1 370	1 439	1 479	1 474
Taux de croissance annuel		4,4	4,9	– 0,6	– 1,2	5,4	5,5	5,0	2,8	– 0,4
Revenus disponibles par tête (dollars 1972)	3 763	3 871	4 091	4 017	4 057	4 158	4 262	4 405	4 494	4 473
Indice des prix à la consommation (base 100 = 1967)	121,3	125,3	133,1	147,7	161,2	170,5	181,5	195,4	217,4	246,8
Taux d'inflation	4,3	3,3	6,2	11,0	9,1	5,8	6,5	7,7	11,3	13,5
Taux de chômage	5,9	5,6	4,9	5,6	8,5	7,7	7,9	6,1	5,8	7,1
Intérêts à 91 jours (Treasury bills)	4,35	4,07	7,04	7,89	5,84	4,99	5,3	7,2	10,0	11,5

apporter deux correctifs. De 1970 à 1980, 20 millions d'emplois ont été créés, dont 5 millions dans le commerce, 1,5 million dans le domaine des finances et des assurances, 6 millions dans les services, 4 millions dans l'administration publique. Ce sont les secteurs traditionnels qui stagnent, comme les industries et le bâtiment. Preuve supplémentaire que les États-Unis affrontent une mutation technologique d'importance cruciale. Plus que jamais, ils entrent dans l'ère post-industrielle, dans une économie de type tertiaire. De 1970 à 1981, le pourcentage des cols blancs est passé de 48,3 à 52,7 % de la main-d'œuvre employée, celui des cols bleus de 35,3 à 31,1 %, celui des ouvriers agricoles de 4 à 2,7 %.

La performance de l'économie américaine inquiète davantage dès que l'on aborde l'évolution des prix. Un dollar de 1967 ne vaut plus en ce qui concerne les prix à la consommation que 86 cents en 1970, 62,1 cents en 1975, 40 cents en 1980. En dix ans, les prix ont plus que doublé. Les Américains, habitués depuis un demi-siècle à une relative stabilité des prix, découvrent l'inflation – une inflation si galopante qu'elle atteint 11,3 % en 1979, 18,2 % en taux annuel pour les trois premiers mois de 1980 avant de se fixer à 13,5 %. Jamais depuis la fin de la Première Guerre mondiale, les États-Unis n'avaient dû se résigner, deux années de suite, à une inflation à deux chiffres. Au temps de la présidence de Carter, le revenu disponible par tête s'élève malgré tout et, contrairement aux allégations du candidat Reagan, les Américains vivent mieux en 1980 qu'en 1976. Mais le choc de l'inflation se fait durement sentir en 1980, en pleine campagne électorale. Et comme si cela ne suffisait pas, le dollar faiblit sur le marché des changes. Les dévaluations de 1971 et de 1973, l'instauration du système des changes flottants n'ont pas arrêté le mouvement. Le mark allemand et le yen japonais attirent davantage les investisseurs et les spéculateurs. De 1970 à 1979, le dollar perd 37 % de sa valeur. La chute est particulièrement sévère à partir de 1977, sauf à l'égard de la livre sterling et, dans une moindre mesure, du franc français. Mais quelle différence avec les devises fortes ! De 1970 à 1983, le franc suisse a progressé de 97 % dans sa parité avec le dollar ; le yen, de 50 % ; le mark, de 37 %.

C'est que la balance commerciale continue à être fortement

déficitaire : 42,3 milliards en 1978, 40 milliards en 1979, 36 milliards en 1980. Le taux d'inflation donne des inquiétudes sur l'état de santé de l'économie américaine. Au cours de l'été de 1979, le président Carter tente d'arrêter la glissade du dollar et nomme Paul Volcker à la tête du Système fédéral de réserve. L'objectif de Volcker est de ralentir l'inflation en agissant sur la masse monétaire, sauf à rendre l'argent cher, c'est-à-dire à augmenter les taux d'intérêt. D'une part, l'action sur la masse monétaire en circulation tend à provoquer une décélération des prix. Un remède de cheval qui fait tomber la hausse de l'indice des prix à la consommation de 13,5 % en 1980 à 10,3 % en 1981, puis à 6,2 % en 1982 et à 3,2 % en 1983. D'autre part, la hausse des taux d'intérêt attire les capitaux étrangers, renforce la position du dollar, mais contribue à déprimer l'activité économique, donc à accroître le chômage. Un exemple concret : entre 1975 et 1979, le taux de base bancaire nominal se situe à 8,5 % ; l'indice des prix à la consommation croît de 8 %, ce qui laisse à l'investisseur spéculateur un taux de base bancaire réel de 0,5 %. En 1980, le taux nominal est de 15 % ; l'inflation, de 13,5 %, soit un profit de 1,5 %. L'année suivante, le profit atteint 8,5 %.

Reste à expliquer la surchauffe des prix. Sans aucun doute, il faut remonter à la guerre du Viêt-nam. Le président Johnson, on l'a dit, a voulu acheter des canons sans renoncer au beurre. Sa politique fiscale n'a pas été suffisamment énergique. Il a fallu faire fonctionner la planche à billets et l'essor du marché des eurodollars est un signe qui aurait dû inquiéter les responsables américains. Le déséquilibre de l'économie américaine s'est accru. Nixon a dû tirer les conséquences de cette situation, en procédant à deux dévaluations. Mais, alors que les effets de la guerre du Viêt-nam s'estompaient, voici que se font sentir deux chocs pétroliers, celui de 1974 et celui de 1979. Les Américains vivaient sur une énorme consommation d'énergie à bas prix. Ils se retrouvent, deux fois en cinq ans, obligés de faire la queue devant les stations-service, à s'interroger sur leur approvisionnement pétrolier, à comprendre enfin qu'ils dépendent de plus en plus des importations de produits énergétiques, bien que leur pays soit lui-même un énorme producteur de pétrole, de charbon et de gaz. En 1970, 23,3 % de la consommation sont importés ; 36,7 %

en 1974 ; 47,8 % en 1977 ; 39,9 % en 1980. Carter n'a pas cessé d'alerter ses concitoyens et c'est sous sa présidence qu'a été créé en 1978 un département de l'Énergie. Dès avril 1977, il compare la solution de la crise énergétique à l'« équivalent moral d'une guerre ». Il propose à la fois une action sur la consommation et une dérégulation ordonnée des prix. Avec des résultats peu exaltants. Le Congrès traîne les pieds. Ce n'est qu'en 1980 que le niveau des importations baisse, pas assez néanmoins pour se situer au-dessous du niveau de 1973. Le déficit commercial ne peut que se creuser et le dollar en subir les conséquences.

Circonstance aggravante : l'industrie américaine cède du terrain, y compris aux États-Unis. L'industrie automobile offre, de ce point de vue, une illustration significative. Les étrangers, surtout les Japonais, pénètrent en force sur le marché américain. Mais la sidérurgie, l'électronique, l'informatique, la chimie sont autant de domaines dans lesquels les Américains battent en retraite. Les gains de productivité diminuent : 2,8 % par an pour la période 1960-1973, 0,8 % pour la période 1976-1980. Si l'on se réfère aux trois années 1976, 1977 et 1978, on constate que le taux de croissance de la productivité industrielle s'est accru de 5 % au Japon, de 4 % en république fédérale d'Allemagne et de 1 % seulement aux États-Unis. Peut-être cela explique-t-il une véritable désaffection de l'épargne pour l'investissement productif, donc l'augmentation des coûts de production que l'on observe dans toute économie vieillissante. Ajoutons que le déficit du budget fédéral s'accroît : 45 milliards pour l'année fiscale 1977, 49 milliards pour 1978, 28 milliards en 1979, 60 milliards en 1980. Le sentiment prévaut que la superpuissance s'essouffle.

Et que son président ne maîtrise pas la situation. Auprès du Congrès, il jouit d'une influence réduite, bien que les démocrates y soient majoritaires. Les législateurs lui reprochent ses maladresses et ses hésitations. Auprès de l'opinion, sa cote de popularité s'effondre au fil des années. Sans doute parce qu'il surprend par ses volte-face et ne paraît pas capable de redresser la barre. Certes, il a commencé par s'inspirer de la tradition keynésienne, comme les présidents démocrates qui l'ont précédé. Puis, en 1979, changement de cap. Il réorganise son cabinet et son entourage politique. En désignant Paul Volcker, il se résout à suivre une politique déflationniste, dont les effets sociaux affectent en premier lieu la clientèle du parti démocrate. Carter penche pour une reprise graduelle qui aurait pour moteur l'investissement privé, prévoit l'alourdissement de l'impôt sur les revenus des ménages et des allégements pour les entreprises, un quasi-blocage des salaires et la libération des prix du pétrole (étant entendu que les bénéfices des compagnies pétrolières subiront un prélèvement fiscal). Est-ce le retour à la libre entreprise, la négation d'une politique rooseveltienne ?

De fait, Carter a changé en même temps que les États-Unis. Le président de 1980 ne ressemble pas tout à fait à celui de 1977. Sondages, études et analyses montrent que l'état d'esprit de la nation s'est également transformé. Le clivage qui séparait les libéraux et les conservateurs s'est amenuisé. Sur une échelle des valeurs qui irait de la position 1 (très libéral) à la position 7 (très conservateur), le parti démocrate de 1976 se situait à 3, la moyenne des républicains à 4,8. En 1980, le parti démocrate a glissé à 3,8 et la moyenne de ses membres à 4,1 tandis que le parti républicain se fixe à 4,8 et la moyenne de ses membres à 4,9. La différence entre les partis – qui n'a jamais été aussi profonde qu'entre les partis français – est à peine sensible. Dans leur majorité, les Américains ont perdu confiance dans l'action du gouvernement fédéral. Ils estiment que la bureaucratie est devenue trop puissante, que le mouvement des droits civiques a obtenu des résultats satisfaisants et qu'il n'est plus nécessaire de réclamer davantage. Somme toute, le libéralisme part à vau-l'eau. Veut-on des illustrations de ce « retour de bâton » ? Elles ne manquent pas.

Le 22 janvier 1973, la Cour suprême annule les lois des États qui faisaient de l'avortement un crime. Sur les neuf juges qui composent la Cour, sept s'accordent pour reconnaître que chaque femme est libre de disposer de son corps, qu'elle peut dans les trois premiers mois de sa grossesse décider d'avorter, que chaque État réglementera ou non le droit à l'avortement dans les trois mois suivants et qu'il l'interdira, s'il le souhaite, dans les trois derniers mois à moins que la vie de la mère soit en danger. C'est l'aboutissement de la bataille menée avec détermination par les féministes de la décennie précédente. L'arrêt contribue à changer les mentalités. Certes, les adversaires de l'avortement ne désarment pas. Ils se battent désormais sur le terrain de l'aide sociale : le Medicaid, on le sait, a pour but d'assurer aux pauvres la gratuité des soins médicaux. Cela inclut-il le remboursement des avortements ? Bien évidemment non, s'exclament les partisans du « droit de vivre ». Jusqu'en 1976, ils ne parviennent pourtant pas à réunir une majorité au Congrès pour faire inscrire dans la loi leur revendication. Puis, peu à peu, les législateurs se soumettent. La Cour suprême elle-même, sans revenir sur sa décision de 1973, admet quatre ans plus tard que rien n'oblige les États à subventionner des avortements qui ne sont pas médicalement indispensables. Elle reconnaît en 1980 le droit du Congrès d'interdire le remboursement des avortements sur fonds fédéraux. Au même moment, le Congrès renforce les dispositions législatives qui visent à limiter l'action des services du Medicaid et l'on voit apparaître, dans bon nombre de propositions de lois, des amendements qui interdisent qu'on utilise l'argent de l'Union pour rembourser les frais d'avortement. C'est bien à l'extrême fin des années soixante-dix que l'atmosphère a changé.

Une observation identique s'impose au sujet de l'amendement à la Constitution sur l'égalité entre les sexes. L'ERA a été adopté par le Congrès le 22 mars 1972. Les États disposent d'un délai de sept ans pour le ratifier. La majorité des trois quarts, requise par la Constitution, n'est toujours pas atteinte en 1979. L'année d'avant, le Congrès a voté un nouveau délai de trois ans pour la ratification. Sans résultat. Ce qui semblait aller de soi est maintenant combattu, à tout le moins jugé moins urgent. Et l'ERA ne passe pas.

La peine de mort donne une troisième illustration du *backlash*. La Cour suprême a rendu, le 29 juin 1972, un arrêt qu'elle a adopté par 5 voix contre 4, au terme duquel la loi sur la peine de mort du Texas et de la Georgie viole le 8e amendement à la Constitution qui interdit les « châtiments cruels et extraordinaires ». Les cinq juges qui ont pris ce parti ne sont pas tous des partisans de l'abolition ; certains souhaitent simplement que les États qui recourent à la peine capitale harmonisent leur législation. Mais le mouvement abolitionniste s'estime pour le moment satisfait et peut espérer qu'il a remporté une victoire définitive. Erreur ! En 1976, la Cour suprême précise sa pensée. La peine de mort, déclarent sept juges sur neuf, n'est pas en elle-même un « châtiment cruel ». Puisque le Congrès et trente-cinq États ont élaboré une nouvelle législation qui tient compte des réserves de 1972, c'est bien la preuve qu'« une grande proportion de la société américaine continue à la [la peine de mort] considérer comme la sanction appropriée et nécessaire d'un crime ». Et dès l'année suivante, les exécutions recommencent.

Reste le cas du *busing*. Depuis 1954, la Cour suprême s'efforce d'obtenir la déségrégation des écoles. Dix ans plus tard, elle a provoqué, avec l'appui du gouvernement fédéral, des résultats décisifs. La ségrégation de droit est interdite. Mais que dire de la ségrégation de fait, celle qui résulte tout simplement de la séparation spatiale des communautés ?

En 1971, la Cour suprême donne son accord à une nouvelle forme d'action. Les cars de ramassage scolaire serviront à répartir plus conformément à la justice sociale les enfants noirs et blancs dans les écoles d'un même district scolaire. Le principe est plus facile à proclamer qu'à appliquer. Le *busing* ne prive-t-il pas les enfants du libre choix de l'école qu'ils fréquenteront ? Ne frappe-t-il pas avant tout les familles qui n'ont pas les moyens d'envoyer leurs enfants dans des écoles privées, à commencer par les familles ouvrières et de la petite bourgeoisie ? Ne provoque-t-il pas le départ massif des Blancs des classes moyennes vers des banlieues résidentielles, ce qui revient à transformer les écoles des centres de villes en écoles noires et celles des banlieues en écoles blanches ? N'est-il pas contraire à la tradition américaine d'autonomie de limiter les pouvoirs des districts scolaires et n'empêche-t-on pas ainsi les communautés, noires et blanches, d'exercer l'autorité sur leurs écoles ? Enfin, le *busing*, qui coûte cher et entraîne des trajets longs et fatigants, ne revient-il pas à abaisser le niveau scolaire des meilleurs sans élever celui des autres ? A force de vouloir trop bien faire, disent les adversaires du *busing*, les libéraux ont fini par imposer une solution à la fois doctrinaire et inefficace. Des manifestations réunissent des milliers de parents, par exemple à South Boston en 1974, pour protester contre les décisions de la Cour suprême. Le *busing* ne disparaît pas, mais il est vivement contesté. Et de l'enseignement primaire et secondaire, la contestation du libéralisme s'étend à l'enseignement supérieur. L'« action positive » fait obligation aux universités et aux *colleges* de réserver des places aux minorités jusqu'alors défavorisées. Faut-il en conséquence admettre des étudiants d'un niveau inférieur parce qu'ils sont noirs, mexico-américains ou indiens, et écarter d'autres étudiants, d'un niveau supérieur, parce qu'ils sont blancs ? En 1978, la Cour suprême donne tort à l'université de Californie qui, sur son campus de Davis, a refusé la candidature d'un étudiant blanc, Alan Bakke, alors qu'elle a accepté des candidatures « minoritaires » de moindre valeur.

Rien ne témoigne mieux de ces incertitudes qui assaillent à présent les Américains que la Proposition 13. L'État de Californie adopte en 1978, à la suite d'un référendum, une réduction de l'impôt foncier, la principale source de revenus des États et des collectivités locales. Moins d'impôts, moins d'État. Le slogan a séduit les deux tiers des Californiens. Des propositions semblables sont alors présentées dans d'autres États, parfois approuvées, le plus souvent rejetées. Au niveau fédéral, il est question de voter des réductions d'impôts, peut-être même de faire approuver un amendement à la Constitution qui obligerait le gouvernement fédéral à maintenir l'équilibre budgétaire. Mais si l'on réduit les entrées, il faudra dépenser moins et c'est la politique sociale, en particulier le Welfare, qui sera frappée. Les plus conservateurs en sont ravis. Dans les autres milieux politiques, on applaudit à l'abaissement des impôts tout en réclamant le maintien des avantages sociaux. La quadrature du cercle ! Les démocrates, surtout le président Jimmy Carter, sont les premiers visés par ce mouvement d'opinion, car ils s'appuient sur une foule de groupes de pression, chacun prêt à se battre pour conserver ses droits acquis même s'il faut sacrifier ceux des autres groupes. Un collaborateur de Carter, le secrétaire à l'Énergie James Schlesinger, a évoqué la « balkanisation de l'Amérique ». Les Américains se replient sur eux-mêmes, redonnent vie aux affinités ethniques, régionales ou professionnelles, défendent les intérêts les plus étroits, accordent une place déterminante au voisinage et perdent de vue l'intérêt général. La générosité des années soixante a cédé la place à l'égoïsme, au narcissisme. Dans un tel contexte, la tâche du gouvernement fédéral, s'il veut rétablir la confiance dans le domaine économique et social, n'est pas aisée. Le président Carter en fait l'expérience. Il donne, pourtant, une explication du malaise général. Les États-Unis, dit-il, se heurtent à un problème spirituel : « Nous avons découvert que ce n'est pas en possédant ou en consommant que nous satisferons notre désir de comprendre. Nous avons appris qu'on peut entasser les biens matériels et ne pas combler le vide d'une vie dépourvue de confiance et de buts. [...] Une majorité de nos concitoyens croit que les cinq prochaines années seront pires que les cinq dernières. » Le message de Carter ne convainc pas, sans doute parce qu'il débouche sur le pessimisme.

Avec un peu de recul, la crise de l'économie paraît moins grave que celle des valeurs intellectuelles. Les États-Unis disposent, somme toute, de ressources considérables. Prenons l'exemple de l'agriculture. Ils produisent en 1976 environ 14 % du blé moissonné dans le monde ; c'est deux fois plus que le Canada qui est le deuxième producteur mondial, Chine exceptée dans la mesure où les statistiques la concernant ne sont pas fiables. Ils récoltent 16 % de l'orge, alors que la récolte a été mauvaise ; 17 % du tabac, soit trois fois plus que l'Inde, le deuxième producteur mondial ; 18 % du coton, 47 % du maïs (soit dix fois plus que la CEE) et 59 % du soja. « De récents calculs, écrivent deux experts français, ont montré que les États-Unis pourraient, en y consacrant toutes leurs terres arables, nourrir 4 milliards d'hommes en leur offrant plus de 3 000 calories par jour [1]. » Ils alimenteraient ainsi la population de la planète et lui garantiraient un meilleur apport énergétique que celui dont elle dispose à présent (2 400 calories par jour).

Condamnés à exporter ? Sans doute. Détenteurs de l'arme alimentaire ? Peut-être, à condition qu'une telle arme existe. En tout cas, leaders incontestés d'un *agribusiness* qui fait rêver les champions de la politique-fiction agricole. Ce qui est certain, c'est que le complexe agro-industriel qui n'emploie que 10 % de

---

1. Alain Revel et Christophe Riboud, *Les États-Unis et la Stratégie alimentaire mondiale*, Paris, Calmann-Lévy, 1981, p. 73.

la population active a su se rendre indispensable aux pays de la CEE, à l'Union soviétique, au Japon et à bon nombre d'États du tiers monde.

Des observations analogues vaudraient pour les secteurs industriels de pointe. La Nouvelle-Angleterre rappelle qu'ici l'industrie textile fit ses premiers pas. Mais aujourd'hui la reconversion s'est faite autour de Boston, avec Harvard, le MIT et la route 128, parsemée d'usines et de laboratoires qui travaillent dans l'électronique civile et militaire. Dans l'arrière-pays de San Francisco, dans la Silicon Valley, tout près de l'université Stanford, un millier d'entreprises emploient plus de 200 000 personnes dans la micro-informatique. Et que dire des ordinateurs, des semi-conducteurs, de l'aéronautique que dominent Boeing, United Technologies, Rockwell, McDonnell Douglas, Lockheed, General Dynamics ? L'observateur s'étonne de l'extraordinaire liberté qui donne à chacun sa chance. Les prix Nobel en physique, en chimie et en médecine s'accumulent et récompensent des Américains de vieille souche et des Américains de fraîche date. Du produit national brut, 2,3 % sont consacrés à la recherche, soit pour l'année 1980 plus de 60 milliards de dollars. Les universités travaillent en étroite collaboration avec les entreprises. Ce qui donne d'excellents résultats, par exemple dans le domaine de la recherche spatiale.

En conclusion, il convient de rappeler une évidence. Il est vrai que le Japon rivalise avec les États-Unis dans le domaine de l'informatique, de l'électronique et de l'automobile, que la CEE a su montrer de remarquables possibilités dans le domaine des industries spatiales et aéronautiques, que l'Union soviétique finance un effort considérable dans le domaine des satellites et des vaisseaux spatiaux. Mais aucun des concurrents ne fait tout à la fois comme les États-Unis qui, dans le même temps, s'engagent dans de profondes mutations. L'économie américaine en crise ? Tout au plus en mutation avec un repliement momentané qui cédera la place à la reprise peu après le départ des affaires de Jimmy Carter.

La crise de la politique étrangère

La crise de la politique étrangère des États-Unis est celle qui a le plus étonné le monde. Ces Américains qu'on accusait d'impérialisme au temps de la guerre du Viêt-nam, qu'on croyait capables d'imposer leurs volontés d'un bout à l'autre de la planète, empire soviétique excepté, voilà qu'ils se résignent à ne plus avoir la supériorité des armements stratégiques et assistent, sans réagir, à la progression de l'influence soviétique, comme s'ils ne pouvaient plus accepter le lourd fardeau de leurs responsabilités. Tandis que Carter parle des droits de l'homme, les troupes soviétiques envahissent l'Afghanistan et les fidèles de Khomeyni, non seulement chassent le Shah, mais retiennent en otages pendant quatre cent quarante-quatre jours une cinquantaine de diplomates américains. L'Amérique est bafouée, humiliée et, à travers elle, le monde occcidental tout entier. Carter est-il responsable, en partie ou en totalité, de l'affaissement de la volonté nationale ? En fait, lorsqu'il accède au pouvoir suprême, les Américains ont déjà montré qu'ils étaient hésitants sur la conduite à tenir dans les affaires internationales. Le syndrome du Viêt-nam les ronge. C'est un véritable sentiment de honte qu'ils éprouvent quand ils évoquent la politique étrangère de leur pays depuis une vingtaine d'années. On le voit bien lorsque l'on se penche sur le procès qui est intenté à la CIA.

De 1974 à 1976, l'Agence fait l'objet de plusieurs rapports, les uns émanant du Congrès, d'autres de la commission spéciale qu'a présidée Nelson Rockefeller, le vice-président des États-Unis. Des fuites, savamment orchestrées et distillées, alimentent la presse. Bref, tous les secrets, petits et grands, de la CIA sont déballés sur la place publique. L'Agence n'en sort pas grandie. Trois chefs d'accusation pèsent sur elle. Elle a contribué à pervertir la société américaine, en dépassant les limites que la loi lui avait assignées, en instaurant un quadrillage policier du pays, en devenant un État dans l'État. De 1967 à 1972, par exemple, elle a amassé des renseignements sur des Américains dont le seul tort était de s'opposer à la guerre du Viêt-nam. De plus, elle s'est livrée, à l'étranger, à des « sales coups », comme des tentatives d'assassinats dont certaines ont échoué (par exemple les huit tentatives d'assassinat contre Fidel Castro de 1960 à 1965) et d'autres ont été menées à bien par des agents de la CIA ou des groupes liés à elle (au Viêt-nam, en Amérique latine, voire en Afrique). Enfin, l'Agence s'adonne aux gadgets électroniques et aux expériences chimiques, dont la redoutable efficacité suscite l'angoisse.

Dès lors, qui pourrait douter des talents de la CIA ? Elle peut déchiffrer les informations que lui transmettent les satellites-espions, embarquer sur des bateaux et des avions le matériel le plus sophistiqué. Puissance bénéfique qui rend des services indispensables, puissance maléfique qui sert d'obscurs intérêts ou s'en sert, elle s'identifie dans l'imagination populaire à la toute-puissance et à la civilisation de demain. Sauvera-t-elle le monde libre des périls qui le menacent ? Ou annonce-t-elle le Big Brother de George Orwell ? Les commissions d'enquête multiplient les recommandations : il faut davantage de contrôle sur la CIA pour qu'elle n'agisse plus suivant son bon plaisir, davantage de transparence pour que le Congrès connaisse le montant de son budget et l'emploi qu'elle en fait. Du naufrage de 1974-1976, une nouvelle CIA doit surgir : en liberté surveillée. Chacune des deux assemblées législatives met sur pied une commission spéciale à laquelle la CIA doit annoncer ses projets d'opérations clandestines. Sous la présidence de Carter, le nouveau directeur, Stansfield Turner, procède à une purge. Le moral de l'Agence s'effondre, tout comme son activité. Tenue en laisse, la CIA ne voit plus que d'un œil. Les événements d'Iran, elle ne les explique pas, elle qui pourtant avait noué des liens étroits avec le régime du Shah. Les bouleversements de l'Afrique australe, l'évolution du Moyen-Orient, les complications de l'Amérique latine, autant de domaines où l'omnisciente bafouille. Il arrive que des journalistes publient le nom de ses agents à l'étranger. La CIA titube sous les coups qui lui sont assenés, à la grande joie de ses adversaires, aux États-Unis et dans le reste du monde. L'exemple est révélateur des comportements que les Américains adoptent au lendemain du Viêt-nam et du Watergate. Une fois de plus, Carter reflète l'état d'esprit de ses compatriotes.

Et pourtant, la politique étrangère le passionne. Il en suit attentivement les dossiers, s'informe longuement, pèse le pour et le contre avant de prendre une décision. Son initiateur, son conseiller le plus influent se nomme Zbigniew Brzezinski, professeur à l'université Columbia, d'origine polonaise, qui devient assistant aux Affaires de sécurité nationale. Il est le nouveau Kissinger. Brzezinski est le philosophe de la révolution technétronique, qui crée « une société dont la forme est déterminée sur le plan culturel, psychologique, social et économique par l'influence de la technologie et de l'électronique ». La société industrielle fait partie du passé. Carter a connu Brzezinski par l'intermédiaire de la Commission trilatérale, un lieu de réunion pour les politiques, les hommes d'affaires et les universitaires qui cherchent à rapprocher les points de vue des États-Unis, de l'Europe occidentale et du Japon. Le but suprême de Carter, c'est de redonner confiance aux Américains, de les convaincre que la guerre du Viêt-nam ne se reproduira pas sous d'autres cieux, qu'il est possible de mieux s'entendre avec les alliés, de freiner la course aux armements, d'ouvrir les portes du tiers monde à la diplomatie américaine, d'améliorer l'image de marque des États-Unis en les libérant de leurs amitiés compromettantes. Bref, le monde n'est plus bipolaire, mais pentapolaire. Les États-Unis y occupent une place primordiale, car eux seuls sont en mesure de maintenir des relations amicales avec l'Europe de l'Ouest et le Japon, avec la Chine populaire et l'Union soviétique. Washington tient un rôle capital qu'il lui appartient de mettre en valeur. Il y a quelques mérites à poursuivre ces objectifs, car, en dépit d'une diplomatie toujours spectaculaire et parfois heureuse, Kissinger lègue des problèmes embarrassants : au Moyen-Orient, la paix entre Israël et ses voisins semble aussi lointaine que les étoiles d'une autre galaxie ; les alliés européens se plaignent de l'attitude dédaigneuse des États-Unis ; l'URSS prend pied solidement en Afrique noire ; en Amérique latine, l'anti-américanisme se donne libre cours et fait le jeu de Cuba. Quant au dialogue Nord-Sud, Kissinger y a songé, mais ne l'a pas vraiment engagé.

Carter se rattache à la tradition démocrate. Non point celle de John Kennedy, qui a mené l'intervention militaire au Viêt-nam, ni celle de George McGovern, qui par réaction incarnait en 1972 une sorte de néo-isolationnisme. Carter exprime le point de vue des libéraux internationalistes qui assignent aux États-Unis la mission de maintenir la paix, d'assurer la liberté des approvisionnements énergétiques, de favoriser la coopération internationale, de participer à l'effort de limitation des armements, de combattre la faim dans les pays pauvres, de renforcer les Nations unies, de résoudre les problèmes de l'inflation mondiale, en somme des objectifs relativement larges, plutôt économiques, orientés vers la paix, symbolisés par la politique des droits de l'homme. Après la *Realpolitik* de Kissinger, l'idéalisme de Carter.

Dès son entrée en fonctions, Jimmy Carter se donne trois buts, qu'il rappelle dans son discours du 22 mai 1977 à l'université Notre-Dame. Les États-Unis défendront désormais les droits de l'homme. Cela inclut les droits que définissent les textes classiques comme la Déclaration d'indépendance, le Bill of Rights et la Déclaration universelle des droits de l'homme : plus d'arrestations et d'emprisonnements arbitraires, plus de tortures ni de procès truqués, plus de châtiments cruels ni d'intrusion dans la vie privée ; le droit de manger, de se loger, de se soigner, de s'instruire ; la liberté de pensée, de parole, de réunion, de culte, de la presse, de se déplacer. Les droits de l'homme s'intègrent dans un ensemble beaucoup plus large qui touche aux relations bilatérales et multilatérales. Mais c'est là que se trouve l'ambiguïté. Carter correspond avec Sakharov et reçoit Boukovsky. L'Union soviétique en conclut que ses relations avec les États-Unis vont se tendre. L'aide économique à l'Éthiopie, à l'Uruguay, à l'Argentine des colonels et des généraux, au Chili de Pinochet est réduite pour mauvaise conduite, mais point celle destinée à l'Iran et aux Philippines. Les négociations avec l'URSS et ses satellites se poursuivent. Washington exerce sur Moscou une pression constante depuis le début des années soixante-dix pour que les Juifs soviétiques jouissent du droit d'émigrer, mais dans bien des pays amis des États-Unis les prisonniers politiques restent en prison. L'ennui avec une position trop moraliste, c'est qu'elle ne souffre pas les à-peu-près. Elle est limitée au tout ou rien. Sinon, elle donne l'impression d'être hypocrite, inefficace et, comme l'écrit Stanley Hoffmann, un « enfer de bonnes intentions ».

Le deuxième but de Carter est tout autant contestable. Il s'agit de limiter les ventes d'armes à l'étranger, sauf « dans les cas où il sera clairement démontré que les transferts contribuent à la défense de nos intérêts et de notre sécurité nationale ». Les États-Unis promettent de ne pas dépasser un plafond, de militer contre la dissémination des armements nucléaires et d'entamer avec les Soviétiques des conversations pour contrôler et réduire les livraisons d'armes dans le monde. Or, dans les quatre premiers mois de la présidence de Carter, la Maison-Blanche soumet au Congrès quarante-cinq propositions de ventes d'armes, soit un marché de 4 milliards de dollars auxquels s'ajoutent les 5,5 milliards d'armes vendues à l'Iran. En 1978, d'énormes livraisons sont consenties à l'Égypte et à l'Arabie Saoudite, tandis qu'Israël puise dans le réservoir américain. Les ventes d'armes devraient être un « instrument exceptionnel » de la politique étrangère. Elles continuent tout simplement à faire partie de la routine. S'agissant de la dissémination des armements nucléaires, Carter ne manifeste pas plus de cohérence. En 1979, il fait arrêter l'aide au Pakistan, qui s'est engagé dans la fabrication d'une bombe atomique ; l'année suivante, après l'invasion de l'Afghanistan par l'Union soviétique, il rétablit l'aide au Pakistan. Dans la même foulée, il laisse se poursuivre des livraisons à l'Inde, puissance nucléaire depuis 1974, de combustible nucléaire.

Le troisième but concerne l'Afrique noire. Les États-Unis s'intéressent de plus en plus à présent au continent africain. C'est sans doute le résultat de la guerre civile en Angola, qui date de 1975, donc de la présidence de Ford, et qui a clairement indiqué les intentions de l'Union soviétique. Carter dispose d'un atout dont il fait largement usage : l'ambassadeur des États-Unis auprès de l'ONU, Andrew Young, est un ancien compagnon de Martin Luther King, le symbole du soutien que la communauté noire accorde à Carter depuis 1971. Young s'efforce de parler au nom des nations du tiers monde, comme si leur meilleur espoir résidait à Washington. Il arrive que ses propos soient excessifs, irritent les conservateurs et embarrassent le département d'État. Peu importe. Les États-Unis ont grâce à lui une autre image, celle d'un pays qui sait écouter les pauvres et ne refuse pas de les aider. Mais au total, les résultats sont inégaux. Les sanctions économiques qui pèsent sur le régime ségrégationniste de Rhodésie du Sud contraignent le Premier ministre, Ian Smith, à négocier avec la Grande-Bretagne, puis en 1980 à céder le pouvoir à Robert Mugabe. La Rhodésie devient alors le Zimbabwe. Mais les troupes cubaines ne se retirent ni d'Angola ni d'Éthiopie. L'apartheid ne disparaît pas, loin de là, d'Afrique du Sud, et un important partenaire commercial comme le Nigeria proteste à Washington contre l'insuffisance des pressions américaines. En somme, trop peu pour provoquer un bouleversement, trop peu pour stopper l'expansion soviétique. Encore un objectif qui finit par susciter la déception.

Si l'on dresse le bilan de la politique étrangère de Carter, il faut mettre en relief trois succès (les accords de Camp David, la ratification des traités sur le canal de Panama, la consolidation de la nouvelle politique chinoise) et des zones d'incertitudes, voire des échecs (la non-ratification des accords SALT II, la radicalisation des sandinistes au Nicaragua, l'invasion soviétique de l'Afghanistan, le triomphe de Khomeyni en Iran). Point de doute : les accords de Camp David sont pour Carter, personnellement, une victoire, le sommet de sa gloire présidentielle. Ils datent de septembre 1978 et font suite à treize jours d'intenses négociations entre Carter, Menahem Begin, le Premier ministre israélien, et Anouar el-Sadate, le président de la République égyptienne, dans la maison de campagne du président des États-Unis. Le jour de la signature, le 17 septembre, Carter est radieux. Son mérite n'est pas mince. Depuis la guerre du Kippour (octobre 1973), et les accords de cessez-le-feu qui y ont mis fin, la situation politique au Moyen-Orient est bloquée. L'OLP s'acharne à ne pas reconnaître l'existence de l'État d'Israël ; les Israéliens ne veulent pas négocier avec ceux qu'ils appellent des terroristes ; les États arabes de la région sont divisés, tiraillés entre les influences américaines et soviétiques, préoccupés par leurs problèmes économiques et incapables de prendre à rebrousse-poil une opinion que, depuis trente ans, ils enflamment contre les « sionistes ». Un geste spectaculaire débloque la situation : en novembre 1977, Sadate se rend à Jérusalem, prononce un discours à la Knesset et concrétise ainsi le souhait d'une réconciliation entre l'Égypte et Israël. Des négociations

directes s'engagent et échouent en juillet 1978. Carter lance alors
aux deux hommes une invitation à renouer les fils de la
conversation. Il atteint son but. Israël promet de se retirer du
Sinaï. Un traité de paix sera signé par l'Égypte et Israël qui
établiront des relations diplomatiques. Des pourparlers s'ouvriront sur l'« autonomie » des territoires occupés (que Begin
désigne par leur nom biblique : la Judée et la Samarie). Des
équivoques subsistent. Que signifie, par exemple, « autonomie » ? Que deviendra la partie Est de Jérusalem ? Quel sort sera
réservé aux réfugiés palestiniens et à leurs descendants qui vivent
dans les camps ? Chacun des deux partenaires estime qu'il a fait
des concessions majeures. Carter s'est dépensé sans compter, ne
désespérant jamais de parvenir à un accord, puis servant de
« parrain » à la réconciliation. L'intérêt des États-Unis, c'est
d'avoir écarté l'Union soviétique. Israël et l'Égypte seront aidés
par les États-Unis et la paix sera rétablie, aucune guerre majeure
contre Israël ne pouvant éclater sans la participation de l'Égypte.
Toutefois, Carter nourrit des illusions et s'en aperçoit rapidement. Les alliés européens ne croient pas ou croient peu à la
valeur des accords de Camp David. Les États arabes de la région
et l'OLP dénoncent la « trahison » de Sadate. L'Égypte et Israël
signent un traité de paix en 1979 et le Sinaï sera restitué, mais les
négociations sur le sort des Palestiniens n'ont pas lieu. Une fois
de plus, la politique étrangère des États-Unis cafouille. Carter
fait alors pression sur Jérusalem, non sans maladresses. En vain.
En juillet 1979, Andrew Young est même contraint à démissionner, parce qu'il a rencontré trop ouvertement le représentant de
l'OLP à l'Organisation des Nations unies. Carter n'obtient pas
davantage de l'Arabie Saoudite et de la Jordanie, recourt aux
ventes d'armements pour asseoir son influence et passe, à la fin
de son mandat, pour avoir plus de sympathies à l'égard du monde
arabe qu'à l'égard d'Israël. L'arbitre de 1978 peut-il, deux ans
plus tard, participer à la construction de la paix ? Carter a fait
mieux que Kissinger, mais il est loin d'avoir vraiment réussi.

Deuxième victoire de Carter en 1978 : l'approbation par le
Sénat, à la majorité des deux tiers, des traités sur le canal de
Panama. En cette affaire deux logiques s'affrontent. Celle du
président se résume dans la déclaration télévisée du 18 mai :

« Ces traités marquent le début d'une nouvelle période dans nos relations avec Panama et avec le reste du monde. Ils symbolisent notre volonté de traiter avec les pays en voie de développement et avec les petites nations dans le monde sur la base d'un respect mutuel et d'une association. » En gros, les États-Unis renoncent à la tentation de l'impérialisme et le geste est d'autant plus significatif qu'il s'adresse à l'Amérique centrale, « l'arrière-cour » de la superpuissance, qu'il porte sur le canal de Panama, l'un des plus anciens joyaux de l'empire, dans une région où l'influence cubaine se confond, du moins le pense-t-on à Washington, avec la subversion soviétique. La logique des adversaires du traité est tout autre : l'abandon de la souveraineté américaine sur le canal porte un coup très dur aux intérêts et à la sécurité des États-Unis ; c'est un signe de faiblesse, tout comme l'abandon de la construction du bombardier B 1, comme le report de la fabrication de la bombe à neutrons, comme le retrait des forces américaines de Corée du Sud.

De là, un débat implicite puis patent, sur la place des États-Unis dans le monde. En fait, il s'agit du transfert des responsabilités des États-Unis à la république de Panama, un transfert qui s'achèvera en 1999, étant entendu que le canal restera neutre en permanence et ouvert aux navires de tous les pays en temps de paix et en temps de guerre. Le débat au Sénat dure trente-huit jours. Il est marqué par le vote d'une résolution qui autorise les États-Unis à intervenir militairement si le canal est fermé, puis par l'adoption d'un compromis qui atténue les termes de la résolution. Le débat au Congrès et dans l'opinion annonce quelques-uns des thèmes qui reviendront à la surface dans la campagne électorale de 1980. Pour l'instant, Ronald Reagan sert de porte-parole aux adversaires des traités. Il ne mâche pas ses mots : « Nous ne devrions pas être surpris, dit-il le 9 septembre, si les Soviétiques sont prêts, désireux et souvent capables d'exploiter la situation, chaque fois que les États-Unis se retirent d'une région ou montrent un certain désintérêt. Croit-on que le canal de Panama fasse exception ? » Un argument fort que Carter parvient à repousser, mais le débat se déroule avant l'invasion de l'Afghanistan. Aurait-il eu lieu après, les traités n'auraient sans doute pas été approuvés.

Troisième victoire, plus discrète bien qu'elle revête une importance capitale : l'officialisation du rétablissement des relations diplomatiques avec la république populaire de Chine. Entre les deux États l'accord est signé le 15 décembre 1978, presque trente ans après l'entrée victorieuse de Mao Tsö-tong à Pékin. Les États-Unis acceptent de ne plus reconnaître sur le plan diplomatique la république de Chine à Taïwan, mais continueront à fournir des armes aux nationalistes. Les conservateurs américains crient à la trahison des alliés de longue date. Une fois de plus, Reagan prend la tête de la campagne d'opinion. Ses arguments persuadent peu. N'est-ce pas Nixon, un président républicain, qui est allé à Pékin en 1972 ? De plus, une Chine assoiffée de modernisation, désireuse d'accéder à la technologie la plus sophistiquée, offre aux entreprises américaines un marché quasiment illimité. Et pour les tenants du monde pentapolaire, un rapprochement avec la Chine, c'est une manière d'inquiéter l'Union soviétique, donc de conforter la sécurité des États-Unis. Au niveau des affaires régionales, tout est encore plus compliqué, puisque la Chine se bat en 1978 contre le Viêt-nam et qu'en 1979 le Viêt-nam chasse les Khmers rouges pour installer au Cambodge un régime « protégé ». Difficile dans ces conditions pour les Américains de mener une politique simple et morale.

Après les réussites de 1978 viennent les incertitudes et les échecs de 1979. Au début de son mandat, Carter souhaite prolonger la détente que Nixon et Kissinger ont tâché d'établir dans les relations américano-soviétiques. En 1977, il rejette la « peur irraisonnée du communisme », dont ne cesse de faire preuve, selon lui, la politique étrangère des États-Unis. L'année suivante, il est plus nuancé et donne à Moscou le choix entre la coopération et la confrontation. C'est que la pénétration soviétique en Afrique s'accentue, que l'esprit de la détente s'affaiblit, que les accords d'Helsinki (1975) pour lesquels le président Ford a accepté des concessions ne sont pas appliqués par l'Union soviétique. Le 18 juin 1979, les deux superpuissances signent un deuxième accord sur la limitation des armements stratégiques (SALT II) qui devraient se situer dans la lignée de l'accord SALT I (1971-1972). Le Sénat est appelé à se prononcer. Six mois plus tard, c'est l'Afghanistan. Un choc pour l'opinion américaine.

Il n'est pas possible de faire confiance aux Soviétiques, voilà ce que ne cessent de répéter les néo-conservateurs, des politiques et des intellectuels (comme Norman Podhoretz, Irving Kristol ou Jeane Kirkpatrick). L'histoire récente fait l'objet de nouvelles interprétations. Le Viêt-nam, une erreur ? Sans doute, mais le retrait américain a ouvert la route de Saigon aux communistes du Viêt-nam du Nord. L'abandon du Cambodge a laissé le pouvoir à Phnom Penh aux Khmers rouges qui ont commis sur leur propre peuple un véritable génocide, avant d'être chassés par les Vietnamiens. Le désarmement ? Une bonne affaire pour les Soviétiques qui, en matière d'armements stratégiques, ont rattrapé leur retard sur les États-Unis, qu'ils dépassent largement pour les armements conventionnels. Le refus de l'activisme ? C'est la loi à l'ONU de la « majorité automatique » et l'expansion soviétique en Afrique comme au Moyen-Orient. La paix nécessite une Amérique forte et dépourvue de complexes. La faiblesse des États-Unis n'est nullement un gage de sécurité pour le monde libre ; elle ne peut que provoquer des aventures, donc accroître la menace d'une guerre nucléaire. Sur l'attitude vis-à-vis de l'URSS, les républicains et les démocrates se rapprochent. Si l'on fait coïncider la position 1 sur l'échelle des valeurs avec la notion qu'il faut tout faire pour bien s'entendre avec les Soviétiques et la position 7 avec la notion que ce serait une erreur grave, les démocrates se situent à 4,1, les républicains à 4,2. Les conditions du consensus sont réunies. Carter ne peut pas ne pas en tenir compte. L'invasion de l'Aghanistan représente à ses yeux « la plus sérieuse menace qui pèse sur la paix depuis la Seconde Guerre mondiale ». Il met en garde l'Union soviétique en termes particulièrement vifs. Que l'on est loin des bonnes paroles de 1977 ! De l'Angola à l'Afghanistan, en passant par l'Éthiopie, le Yémen du Sud, l'Irak et la Syrie, s'est créé ce que Brzezinski appelle un « arc d'instabilité ». Le tout conforté par une marine soviétique qui fait flotter son pavillon sur toutes les mers du globe, par une confiance nouvelle de Moscou qui explique son intervention militaire en dehors de l'empire européen, par un dédain non dissimulé à l'endroit des négociations avec les

États-Unis. Les Américains ressentent vivement cette impression que résume un observateur : « Nous sommes bien plus puissants que n'importe quelle autre nation dans l'histoire et, avec le temps, nous ressemblons de plus en plus aux autres et nous sommes assujettis à des contraintes inhabituelles. »

Carter s'efforce de réagir par des mesures spectaculaires. Il renonce aux accords SALT II et n'en demande plus l'approbation par le Sénat. Il proclame un embargo sur les céréales et les produits de haute technologie que les Américains s'apprêtaient à vendre à l'Union soviétique. Il décide le boycottage des Jeux olympiques de Moscou. Les crédits militaires sont augmentés à l'initiative du président. L'aide économique et militaire au Pakistan s'accroît de 400 millions de dollars en deux ans. Des accords de coopération militaire sont conclus avec le sultanat d'Oman, le Kenya et la Somalie. La détente cède la place à une nouvelle guerre froide, que les événements de Pologne rendront encore plus évidente. En 1980, plus aucun contact à un haut niveau ne permet aux deux Supergrands de se parler.

Enfin, deux autres problèmes contribuent à tendre le climat et à donner aux perspectives immédiates des couleurs plus sombres. En 1979, Somoza, le dictateur du Nicaragua, est renversé. Par la faute de Carter, expliquent les adversaires du président. Les États-Unis n'ont-ils pas renforcé l'opposition, en dénonçant la violation des droits de l'homme commise par un de leurs amis ? N'ont-ils pas suspendu leur aide économique ? Le résultat, c'est qu'un régime de gauche s'est installé à Managua. Carter souhaite l'aider et propose 75 millions de dollars. Le Congrès exprime sa réserve, puis vote la subvention. Les sandinistes ne se privent pourtant pas d'attaquer les États-Unis qui ont si longtemps soutenu Somoza. Et que faire avec Cuba où l'Union soviétique a basé des Mig-23 et même une brigade de combat ? Avec ces milliers de soldats cubains qui exportent, à la pointe de leurs mitraillettes, la révolution marxiste en Afrique ? Avec ces 120 000 réfugiés cubains, plus ou moins recommandables, qui sur des moyens de fortune fuient leur île et déferlent sur les côtes de Floride ?

Le plus grave se produit en Iran. En février 1979, le Shah est chassé par des « révolutionnaires » qu'anime l'intégrisme des musulmans chiites. A leur tête, l'ayatollah Khomeyni. Pour les États-Unis, le coup est dur, car le Shah était leur principal allié dans la région du golfe Persique et ses armées étaient équipées, voire suréquipées, par les industriels américains. Or, Washington n'a pas prévu l'événement. Le président Carter est pris à contre-pied. A la fin d'octobre, le Shah entre sur le territoire américain pour y recevoir des soins médicaux. Le 4 novembre, de prétendus étudiants s'emparent de l'ambassade des États-Unis à Téhéran et retiennent en otages soixante-trois, puis cinquante-deux diplomates américains. Humiliation suprême pour la super-puissance, incapable de recourir à la force, contrainte de subir sans réagir. Le nouveau régime iranien se moque du gel des biens iraniens aux États-Unis, stimule l'ardeur de ses partisans contre le « Grand Satan » et réclame inlassablement l'extradition du Shah. Carter est désemparé. L'expédition militaire qu'il autorise en avril 1980 échoue lamentablement. Pendant ce temps, la télévision et les autres médias reflètent et accroissent l'inquiétude de l'opinion publique, l'exaspération et l'indignation de tous les Américains. La libération des otages fait partie des thèmes de la campagne pour les élections présidentielles. En partie par la faute de Carter lui-même qui veut profiter du drame pour vaincre Edward Kennedy, son rival dans les élections primaires du parti démocrate, et Ronald Reagan, son adversaire républicain à partir de septembre. De fait, les otages ne seront libérés que le 20 janvier 1981, vingt-cinq minutes après que le nouveau président des États-Unis, Ronald Reagan, aura prêté le serment constitutionnel.

En 1979 et 1980, le monde traverse une zone de turbulences. Carter n'en est pas responsable, bien qu'il en soit la victime. Il laisse le souvenir d'un président faible, soumis à des influences contradictoires qu'il ne parvient pas à maîtriser, nourri d'illusions qu'il a chèrement payées, inspirant la méfiance à ses alliés européens, abandonnant le Shah. Mais le souvenir déforme une réalité plus complexe et dissimule les succès de sa diplomatie en 1978. Somme toute, il est possible que Carter n'ait pas su trouver un style ni déterminer une stratégie cohérente. Il n'empêche que son mandat coïncide moins avec une crise de la politique étrangère des États-Unis qu'avec une crise du leadership qui ne se limite pas au président. De fait, on oublie trop souvent que ses décisions de 1980 annoncent celles de son successeur et qu'en ce sens, de Carter à Reagan, il n'y a pas de solution de continuité.

17

*Les États-Unis
à l'heure du reaganisme*

Rien n'est plus difficile que d'écrire l'histoire du temps présent. Le manque de recul embarrasse. Il faut élaborer la synthèse d'une masse d'informations qu'aucune étude systématique n'a encore classées. De là, des tâtonnements et des erreurs inévitables. Toutefois, il est certain qu'en ces années quatre-vingt une personnalité domine la vie politique aux États-Unis, celle de Ronald Reagan, que les économistes américains et étrangers ne cessent pas de s'interroger sur les caractères et les effets de la reaganomie, que les Américains paraissent avoir repris confiance en leur avenir, en leurs valeurs, dans leur rôle international. L'accession au pouvoir de Reagan correspond à un changement. Peut-on parler, dans ces conditions, du reaganisme ? Est-ce une doctrine, un état d'esprit ou une illusion collective ? Qu'en restera-t-il, lorsque le président aura achevé son deuxième mandat ?

Une mutation politique ?

Haï ou encensé, admiré ou sous-estimé, Reagan a longtemps été mal jugé. Encore aujourd'hui, on s'étonne ici ou là que les Américains aient confié la direction de leurs affaires à un vieil acteur, à un *cowboy* californien, à un esprit insupportablement réactionnaire. Il faut, pour comprendre l'homme, reconstituer son itinéraire politique.

Il est né le 6 février 1911, à Tampico dans l'Illinois. Sa famille dispose de revenus modestes et le jeune Ronald termine de médiocres études en 1932, en pleine crise économique. Pour lui comme pour des millions d'Américains, Franklin Roosevelt est le héros qui remettra le pays sur ses pieds. L'intervention fédérale est souhaitable ; le libéralisme, dans le sens américain du mot, la meilleure des solutions. La préoccupation majeure de Reagan, c'est alors de trouver du travail. Une petite station de radio de l'Iowa, WOO, à Davenport, lui offre une place de reporter sportif. Reagan y réussit à merveille. Puis, en 1937, au cours d'un voyage à Hollywood, la Warner lui propose un rôle cinématographique, celui d'un reporter de radio. Affaire conclue, si bien conclue que Reagan tourne cinquante films en trente-trois ans. Ce ne sont pas des chefs-d'œuvre, Reagan en convient lui-même. Les qualités de l'acteur sont limitées, mais il acquiert l'expérience de la caméra, de l'expression en public d'un texte écrit. Le rôle le plus important qu'il ait tenu, c'est celui de l'entraîneur d'une équipe de football dans un film intitulé : *Knute Rockne, un vrai Américain*. La guerre n'interrompt pas sa carrière, mais peu à peu Reagan change d'emploi. Et le voici en 1947 président du syndicat des acteurs, cinq fois réélu, au moment où se déclenche la « chasse aux sorcières ». Reagan fait front sans faiblesse à l'égard du communisme, sans lâcheté face à la terrible commission des Activités anti-américaines qui enquête sur le monde du cinéma. Il vote démocrate et continue à se rattacher à la tradition rooseveltienne.

La politique l'intéresse de plus en plus. Un peu trop, estime sa femme, l'actrice Jane Wyman qu'il a épousée en 1939. Les époux divorcent. En 1952, Reagan se marie avec une autre actrice, débutante celle-là, Nancy Davis. Sa belle-famille, en particulier Nancy, exerce sur l'homme une influence déterminante. Reagan évolue vers le conservatisme. Il vote pour Eisenhower et pour Nixon, mais ce n'est qu'en 1962 qu'il se rallie au parti républicain. Entre-temps, il a abandonné le monde du cinéma pour entrer à la General Electric. Sa tâche ? Animer devant les caméras de la télévision une émission que patronne GE, prononcer des causeries d'une usine à l'autre, se transformer en porte-parole, sympathique et optimiste, d'une entreprise qui prend soin de ses relations publiques. Reagan gagne de l'argent, devient une star des médias et ne cesse pas de commenter l'actualité politique. Point de doute à présent : les positions qu'il défend sont nettement conservatrices. La mutation est terminée. Le soutien qu'il accorde publiquement à Barry Goldwater en 1964 n'a pas de quoi surprendre. Ni la suggestion que lui adressent des hommes d'affaires de se présenter aux élections de 1966 pour le poste de gouverneur de la Californie. Reagan est élu par une large majorité et réélu en 1970. Son succès, il le doit à la télévision qui est devenue l'outil essentiel des candidats. Reagan s'en sert en professionnel. Et le langage qu'il tient séduit ceux des électeurs de Californie qui en ont assez de voir, sur leur petit écran, les désordres de Berkeley, les excès du Welfare, et de subir une insupportable ponction fiscale. Une fois élu, le gouverneur Reagan applique une politique plus modérée que ses propos. Certes, il acquiert la réputation de brimer les universités californiennes et de chercher à tout prix à rétablir la loi et l'ordre. Mais ses penchants naturels ne font pas de lui un doctrinaire. Il parle plus fort qu'il n'agit. Et puis, les démocrates dominent les assemblées législatives de l'État et le contraignent à accepter des compromis. Bref, la Californie de Reagan n'est ni l'enfer ni le paradis.

Il aurait pu briguer et peut-être obtenir un troisième mandat de gouverneur, s'il n'avait songé à la Maison-Blanche. Déjà en 1968, il a montré ses ambitions. C'est trop tôt et Nixon tient le parti en main. Quatre ans plus tard, Reagan ne tente rien contre un président sortant qui appartient à son parti et jouit d'une relative popularité. En 1976, la situation a changé. Gerald Ford n'est pas certain d'obtenir l'investiture de la convention républicaine. L'affaire du Watergate a éclaboussé tous les hommes politiques qui ont exercé le pouvoir à Washington, ce qui n'est pas le cas de Reagan. Ronald Reagan tente sa chance. Depuis qu'en 1964 il a vu dans les États-Unis « la seule île de liberté dans le monde entier », il se fait le champion d'un anticommunisme pur et dur, d'un nationalisme bafoué et vivace, d'une revanche que l'Amérique aurait à prendre sur ses démons et ses ennemis. Il critique avec vigueur les dépenses sociales dans lesquelles les démocrates ont entraîné le pays, propose de réduire le budget fédéral comme il a tenté de réduire le budget californien, réclame une diminution du nombre des fonctionnaires. L'aile droite du parti le soutient. Ce n'est pas assez pour empêcher Ford d'être le candidat républicain. Il ne renonce pourtant pas à ses ambitions, d'autant moins que Ford est battu, que les républicains écartés du pouvoir aspirent à le reconquérir et dans ce but recherchent pour 1980 un nouveau leader.

Le 13 novembre 1979, un an avant la date du scrutin, Reagan annonce sa candidature. Une fois de plus, murmurent les initiés. A près de soixante-neuf ans, le prophète de la droite, l'ancien jeune premier de Hollywood n'a aucune chance ! En fait, la campagne qui s'ouvre représente l'aboutissement de quatre années de discours, de voyages d'un bout à l'autre du pays, de commentaires publiés par des centaines de journaux et diffusés par d'innombrables stations de radio et de télévision. Il n'empêche que le miracle ne se produit pas. Jusqu'en février 1980, les républicains montrent plus d'inclinations pour George Bush, un politique avisé, l'ancien directeur de la CIA qui a également exercé des fonctions diplomatiques et symbolise l'*establishment*. Reagan change alors de tactique et attaque plus vigoureusement. Avec succès. La convention républicaine de Detroit le désigne comme le candidat du parti. Il hésite un moment sur le choix de son colistier. Ford, pressenti, demande trop. C'est Bush qui, en fin de compte, sera le candidat à la vice-présidence. Un choix significatif, non seulement en raison de l'expérience politique et administrative de Bush, mais parce qu'il souligne le pragmatisme de Reagan et sa volonté de construire son succès sur l'unité de parti.

Reagan remporte la victoire sur Carter avec une avance confortable. Environ 54 % des Américains en âge de voter ont pris la peine de déposer leur bulletin dans l'urne, soit 86 515 221. Sur ce total, 50,7 % ont choisi Reagan ; 41 % ont préféré Carter. Le président sortant a obtenu 8 400 000 voix de moins que son adversaire républicain. Un troisième candidat, l'« indépendant » John Anderson, a recueilli 6,6 % des voix ; Ed Clark, le candidat des libertaires, 1,1 %. Au sein du collège électoral, la différence est encore plus nette. Reagan, vainqueur dans 44 États, s'appuie sur 489 grands électeurs ; Carter, qui a remporté 6 États (Minnesota, Georgie, Virginie-Occidentale, Maryland, Delaware, Hawaii) et le district de Columbia, peut compter sur 49 grands électeurs. A la Chambre des représentants, les démocrates perdent trente-trois sièges et conservent la majorité absolue. Au Sénat, les républicains sont majoritaires, ce qui ne leur était pas arrivé depuis les élections de 1952.

Ces résultats reflètent-ils une mutation politique ? Le plus frappant, c'est la défaite de Carter. De 1976 à 1980, il a perdu 9 points et 5 300 000 voix. Il n'y a pas de région dans laquelle sa candidature n'ait provoqué un phénomène de rejet : moins 8 % dans l'Est, moins 10 % dans le Sud, moins 7 % dans le Midwest, moins 11 % dans l'Ouest. Deux groupes d'électeurs seulement lui sont restés fidèles : les syndiqués (à une faible majorité) et les Noirs (pour 86 %). Partout ailleurs, c'est la déroute. Le voici qui rejoint, dans le club des présidents sortants qui au XXe siècle ont été battus, Taft, Hoover et Gerald Ford. Somme toute, l'honnêteté intellectuelle et morale de Carter n'est pas mise en doute, mais il a été trop faible, incertain, fluctuant et n'a pas su s'élever à la hauteur de sa tâche. En l'espace de quatre ans, bon nombre d'Américains rejettent l'homme sur lequel ils avaient fondé tant d'espoirs et ne voient plus en lui qu'un président par erreur ou par hasard. Cette désaffection sous-tend la candidature de John Anderson. Ses électeurs sont presque toujours des libéraux qui rejettent l'inefficacité, voire l'archaïsme de Carter. En se portant sur un autre candidat, leurs voix ont manqué à Carter. Point d'hésitations pour l'Est où Anderson recueille 9 % des suffrages et le président sortant perd 8 %. Sans la candidature d'Anderson, Carter aurait obtenu la majorité dans le Massachusetts et le New York, soit 55 mandats de grands électeurs, et peut-être dans 2 ou 3 autres États du Nord-Est. Mais à supposer que dans le Sud et l'Est les partisans d'Anderson aient tous reporté leurs voix sur Carter, ce dernier n'aurait pu compter que sur 207 grands électeurs, contre 331 à Reagan. D'ailleurs, il convient d'ajouter que dans l'Ouest et le Midwest les voix d'Anderson ont été prises également aux deux principaux candidats.

Rejeter Carter ne signifie pas qu'on se rallie immédiatement ou sans hésitations à Reagan. Beaucoup d'Américains se demandent en 1980 si en élisant le Californien contre le Georgien ils ne tomberont pas de Charybde en Scylla. Le débat télévisé qui en octobre oppose les deux hommes renforce les doutes. Carter, président médiocre, n'est plus un bon candidat, mais Reagan qui semble un meilleur candidat sera-t-il un bon président ? Au-delà du débat sur les personnalités, Reagan a tiré profit d'une atmosphère, d'une tendance générale qui ont placé dans son jeu des atouts décisifs. L'année 1980 est marquée par l'interminable détention des otages américains de Téhéran et par les suites de l'intervention soviétique en Afghanistan. Dans une certaine mesure, la situation internationale vient au secours du président en exercice, car les Américains font bloc derrière lui lorsque le monde s'enflamme. Mais l'impuissance de Carter face à l'Iran de Khomeyni, les images télévisées de l'anti-américanisme chiite, la découverte tardive de l'impérialisme soviétique font naître des frustrations sur lesquelles Reagan joue admirablement. Il assure qu'il saura défendre l'intérêt national. Tout en suscitant des craintes : et si, à force de taper du poing sur la table, il finissait par entraîner les États-Unis dans la guerre nucléaire ? Carter n'est-il pas le président qui a su préserver la paix et éviter que le sang américain ne soit versé ? La crise économique préoccupe davantage encore les Américains. D'août à octobre 1980, 60 % des personnes interrogées pour les sondages CBS-*New York Times* et 68 % de celles qui ont été interrogées au lendemain du scrutin répondent que c'est là leur souci majeur, notamment les effets de l'inflation. Or, sur ce point, la cote de popularité de Carter est basse. Une grande majorité des Américains estiment que le président n'a pas su résorber l'inflation, combattre efficacement le chômage, résoudre les « problèmes économiques ». Pour 31 %, le principal échec de Carter, c'est l'économie ; pour 23 %, l'affaire des otages de Téhéran. En face, Reagan donne l'espoir. Comme l'inflation semble plus inquiétante que le chômage, les positions de Reagan et des conservateurs sont confortées, puisqu'ils insistent sur les dépenses excessives du gouvernement fédéral. Il est vrai que, dans le même souffle, Reagan propose de diminuer le budget fédéral et d'augmenter le budget de la défense nationale. Contradiction insoutenable, s'écrient les experts. Il n'en reste pas moins que les démocrates s'enlisent dans la crise, qu'ils apparaissent incapables de sortir le pays du mauvais pas dans lequel il se trouve, qu'ils ne savent que proposer de nouveaux impôts et des remèdes d'avant-hier, qu'il convient, en conséquence, de se tourner vers un nouveau berger. Reste les problèmes de société, très vivement discutés par les deux candidats qui défendent des opinions tranchées et opposées. L'amendement sur l'égalité des sexes, le droit à l'avortement, l'« action positive » en faveur des minorités, la répression de la pornographie et de la consommation des drogues, un contrôle sévère des armes à feu, l'application de la peine capitale, la place des homosexuels dans la société, la réintroduction de la prière dans les écoles, voilà un débat qui oppose les libéraux et Carter aux conservateurs et à Reagan. Les sondages démontrent que ce ne sont pas les soucis prioritaires des électeurs. Au fond, 29 % de ceux qui désapprouvent les positions de Reagan sur l'ERA n'en votent pas moins pour lui et 63 % de ceux qui ont une opinion contraire à la sienne sur l'avortement le préfèrent, malgré tout, à Carter.

En fin de compte, pourquoi près de 51 % des votants ont-ils choisi Reagan ? Pour provoquer le changement, parce qu'il est un *strong leader* (un chef énergique), répondent les électeurs à la sortie du bureau de vote. En janvier 1981, un institut de sondage pose la question suivante : « Êtes-vous d'accord avec ceux qui pensent que la victoire de Reagan équivaut à un mandat pour une politique plus conservatrice ou bien estimez-vous que ce fut avant tout le rejet du président Carter et de son administration ? » Les réponses sont dépourvues d'ambiguïté. Pour 63 %, c'est le rejet de Carter, avec un pourcentage légèrement plus faible parmi les républicains. Ce que les Américains souhaitent, c'est que Reagan remette l'économie en route, qu'il arrête l'inflation et rétablisse la défense nationale. Peu importe les moyens. Le nouveau président sera jugé, quatre ans plus tard, sur les résultats obtenus, non point sur les méthodes employées.

Ces observations relativisent le conflit idéologique qu'on a souligné à gros traits en analysant les thèmes de la campagne. Aussi faut-il pousser plus loin l'analyse du scrutin de 1980. Depuis John Kennedy et à l'exception de Gerald Ford qui, rappelons-le, n'a été élu ni à la vice-présidence ni à la présidence, tous les présidents des États-Unis sont issus de la Sun Belt.

Reagan n'échappe pas la règle. Il incarne les États-Unis qui de la Californie à la Georgie concentrent le dynamisme de la nation. Il est symptomatique, par exemple, que les Blancs du Sud n'hésitent plus à voter pour un candidat républicain à la Maison-Blanche. L'alliance du Sud et du Nord-Est, des cols bleus avec les minorités ethniques, des catholiques avec les Juifs et une partie des protestants n'existe plus guère de manière permanente. Si l'on prend l'exemple des cols bleus catholiques, italiens ou polonais, on s'aperçoit qu'ils ne croient plus dans l'efficacité des solutions démocrates pour sortir de la crise, qu'ils sont souvent hostiles au *busing* et à l'avortement et que du coup ils ont voté pour Reagan plus que pour Carter. En un sens, Reagan a réussi à s'emparer d'un électorat qui avait montré des sympathies pour George Wallace. Même constatation chez les ruraux du Midwest, dans les centres industriels du Sud et de l'Ouest qui se spécialisent dans l'informatique et l'électronique, travaillent pour la défense nationale et pour l'aérospatiale. En revanche, Reagan réussit moins bien que Ford dans les bastions traditionnels du républicanisme modéré : les banlieues résidentielles de la Nouvelle-Angleterre, les petites villes de la « ceinture du froid », les communautés universitaires. Il échoue complètement dans la communauté noire, mais obtient de bons résultats parmi les Hispaniques. C'est bien d'un phénomène nouveau qu'il s'agit. La coalition rooseveltienne meurt en 1984. En fait, elle était en sursis depuis une décennie. Le Watergate lui avait redonné un coup de fouet en atteignant le parti républicain et en ouvrant les portes de la Maison-Blanche à Jimmy Carter.

Au profit de la nouvelle droite ? Impossible de douter qu'elle existe. Elle ne manque aucune occasion de se manifester et de revendiquer sa part du festin. Mais elle n'est pas toute-puissante et n'a rien d'homogène. En premier lieu, il ne faut pas la confondre avec une extrême droite composée de néo-nazis, du Ku Klux Klan et des survivalistes – les groupuscules qui alimentent la rubrique des faits divers des gazettes et ne représentent heureusement pas l'Amérique profonde. La nouvelle droite, c'est d'abord la reconquête par la droite, qui s'affirme comme telle, de l'espace idéologique. Bien plus, on pourrait dire, sans exagération, que la pensée originale est aujourd'hui aux États-

Unis à droite, et non plus à gauche comme au temps du New Deal et de la « Grande Société ». Il suffit de lire *Public Interest,* la *National Review, Commentary* ou les publications de la Heritage Foundation pour s'en convaincre. La Heritage Foundation est créée en 1973 et publie des livres, des lettres périodiques, des études, qui parviennent jusqu'aux plus influents. Elle fait partie de ces groupes de travail et de réflexion, les *think tanks* conservateurs, comme l'American Enterprise Institute, la Hoover Institution de Stanford, le Center for Strategic and International Studies de l'université Georgetown (à Washington). La nouvelle droite s'appuie sur des journaux, des chaînes de télévision, des organismes privés qui collectent l'argent, sur des amitiés politiques. Entre ses partisans, il y a plus que des nuances. *Public Interest,* la revue que dirige Irving Kristol, le « saint patron de la nouvelle droite », milite pour la réduction des impôts, la dérégulation et la limitation des programmes sociaux. William F. Buckley, qui dirige la *National Review,* aspire depuis plus de trente ans à un conservatisme social et économique qui se manifesterait, par exemple, par l'équilibre budgétaire. Les libertaires souhaitent la suppression de toutes les contraintes : aussi peu d'État que possible, qu'il s'agisse de la morale ou de l'économie, et Milton Friedman incarne assez bien ce courant dans le domaine financier et monétaire. Midge Decter et Norman Podhoretz, qui animent *Commentary,* sont d'anciens démocrates qui ont viré de bord à la fin des années soixante par anticommunisme.

Enfin, il y a la droite évangélique [1], qui réunit plus ou moins étroitement des fondamentalistes, surtout des baptistes, mais aussi des catholiques, des mormons, voire des Juifs. Ce lobby est

1. Au sens le plus strict, la Majorité morale est l'organisation que préside le pasteur Jerry Falwell. Le « lobby évangélique » rassemble la Majorité morale, la Table ronde religieuse d'Edward McAteer, la Voix chrétienne et la Coalition nationale pour une action chrétienne.

Il convient de relever une autre ambiguïté. *Stricto sensu,* les « évangéliques » ne se confondent pas avec les fondamentalistes. Les uns et les autres partagent les mêmes convictions, les mêmes attitudes religieuses. Mais les « évangéliques » sont plus tournés vers l'évangile social que les fondamentalistes. Il n'empêche qu'ils forment ensemble la « droite évangélique » ou le « lobby évangélique ».

issu d'un courant de pensée qui traverse l'histoire des États-Unis au XXᵉ siècle : anti-intellectualisme, méfiance ou hostilité envers les villes de l'Est, implantation solide dans la Bible Belt qui prend en écharpe le Sud et le Sud-Ouest, rejet de tout ce qui peut être *un-American,* voilà les fondements de la nouvelle droite. Les « évangéliques » combattent l'avortement, l'usage des drogues douces et dures, la pornographie. Ils s'insurgent contre l'amendement sur l'égalité des sexes, contre les droits qui sont reconnus aux homosexuels, contre l'éducation sexuelle. Ils ne veulent pas d'un département de l'Éducation qui prendrait aux autorités locales les pouvoirs scolaires dont elles disposent. Ils réclament que les enfants puissent dire leurs prières dans les écoles et que les établissements religieux reçoivent des crédits fédéraux. Ils insistent sur la nécessité d'un budget fédéral qui soit équilibré, d'une politique étrangère fondée sur la fermeté, la supériorité des États-Unis dans le domaine des armements stratégiques, sur la volonté inébranlable de faire reculer le communisme. Ils n'incarnent pas la droite traditionnelle. Leurs sympathies pour le monde du *business* sont tièdes. Les néo-conservateurs leur paraissent trop intellectuels, détachés des réalités quotidiennes. Les partisans du laisser-faire ne les attirent pas. Les « évangéliques » sont plutôt issus d'un courant populiste, implanté notamment dans le Sud. S'ils attirent l'attention, ce n'est pas qu'ils aient surgi brutalement dans le panorama politique. C'est qu'ils ont compris que le bulletin de vote pouvait être une arme efficace, qu'ils s'emploient à provoquer des inscriptions sur les listes électorales, que leurs leaders utilisent à merveille la radio et la télévision. C'est qu'au fond ils ont pénétré en force sur la scène électorale et que tous les candidats, Reagan, Anderson et Carter en tête, sollicitent leurs suffrages. Disposant de fonds, s'appuyant sur des militants convaincus, recourant aux moyens les plus modernes de la communication de masse tout en souhaitant que le modernisme de la société soit rejeté, la nouvelle droite veut « christianiser » l'Amérique. Sa puissance de persuasion est une arme redoutable ; son étroitesse d'esprit, aussi.

Les résultats obtenus sont plutôt médiocres. Le programme social de la droite évangélique n'a pas été adopté, cinq ans après la première victoire électorale de Reagan. Preuve supplémentaire des divisions de la droite. Pour le moment, et l'on peut imaginer que la tendance s'accentuera, les problèmes de société comptent moins que ceux de l'économie ou les rapports internationaux. Et pourtant, il ressort des résultats du scrutin de 1980 qu'une nouvelle répartition des forces politiques s'établit, comme ce fut le cas en 1800, en 1860 ou en 1932. Favorise-t-elle le parti républicain ? On le croirait volontiers. En 1984, Reagan a été réélu triomphalement : il a recueilli 59 % des suffrages exprimés, obtenu 525 mandats de grands électeurs, atteint la majorité dans 49 États (seuls le Minnesota, de très peu, et le district de Columbia ont préféré Walter Mondale). Mais une analyse attentive fait ressortir d'autres réalités. La majorité de la Chambre des représentants, des assemblées législatives des États et des postes de gouverneur restent aux mains des démocrates. Prudent garde-fou ou bien résistance acharnée des forces politiques d'hier ? Reagan a fait mieux en 1984 qu'en 1980 dans tous les groupes d'électeurs, à l'exception des Noirs (– 1 %) et des Juifs (– 7 %). Il a dissipé les craintes que sa politique de défense avait fait naître, par exemple dans l'électorat féminin, attiré à lui 67 % des Blancs, 47 % des Hispaniques, 73 % des Blancs du Sud, 61 % des protestants, 80 % des « évangéliques », 59 % des catholiques, 60 % des moins de 30 ans et la majorité des familles sauf celles dont le revenu est inférieur à 10 000 dollars par an. Toutefois, si l'on compare les résultats des élections présidentielles avec ceux des élections législatives, on observe que dans 370 districts sur 435 le président recueille moins de voix que le vainqueur de l'élection législative. Sauf dans le Sud. Somme toute, si Reagan a remporté une aussi belle victoire, c'est que les Américains estiment que leur pays a retrouvé son rang de superpuissance et que la crise économique s'éloigne, qu'ils en sont reconnaissants à Reagan. Le président a tenu ses promesses et s'est montré le leader énergique qu'ils attendaient. Un référendum en faveur de Reagan ? Oui. En faveur du parti républicain ? Non, et moins encore en faveur de la nouvelle droite.

Aussi les politologues se laissent-ils aller à la perplexité. Les uns annoncent à cor et à cri qu'il y a bien un « réalignement », ce qui revient à dire qu'à la coalition roosveltienne a succédé une coalition reaganienne qui devrait survivre à Reagan lui-même et marquer de son empreinte les États-Unis de la fin du xxᵉ siècle. Mais Kevin Phillips, qui fut longtemps le héraut de la « nouvelle majorité politique », n'y croit plus guère. L'électorat de Reagan est trop disparate, écrit-il. Les faucons aspirent au rétablissement de la *pax americana*. Les partisans de l'économie de l'offre rêvent d'en revenir à l'époque de Coolidge. Le monde des affaires aimerait tant faire la pluie et le beau temps. La nouvelle droite s'imagine que, grâce à la Cour suprême, Dieu triomphera. Les néo-conservateurs ne cessent pas de combattre le communisme. Rien de ce que propose Reagan ne parvient à cimenter cette coalition hétéroclite et provisoire. D'autres politologues soulignent qu'on a mal interprété les résultats électoraux de la dernière décennie. Contrairement à ce que l'on a écrit, les Américains ne glissent pas vers le conservatisme ; les élections locales et législatives tout autant que les sondages démontrent le contraire. Le succès de Reagan n'est pas celui de son programme, mais la conséquence d'une situation économique, comme partout dans le monde. La majorité de l'électorat estime que Reagan est injuste envers les pauvres, mais vote pour l'essentiel en fonction de ses intérêts personnels. En un mot, l'affiliation aux partis compte moins. Seymour Lipset rejette la notion de « réalignement » et préfère celle de « désalignement ». Les Américains ne ressentent plus d'attachement pour les partis politiques. Ils expriment des sympathies changeantes. L'opinion est devenue volatile, insaisissable sur une longue période. C'est l'effet télévision. Les électeurs ne s'effraient pas de leurs propres contradictions : ne voit-on pas de jeunes cadres, les *yuppies* (*young urban professionals*), souhaiter dans le même souffle moins d'État et le maintien des avantages acquis, des reaganiens aspirer à un allégement du rôle gouvernemental et réclamer l'instauration par la loi de la prière à l'école ou l'interdiction de l'avortement ?

Dans ces conditions, Reagan est un « brave type », peu ou mal informé, toujours prêt à raconter une histoire, sans génie particulier sinon celui de se servir avec talent des caméras de la télévision, des microphones et des téléprompteurs, un Américain moyen qui ne donnerait à personne le moindre complexe d'infériorité. Jugement injuste dans ses excès ! Nul ne contestera que Reagan a magnifié la présidence-spectacle, dans laquelle « l'homme le plus puissant du monde » n'est jamais qu'un grand communicateur, savamment mis en scène par ses conseillers en communication. Il n'empêche que Reagan a aussi restauré le statut et l'influence d'une fonction que le scandale du Watergate avait profondément affectée et qu'il a su tirer parti de son « charisme ». Il a reconstruit la présidence des États-Unis. Quoi qu'il en soit, les élections de 1980 et de 1984 concrétisent l'effondrement des affiliations partisanes et la personnalisation accrue des consultations électorales.

La reaganomie

Reagan a-t-il innové sur le plan économique ? Son prestige aux États-Unis comme à l'étranger s'établit et s'amplifie à partir de 1982-1983, au moment où les États-Unis donnent l'impression de retrouver un rythme de croissance soutenu. Les idées que Reagan a défendues dans sa campagne électorale de 1980 ont réussi. La reaganomie s'apparente à un modèle de sortie de crise. Le keynésianisme est mort. Le monde entre dans une nouvelle ère.

Il est vrai que Reagan a beaucoup insisté sur le nouveau message économique qu'il s'est efforcé de faire passer. « Nous sommes menacés d'un désastre économique, déclarait-il au début de son premier mandat. Le temps est venu d'essayer quelque chose de nouveau. » L'idée prédominante, c'est que l'État a tenu dans les vingt dernières années et tient encore une place excessive dans la vie économique. Les impôts sont trop lourds ; les dépenses fédérales, excessives. La dette publique s'alourdit. Le gaspillage et la fraude ralentissent les investissements privés. Pour que la machine redémarre, il faut renverser le courant : moins d'interventions étatiques, plus de recours à l'initiative individuelle. Jusque-là, rien de bien original. C'est la tradition républicaine, que Harding, Coolidge et Hoover ont successivement incarnée. Il y a plus. Depuis le New Deal, on s'efforce de surmonter la crise en stimulant la consommation. Erreur. Il faut stimuler l'offre. La meilleure illustration, et non la seule, de la nouvelle théorie est proposée par Arthur Laffer, un économiste de Californie. A ses yeux, l'économie n'est pas une science exacte qui se prêterait à la construction de modèles mathématiques. Elle repose, au contraire, sur l'étude des comportements humains, sur l'analyse des motivations rationnelles. Pour créer des richesses et des emplois, encore convient-il d'inciter les agents économiques à faire preuve d'esprit d'initiative et d'innovation. Laffer met en parallèle le taux de l'impôt et le produit de l'impôt. Si les investisseurs sont découragés, assure-t-il, par une ponction fiscale excessive, les revenus fiscaux stagneront. En revanche, si l'on diminue le poids de l'impôt, les capitalistes investiront, créeront des emplois, accroîtront la production des richesses et verseront des sommes plus importantes à l'administration des impôts. Réduire les prélèvements obligatoires, c'est pour l'État la manière la plus efficace de stimuler la reprise économique et de s'assurer des revenus plus élevés, d'abaisser le taux de chômage, de faire vendre davantage sur le marché des États-Unis et à l'étranger, donc d'éliminer le déficit budgétaire et, en conséquence, les anticipations inflationnistes. Étant entendu que le rôle de l'État se limitera à cette politique fiscale et ne visera nullement à réguler la conjoncture.

Évidemment, la théorie de l'offre n'est pas dépourvue de conséquences sociales. L'État ne pourra pas continuer à alimenter dans les mêmes proportions un budget social qui a été jusqu'alors en constante augmentation. Seuls les plus démunis, les « vrais » pauvres, seront secourus. Les autres seront incités à revenir sur le marché du travail. Mais la diminution des transferts sociaux contribuera, elle aussi, à faire disparaître les tendances inflationnistes, puisque, selon Reagan, « l'inflation et le chômage vont main dans la main ». Somme toute, il s'agit de modifier les comportements, de démontrer aux agents économiques qu'aux années d'inflation vont succéder des années d'investissement, d'affirmer le dépérissement de l'État dans ce nouvel avatar du système capitaliste.

Le programme de Reagan frappe l'opinion publique. Reagan fait adopter une réduction de l'impôt sur les personnes et sur les sociétés. Le gouvernement fédéral promet de limiter ses dépen-

TABLEAU 24

**L'économie américaine sous l'administration Reagan
(variation en % des moyennes annuelles, sauf mention contraire)**

	1981	1982	1983	1984
Croissance et productivité				
Produit national brut en volume	+ 2,5	− 2,1	+ 3,7	+ 6,8
Production industrielle	+ 2,7	− 8,2	+ 6,5	+ 10,5
Mises en chantier de logements (en milliers)	1 084	1 062	1 703	1 749
Productivité des secteurs non agricoles	+ 1,5	+ 0,2	+ 3,5	+ 2,7
Emploi				
Taux de chômage (en % de la population active)	7,5	9,5	9,5	7,5
Emplois civils occupés (moyenne annuelle en millions)	100,4	99,5	100,8	105,0
Prix et salaires				
Indice des prix à la consommation	+ 10,4	+ 6,2	+ 3,2	+ 4,2
Prix du produit national brut	+ 9,4	+ 6,0	+ 3,8	+ 3,8
Salaire + charges sociales	+ 9,6	+ 8,0	+ 4,9	+ 4,1
Gains moyens	+ 9,1	+ 6,9	+ 4,6	+ 3,3
Taux d'intérêt et monnaie				
Taux de base des banques	18³/₄	14³/₄	10³/₄	12,0
Rendement des obligations du Trésor à 10 ans (en %)	13,9	13,0	11,1	12,4
Encours du crédit à la consommation	+ 5,6	+ 4,9	+ 14,5	+ 20,3
Progression des agrégats monétaires (du 4ᵉ trim.) M1	+ 2¹/₄	+ 8¹/₂	+ 10,0	+ 5,2
M2	+ 9,0	+ 9¹/₂	+ 12,0	+ 7,7
Taux de change moyen du dollar	+ 17	+ 13	+ 7,5	+ 12,0
Comptes extérieurs (Soldes en milliards de dollars)				
Balance commerciale (CAF-FOB)	− 39,6	− 42,6	− 69,3	− 123,3
Balance des paiements courants	+ 6,3	− 9,2	− 41,5	− 101,6

ses : Carter avait prévu, pour les années 1981-1985, un taux annuel d'augmentation de 10,7 % ; Reagan prévoit 7,8 %. Toutes les dépenses ne sont pas également réductibles : pas question de toucher à la défense nationale qui, au contraire, doit être renforcée ; pas question de couper les « filets de sécurité » qui protègent les retraités, les personnes âgées, les enfants nécessiteux, les anciens combattants, les « vrais » chômeurs. En revanche, des coupes sombres dans les crédits d'aide à l'étranger, dans les prêts et les subventions qui assuraient la rénovation des villes, dans l'indemnisation du chômage, dans la distribution des tickets d'alimentation, dans les aides accordées aux étudiants, aux agriculteurs, aux entreprises ; et la fonction publique ne devra plus recruter. Le gouvernement fédéral appuie le Système fédéral de réserve qui, pour lutter contre l'inflation, limite drastiquement les liquidités monétaires. En fait, des objectifs ambitieux : reprise de la production, déclin du chômage, fin de la hausse des prix, « une expansion énorme comme dans les années vingt », prévoit Laffer.

A l'épreuve des réalités, la reaganomie n'a rien d'un remède miracle. Tout au contraire. La première année du premier mandat de Reagan n'est pas un succès. Le PNB recule en 1982 de 2,1 %. Le taux de chômage passe de 7,5 à 9,5 % ; le solde de la balance commerciale, de –39,6 à –42,6 milliards de dollars, tandis que le solde de la balance des paiements courants, positif en 1981 (+ 6,3 milliards), devient négatif l'année suivante (–9,2 milliards). La production industrielle recule. Qui songerait alors à chanter les louanges du président Reagan ? Il faut avoir la foi pour souligner les signes encourageants, comme la réduction du taux d'inflation qui de 10,4 % en 1981 glisse à 6,2 % en 1982. Bref, la récession est grave, peut-être même est-ce la plus grave que les États-Unis aient connue depuis la fin de la Seconde Guerre mondiale. Mais le gouvernement fédéral ne renonce pas à suivre les grandes lignes de sa politique économique.

L'embellie survient en 1983. La progression du PNB est spectaculaire : + 3,7 % en 1983, + 6,8 % en 1984. Pour l'année 1983 et les six premiers mois de l'année 1984, la croissance correspond à un taux annuel de 7,5 %. La Bourse repart. Le taux de chômage s'abaisse peu à peu, au point d'atteindre 7,5 % en

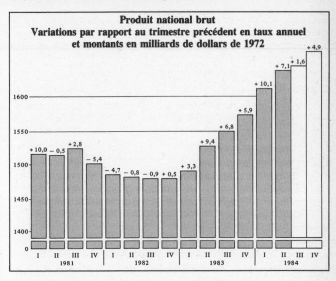

Produit national brut
Variations par rapport au trimestre précédent en taux annuel
et montants en milliards de dollars de 1972

1984. L'inflation semble jugulée : 3,2 % en 1983 et 4,2 % en 1984. Reagan est un homme politique heureux. Il obtient de bons résultats l'année même où il se présente aux suffrages des électeurs. Au cours du débat qui l'avait opposé à Carter en 1980, il avait, avec insistance, demandé à ses compatriotes s'ils étaient plus à l'aise que quatre ans auparavant et la réponse qu'il leur soufflait était, bien entendu, négative. En 1984, à la même question que *US News and World Report* pose dans un sondage (15 octobre 1984), la réponse est plutôt positive. Parmi les personnes interrogées, 42 % estiment que leur situation matérielle est meilleure, 36,5 % qu'elle n'a pas changé, 20,5 % qu'elle est moins bonne. En outre, 46,5 % sont optimistes et la proportion est plus élevée encore parmi les moins de 45 ans. Les revenus des ménages après impôts ont augmenté en moyenne de 3,5 %, mais la statistique globale dissimule des disparités : les 20 % les plus riches ont accru leurs revenus de 8,7 %, tandis que les 20 % les plus pauvres ont perdu 7,6 %. Ce qui revient à dire que les inégalités sociales se sont aggravées et que la reprise ne fait pas que des heureux.

D'ailleurs a-t-elle été provoquée par l'application des recettes de la reaganomie ? Rien n'est moins certain. Si l'on se réfère à la courbe de Laffer, le montant total des impôts doit s'accroître, à mesure que la reprise se fait sentir. Or, le déficit budgétaire se creuse. En 1981, il atteignait 60 milliards. C'était beaucoup. L'année suivante, il franchit la barre des 100 milliards, ce qui résulte, disent les experts, de la récession et des faillites qu'elle a entraînées. En 1983, le voici à 195 milliards et en 1984, au-delà de 200 milliards [1]. Un record, d'autant plus surprenant que les républicains passent pour être hostiles aux dépenses excessives ! Le plus étonnant, c'est que cet énorme déficit ne génère pas de tendances inflationnistes. L'explication ? Il est payé, pour la plus grande partie, par l'étranger, puisque le dollar est la monnaie de réserve internationale. Il résulte de la réduction des impôts et de l'augmentation des dépenses militaires. C'est sans doute là que se trouve le secret de la reprise, que l'assouplissement de la politique monétaire du Système fédéral de réserve a stimulée. L'abaissement des taux d'intérêt a poussé en avant la construction immobilière et la consommation des ménages. Ce nouveau réamorçage de la pompe ressemble à du keynésianisme. Les partisans de la reaganomie auraient-ils gagné leur pari en appliquant les méthodes de leurs adversaires ?

On le croirait volontiers, s'il ne convenait d'ajouter trois facteurs d'explication. Le gouvernement du président Reagan a étendu la déréglementation, ce qui a avivé la concurrence, permis à de nouveaux entrepreneurs, souvent de petits entrepreneurs, de se lancer dans les affaires et de créer des emplois. La désyndicalisation, qui se concrétise depuis une bonne vingtaine d'années, pousse les syndicats à se montrer plus accommodants, donc à ne pas présenter de demandes excessives et à collaborer au relèvement de l'économie. Enfin, la politique de désinflation du Système fédéral de réserve a rassuré sur l'avenir et témoigné d'une ferme volonté de contenir dans des limites raison-

---

1. La dette publique s'élève alors à 1 600 milliards, soit le double de ce qu'elle était en 1981.

nables l'essor de l'économie, donc d'éviter la surchauffe et l'inflation. Tout compte fait, la reaganomie a créé une ambiance, une atmosphère et permis à la reprise de donner tous ses effets.

Pourtant, il ne faut pas oublier que les Américains ont payé le prix. Deux observations, sur ce point, s'imposent.

1. Le dollar a considérablement augmenté. A la fin de 1980, il valait 4,50 francs. Un an plus tard, il atteignait 6 francs ; en octobre 1982, 7,30 francs : en août 1983, 8,25 francs. Il passe la barre des 10 francs en janvier 1985 et établit un record, le mois suivant, en s'échangeant à 10,60 francs. Puis, le voilà qui flotte entre 9,60 et 9,10 francs et redescend aux environs de 7 francs. Certes, le franc a subi entre-temps quatre dévaluations, mais le cours du dollar vis-à-vis du mark, du yen et du franc suisse a suivi une évolution comparable. Les experts y ont perdu leur latin. S'agit-il d'un rattrapage qui ferait suite à la sous-évaluation des années soixante-dix ? Des effets de la rigueur monétaire que Paul Volcker a imposée et de la hausse consécutive des taux d'intérêts ? Il est vrai qu'à l'extrême fin de 1983 un placement à trois mois en dollars rapporte 10 % l'an, en yen 6,5 %, en marks 6,25 %, en francs suisses 4 %. Économistes et financiers se déclaraient persuadés que le déficit budgétaire nuirait à la bonne tenue du dollar. Or, les besoins en argent du gouvernement fédéral et des entreprises privées ont maintenu des taux d'intérêts réels de l'ordre de 8 à 10 %. Les capitaux étrangers se sont précipités [1]. Le dollar a continué de grimper. Du coup, le gouvernement fédéral a longtemps refusé d'agir pour arrêter la hausse du dollar, par crainte d'une raréfaction des capitaux étrangers qui aurait entraîné la montée du taux d'inflation, donc une récurrence de la récession.

Toutefois, si les Américains ont commencé par s'enorgueillir du relèvement de leur monnaie, s'ils ont ressenti une bouffée de

1. A tel point que les Américains s'interrogent aujourd'hui sur les bienfaits et les méfaits des investissements étrangers aux États-Unis. Si les uns observent que les capitaux venus d'ailleurs ont permis la création de 2,5 millions d'emplois, d'autres redoutent la présence d'un « cheval de Troie » qui, à plus ou moins long terme, nuira à l'économie américaine. *Cf. International Herald Tribune*, « US Tallies the Costs of Foreign Investment », 2 janvier 1986.

fierté patriotique et accédé soudainement à la possibilité de voyager à l'étranger pour moins cher et d'y faire des achats, ils n'ont pas tardé à constater que la médaille à son revers. Les importations s'accroissent et les exportations industrielles et agricoles deviennent plus difficiles. Les échanges extérieurs débouchent sur un déficit croissant. C'est là que se trouve la contradiction. Pour combler le trou budgétaire, il faut attirer les capitaux étrangers, donc maintenir le dollar fort. Un dollar trop cher freine le commerce international des États-Unis et y déclenche une campagne d'opinion en faveur du protection-nisme. De plus, l'entrée en force des produits étrangers, en particulier japonais, sur le marché américain compromet le développement industriel des États-Unis et, à plus longue échéance, leur indépendance nationale. On comprend le désarroi des experts et les hésitations, voire les retournements des politiques.

2. Les États-Unis ne se sont toujours pas débarrassés du spectre de la pauvreté. La critique du Welfare State, on le sait, a précédé l'élection de Reagan. Mais le président n'a pas manqué d'insister sur les défauts du système. Trop cher, puisque les dépenses d'aide sociale correspondent en 1984 à 34 % du budget fédéral ; trop mal géré, puisqu'il laisse la porte ouverte aux tricheurs ; trop lourd, puisqu'il gêne le développement naturel de l'économie. John K. Galbraith résume avec ironie ces argu-ments : « Les riches ne travaillent pas parce qu'ils n'ont pas assez d'argent, et les pauvres ne travaillent pas parce qu'ils ont trop d'argent. » Et puis, le Welfare a créé une véritable industrie qu'anime une armée de bureaucrates : un employé sur vingt travaillait au département de la Santé et des Services humains (l'ancien HEW). Il n'a même pas atteint ses objectifs. Préser-ver la famille, éviter la délinquance juvénile, prévenir les effets de la maladie ? C'est souvent le contraire qui s'est produit. Et même avant que Reagan n'accède à la présidence, la pauvreté restait un problème majeur de la société américaine. Suivant le recensement de 1980, 13 % des Américains vivaient en dessous du seuil de pauvreté (fixé alors à 8 414 dollars par an pour une famille de quatre personnes). C'était le taux le plus élevé depuis 1969. La récession de 1982 a aggravé le drame. A La Nouvelle-

Orléans, par exemple, le nombre de demandes d'aide alimentaire a augmenté de 222 % de 1981 à 1982. A Cleveland, 17 000 personnes sont nourries gratuitement en juin 1982, 25 000 en décembre. Des enquêtes et des reportages traitent du problème de la faim. Malgré les critiques qu'il a lancées, le gouvernement fédéral du président Reagan n'a pas démantelé tous les programmes sociaux, loin de là, car une majorité d'Américains, donc une majorité des membres du Congrès, croient dans leur nécessité. Entre les excès du Welfare, qui inquiètent et irritent, et les dangers du libéralisme sauvage, où est la voie moyenne ? En dépit des 600 000 PME qui se fondent chaque année, des 6 millions d'emplois qui ont été créés depuis 1982, les poches de pauvreté n'ont pas disparu, en particulier dans le Nord-Est et le Middle West, dans ce que les Américains appellent la « ceinture de la rouille » (Rust Belt).

Pourtant, une fois de plus, il ne faut pas s'en tenir à l'analyse microscopique de la conjoncture. Les États-Unis ont franchi, en plusieurs années, une période de mutations économiques et technologiques. Voici l'exemple de l'industrie. Vivement concurrencée par les Japonais et les Allemands, elle se redresse à la fin des années soixante-dix et ce relèvement ne doit rien à la reaganomie. Mais ce n'est pas l'industrie d'hier qui progresse. C'est la *high tech,* le technologie de pointe, celle qui fera demain les différence entre les zones de production. En 1975, les États-Unis vendent à l'étranger pour 27,8 milliards de dollars et lui achètent pour 11,4 milliards de ces produits de haute technologie. Solde positif : 16,4 milliards. Cinq ans plus tard, les exportations sont passées à 63,3 milliards et les importations à 32,8 milliards ; le solde positif a presque doublé. La concurrence japonaise n'en demeure pas moins fort préoccupante. La guerre des technologies se poursuit. Au célèbre complexe militaro-industriel succède le complexe universitaro-industriel qui collabore avec les militaires et leurs fournisseurs. Dans la Silicon Valley et le long de la route 128, un capital-risque stimule le dynamisme technologique. Le recours aux « intrapreneurs », ces cadres des grandes entreprises qui sont intéressés aux résultats financiers, signale l'entrée dans une nouvelle ère industrielle. Malgré le discours anti-étatiste des reaganiens, Washington continue à subventionner, à aider de diverses manières les industries de pointe. Le gouvernement fédéral fournit 50 % des crédits qui servent à la recherche-développement et plus de 75 % de ceux qui alimentent la recherche fondamentale. Enfin, 70 % des dépenses de la recherche-développement pour 1984, soit 32 milliards, sont utilisés pour la défense et il faut y ajouter 88 milliards qui sont consacrés à l'achat d'armements très sophistiqués. Sous la conduite du gouvernement fédéral, les États-Unis se métamorphosent profondément, au point que déjà ils ont fait une sorte de révolution technologique qui leur permettra de conserver la première place dans le développement industriel.

Enfin, il reste le dynamisme, l'esprit créatif, la volonté d'entreprendre d'une population qui croît lentement et bénéficie d'un nouvel apport extérieur. En ce sens, on peut parler d'une vague de fond qui conforte la mutation économique. Le recensement de 1980 a décompté 227 millions d'Américains, parmi lesquels 194 800 000 sont des Blancs, 26 600 000 sont des Noirs, soit 11,8 %, 1 400 000 des Indiens, 14 600 000 des Hispaniques. Par rapport au recensement précédent, la progression est faible : en 1970, les États-Unis rassemblaient 204 400 000 habitants. Le taux de natalité a nettement diminué de 18,4 à 15,8 ‰. Mais il était tombé à 14,8 ‰ en 1975 avec, comme dans le passé, un taux de moitié plus élevé chez les Noirs que chez les Blancs. S'il a légèrement remonté, c'est que la génération du *baby boom* est parvenue à l'âge de la maternité et de la paternité. La confirmation du phénomène, c'est que le taux de fécondité ne cesse pas de s'effriter, puisqu'en dix ans il a glissé de 96,6 à 65,8 ‰. Le taux de mortalité continue de s'affaiblir : 9,45 ‰ en 1970, 8,7 ‰ en 1980. Ce qui donne une espérance de vie d'environ 70 ans pour les hommes, de 77,5 pour les femmes. La répartition entre les sexes n'a guère changé : 48,4 % des Américains sont des hommes, 51,6 % des femmes. En revanche, le vieillissement s'accentue. L'âge moyen était de 28 ans en 1970 ; il est de 30,3 ans en 1980. Plus de 25 millions des Américains recensés ont au moins 65 ans, 5,2 millions ont franchi le cap des 80 ans. Avec tous les problèmes que cette évolution ne manque pas de poser : disproportion croissante entre les sexes, diminution des revenus lorsque la vie en couple cède la place à la vie solitaire, augmentation des dépenses de santé (le Medicare coûtait à la nation 7,5 milliards en 1970 ; il coûte 36,8 milliards en 1980 et coûtera 150 milliards en 1990). Les personnes âgées ont d'ailleurs su s'organiser. Elles ont formé un lobby qui fait entendre sa voix au Congrès, à la Maison-Blanche et dans toutes les consultations électorales. Elles ont obtenu une loi qui en 1978 autorise les entreprises et le service public à retarder le départ en retraite jusqu'à 70 ans.

La famille américaine d'aujourd'hui ressemble peu à celle des années cinquante. Les foyers d'au moins six personnes représentent à peine 5 % des foyers américains, tandis que les foyers d'une seule personne équivalent à 20 %. La famille monoparentale est en plein essor et 1 enfant sur 8 pour l'ensemble, 1 enfant sur 2 dans la population noire, est élevé par un seul parent. Les statisticiens ont ouvert une nouvelle rubrique, celle des « personnes de sexe opposé qui partagent le même appartement », car l'âge moyen au mariage s'est élevé à 22,3 ans pour les femmes, à 24,8 ans pour les hommes.

Dans le même temps, les mouvements de population à l'intérieur des États-Unis se poursuivent. Un Américain sur six déménage tous les ans. De 1970 à 1980, la population du Nord-Est stagne ; celle du Centre-Nord, c'est-à-dire de la région des Grands Lacs, progresse très lentement ; le Sud et l'Ouest connaissent un remarquable essor de l'ordre de 20 à 25 %. L'État de New York a perdu 700 000 habitants en dix ans ; la Californie a gagné près de 4 millions ; la Floride a crû de 43,4 %, le Texas de 27 %, le Colorado de 30,7 %. Tandis que les agglomérations de New York, de Philadelphie ou de Boston perdent des habitants, celles de Los Angeles, de San Francisco ou de Houston poursuivent leur progression. L'accroissement démographique touche, pourtant, plus les petites villes, voire les villages, que les métropoles. Il ne s'agit nullement d'un classique retour à la terre ou du déplacement vers les banlieues. Ceux qui déménagent à la campagne ou dans les bourgades ne travaillent pas dans les champs. Ils parcourent, deux fois par jour, le trajet entre leur domicile et la grande ville où se situe leur lieu de travail. Si l'on définit l'habitant moyen en considérant que la moitié des Américains vit dans des localités plus petites et l'autre moitié dans des localités plus grandes, il vivait dans les années vingt dans une ville de 5 000 habitants, en 1970 dans une ville de 12 000 habitants, en 1980 dans une ville de 9 000 habitants.

L'immigration tient une place importante. En une décennie, 4 300 000 nouveaux venus ont pénétré sur le territoire américain pour s'y établir. Encore convient-il de se souvenir que ce chiffre est faux, compte tenu de l'immigration clandestine qu'on estime de 3,5 à 6 millions et qui continue à déverser au moins 500 000 hommes et femmes chaque année. Si ce rythme des entrées se maintient, 35 millions d'étrangers seront installés aux États-Unis au début du XXIe siècle et le pays aura complètement retrouvé les caractères qui furent les siens avant la Première Guerre mondiale. Mais attention ! la vague nouvelle est composée pour l'essentiel d'Asiatiques et de Latino-Américains. De 1970 à 1980, la population blanche a augmenté de 5,8 %, la population noire de 17,3 %, la population hispanique de 61 %, la population indienne et esquimaude de 71,8 %, la population asiatique de 127,6 %. Coréens du Sud, Chinois de Taïwan et des autres pays d'Asie, Philippins, Indiens de l'Inde immigrent surtout pour des raisons économiques. Les Indochinois sont arrivés par vagues : ce furent d'abord, à la fin de la guerre du Viêt-nam, des officiers de l'armée sud-vietnamienne, des médecins, des fonctionnaires, des avocats ; puis, les *boat people* qui éprouvent plus de difficultés à s'intégrer faute de formation professionnelle et de capitaux disponibles. Les Latino-Américains sont des Haïtiens, des Cubains, des Dominicains, des Colombiens, des Antillais, des Mexicains, etc. Ils s'installent au Nouveau-Mexique, en Arizona, au Texas, en Californie, en Floride, en Louisiane. Leur arrivée renforce le groupe des Hispaniques qui fut longtemps dominé par les Portoricains.

Cette immigration massive, incontrôlable, est-elle pour les État-Unis une force ou un handicap ? En temps de crise, elle offre aux patrons un réservoir de main-d'œuvre sans couverture sociale ni protection syndicale qui accepte de travailler pour de misérables salaires. Lorsque l'activité économique reprend, l'immigration est une force de travail indispensable qui stimule la consommation. Quoi qu'il en soit, la tradition américaine est fondée sur l'accueil, et non le rejet. Elle débouche sur l'enrichissement culturel dans le cadre pluri-ethnique. Et ces immigrants qui ne cessent pas de franchir, clandestinement ou non, les frontières américaines témoignent à leur manière en faveur de l'avenir du pays.

Bref, les États-Unis ne sont pas privés d'atouts et demeureront, à n'en pas douter, une superpuissance économique, sinon la seule qui mérite de porter ce titre. Que la reaganomie ait ou non assuré la reprise de 1983-1984, qu'elle ait simplement redonné confiance et assuré les conditions indispensables, peu importe. Ce qui compte sur le long terme, c'est le passage à une économie post-industrielle, l'économie de demain.

Le moral et la morale

Dans le domaine de la politique étrangère, Reagan est souvent dépeint comme une âme simple. Il ignorerait tout du monde et de ses complexités. Il se livrerait en permanence à des à-peu-près que lui inspirerait un anticommunisme primaire. Il y a dans la critique du vrai et de l'exagération. Aux yeux d'une large majorité de ses compatriotes, Reagan revigore le moral et la morale. En ce sens, les principes qui le guident dans ses relations avec l'étranger sont indissociables des bonnes vieilles vertus américaines qui devraient fonder la renaissance des États-Unis. Un exemple : lutter contre l'expansion soviétique et combattre l'avortement sont deux facettes du même américanisme à la Reagan. En outre, il ne faut pas se laisser prendre au piège des paroles. Elles peuvent être radicales, tranchées, inspirées par l'esprit de croisade. Mais les actes sont, eux, fondés sur le pragmatisme, cette attitude éminemment politique qui a fait le succès du gouverneur Reagan.

Qu'on en juge ! L'Union soviétique, c'est l'« Empire du mal », avec lequel aucun compromis n'est possible. Les Soviétiques poursuivent inlassablement leur rêve de domination, en usant de la force, en agissant par l'intermédiaire des Cubains, en tâchant d'imposer partout où ils le peuvent le marxisme et le totalitarisme. En face, les États-Unis continuent de remplir leur mission : résister à l'agression, défendre la liberté, regrouper autour d'eux ou derrière eux les îlots de démocratie qui subsistent. C'est ce qui lui fait dire que la guerre du Viêt-nam fut une « noble cause » et que désormais les États-Unis ne doivent plus connaître d'autres Viêt-nam, d'autres Taïwan ; entendons : des situations dramatiques, dans lesquelles les Américains abandonneraient ou seraient sur le point d'abandonner de vieux alliés. Sur le Viêt-nam, d'ailleurs, Reagan est catégorique : il ne fallait pas y aller, conformément au principe de MacArthur qui ne voulait pas d'une guerre terrestre limitée en Asie ; mais si la décision était prise d'envoyer des troupes, rien ne devait être épargné pour que la victoire fût remportée. « Notre pays ne doit plus demander à ses jeunes hommes de se battre et de mourir dans une guerre que nous craignons de les laisser gagner. »

L'Union soviétique d'aujourd'hui, c'est l'Allemagne nazie d'hier. La menace est tout aussi grave : « Nous venons d'entrer, déclare-t-il en 1980, dans l'une des plus dangereuses décennies de la civilisation occidentale. » La guerre pourrait éclater, si l'un des deux Grands, en l'occurrence les États-Unis, se résignait à une position de faiblesse et attirait ainsi les coups de l'autre. Munich s'est reproduit à Kaboul et Carter ressemble, le parapluie en moins, à Neville Chamberlain. « La Seconde Guerre mondiale, dit-il, survint sans provocation. Elle survint parce que les nations étaient faibles, et point fortes, face à l'agression. Les leçons du passé s'appliquent très certainement au présent. La fermeté, adossée à une défense solide, n'a rien de provocant. C'est la faiblesse qui provoque, parce qu'elle tente une nation dont les ambitions impérialistes sont illimitées. Nous sommes aujourd'hui de plus en plus dans une position de dangereux isolement. Nos alliés perdent confiance en nous ; nos adversaires ne nous respectent plus. » Une solution s'impose : réarmer, ne pas craindre de s'engager avec les Soviétiques dans une course aux armements qu'ils ont eux-mêmes déjà entamée, les rattraper puis les dépasser. En redevenant une superpuissance militaire qui acquerra la supériorité sur l'URSS, les États-Unis cesseront d'être humiliés par l'autre Grand et les moins grands. La technologie autant que les valeurs morales sont les gages du succès américain. La fierté nationale, le patriotisme, le désir de relever un défi capital exalteront une majorité d'Américains. Ce n'est point un hasard si *Rambo* remporte un grand succès aux États-Unis et exprime naïvement l'esprit de revanche des Américains.

Rien d'étonnant, dans ces conditions, si le candidat ou le président Reagan prononce ses discours du haut de tribunes que décorent les couleurs nationales. Avec moins de subtilité politique, beaucoup moins de culture historique, moins de ruse également, il y a du de Gaulle en lui. Mais si une comparaison s'impose, ce n'est pas la France des années soixante qu'il faut évoquer ; ce sont les États-Unis des années cinquante, au temps où leur supériorité militaire et économique n'était pas contestée, où les Américains n'éprouvaient pas d'états d'âme. Au lendemain du Viêt-nam, de l'invasion de l'Afghanistan et des événements de Téhéran, les fortes paroles de Reagan mettent du baume au cœur.

Président des États-Unis, Reagan affronte des réalités autrement complexes. Tous les législateurs ne sont pas favorables à une augmentation des dépenses militaires, en particulier les démocrates même si Carter avait engagé le processus du réarmement. Dans le monde, l'Amérique n'est plus omnipotente. Le tiers monde est un théâtre d'opérations, non point seulement pour les tensions qui opposent les deux Supergrands, mais pour les rapports houleux entre le Nord et le Sud, pour des conflits régionaux qui échappent à la logique des Supergrands, pour des courants idéologiques et religieux qui ne relèvent ni du marxisme-léninisme ni du capitalisme libéral. L'Amérique de Reagan voudrait façonner le monde suivant ses principes et ses intérêts. Elle découvre que ses intentions, fussent-elles les plus louables, se heurtent aux intérêts nationaux et à des forces obscures. Elle souhaiterait que tous les problèmes puissent être ramenés au conflit Est-Ouest et s'aperçoit que rien n'est aussi simple.

Cinq exemples en témoignent. Contre l'Union soviétique, la plate-forme du parti républicain recommande des mesures énergiques. Reagan redonne toute sa vigueur à la politique de l'endiguement, avec une variante. Transformer le régime soviétique relève de l'illusion, mais plutôt que de réagir au coup par coup en invoquant une détente qui n'en finit pas de subir des entorses, les États-Unis engagent une « campagne pour la liberté ». George Shultz, qui succède au département d'État à Alexander Haig en 1982, promet que son pays « résistera à toutes attaques contre ses intérêts vitaux, [...] offrira son appui à ceux qui proposent un modèle positif à l'opposé du modèle soviétique et ne donnera aucune occasion à Moscou pour déformer nos intentions ou leur porter atteinte ». Sans entrer dans le détail, on ne peut que constater la volonté des États-Unis d'accroître leur arsenal nucléaire et conventionnel. Le déploiement des Pershing en Europe occidentale en est un exemple, même si la décision a été prise avant l'élection de Reagan. Le résultat est clair : le budget du département de la Défense bat des records [1], encore que des enquêtes récentes fassent état d'une gabegie certaine ; les négociations sur le désarmement piétinent et il faut attendre novembre 1985 pour qu'une rencontre au sommet entre Reagan et Gorbatchev renoue avec une vieille tradition. Le tout sur fond de pacifisme qui se développe en république fédérale d'Allemagne, en Angleterre, aux Pays-Bas et aux États-Unis.

Il est difficile de dresser un bilan précis des capacités nucléaires des deux Supergrands. Mais de la construction du missile MX à la définition de « la guerre des étoiles » (l'initiative de défense stratégique), d'un budget à l'autre, de discours en discours, Reagan s'est fait l'image d'un guerrier de la guerre froide, le doigt sur la gâchette. En 1984, changement de ton. Il propose aux Soviétiques des négociations, ce qui satisfait à la fois son opinion publique et ses alliés. Dans le débat télévisé qui l'oppose à Mondale le 21 octobre 1984, Reagan dit simplement : « Dans les rapports avec l'Union soviétique, il faut être réaliste. » L'intérêt des uns et des autres, c'est d'éviter un conflit, de « sauver le monde et d'écarter les armes nucléaires ». En somme, maintenant que le retard est rattrapé, on peut discuter. Sur la Pologne et sur l'Afghanistan, la prudence s'impose.

1. Le budget de la Défense (autorisations de programmes, calculées en milliards de dollars 1983) s'élevait à 161,5 en 1975, à 178,3 en 1980. Il passe à 200,3 en 1981, 223,8 en 1982, à 239,4 en 1983, à 263,6 en 1984, à 292,2 en 1985 et devrait, pour les trois années suivantes, progresser de 4 à 5 % l'an. *Cf. Ramsès*, publié par l'Institut français de relations internationales, 1985-1986, p. 22.

Le deuxième exemple concerne la république populaire de Chine. Reagan hérite d'une situation embrouillée. Les États-Unis ont enfin renoué des liens diplomatiques avec Pékin. Mais en 1980 le Congrès adopte un système de relations informelles avec Taïwan et propose de vendre des armes aux Chinois nationalistes. Reagan complique encore le problème. Depuis longtemps, il est proche du lobby chinois qui, aux États-Unis, défend les intérêts nationalistes. Une fois élu, il clame son désir de renforcer Taïwan, donc de déplaire à Pékin. Dans le même temps, l'antisoviétisme de Washington fait peur aux dirigeants de Pékin, non pas qu'ils aient soudainement des sympathies pour Moscou, mais parce qu'ils ne veulent pas être entraînés dans un conflit entre les deux Supergrands. Puis, surviennent deux évolutions qui conduisent à un rapprochement. D'un côté, les Américains montrent plus de discrétion à l'égard de Taïwan. En 1982, George Bush se rend en Chine pour rassurer ses interlocuteurs. D'un autre côté, Deng Xiao-ping pousse son pays vers la modernisation. En 1983, les relations sino-américaines sont placées sous le signe des transferts technologiques et des négociations industrielles. Le président Reagan est reçu en Chine en mai 1984. Une fois de plus, Reagan ne s'écarte pas du consensus qui, dans son pays, touche à la politique étrangère.

Troisième exemple : le Moyen-Orient. Là, les problèmes ne manquent pas. Les déceptions non plus, pour les puissances qui ont voulu y tenir un rôle. La situation au Liban s'aggrave ; en octobre 1981, Anouar el-Sadate est assassiné ; la guerre irako-iranienne, l'affaiblissement militaire et politique de l'OLP depuis 1982, la place croissante de la Syrie dans cette région du monde, tout contribue à rendre impossible une solution miracle que les négociateurs américains sortiraient de leur chapeau. Et pourtant, ils s'y sont essayés. S'agissant du problème palestinien, Reagan a suivi trois politiques au cours de son premier mandat. Il a défendu l'idée d'un consensus stratégique entre les alliés de Washington. L'Arabie Saoudite, la Jordanie, l'Égypte et Israël ne pourraient-ils pas s'entendre, ne fût-ce que pour écarter le péril soviétique ? Ni Ryadh ni Amman n'ont les moyens ou l'envie de prendre un tel risque qui, à cause de l'agitation intégriste, pourrait les conduire à des périls insurmontables. Les

États-Unis ont alors soutenu le plan Fahd, qu'Israël rejetait. Ils ont proposé en septembre 1982 le plan Reagan qui n'a pas davantage débloqué la situation. Ils ont cru que l'invasion israélienne du Liban ouvrirait des perspectives de négociations. Erreur. Dans la campagne électorale de 1984, Reagan et Mondale se sont disputé les faveurs des partisans américains d'Israël, tout en sachant l'un et l'autre que pour le moment les États-Unis ne peuvent rien faire, sinon aider au relèvement économique et soutenir l'effort militaire de l'État d'Israël, tout en encourageant une diplomatie jordanienne particulièrement timorée.

Passons sur l'Iran. Le « Grand Satan », c'est-à-dire les États-Unis vus par les yeux de Khomeyni et de ses fidèles, a perdu tout moyen de pression sur la République islamique. Il demeure, depuis cinq ans, l'objet des pires attaques verbales, des attentats et des détournements d'avions que mène l'internationale chiite. Les États-Unis protestent contre ce terrorisme tous azimuts, tentent d'organiser la riposte et constatent, non sans amertume, que leurs moyens les plus sophistiqués ne servent guère contre les terroristes. Sur ce point, Reagan parle plus fort que Carter ; il ne fait pas mieux. Reste le Liban. La politique des États-Unis, comme celle des autres puissances occidentales, n'est dépourvue ni de contradictions ni d'ambiguïtés. Une force américaine débarque à Beyrouth en septembre 1982, se retire peu après, revient après l'assassinat de Bechir Gemayel, se maintient sans que ses tâches soient précisément définies, subit des attaques et des bombardements en tout genre qui font près de 250 morts parmi les *marines* et s'en va en février 1984. Entre-temps, la diplomatie américaine réussit à faire signer par le gouvernement libanais et le gouvernement israélien l'accord du 17 mai 1983, qui fixe le calendrier de l'évacuation des troupes israéliennes. Accord rejeté par la Syrie, puis par le Liban lui-même. Les États-Unis semblent alors accepter que la Syrie tienne au Liban une place prépondérante. Réalisme oblige. Pris entre les déchirements qui ensanglantent le Liban et les intérêts divergents des puissances régionales, le regard fixé sur Moscou, Jérusalem, Damas, Le Caire et Ryadh, les États-Unis ne savent plus quoi proposer. Reconnaissons qu'ils ne sont pas les seuls. Mais alors, où est le style Reagan qui devait trancher sur le style Carter ?

L'Afrique australe offre un quatrième exemple. A ce sujet, deux conceptions s'affrontent à Washington. Les régionalistes voient dans le nationalisme la force essentielle de la vie politique africaine, ne se soucient pas outremesure de savoir si un régime est démocratique ou non, mais s'il est solide, compétent et prêt à entretenir des relations pacifiques avec ses voisins. Peu importe pour les régionalistes si tel ou tel régime est proche de Moscou. Il faut éviter de transporter la guerre froide sur le continent africain. Les globalistes pensent autrement. Ils privilégient les relations Est-Ouest aux dépens du dialogue Nord-Sud, se méfient du prosoviétisme et soutiennent ceux qui donnent la priorité à la lutte contre l'influence des Soviétiques et des Cubains. Carter se rattache à la première école ; Reagan, plutôt à la seconde. Pour lui, l'Afrique du Sud constitue un môle de résistance à la pénétration soviétique en Afrique, un réservoir de ressources minières, un avant-poste du monde libre sur la route de l'océan Indien et de l'Antarctique. Mais il souhaite, bien entendu, que les Blancs d'Afrique du Sud accordent des droits à la population noire, parce que l'apartheid lui est « insupportable » et crée une situation dangereuse. C'est pour cela qu'il a suivi la « politique d'engagement constructif », qui consiste à exercer des pressions sur Pretoria sans imposer des sanctions. Toutefois, Reagan s'est heurté depuis 1984 à une opinion américaine de plus en plus sensibilisée à la lutte pour les droits des Noirs sud-africains qu'elle compare, consciemment ou non, au mouvement pour les droits civiques dans les États du sud des États-Unis. Beaucoup d'Américains réclament à présent que les sociétés américaines installées en Afrique du Sud liquident leurs avoirs (c'est le « désinvestissement »), que Washington recoure à des sanctions économiques, qu'à la limite les relations diplomatiques avec Pretoria soient rompues. Reagan a fait un pas dans cette direction, si bien qu'aujourd'hui les États-Unis ne sont plus les alliés inconditionnels de l'Afrique du Sud.

Dernier exemple : l'Amérique centrale. Les républicains, à leur tête Ronald Reagan, ont vivement critiqué la politique de Carter. Trop de faiblesses, ont-ils dit, à l'égard des Cubains et des sandinistes, les uns et les autres, des clients de l'Union soviétique. Trop de sévérité envers les amis des États-Unis, auxquels

Carter réclamait un impeccable bilan dans le domaine des droits de l'homme. Trop de laxisme au sujet du canal de Panama, que Carter a bradé. Mais, une fois de plus, le président Reagan met de l'eau dans son vin. Certes, l'Amérique centrale pose aux États-Unis les problèmes les plus brûlants. Tradition qui remonte au président Monroe et se revigore dans la crainte d'être pris à revers, sur les frontières méridionales, par l'Union soviétique et ses clients. Pour Reagan, le danger que fait courir la subversion ne saurait être sous-estimé. C'est là que les États-Unis doivent démontrer leur détermination, que doit porter l'essentiel de l'effort d'endiguement. Mais il n'est pas question de s'engager dans un autre Viêt-nam. Soutenir un gouvernement démocratique au Salvador, souhaiter l'application des droits de l'homme, aider les *contras* du Nicaragua, oui ; dépêcher un corps expéditionnaire, non. Quels que soient ses sentiments personnels, le président des États-Unis sait que son opinion publique applaudit à l'intervention des *marines* à la Grenade (octobre 1983), au départ pour l'exil de Jean-Claude Duvalier (et peu après de Ferdinand Marcos), mais qu'elle s'opposerait avec vigueur à toute politique aventureuse qui rappellerait de mauvais souvenirs.

Ces exemples soulignent dans quelle ambiguïté les Américains d'aujourd'hui ont construit leur vision du monde. D'un côté, l'exceptionnalisme des États-Unis n'a pas disparu. Il se fonde sur la domination de l'anglais, la langue maternelle de 345 millions d'hommes et de femmes, la langue usuelle de 400 autres millions. Sur la culture américaine, qu'il s'agisse de ses formes les plus populaires ou de ses formes les plus raffinées. Sur l'espace de liberté, propice à la création et aux innovations, qui modèle une société et fascine les étrangers. Sur le sentiment, profondément enraciné, que les vieilles valeurs, les convictions religieuses, le respect de la morale consolident la position mondiale de la superpuissance. D'un autre côté, les Américains sont maintenant conscients que leur pays n'est pas omniscient ni omnipotent, qu'il a vieilli et n'a plus l'innocence, voire l'inconscience de la jeunesse. Les États-Unis savent désormais que le monde ne s'adaptera pas nécessairement à leurs rêves, qu'il faut accepter les nations, les hommes et les choses tels qu'ils sont, que l'*American way of life* n'est pas le vestibule du paradis terrestre. La résignation fait des progrès, comme s'il était évident que l'économie américaine ne dominera plus la planète, que les forces militaires n'imposeront pas d'un coup de baguette magique les volontés de Washington, comme s'il fallait inévitablement composer avec l'autre Supergrand, les puissances moyennes et d'obscurs groupuscules terroristes. Les États-Unis ont pris la mesure de leur puissance. En ce sens, on peut parler d'une européanisation de l'Amérique.

Si Ronald Reagan a été élu et réélu triomphalement, ce n'est pas pour la seule raison que ses adversaires étaient de mauvais candidats. Ce n'est pas davantage parce que son programme annonce une « révolution conservatrice » qui bouleversera la vie économique, sociale et politique. Le reaganisme n'est pas une doctrine, moins encore un mouvement d'idées, mais une attitude, une volonté de renouveau, un discours patriotique, volontiers nationaliste. En un mot, le reaganisme, c'est le talent de Reagan à faire passer des idées, vieilles et neuves, que les Américains d'aujourd'hui attendaient et dont ils se lasseront peut-être demain. Le grand mérite de Reagan, c'est d'avoir su redonner confiance à ses compatriotes en parlant fort, tout en agissant avec modération. La magie du verbe, dans laquelle le président est un maître incontesté, fait un temps oublier la dure réalité. Reste que, chassée par la porte, elle revient par la fenêtre.

Annexes

La Déclaration unanime
des treize États-Unis d'Amérique

Lorsque, dans le cours des événements humains, un peuple se voit dans la nécessité de rompre les liens politiques qui l'unissent à un autre, et de prendre parmi les puissances de la terre le rang égal et distinct auquel les lois de la nature et du Dieu de la nature lui donnent droit, un juste respect de l'opinion des hommes exige qu'il déclare les causes qui l'ont poussé à cette séparation.

Nous tenons ces vérités pour évidentes par elles-mêmes – que tous les hommes naissent égaux, que leur Créateur les a dotés de certains droits inaliénables, parmi lesquels la vie, la liberté et la recherche du bonheur ; que pour garantir ces droits, les hommes instituent des gouvernements dont le juste pouvoir émane du consentement des gouvernés ; que si un gouvernement, quelle qu'en soit la forme, vient à méconnaître ces fins, le peuple a le droit de le modifier ou de l'abolir et d'instituer un nouveau gouvernement qu'il fondera sur tels principes, et dont il organisera les pouvoirs selon telles formes, qui lui paraîtront les plus propres à assurer sa sécurité et son bonheur. La prudence recommande sans doute de ne pas renverser, pour des causes légères et passagères, des gouvernements établis depuis longtemps ; aussi a-t-on toujours vu les hommes plus disposés à souffrir des maux supportables qu'à se faire justice en abolissant les formes auxquelles ils étaient accoutumés. Mais lorsqu'une longue suite d'abus et d'usurpations, invariablement tendus vers le même but, marque le dessein de les soumettre à un despotisme absolu, il est de leur droit, il est de leur devoir de renverser le gouvernement qui s'en rend coupable, et de rechercher de nouvelles sauvegardes pour leur sécurité future. Telle fut la longue patience de ces colonies, et telle est aujourd'hui la nécessité qui les contraint à changer leur ancien système de gouvernement. L'histoire de celui qui règne aujourd'hui sur la Grande-Bretagne est une histoire d'injustices et d'usurpations répétées ayant toutes pour direct objet l'établissement d'une tyrannie absolue sur nos États. Pour en faire la preuve, il suffit de soumettre les faits au jugement d'un monde impartial.

Il a refusé son assentiment aux lois les plus salutaires et les plus nécessaires au bien public.

Il a interdit à ses gouverneurs d'édicter des lois d'un intérêt immédiat et urgent, sauf à différer leur application jusqu'à ce qu'on obtienne son assentiment ; les ayant ainsi différées, il a entièrement négligé de s'y intéresser.

Il a refusé d'édicter d'autres lois utiles à certaines circonscriptions importantes, à moins que la population ne renonce à son droit de représentation dans le corps législatif, droit inestimable et que seuls les tyrans redoutent.

Il a convoqué des assemblées en des lieux peu usuels, inconfortables et loin de l'endroit où leurs documents étaient en dépôt, dans le seul but de les contraindre à se plier, de guerre lasse, à ses mesures.

Il a dissous, en plusieurs occasions, des chambres qui s'étaient prononcées avec fermeté contre ses atteintes aux droits du peuple.

Il a refusé pendant longtemps, après de semblables dissolutions, de faire élire d'autres corps législatifs ; de sorte que l'exercice des pouvoirs législatifs, par nature indestructible, est retourné au peuple ; dans le même temps l'État demeurait exposé à tous les dangers d'envahissement de l'extérieur et de perturbation à l'intérieur.

Il a résolument empêché l'accroissement de la population de nos États ; faisant obstacle, dans ce but, aux lois sur la naturalisation des étrangers ; refusant d'en adopter d'autres qui auraient encouragé l'immigration ; multipliant les obstacles à l'appropriation des terres nouvelles.

Il a entravé l'administration de la Justice en refusant sa sanction à des lois visant à établir des pouvoirs judiciaires.

Il a soumis les juges à sa seule volonté pour ce qui concerne la durée de leurs charges, le montant et le mode de paiement de leurs traitements.

Il a créé une multitude d'emplois nouveaux et envoyé sur notre sol des hordes d'officiers qui harcèlent notre peuple et dévorent ses biens.

Il a maintenu chez nous, en temps de paix, des armées permanentes, sans le consentement de nos législatures.

Il a prétendu rendre le pouvoir militaire indépendant et supérieur au pouvoir civil.

Il s'est joint à d'autres pour nous soumettre à une juridiction étrangère à notre constitution et non reconnue par nos lois, donnant son assentiment à leurs prétendus actes de législation qui :

– autorisent le cantonnement sur notre sol de troupes en nombre important ;

– leur épargnent, par des simulacres de procès, toute punition pour les meurtres qu'elles pourraient commettre parmi les habitants de nos États ;

– étouffent notre commerce avec toutes les parties du monde ;

– nous imposent des taxes sans notre consentement ;

– nous privent, dans beaucoup de cas, des garanties du jugement par jury ;

– permettent de nous faire transférer outre-mer, et de nous y faire juger pour de prétendus délits ;

– abolissent le libre système des lois anglaises dans une province voisine, établissant un gouvernement arbitraire, repoussant les frontières de ladite province de façon à en faire un exemple aussi bien qu'un instrument destiné à introduire dans nos colonies le même régime despotique ;

– suppriment nos chartes, abolissent nos lois les plus précieuses et modifient dans leurs principes fondamentaux la forme de nos gouvernements ;

– suspendent nos propres législatures et leur permettent de se déclarer investis du pouvoir de légiférer à notre place dans quelque cas que ce soit.

Il a abdiqué le droit qu'il avait de nous gouverner, en nous déclarant hors de sa protection et en faisant la guerre contre nous.

Il a pillé nos mers, dévasté nos côtes, brûlé nos villes et anéanti la vie de notre peuple.

Il amène présentement des armées importantes de mercenaires étrangers pour achever son œuvre de mort, de désolation et de tyrannie, qui a débuté dans des circonstances de cruauté et de perfidie à peine égalées aux âges barbares, et totalement indignes du chef d'un État civilisé.

Il a contraint nos compatriotes capturés en pleine mer à porter les armes contre leur pays, à devenir les bourreaux de leurs amis et de leurs frères, ou à tomber eux-mêmes sous leurs coups.

Il a provoqué des révoltes intestines et tâché de soulever contre les habitants de nos frontières les sauvages et impitoyables Indiens dont la règle de guerre bien connue est de détruire sans distinction les êtres de tous âges, sexes et conditions.

A chaque étape de l'oppression, nous avons réclamé justice dans les termes les plus humbles ; à nos pétitions répétées, il ne fut répondu que par des injustices répétées. Un prince dont le caractère s'affirme ainsi, en des actes qui, tous, définissent un tyran, ne peut prétendre gouverner un peuple libre.

Nous n'avons pas davantage réussi à capter l'attention de nos frères britanniques. Nous leur avons représenté périodiquement que leur législature tentait d'étendre illégalement sa juridiction jusqu'à nous. Nous leur avons rappelé les circonstances dans lesquelles nous avons émigré et fondé ici des colonies. Nous avons fait appel au sens inné de la justice et à la grandeur d'âme qui sont censés les habiter, et nous les avons conjurés au nom des liens de parenté qui nous unissent de désavouer ces usurpations qui conduiraient inévitablement à la rupture de nos liens et de nos rapports. Eux aussi sont restés sourds à la voix de la justice et de la consanguinité. Nous devons donc nous incliner devant la nécessité, et proclamer la séparation. Nous devons, comme nous le faisons pour le reste de l'humanité, les considérer, dans la guerre comme des ennemis, dans la paix comme des amis.

En conséquence, Nous, représentants des États-Unis d'Amérique, réunis en Congrès plénier, prenant le Juge suprême du monde à témoin de la droiture de nos intentions, au nom et par délégation du bon peuple de ces colonies, affirmons, et déclarons solennellement.

Que ces colonies unies sont et doivent être en droit des États libres et indépendants ; qu'elles sont relevées de toute fidélité à l'égard de la Couronne britannique, et que tout lien entre elles et l'État de Grande-Bretagne est et doit être entièrement dissous ; et qu'elles ont, en tant qu'États libres et indépendants, plein pouvoir de faire la guerre, de conclure la paix, de contracter des alliances, d'établir des relations commerciales, d'agir et de faire toutes autres choses que les États indépendants sont fondés à faire. Et pour le soutien de cette Déclaration, mettant notre pleine confiance dans la protection de la divine providence, nous donnons en gage les uns et les autres nos vies, nos fortunes et notre honneur sacré.

La Constitution

Nous, le peuple des États-Unis, en vue de former une union plus parfaite, d'établir la justice, d'assurer la tranquillité domestique, de pourvoir à la défense commune, de développer la prospérité générale et d'assurer à nous-mêmes et à notre postérité les bienfaits de la liberté, ordonnons et établissons la présente Constitution pour les États-Unis d'Amérique.

ARTICLE PREMIER

SECTION 1. Tous les pouvoirs législatifs accordés par la présente Constitution seront attribués à un Congrès des États-Unis, qui sera composé d'un Sénat et d'une Chambre des représentants.

SECTION 2. La Chambre des représentants sera composée de membres choisis tous les deux ans par le peuple des divers États, et les électeurs dans chaque État satisferont aux conditions d'aptitude requises pour les électeurs de la branche la plus nombreuse de la législature de l'État.

Nul ne sera représentant s'il n'a atteint l'âge de vingt-cinq ans, s'il n'est depuis sept ans citoyen des États-Unis, ni s'il n'habite, au moment de son élection, l'État où il est élu.

Les représentants et les taxes directes seront répartis entre les divers États qui pourront être compris dans l'Union, proportionnellement à leurs populations respectives, lesquelles seront déterminées en ajoutant au nombre total des personnes libres, y compris les gens liés à service pour un certain nombre d'années et à l'exclusion des Indiens non imposés, les trois cinquièmes de toutes autres personnes. Le recensement sera fait dans les trois ans qui suivront la première réunion du Congrès des États-Unis, et tous les dix ans par la suite, de la manière que le Congrès aura prescrite par une loi. Le nombre des représentants ne sera pas supérieur à un par trente mille habitants, mais chaque État aura au moins un représentant, et, jusqu'à ce que le premier recensement ait été fait, l'État de New Hampshire aura droit à trois représentants, le Massachusetts à huit, le Rhode Island et les Plantations de Providence à un, le Connecticut à cinq, le New York à six, le New Jersey à quatre, la Pennsylvanie à huit, le Delaware à un, le Maryland à six, la Virginie à dix, la Caroline du Nord à cinq, la Caroline du Sud à cinq, la Georgie à trois.

Quand des vacances viendront à se produire dans la représentation d'un État, l'autorité exécutive de celui-ci prendra des *writs* [1] d'élection pour y pourvoir.

La Chambre des représentants choisira son président *(speaker)* et les autres membres de son bureau. Elle aura seule le pouvoir de mise en accusation devant le Sénat *(power of impeachment)*.

Section 3. Le Sénat des États-Unis sera composé de deux sénateurs pour chaque État, choisis pour six ans par la législature de chacun, et chaque sénateur aura droit à une voix.

Immédiatement après qu'ils seront assemblés à la suite de la première élection, les sénateurs seront divisés, aussi exactement que possible, en trois classes. Les sièges des sénateurs de la première classe deviendront vacants à l'expiration de la seconde année, de la seconde classe à l'expiration de la quatrième année, de la troisième classe à l'expiration de la sixième année, de telle sorte que le Sénat soit renouvelé par tiers tous les deux ans, et si des vacances se produisent par démission ou autrement dans l'intervalle des sessions de la législature d'un État, l'exécutif de cet État pourra procéder à des nominations provisoires jusqu'à la réunion suivante de la législature, qui pourvoira alors aux vacances.

Nul ne sera sénateur s'il n'a atteint l'âge de trente ans, s'il n'est depuis neuf ans citoyen des États-Unis, ni s'il n'habite, au moment de son élection, l'État pour lequel il est élu.

Le vice-président des États-Unis sera président du Sénat mais ne pourra voter qu'en cas de partage.

Le Sénat choisira les autres membres de son bureau, ainsi qu'un

1. Ordonnances déterminant les conditions générales d'une élection.

président *pro tempore* pour remplacer le vice-président en l'absence de celui-ci, ou quand il sera appelé à exercer les fonctions de président des États-Unis.

Le Sénat aura seul le pouvoir de juger les personnes mises en accusation par la Chambre des représentants *(impeachment)*. Quand il siégera à cet effet, ses membres prêteront serment ou affirmation. En cas de jugement du président des États-Unis, le président de la Cour suprême des États-Unis *(chief justice)* présidera. Et nul ne sera condamné sans l'assentiment des deux tiers des membres présents. Le jugement, en matière d'*impeachment*, ne pourra excéder la destitution et l'incapacité de tenir toute charge d'honneur, de confiance ou de profit relevant des États-Unis, mais la partie condamnée n'en sera pas moins sujette à accusation, procès, jugement et châtiment, aux termes de la loi.

Section 4. Les époques, lieux et modes d'élection des sénateurs et des représentants seront fixés, dans chaque État, par la législature ; mais le Congrès pourra, à tout moment et par une loi, instituer ou modifier de tels règlements, sauf en ce qui concerne le lieu d'élection des sénateurs.

Le Congrès s'assemblera au moins une fois l'an, et la réunion aura lieu le premier lundi de décembre, à moins que, par une loi, il ne fixe un jour différent.

Section 5. Chaque chambre sera juge des élections, des résultats des élections et des qualifications de ses membres, et la présence de la majorité sera nécessaire dans chacune pour délibérer valablement ; mais tout nombre inférieur pourra s'ajourner de jour en jour et être autorisé à exiger la présence des membres absents, de telle manière et sous telles pénalités que chaque chambre aura prescrites.

Chaque chambre pourra établir son règlement, punir ses membres pour conduite contraire au bon ordre, et, à la majorité des deux tiers, prononcer l'expulsion de l'un d'entre eux.

Chaque chambre tiendra un journal de ses débats et le publiera de temps à autre, à l'exception des parties qu'elle estimerait devoir tenir secrètes ; et les oui et les non des membres de chacune sur toute question seront portés sur ce journal à la demande d'un cinquième des membres présents.

Pendant la session du Congrès, aucune des deux chambres ne pourra, sans le consentement de l'autre, s'ajourner à plus de trois jours, ni se transporter dans un lieu autre que celui où siégeront les deux chambres.

Section 6. Les sénateurs et représentants percevront une indemnité qui sera fixée par une loi et payée sur le Trésor des États-Unis. En aucun cas, sauf pour trahison, félonie et délit contre l'ordre public, ils ne pourront être mis en état d'arrestation pendant leur présence aux séances de leurs chambres respectives, ni pendant qu'ils s'y rendent ou qu'ils en reviennent, et, pour tout discours ou débat dans l'une ou l'autre chambre, ils ne pourront être interrogés en aucun autre lieu.

Nul sénateur ou représentant ne pourra, pendant la durée de son mandat, être nommé à un emploi civil, relevant des États-Unis, qui aurait été créé ou dont les émoluments auraient été augmentés durant cette période ; et nulle personne tenant une charge sous l'autorité des États-Unis ne pourra, tant qu'elle restera en fonctions, devenir membre de l'une ou l'autre des chambres.

Section 7. Tous projets de lois comportant la levée d'impôts émaneront de la Chambre des représentants, mais le Sénat pourra y proposer des amendements qui y seraient apportés, comme pour les autres projets de loi.

Tout projet de loi adopté par la Chambre des représentants et par le Sénat devra, avant d'acquérir force de loi, être présenté au président des États-Unis. Si celui-ci l'approuve, il le signera ; sinon, il le renverra, avec ses objections, à la chambre dont il émane, laquelle insérera les objections *in extenso* dans son journal et procédera à un nouvel examen du projet. Si, après ce nouvel examen, le projet de loi réunit en sa faveur les voix des deux tiers des membres de cette chambre, il sera transmis, avec les objections qui l'accompagnaient, à l'autre chambre, qui l'examinera également à nouveau, et, si les deux tiers des membres de celle-ci l'approuvent, il aura force de loi. En pareil cas, les votes des deux chambres seront pris par oui et par non, et les noms des membres votant pour et contre le projet seront portés au journal de chaque chambre respectivement. Tout projet non renvoyé par le président dans les dix jours (dimanches non compris) qui suivront sa présentation deviendra loi comme si le président l'avait signé, à moins que le Congrès n'ait, par son ajournement, rendu le renvoi impossible, auquel cas le projet n'obtiendra pas force de loi.

Tous ordres, résolutions ou votes, pour l'adoption desquels l'accord du Sénat et de la Chambre des représentants serait nécessaire (sauf en matière d'ajournement) seront présentés au président des États-Unis, et, avant de devenir exécutoires, approuvés par lui, ou, en cas de dissentiment de sa part, adoptés de nouveau par les deux tiers du Sénat et de la Chambre des représentants, conformément aux règles et sous les réserves prescrites pour les projets de loi.

SECTION 8. Le Congrès aura le pouvoir :

De lever et percevoir des taxes, droits, impôts et excises, de payer les dettes et pourvoir à la défense commune et à la prospérité générale des États-Unis ; mais lesdits droits, impôts et excises seront uniformes dans toute l'étendue des États-Unis ;

De faire des emprunts sur le crédit des États-Unis ;

De réglementer le commerce avec les nations étrangères, entre les divers États, et avec les tribus indiennes ;

D'établir une règle uniforme de naturalisation et des lois uniformes sur le sujet des banqueroutes applicables dans toute l'étendue des États-Unis ;

De battre monnaie, d'en déterminer la valeur et celle de la monnaie étrangère, et de fixer l'étalon des poids et mesures ;

D'assurer la répression de la contrefaçon des effets et de la monnaie en cours aux États-Unis ;

D'établir des bureaux et des routes de postes ;

De favoriser le progrès de la science et des arts utiles, en assurant, pour un temps limité, aux auteurs et inventeurs le droit exclusif à leurs écrits et découvertes respectifs ;

De constituer des tribunaux inférieurs à la Cour suprême ;

De définir et punir les pirateries et félonies commises en haute mer et les offenses contre la loi des nations ;

De déclarer la guerre, d'accorder des lettres de marque et de représailles, et d'établir des règlements concernant les prises sur terre et sur eau ;

De lever et d'entretenir des armées, mais aucune affectation de fonds à cet usage ne sera pour une durée supérieure à deux années ;

De créer et d'entretenir une marine de guerre ;

D'établir des règlements pour le gouvernement et la réglementation des forces de terre et de mer ;

De pourvoir à la mobilisation de la milice pour assurer l'exécution des lois de l'Union, réprimer les insurrections et repousser les invasions ;

De pourvoir à l'organisation, l'armement et la discipline de la milice, et au gouvernement de telle partie de celle-ci qui serait employée au service des États-Unis, en réservant aux États respectivement la nomination des officiers et l'autorité nécessaire pour instruire la milice selon les règles de discipline prescrites par le Congrès. D'exercer le droit exclusif de législation, en toute matière, sur tel district (d'une superficie n'excédant pas cent miles carrés) qui, par cession d'États particuliers et sur acceptation du Congrès, sera devenu le siège du gouvernement des États-Unis, et d'exercer semblable autorité sur tous lieux acquis, avec le consentement de la législature de l'État dans lequel ils seront situés, pour l'érection de forts, magasins, arsenaux, chantiers et autres constructions nécessaires ;

Et de faire toutes les lois qui seront nécessaires et convenables pour mettre à exécution les pouvoirs ci-dessus mentionnés et tous autres pouvoirs conférés par la présente Constitution au Gouvernement des États-Unis ou à l'un quelconque de ses départements ou de ses fonctionnaires.

Section 9. L'immigration ou l'importation de telles personnes que l'un quelconque des États actuellement existants jugera convenable d'admettre ne pourra être prohibée par le Congrès avant l'année mil huit cent huit, mais un impôt ou un droit n'excédant pas 10 dollars par tête pourra être levé sur cette importation.

Le privilège de l'ordonnance de l'*habeas corpus* ne pourra être suspendu, sauf en cas de rébellion ou d'invasion, lorsque la sécurité publique l'exigera. Aucune loi portant condamnation sans procédure judiciaire *(bill of attainder)*, ni loi rétroactive *(law ex post facto)* ne seront promulguées.

Nulle capitation ni autre taxe directe ne seront levées, si ce n'est proportionnellement au recensement ou dénombrement ci-dessus ordonné.

Ni taxes, ni droits ne seront levés sur les articles exportés d'un État quelconque. Aucune préférence ne sera accordée par un règlement commercial ou fiscal aux ports d'un État sur ceux d'un autre ; et nul navire à destination ou en provenance d'un État ne sera obligé d'entrer, de remplir les formalités de congé ou de payer des droits dans un autre.

Aucune somme ne sera tirée du Trésor, si ce n'est en vertu de crédits ouverts par une loi ; un état et un compte réguliers de toutes les recettes et dépenses des deniers publics seront publiés de temps à autre.

Aucun titre de noblesse ne sera conféré par les États-Unis, et aucune personne qui tiendra d'eux une charge de profit ou de confiance ne pourra, sans le consentement du Congrès, accepter des présents, émoluments, charges ou titres quelconques, d'un roi, prince ou État étranger.

Section 10. Aucun État ne pourra conclure des traités ni former des alliances ou des confédérations ; délivrer des lettres de marque ou de représailles ; battre monnaie ; émettre du papier-monnaie, donner cours légal, pour le payement de dettes, à autre chose que la monnaie d'or ou d'argent, faire des *bills of attainder*, des lois rétroactives ou qui porteraient atteinte aux obligations résultant de contrats, ni conférer des titres de noblesse.

Aucun État ne pourra, sans le consentement du Congrès, lever des impôts ou des droits sur les importations ou les exportations autres que ceux qui seront absolument nécessaires pour l'exécution de ses lois d'inspection, et le produit net de tous les droits ou impôts levés par un État sur les importations ou les exportations sera affecté à l'usage de la Trésorerie des États-Unis ; et toutes lois portant imposition seront soumises à la révision et au contrôle du Congrès. Aucun État ne pourra, sans le consentement du Congrès, lever des droits de tonnage, entretenir des troupes ou des navires de guerre en temps de paix, conclure des accords ou des pactes avec un autre État ou une puissance étrangère, ni entrer en guerre, à moins qu'il ne soit effectivement envahi ou en danger trop imminent pour permettre le moindre délai.

ARTICLE II

Section 1. Le pouvoir exécutif sera confié à un président des États-Unis d'Amérique. La durée du mandat du président sera de quatre ans. Le président et le vice-président, dont le mandat sera de même durée, seront élus de la manière suivante :

Chaque État nommera, de la manière prescrite par sa législature, un nombre d'électeurs égal au nombre total de sénateurs et de représentants auquel il a droit dans le Congrès, mais aucun sénateur ou représentant, ni aucune personne tenant des États-Unis une charge de confiance ou de profit, ne pourra être nommé électeur.

Les électeurs se réuniront dans leurs États respectifs et voteront par bulletin pour deux personnes, dont l'une au moins n'habitera pas le même État qu'eux. Ils dresseront une liste de toutes les personnes qui auront recueilli des voix et du nombre de voix réunies par chacune d'elles. Ils signeront cette liste, la certifieront et la transmettront, scellée, au siège du Gouvernement des États-Unis, à l'adresse du président du Sénat. Celui-ci, en présence du Sénat et de la Chambre des représentants, ouvrira tous les certificats, et les suffrages seront alors comptés. La personne qui aura obtenu le plus grand nombre de voix sera président, si ce nombre représente la majorité de tous les électeurs nommés. Si deux ou plusieurs personnes ont obtenu cette majorité et un nombre égal de voix, la Chambre des représentants, par bulletins, choisira immédiatement l'une d'entre elles comme président. Si aucune n'a obtenu la majorité nécessaire, la Chambre des représentants choisira alors le président, de la même manière, entre les cinq personnes sur la liste qui auront le plus grand nombre de voix. Mais, pour le choix du président, les votes seront recueillis par l'État, la représentation de chaque État ayant une voix. Le quorum nécessaire à cet effet sera constitué par la présence d'un ou de plusieurs représentants des deux tiers des États, et l'adhésion de la majorité de tous les États devra être acquise pour la validité du choix. Dans tous les cas, après l'élection du président, la personne qui aura obtenu après lui le plus grand nombre des suffrages des électeurs sera vice-président. Mais s'il reste deux ou plusieurs personnes ayant le même nombre de voix, le Sénat choisira le vice-président parmi elles par bulletins.

Le Congrès pourra fixer l'époque où les électeurs seront choisis et le jour où ils devront voter – ce jour étant le même sur toute l'étendue des États-Unis.

Nul ne pourra être élu président s'il n'est citoyen de naissance, ou s'il n'est déjà citoyen des États-Unis au moment de l'adoption de la présente Constitution, s'il n'a trente-cinq ans révolus et ne réside sur le territoire des États-Unis depuis quatorze ans.

En cas de destitution, de mort ou de démission du président, ou de son incapacité d'exercer les pouvoirs et de remplir les devoirs de sa charge, ceux-ci seront dévolus au vice-président. Le Congrès pourra, par une loi, pourvoir au cas de destitution, de mort, de démission ou d'incapacité à la fois du président et du vice-président en désignant le fonctionnaire qui fera alors fonction de président, et ce fonctionnaire remplira ladite fonction jusqu'à cessation d'incapacité ou élection d'un président.

Le président percevra, à échéances fixes, une indemnité qui ne sera ni augmentée ni diminuée pendant la période pour laquelle il aura été élu, et il ne recevra, pendant cette période, aucun autre émolument des États-Unis, ni d'aucun d'entre eux.

Avant d'entrer en fonctions, le président prêtera le serment ou l'affirmation qui suit :

« Je jure (ou affirme) solennellement de remplir fidèlement les fonctions de président des États-Unis et, dans toute la mesure de mes moyens, de sauvegarder, protéger et défendre la Constitution des États-Unis. »

SECTION 2. Le président sera commandant en chef de l'armée et de la marine des États-Unis, et de la milice des divers États quand celle-ci sera appelée au service actif des États-Unis. Il pourra exiger l'opinion, par écrit, du principal fonctionnaire de chacun des départements exécutifs sur tout sujet relatif aux devoirs de sa charge. Il aura le pouvoir d'accorder des sursis et des grâces pour offenses contre les États-Unis, sauf en cas d'*impeachment*.

Il aura le pouvoir, sur l'avis et avec le consentement du Sénat, de conclure des traités, sous réserve de l'approbation des deux tiers des sénateurs présents. Il proposera au Sénat et, sur l'avis et avec le consentement de ce dernier, nommera les ambassadeurs, les autres ministres publics et les consuls, les juges de la Cour suprême, et tous les autres fonctionnaires des États-Unis dont la nomination n'aura pas autrement été prévue par la présente Constitution, et qui sera établie par la loi. Mais le Congrès pourra, lorsqu'il le jugera opportun, confier au président seul, aux cours de justice ou aux chefs des départements, la nomination de certains fonctionnaires inférieurs. Le président aura le pouvoir de remplir toutes vacances qui viendraient à se produire entre les sessions du Sénat, en accordant des commissions qui expireront à la fin de la session suivante.

SECTION 3. Le président informera le Congrès, de temps à autre, de la situation de l'Union, et recommandera à son attention telles mesures qu'il estimera nécessaires et expédientes. Il pourra, dans des circonstances extraordinaires, convoquer l'une ou l'autre des chambres ou les deux à la fois, et, en cas de désaccord entre elles en matière d'ajournement, il pourra les ajourner à tel moment qu'il jugera convenable. Il recevra les ambassadeurs et autres ministres publics. Il veillera à ce que les lois soient fidèlement exécutées, et commissionnera tous les fonctionnaires des États-Unis.

SECTION 4. Le président, le vice-président et tous les fonctionnaires civils des États-Unis seront destitués de leurs charges sur mise en accusation *(impeachment)* et condamnation pour trahison, corruption ou autres hauts crimes et délits.

ARTICLE III

SECTION 1. Le pouvoir judiciaire des États-Unis sera confié à une Cour suprême et à telles cours inférieures que le Congrès pourra, de temps à autre, ordonner et établir. Les juges de la Cour suprême et des cours inférieures conserveront leur charge aussi longtemps qu'ils en seront dignes et percevront, à échéances fixes, une indemnité qui ne sera pas diminuée tant qu'ils resteront en fonctions.

SECTION 2. Le pouvoir judiciaire s'étendra à tous les cas de droit et d'équité sous le régime de la présente Constitution, des lois des États-Unis, des traités déjà conclus, ou qui viendraient à l'être sous leur autorité ; à tous les cas concernant les ambassadeurs, les autres ministres publics et les consuls ; à tous les cas d'amirauté et de juridiction maritime ; aux différends dans lesquels les États-Unis seront partie ; aux différends entre deux ou plusieurs États, entre un État et les citoyens d'un autre, entre citoyens de différents États, entre citoyens d'un même État revendiquant des terres en vertu de concessions d'autres États, entre un État ou ses citoyens et des États, citoyens ou sujets étrangers.

Dans tous les cas concernant les ambassadeurs, les autres ministres publics et les consuls, et ceux dans lesquels un État sera partie, la Cour suprême aura juridiction de première instance. Dans tous les autres cas susmentionnés, elle aura juridiction d'appel, et pour le droit et pour le fait, sauf telles exceptions et conformément à tels règlements que le Congrès aura établis. Tous les crimes, sauf le cas d'*impeachment*, seront jugés par un jury. Le procès aura lieu dans l'État où lesdits crimes auront été commis, et, quand ils ne l'auront été dans aucun, en tel lieu ou tels que le Congrès aura fixé par une loi.

SECTION 3. La trahison envers les États-Unis ne consistera que dans l'acte de faire la guerre contre eux, ou celui de s'allier à leurs ennemis en leur donnant aide et secours. Nul ne sera condamné pour trahison, si ce n'est sur la déposition de deux témoins du même acte manifeste, ou sur son propre aveu en audience publique.

Le Congrès aura le pouvoir de fixer la peine en matière de trahison, mais aucune condamnation de ce chef n'entraînera ni « corruption du sang », ni confiscation de biens, sauf pendant la vie du condamné.

ARTICLE IV

SECTION 1. Pleine foi et crédit seront accordés, dans chaque État, aux actes publics, registres et procédures judiciaires de tous les autres États. Et le Congrès pourra, par des lois générales, prescrire la manière dont la validité de ces actes, registres et procédures sera établie, ainsi que leurs effets.

SECTION 2. Les citoyens de chaque État auront droit à tous les privilèges et immunités des citoyens dans les divers États.

Toute personne qui, accusée, dans un État, de trahison, félonie ou autre crime, se sera dérobée à la justice par la fuite et sera trouvée dans un autre État, devra, sur la demande de l'autorité exécutive de l'État d'où elle aura fui, être livrée pour être ramenée dans l'État ayant juridiction sur le crime.

Une personne qui, tenue à un service ou travail dans un État en vertu des lois y existant, s'échapperait dans un autre, ne sera libérée de ce service ou travail en vertu d'aucune loi ou réglementation de cet autre État ; elle sera livrée sur la revendication de la partie à laquelle le service ou travail pourra être dû.

SECTION 3. De nouveaux États peuvent être admis par le Congrès dans l'Union ; mais aucun nouvel État ne sera formé ou érigé sur le territoire soumis à la juridiction d'un autre État, ni aucun État formé par la jonction de deux ou plusieurs États, ou parties d'État, sans le consentement des législatures des États intéressés, aussi bien que du Congrès.

Le Congrès aura le pouvoir de disposer du territoire ou de toute autre propriété appartenant aux États-Unis, et de faire à leur égard toutes lois et tous règlements nécessaires ; et aucune disposition de la présente Constitution ne sera interprétée de manière à préjudicier aux revendications des États-Unis ou d'un État en particulier.

SECTION 4. Les États-Unis garantiront à chaque État de l'Union une forme républicaine de gouvernement, protégeront chacun d'eux contre l'invasion et, sur la demande de la législature ou de l'exécutif (quand la législature ne pourra être réunie), contre toute violence domestique.

ARTICLE V

Le Congrès, quand les deux tiers des deux chambres l'estimeront nécessaire, proposera des amendements à la présente Constitution ou, sur la demande des législatures des deux tiers des États, convoquera une convention pour en proposer. Dans l'un et l'autre cas, ces amendements seront valides à tous égards comme faisant partie intégrante de la présente Constitution, lorsqu'ils auront été ratifiés par les législatures des trois quarts des États, ou par des conventions dans les trois quarts d'entre eux, selon que l'un ou l'autre mode de ratification aura été proposé par le Congrès. Sous réserve que nul amendement qui serait adopté avant l'année mil huit cent huit ne puisse en aucune façon affecter la première et la quatrième clause de la neuvième section de l'article premier, et qu'aucun État ne soit, sans son consentement, privé de l'égalité de suffrage dans le Sénat.

ARTICLE VI

Toutes dettes contractées et tous engagements pris avant l'adoption de la présente Constitution seront aussi valides pour les États-Unis sous l'empire de cette dernière que sous la Confédération.

La présente Constitution, ainsi que les lois des États-Unis qui en découleront, et tous les traités conclus, ou qui le seront, sous l'autorité des États-Unis, seront la loi suprême du pays et lieront les juges dans chaque État, nonobstant toute disposition contraire de la Constitution ou des lois de l'un quelconque des États.

Les sénateurs et représentants susmentionnés, les membres des diverses législatures d'État et tous les fonctionnaires exécutifs et judiciaires, tant des États-Unis que des divers États, seront tenus par serment ou affirmation de défendre la présente Constitution ; mais aucune profession de foi religieuse ne sera exigée comme condition d'aptitude aux fonctions ou charges publiques sous l'autorité des États-Unis.

ARTICLE VII

La ratification des conventions de neuf États sera suffisante pour l'établissement de la présente Constitution entre les États qui l'auront ainsi ratifiée.

Fait en Convention, par le consentement unanime des États présents, le dix-septième jour de septembre de l'an de grâce mil sept cent quatre-vingt-sept et de l'an douze de l'indépendance des États-Unis. En foi de quoi, nous l'avons signée de nos noms.

George WASHINGTON
Président et délégué de la Virginie
William JACKSON
Secrétaire

La Déclaration des droits
LES DIX PREMIERS AMENDEMENTS DE LA CONSTITUTION
(Bill of Rights)

AMENDEMENT I

Le Congrès ne fera aucune loi qui touche l'établissement ou interdise le libre exercice d'une religion, ni qui restreigne la liberté de la parole ou de la presse, ou le droit qu'a le peuple de s'assembler paisiblement et d'adresser des pétitions au gouvernement pour le redressement de ses griefs.

AMENDEMENT II

Une milice bien ordonnée étant nécessaire à la sécurité d'un État libre, le droit qu'a le peuple de détenir et de porter des armes ne sera pas enfreint.

AMENDEMENT III

Aucun soldat ne sera, en temps de paix, logé dans une maison sans le consentement du propriétaire, ni en temps de guerre, si ce n'est de la manière prescrite par la loi.

AMENDEMENT IV

Le droit des citoyens d'être garantis dans leurs personne, domicile, papiers et effets, contre les perquisitions et saisies déraisonnables ne sera pas violé, et aucun mandat ne sera délivré, si ce n'est sur cause probable, corroborée par serment ou affirmation, ni sans qu'il décrive particulièrement le lieu à fouiller et les personnes ou les choses à saisir.

AMENDEMENT V

Nul ne sera mis en jugement pour un crime capital ou autrement infamant si ce n'est sur déclaration de mise en accusation *(presentment)* ou acte d'accusation *(indictment)* présentés par un grand jury, sauf pour les cas se produisant dans l'armée de terre ou de mer, ou dans la milice, lorsque celle-ci est en activité de service en temps de guerre ou de danger public. Nul ne pourra pour le même délit être deux fois menacé dans sa vie ou dans son corps. Nul ne sera tenu de témoigner contre lui-même dans une affaire criminelle. Nul ne sera privé de vie, de liberté ou de propriété sans procédure légale régulière. Nulle propriété privée ne sera prise pour usage public sans juste indemnité.

AMENDEMENT VI

Dans toutes les poursuites criminelles, l'accusé aura le droit d'être jugé promptement et publiquement par un jury impartial de l'État et du district où le crime aura été commis – le district ayant été préalablement délimité par la loi –, d'être instruit de la nature et de la cause de l'accusation, d'être confronté avec les témoins à charge, d'exiger par des moyens légaux la comparution de témoins à décharge, et d'être assisté d'un conseil pour sa défense.

AMENDEMENT VII

Dans les procès de droit commun *(common law)* où la valeur en litige excédera vingt dollars, le droit au jugement par jury sera observé, et aucun fait jugé par un jury ne sera examiné de nouveau dans une cour des États-Unis autrement que selon les règles du droit commun.

AMENDEMENT VIII

Des cautions excessives ne seront pas exigées, ni des amendes excessives imposées, ni des châtiments cruels et inusités infligés.

AMENDEMENT IX

L'énumération, dans la Constitution, de certains droits ne sera pas interprétée comme déniant ou dépréciant les autres droits que le peuple aurait retenus.

AMENDEMENT X

Les pouvoirs qui ne sont `pas délégués aux États-Unis par la Constitution, ni refusés par elle aux États, sont réservés aux États respectivement, ou au peuple.

*

AMENDEMENT XI
(8 janvier 1798)

Le pouvoir judiciaire des États-Unis ne sera pas interprété comme s'étendant à un procès de droit ou d'équité entamé ou poursuivi contre l'un des États-Unis par des citoyens d'un autre État, ou par des citoyens ou sujets d'un État étranger.

AMENDEMENT XII
(25 septembre 1804)

Les électeurs se réuniront dans leurs États respectifs et voteront par bulletins pour le président et le vice-président, dont l'un au moins n'habitera pas le même État qu'eux. Ils indiqueront sur des bulletins séparés le nom de la personne qu'ils désirent élire président et celle qu'ils désirent élire vice-président. Ils dresseront des listes distinctes de toutes les personnes qui auront obtenu des voix pour la présidence, de toutes celles qui en auront obtenu pour la vice-présidence, et du nombre de voix recueillies par chacune d'elles. Ils signeront ces listes, les vérifieront, et les transmettront, scellées, au siège du gouvernement des États-Unis, à l'adresse du président du Sénat. Celui-ci, en présence du Sénat et de la Chambre des représentants, ouvrira tous les certificats, et les suffrages seront alors comptés. La personne qui aura obtenu le plus grand nombre de voix pour la présidence sera président, si ce nombre représente la majorité de tous les électeurs nommés. Si aucune n'a obtenu la majorité nécessaire, la Chambre des représentants choisira immédiatement le président, par bulletins, entre trois personnes au plus, qui figureront sur la liste de celles ayant obtenu des voix pour la présidence et qui auront réuni le plus grand nombre de voix. Mais, pour le choix du président, les voix seront recueillies par État, la représentation de chacun ayant une voix. Le quorum nécessaire à cet effet sera constitué par la présence d'un ou de plusieurs membres des deux tiers des États, et l'adhésion de la majorité de tous les États devra être acquise pour la validité du choix. Si la Chambre des représentants, quand le droit de choisir lui incombe, ne choisit pas le président avant le quatrième jour de mars suivant, le vice-président agira en qualité de président comme en cas de décès ou d'autre incapacité constitutionnelle du président. La personne qui réunira le plus grand nombre de voix pour la vice-présidence sera vice-président, si ce nombre représente la majorité de tous les électeurs nommés ; si aucune n'a obtenu la majorité nécessaire, le Sénat choisira alors le vice-président entre les deux personnes sur la liste qui auront le plus grand nombre de voix. Le quorum nécessaire à cet effet sera constitué par la présence des deux tiers du nombre total des sénateurs, et l'adhésion de la majorité de tous les sénateurs devra être acquise pour la validité du choix. Mais aucune personne inéligible, de par la Constitution, à la charge de président ne pourra être élue à celle de vice-président des États-Unis.

AMENDEMENT XIII
(18 décembre 1865)

Section 1. Ni esclavage ni servitude involontaire, si ce n'est en punition de crime dont le coupable aura été dûment convaincu, n'existeront aux États-Unis ni dans aucun des lieux soumis à leur juridiction.

Section 2. Le Congrès aura le pouvoir de donner effet au présent article par une législation appropriée.

AMENDEMENT XIV
(28 juillet 1868)

Section 1. Toute personne née ou naturalisée aux États-Unis et sujette à leur juridiction est citoyen des États-Unis et de l'État dans lequel elle réside. Aucun État ne pourra prendre ou appliquer une loi qui limiterait les privilèges ou immunités des citoyens des États-Unis ; aucun État ne pourra priver une personne de sa vie, de sa liberté ou de sa propriété sans garanties légales suffisantes ; ni refuser à quiconque relève de son pouvoir la protection égale des lois.

Section 2. Les représentants seront répartis entre les différents États proportionnellement à leur population, établie par le nombre total d'habitants, à l'exception des Indiens non imposés. Mais, lorsque des habitants de sexe masculin d'un État, âgés de vingt et un ans et citoyens des États-Unis, se seront vu refuser ou limiter d'une manière quelconque, sans qu'il y ait là châtiment d'une rébellion ou d'un crime, le droit de prendre part à une élection pour choisir le président et le vice-président des États-Unis, les représentants au Congrès, les fonctionnaires de l'ordre exécutif ou judiciaire de leur État, ou les membres des législatures de leur État, la base de représentation de cet État sera réduite en proportion du nombre de ces habitants par rapport au nombre total d'habitants de sexe masculin de plus de vingt et un ans de cet État.

Section 3. Nul ne sera sénateur ou représentant au Congrès, ou électeur des président et vice-président, ni ne tiendra aucune charge civile ou militaire du gouvernement des États-Unis ou de l'un quelconque des États, qui, après avoir prêté serment, comme membre du Congrès, ou fonctionnaire des États-Unis, ou membre d'une législature d'État, ou fonctionnaire exécutif ou judiciaire d'un État, de défendre la Constitution des États-Unis, aura pris part à une insurrection ou à une rébellion contre elle, ou donné aide ou secours à ses ennemis. Mais le Congrès pourra, par un vote des deux tiers de chaque chambre, lever cette incapacité.

Section 4. La validité de la dette publique des États-Unis, autorisée par la loi, y compris les engagements contractés pour le paiement de pensions et de primes pour services rendus lors de la répression d'insurrections ou de rébellions, ne sera pas mise en question. Mais ni les États-Unis, ni aucun État n'assumeront ni ne payeront aucune dette ou obligation contractée pour assistance à une insurrection ou rébellion contre les États-Unis, ni aucune réclamation pour la perte ou l'émancipation d'esclaves, et toutes dettes, obligations et réclamations de cette nature seront considérées comme illégales et nulles.

Section 5.   Le Congrès aura le pouvoir de donner effet aux dispositions du présent article par une législation appropriée.

AMENDEMENT XV
(30 mars 1870)

Section 1.   Le droit de vote des citoyens des États-Unis ne sera dénié ou restreint ni par les États-Unis, ni par aucun État, pour cause de race, couleur ou condition antérieure de servitude.

Section 2.   Le Congrès aura le pouvoir de donner effet au présent article par une législation appropriée.

AMENDEMENT XVI
(25 février 1913)

Le Congrès aura le pouvoir d'établir et de percevoir des impôts sur les revenus, de quelque source qu'ils dérivent, sans répartition parmi les divers États, et indépendamment d'aucun recensement ou énumération.

AMENDEMENT XVII
(31 mai 1913)

Le Sénat des États-Unis sera composé de deux sénateurs pour chaque État, élus pour six ans par le peuple de cet État ; et chaque sénateur aura droit à une voix. Les électeurs de chaque État auront les qualités requises pour être électeurs de la branche la plus nombreuse des législatures d'État.

Quand des vacances se produiront dans la représentation d'un État au Sénat, l'autorité exécutive de cet État émettra des *writs* d'élection pour y pourvoir sous réserve que, dans chaque État, la législature puisse donner à l'exécutif le pouvoir de procéder à des nominations temporaires jusqu'à ce que le peuple ait pourvu aux vacances par les élections que la législature pourra ordonner.

Le présent amendement ne sera pas interprété comme affectant l'élection ou la durée du mandat de tout sénateur choisi avant que ledit amendement ait acquis force exécutoire et fasse partie intégrante de la Constitution.

AMENDEMENT XVIII
(29 janvier 1919)

Section 1. Seront prohibés, un an après la ratification du présent article, la fabrication, la vente ou le transport des boissons alcooliques, à l'intérieur du territoire des États-Unis et de tout territoire soumis à leur juridiction, ainsi que l'importation desdites boissons dans ces territoires ou leur exportation hors de ces territoires.

Section 2. Le Congrès et les divers États auront concurremment le pouvoir de donner effet au présent article par une législation appropriée.

Section 3. Le présent article sera inopérant s'il n'est ratifié comme amendement à la Constitution par les législatures des divers États, de la manière prévue dans la Constitution, dans les sept années qui suivront la date de sa présentation aux États par le Congrès.

AMENDEMENT XIX
(26 août 1920)

Le droit de vote des citoyens des États-Unis ne pourra être dénié ou restreint pour cause de sexe par les États-Unis ni l'un quelconque des États.

Le Congrès aura le pouvoir de donner effet au présent article par une législation appropriée.

AMENDEMENT XX
(6 février 1933)

Section 1. Les mandats du président et du vice-président prendront fin à midi, le vingtième jour de janvier, et les mandats des sénateurs et des représentants à midi, le troisième jour de janvier, des années au cours desquelles ces mandats auraient expiré si le présent article n'avait pas été ratifié ; et les mandats de leurs successeurs commenceront à partir de ce moment.

Section 2. Le Congrès s'assemblera au moins une fois l'an, et la réunion aura lieu à midi, le troisième jour de janvier, à moins que, par une loi, il ne fixe un jour différent.

Section 3. Si, à la date fixée pour l'entrée en fonctions du président, le président élu est décédé, le vice-président élu deviendra président. Si un président n'a pas été choisi avant la date fixée pour le commencement de son mandat, ou si le président élu ne remplit pas les conditions requises, le vice-président élu fera alors fonction de président jusqu'à ce qu'un président remplisse les conditions requises ; et le Congrès pourra, par une loi, pourvoir au cas d'incapacité à la fois du président élu et du vice-président en désignant la personne qui devra alors faire fonction de président, ou la manière de la choisir, et ladite personne agira en cette qualité jusqu'à ce qu'un président ou un vice-président remplisse les conditions requises.

Section 4. Le Congrès pourvoira par une loi au cas de décès de l'une des personnes parmi lesquelles la Chambre des représentants peut choisir un président lorsque le droit de choisir lui incombe, et au cas de décès de l'une des personnes parmi lesquelles le Sénat peut choisir un vice-président lorsque le droit de choisir lui incombe.

Section 5. Les sections 1 et 2 entreront en vigueur le quinzième jour d'octobre qui suivra la ratification du présent article.

Section 6. Le présent article sera inopérant s'il n'est ratifié comme amendement à la Constitution par les législatures des trois quarts des divers États, dans les sept années qui suivront la date de sa soumission.

AMENDEMENT XXI
(5 décembre 1933)

Section 1. Le dix-huitième amendement à la Constitution est abrogé.

Section 2. Le transport ou l'importation dans tout État, territoire ou possession des États-Unis, de boissons alcooliques destinées à y être livrées ou consommées, en violation des lois y existant, sont interdits.

SECTION 3. Le présent article sera inopérant, s'il n'est ratifié comme amendement à la Constitution par les divers États assemblés en convention, ainsi qu'il est prévu dans la Constitution, dans les sept années qui suivront la date de sa soumission aux États par le Congrès.

AMENDEMENT XXII
(27 février 1951)

SECTION 1. Nul ne pourra être élu à la présidence plus de deux fois, et quiconque aura rempli la fonction de président, ou agi en tant que président, pendant plus de deux ans d'un mandat pour lequel quelque autre personne était nommée président, ne pourra être élu à la fonction de président plus d'une fois. Mais cet article ne s'appliquera pas à quiconque remplit la fonction de président au moment où cet article a été proposé par le Congrès, et il n'empêchera pas quiconque pouvant remplir la fonction de président, ou agir en tant que président, durant le mandat au cours duquel cet article devient exécutoire, de remplir la fonction de président ou d'agir en tant que président durant le reste de ce mandat.

SECTION 2. Le présent article ne prendra effet qu'après sa ratification comme amendement à la Constitution par les législatures des trois quarts des différents États dans un délai de sept ans à date de sa présentation aux États par le Congrès.

AMENDEMENT XXIII
(29 mars 1961)

SECTION 1. Le district où se trouve établi le siège du gouvernement des États-Unis désignera selon telle procédure que pourra déterminer le Congrès, un nombre d'électeurs du président et du vice-président équivalant au nombre total des sénateurs et représentants au Congrès auquel ce district aurait droit s'il était constitué en État ; ce nombre ne pourra dépasser en aucun cas celui des électeurs désignés par l'État le moins peuplé de l'Union ; ces électeurs se joindront à ceux désignés par les États et ils seront considérés pour les besoins de l'élection du président et du vice-président, comme désignés par un État ; ils se réuniront sur le territoire du district et rempliront les devoirs spécifiés par le douzième amendement.

SECTION 2. Le Congrès aura le pouvoir de donner effet aux dispositions du présent article par une législation appropriée.

AMENDEMENT XXIV
(23 janvier 1964)

Le droit des citoyens des États-Unis de voter à toute élection primaire ou autre élection du président et du vice-président, des grands électeurs du président et du vice-président, ou des sénateurs et représentants au Congrès, ne sera dénié ou restreint ni par les États-Unis, ni par aucun État, pour cause de non-paiement de la taxe électorale ou de tout autre impôt.

AMENDEMENT XXV
(10 février 1967)

1. En cas de destitution, décès ou démission du président, le vice-président deviendra président.

2. En cas de vacance du poste de vice-président, le président nommera un vice-président qui entrera en fonctions dès que sa nomination aura été approuvée par un vote majoritaire des deux chambres du Congrès.

3. Si le président fait parvenir au président *pro tempore* du Sénat et au président de la Chambre des représentants une déclaration écrite leur faisant connaître son incapacité d'exercer les pouvoirs et de remplir les devoirs de sa charge, et jusqu'au moment où il les avisera par écrit du contraire, ces pouvoirs seront exercés et ces devoirs seront remplis par le vice-président en qualité de président par intérim.

4. Si le vice-président, ainsi qu'une majorité des principaux fonctionnaires des départements exécutifs ou de tel autre organisme désigné par une loi promulguée par le Congrès, font parvenir au président *pro*

tempore du Sénat et au président de la Chambre des représentants une déclaration écrite les avisant que le président est dans l'incapacité d'exercer les pouvoirs et de remplir les devoirs de sa charge, le vice-président assumera immédiatement ces fonctions en qualité de président par intérim.

Par la suite, si le président fait parvenir au président *pro tempore* du Sénat et au président de la Chambre des représentants une déclaration écrite les informant qu'aucune incapacité n'existe, il reprendra ses fonctions, à moins que le vice-président et une majorité des principaux fonctionnaires des départements exécutifs ou de tel autre organisme désigné par une loi promulguée par le Congrès ne fassent parvenir dans les quatre jours au président *pro tempore* du Sénat et au président de la Chambre des représentants une déclaration écrite affirmant que le président est incapable d'exercer les pouvoirs et de remplir les devoirs de sa charge. Le Congrès devra alors prendre une décision ; s'il ne siège pas, il se réunira dans ce but dans un délai de 48 heures. Si, dans les 21 jours qui suivront la réception par le Congrès de cette dernière déclaration écrite, ou dans les 21 jours qui suivront la date de la réunion du Congrès, si le Congrès n'est pas en session, ce dernier décide par un vote des deux tiers des deux Chambres que le président est incapable d'exercer les pouvoirs et de remplir les devoirs de sa charge, le vice-président continuera à exercer ces fonctions en qualité de président par intérim ; dans le cas contraire, le président reprendra l'exercice desdites fonctions.

AMENDEMENT XXVI
(5 juillet 1971)

Section 1. Le droit de vote des citoyens des États-Unis âgés de dix-huit ans ou plus ne pourra être dénié ou restreint pour raison d'âge ni par les États-Unis ni par l'un quelconque des États.

Section 2. Le Congrès aura le pouvoir de donner effet au présent article par une législation appropriée.

Bibliographie

Il n'est pas possible de présenter en quelques pages une bibliographie exhaustive ni même de faire entrevoir la richesse de la production historique aux États-Unis. Tout au plus peut-on indiquer des titres indispensables, en insistant plus particulièrement sur les ouvrages en français et sur les ouvrages américains qui sont disponibles en France.

OUVRAGES GÉNÉRAUX

1. Instruments de travail

– Frank Freidel (ed.), *Harvard Guide to American History*, Cambridge (Mass.), The Belknap Press, 1974, 2 vol. Indispensable pour mettre sur pied une bibliographie. Compléter avec Claude Fohlen, *L'Amérique anglo-saxonne depuis 1815*, Paris, PUF, nouv. éd., 1974.
– Richard B. Morris (ed.), *Encyclopedia of American History*, New York, Harper & Row, 6ᵉ éd., 1982. Donne toutes les dates importantes de l'histoire des États-Unis. Pour la biographie des grands hommes, voir *Dictionary of American Biography* (New York, rééd. ACLS, 1981, 17 vol.) qu'il faudrait mettre à jour avec les grandes encyclopédies (Larousse, Universalis, Britannica, Americana).
– Charles O. Paullin, *Atlas of the Historical Geography of the United States*, Washington (DC) et New York, 1932. A défaut, consulter l'atlas

de l'*Encyclopedia Universalis* ou bien Edgar B. Wesley, *Our United States. Its History in Maps*, Chicago, Denoyer-Geppert, 1956.
– US Department of Commerce, Bureau of the Census, *Historical Statistics of the United States. Colonial Times to 1970*, Washington (DC), Government Printing Office, 1975, 2 vol.

2. Recueils de documents

– Henry Steele Commanger (ed.), *Documents of American History*, New York, Appleton-Century-Crofts, 9ᵉ éd., 1974. Le plus classique.
– Frank Freidel (ed.), *The American Epochs Series*, New York, Braziller, 1962-1965, 6 vol.

3. Histoires générales des États-Unis

En français :
– Robert Lacour-Gayet, *Histoire des États-Unis*, t. 1, *Des origines à la fin de la guerre civile*, t. 2, *De la fin de la guerre civile à Pearl Harbor,* t. 3, *De Pearl Harbor à Kennedy*, et t. 4, *L'Amérique contemporaine*, Paris, Fayard, 1976-1982.
– Désiré Pasquet, *Histoire politique et sociale du peuple américain*, Paris, Auguste Picard, 1924-1931, 3 vol. En dépit de sa date de parution, cette histoire est encore intéressante et mérite d'être consultée.
– René Rémond, *Histoire des États-Unis*, Paris, PUF, coll. « Que sais-je ? », 9ᵉ éd., 1985.

En anglais :
La liste serait interminable. Il faudrait commencer par David Saville Muzzey, *A History of Our Country* (Boston et New York, Ginn, nouv. éd., 1946), qui a formé des générations d'étudiants américains.
– John M. Blum, William S. McFeely, Edmund S. Morgan, Arthur M. Schlesinger, Jr., Kenneth M. Stampp et C. Vann Woodward, *The National Experience. A History of the United States*, New York, Harcourt Brace Jovanovich, 6ᵉ éd., 1985. Le manuel le plus complet.
– Frances Fitzgerald, « Onward and Upward With the Arts. History Textbooks », *The New Yorker*, 26 février, 5 et 12 mars 1979. Essentiel pour comprendre l'état d'esprit et les ambitions des auteurs de manuels.

4. Histoire des idées politiques, de la Constitution et de la vie politique

Partir d'Yves-Henri Nouailhat, *Histoire des doctrines politiques aux États-Unis* (Paris, PUF, coll. « Que sais-je ? », 1969), et de Jean Béranger et Robert Rougé, *Histoire des idées aux USA du XVIIe siècle à nos jours* (Paris, PUF., coll. « Monde anglophone », 1981).

Sur la Constitution :
- Alfred H. Kelly et Winfred A. Harbison, *The American Constitution. Its Origins and Development*, New York, W.W. Norton, 6e éd., 1983.
- Jean-Pierre Lassale, *Les Institutions des États-Unis*, Paris, La Documentation française, coll. « Documents d'études », 1985.
- André Tunc, *Les États-Unis*, Paris, LGDJ, 3e éd., 1973.
- André et Suzanne Tunc, *Le Système constitutionnel des États-Unis*, Paris, Domat-Montchrestien, 1954, 2 vol.

Sur la politique étrangère :
- Thomas A. Bailey, *A Diplomatic History of the American People*, New York, Appleton-Century-Crofts, 8e éd., 1969.
- Robert Dallek, *The American Style of Foreign Policy. Cultural Politics and Foreign Affairs*, New York, Alfred A. Knopf, 1983.

Pour une analyse révisionniste, lire :
- William A. Williams, *America Confronts a Revolutionary World, 1776-1976*, New York, William Morrow, 1976.

5. Histoire de l'économie et de la société

- Ray A. Billington, *Westward Expansion. A History of the American Frontier*, New York, Macmillan Publishing Co., 4e éd., 1974. Fondamental sur l'histoire de la Frontière.
- Robert W. Fogel et Stanley L. Engerman, *The Reinterpretation of American Economic History*, New York, Harper & Row, 1971. Pour juger de l'apport des cliométriciens.
- Milton Friedman et Anna J. Schwartz, *A Monetary History of the United States, 1867-1960*, Princeton, Princeton University Press, 1963.
- Barry W. Poulson, *Economic History of the United States*, New York, Macmillan, 1981.

Sur l'immigration :
– Jeanine Brun, *America ! America !*, Paris, Gallimard-Julliard, coll. « Archives », 1980.
– Maldwyn Allen Jones, *American Immigration*, Chicago, The University of Chicago Press, 1960.

Sur les Indiens :
– Nelcya Delanoë, *L'Entaille rouge. Terres indiennes et démocratie américaine, 1776-1980*, Paris, Maspero, 1982.
– Claude Fohlen, *L'Agonie des Peaux-Rouges*, Paris, Resma, 1970.
– Claude Fohlen, *Les Indiens d'Amérique du Nord*, Paris, PUF, coll. « Que sais-je ? », 1985.
– Philippe Jacquin, *Histoire des Indiens d'Amérique du Nord*, Paris, Payot, 1976.
– Élise Marienstras, *La Résistance indienne aux États-Unis du XVIe au XXe siècle*, Paris, Gallimard-Julliard, coll. « Archives », 1980.

Sur les Noirs :
– Claude Fohlen, *Les Noirs aux États-Unis*, Paris. PUF, coll. « Que sais-je ? », 1965.
– John Hope Franklin, *De l'esclavage à la liberté*, Paris, Éditions caribéennes, 1984. La plus récente édition de la version américaine date de 1974.

6. Histoire de la culture américaine

Sur les religions :
– Sydney E. Ahlstrom, *A Religious History of the American People*, New Haven, Yale University Press, 1972.

Sur la vie artistique :
– Gilbert Chase, *Musique de l'Amérique*, Paris, Buchet-Chastel, Correa, 1957.
– Marcus Cunliffe, *La Littérature des États-Unis*, Paris, PUF, 1964.
– Olivier W. Larkin, *L'Art et la Vie en Amérique*, Paris, Plon, 1952.
– Jules David Prown et Barbara Rose, *La Peinture américaine*, Genève, Skira, 1969.
– Marc Saporta, *Histoire du roman américain*, Paris, Seghers, 1970 ; Gallimard, coll. « Idées », 1976.
– Roland Tissot, *Peinture et Sculpture aux États-Unis*, Paris, Armand Colin, coll. « U Prisme », 1974.
– Hélène Trocmé, *Les Américains et leur architecture*, Paris, Aubier-Montaigne, coll. « USA », 1981.

Sur les courants d'idées et les mentalités, lire attentivement :
– Daniel J. Boorstin, *Histoire des Américains*, Paris, Armand Colin, 1981, 3 vol.

Sur les médias :
– Claude-Jean Bertrand, *Les Médias aux États-Unis*, Paris, PUF, coll. « Que sais-je ? », 1974.
– Robert Burbage, *La Presse aux États-Unis*, Paris, La Documentation française, 1981.
– Robert Burbage, Jean Cazemajou et André Kaspi, *Presse, Radio et Télévision aux États-Unis*, Paris, Armand Colin, coll. « U 2 », 1972.

LA NAISSANCE DES ÉTATS-UNIS
(1607-1815)

1. La société coloniale

Pour acquérir une vue d'ensemble, se reporter à Charles M. Andrews, *The Colonial Period of American History*, New Haven, Yale University Press, 1934-1938, 4 vol. L'ouvrage demeure fondamental.

Pour une étude systématique, on commencera par s'interroger sur la Grande-Bretagne au XVIIᵉ siècle :
– Carl Bridenbaugh, *Vexed and Troubled Englishmen, 1590-1642*, New York, Oxford University Press, 1968.
– Roland Marx, *Religion et Société en Angleterre, de la Réforme à nos jours*, Paris, PUF, coll. « L'historien », 1978.
– Wallace Notestein, *The English People on the Eve of Colonization, 1603-1630*, New York, Harper Torchbooks, 1962.
– Jean Séguy, « Les non-conformismes religieux d'Occident », in *Histoire des religions*, Paris, Gallimard, coll. « Encyclopédie de la Pléiade », 1972. A compléter avec Pierre Brodin, *Les Quakers en Amérique du Nord au XVIIᵉ et au début du XVIIIᵉ siècle*, Paris, Dervy-Livres, nouv. éd., 1985.

Sur les voyages de découverte et les premiers établissements :
– David N. Durant, *Ralegh's Lost Colony*, Londres, Weidenfeld & Nicolson, 1981.
– John E. Pomfret, *Founding the American Colonies, 1583-1660*, New York, Harper Torchbooks, 1971.

Sur l'histoire des colonies :
- Bernard Bailyn, *The New England Merchants in the Seventeenth Century*, New York, Harper Torchbooks, 1964.
- Wesley Frank Craven, *The Southern Colonies in the Seventeenth Century, 1607-1689*, Baton Rouge, Louisiana State University Press, nouv. éd., 1970.
- John Demos, *A Little Commonwealth. Family Life in Plymouth Colony*, New York, Oxford University Press, 1970.
- Alden T. Vaughan, *New England Frontier. Puritans and Indians, 1620-1675*, Boston, Little, Brown & Co., 1965.

Sur de grandes familles de la société coloniale :
- James B. Hedges, *The Browns of Providence Plantations*, Providence, Brown University, 1968.
- Aubrey C. Land, *The Dulanys of Maryland*, Baltimore, The Johns Hopkins University Press, 2ᵉ éd., 1968.

Sur la mise en valeur :
- David Galenson, *White Servitude in Colonial America. An Economic Analysis*, Cambridge, Cambridge University Press, 1981.
- Edwin J. Perkins, *The Economy of Colonial America*, New York, Columbia University Press, 1980.
-- James A. Rawley, *The Transatlantic Trade. A History*, New York, W.W. Norton, 1981.

Sur la vie culturelle :
- Louis B. Wright, *The Cultural Life of the American Colonies*, New York, Harper & Row, 1957.

2. La Révolution américaine

Son histoire est, depuis une centaine d'années, un champ de bataille sur lequel s'affrontent les historiens, les juristes, les politologues. George Bancroft fut le premier à ouvrir le débat. Dans son *History of the United States of America from the Discovery of the Continent* (New York, D. Appleton, nouv. éd., 1924) en 10 volumes qu'il publia de 1834 à 1874, les Américains apparaissent comme les défenseurs de la démocratie, tandis que les Anglais sont les champions de la tyrannie.

Deux réactions se sont produites. L'école impériale se refuse à donner tort aux Anglais ; elle insiste par contre sur le provincialisme, l'étroitesse d'esprit, la déloyauté des colons pendant la guerre de Sept Ans et sur leur particularisme grandissant. Voir, par exemple, Lawrence H. Gipson, *The Coming of the Revolution, 1763-1775*, New York,

Harper Torchbooks, 1962. L'école progressiste, elle, naît avec la parution en 1913 de l'ouvrage de Charles Beard, *An Economic Interpretation of the Constitution*, New York, Macmillan. Beard était un historien *muckraker* qui s'efforçait de révéler les complots des « intérêts spéciaux ». Pour lui, la Constitution de 1787 résulte d'une conspiration réactionnaire, inspirée par les détenteurs de la fortune mobilière. Pendant quarante ans, la thèse de Beard eut un énorme succès.

C'est ainsi qu'une nouvelle interprétation s'est dégagée. Pour les progressistes, la Révolution est née d'un double mouvement : d'une part, les marchands américains, victimes du mercantilisme, veulent se rendre indépendants ; d'autre part, ils s'allient à des forces radicales qui s'efforcent, après 1776, de l'emporter. Les radicaux imposent leur volonté jusqu'en 1785-1787, puis cèdent le pouvoir aux nationalistes, qui font adopter la Constitution fédérale.

Après 1950, l'école progressiste subit les assauts des historiens révisionnistes. En particulier :
– Daniel Boorstin, *The Genius of American Politics*, Chicago, The University of Chicago Press, 1953.
– Robert E. Brown, *Middle-Class Democracy and the Revolution in Massachusetts, 1691-1780*, Ithaca, Cornell University Press, 1955.

Pour Brown, la société coloniale était démocratique avant même que la Révolution n'éclate ; les colons formaient un consensus. Pour Boorstin, il n'y avait pas de clivages économiques et sociaux dans les colonies ; la Révolution ne fut qu'un mouvement pour protéger les acquis.

Deux historiens se sont livrés à des comparaisons fort instructives entre la révolution américaine et les révolutions européennes de la fin du XVIIIᵉ siècle :
– Jacques Godechot, *Les Révolutions, 1770-1799*, Paris, PUF, 2ᵉ éd., 1965.
– Robert R. Palmer, *The Age of the Democratic Revolution. A Political History of Europe and America, 1760-1800*, Princeton, Princeton University Press, 1959-1964, 2 vol.

Malgré leur démarche prudente, les historiens révisionnistes ont été à leur tour révisés, notamment par les historiens de la *new left* qui ont cherché méthodiquement les traces d'une lutte des classes dans la période prérévolutionnaire. Au premier abord, le lecteur est confondu par tant de réflexions contradictoires et ballotté d'une interprétation à l'autre. Le plus simple est d'acquérir une vue d'ensemble de la période :
– John R. Alden, *La Guerre d'Indépendance, 1776-1783*, Paris, Seghers, coll. « Vent d'Ouest », 1965.

– Carl Becker, *La Déclaration d'indépendance*, Paris, Seghers, coll. « Vent d'Ouest », 1965.
– A. Goodwin (ed.), *The New Cambridge Modern History*, t. 8, *The American and French Revolutions, 1763,1793*, Cambridge, Cambridge University Press, 1971.
– Edmund S. Morgan, *The Birth of the Republic, 1763-1789*, Chicago, The University of Chicago Press, 1956.
– Curtis P. Nettels, *The Emergence of a National Economy, 1775-1815*, New York, Holt, Rinehart & Winston, 1962.

Il convient également de lire les textes de l'époque :
– André Kaspi, *L'Indépendance américaine, 1763-1789*, Paris, Galli-mard-Julliard, coll. « Archives », 1976.

Puis l'on pourra se plonger dans les diverses interprétations :
– Jack P. Greene, *The Reinterpretation of the American Revolution, 1763-1789*, New York, Harper & Row, 1968.

Enfin, le lecteur poussera plus avant l'analyse avec :
– Élise Marienstras, *Les Mythes fondateurs de la nation américaine*, Paris, Maspero, 1976.
– Russel Blaine Nye, *The Cultural Life of the New Nation, 1776-1830*, New York, Harper Torchbooks, 1960.

L'ACCESSION À LA PUISSANCE
(1815-1945)

1. La croissance économique jusqu'à la Première Guerre mondiale

Partir de l'ouvrage d'Yves-Henri Nouailhat, *Évolution économique des États-Unis du milieu du XIXᵉ siècle à 1914* (Paris, SEDES, 1982), qui se termine par une longue bibliographie.
On pourra ajouter :

– Harold U. Faulkner, *The Decline of Laissez-Faire, 1897-1917*, New York, Harper Torchbooks, nouv. éd., 1968.
– Paul W. Gates, *The Farmer's Age : Agriculture, 1815-1860*, New York, Harper Torchbooks, 1960.
– Edward Chase Kirkland, *Industry Comes of Age. Business, Labor and Public Policy, 1860-1897*, Chicago, Quadrangle Paperbacks, nouv. éd., 1967.

– Douglas C. North, *Growth and Welfare in the American Past : a New Economic History*, Englewood Cliffs (NJ), Prentice Hall, 1966.
– Fred A. Shannon, *The Farmer's Last Frontier : Agriculture 1860-1897*, New York, Harper & Row, nouv. éd., 1968.
– John F. Stover, *American Railroads*, Chicago, The University of Chicago Press, 1961.
– George Rogers Taylor, *The Transportation Revolution, 1815-1860*, New York, Harper Torchbooks, 1951.

Lié au problème de la croissance économique, celui de la naissance et de l'essor d'une classe d'entrepreneurs. Ces grands capitalistes ont-ils été des « barons voleurs » ou bien les agents de la mutation ? On lira sur ce thème :

– Thomas C. Cochran et William Miller, *The Age of Enterprise. A Social History of Industrial America*, New York, Harper & Row, nouv. éd., 1961. Un classique.
– Peter Collier et David Horowitz, *Une dynastie américaine : les Rockefeller*, Paris, Le Seuil, 1976.
– Harold C. Livesay, *Andrew Carnegie and the Rise of Big Business*, Boston, Little, Brown & Co., 1975.
– Glenn Porter, *The Rise of Big Business, 1860-1910*, New York, Crowell, 1973.

2. La démocratie jacksonienne

Les historiens continuent de s'interroger sur la personnalité et le programme politique d'Andrew Jackson. A-t-il été l'incarnation de la souveraineté populaire et a-t-il fait accéder son pays à la vraie démocratie ? Ou bien n'a-t-il été que le représentant d'une classe sociale, avide de stimuler l'essor économique et d'en tirer parti ?

Outre les analyses d'Alexis de Tocqueville qui restent essentielles pour comprendre cette période, on lira :

– George Dangerfield, *The Awakening of American Nationalism, 1815-1828*, New York, Harper Torchbooks, 1965.
– John Allen Krout et Dixon Ryan Fox, *The Completion of Independence, 1790-1830*, Chicago, Quadrangle Books, nouv. éd., 1971.
– Frederick Merk, *Manifest Destiny and Mission in American History*, New York, Random House, 1966.
– Dexter Perkins, *A History of the Monroe Doctrine*, Boston, Little, Brown & Co., nouv. éd., 1963.

– Edward Pessen, *Riches, Class and Power Before the Civil War*, New York, Heath, 1973.

– Robert V. Remini, *Andrew Jackson*, New York, Harper & Row, 1966. Le meilleur biographe de Jackson.

– Robert V. Remini, *Andrew Jackson and the Bank War*, New York, W.W. Norton, 1967.

– Robert V. Remini, *The Age of Jackson*, New York, Harper & Row, 1972.

– Robert V. Remini, *The Revolutionary Age of Andrew Jackson*, New York, Harper & Row, 1976.

– René Rémond, *Les États-Unis et l'Opinion française, 1815-1852*, Paris, Armand Colin, 1962, 2 vol. Pour discerner l'image des États-Unis à l'étranger.

– Peter Temin, *The Jacksonian Economy*, New York, Heath, 1969.

3. La guerre de Sécession

a) *Les origines du conflit* font l'objet d'un débat historiographique. Quelle place tiennent les facteurs économiques, politiques et idéologiques dans la rupture entre le Nord et le Sud ? La guerre était-elle inévitable ? Quelle signification donner à l'élection de Lincoln ? Lire notamment :

– Jean Heffer, *Les Origines de la guerre de Sécession*, Paris, PUF, coll. « Dossiers Clio », 1971. Une bonne mise au point.

– Allan Nevins, *The Ordeal of the Union* (2 vol.), *The Emergence of Lincoln* (2 vol.), *The War for the Union* (2 vol.), New York, Charles Scribner's Sons, 1947-1959. Une excellente synthèse.

Sur l'état d'esprit qui prévaut dans les États-Unis du milieu du siècle, d'innombrables ouvrages. Se reporter pour une vue d'ensemble à Irving H. Bartlett, *The American Mind in the Mid-Nineteenth Century*, New York, Crowell, 1967.

Sur la vie quotidienne, lire :

– Robert Lacour-Gayet, *La Vie quotidienne aux États-Unis à la veille de la guerre de Sécession*, Paris, Hachette, 1958.

– Van Wyck Brooks, *L'Age d'or de la Nouvelle-Angleterre*, Paris, Seghers, coll. « Vent d'Ouest », 1968, 2 vol.

Un aspect jusqu'alors mal connu :

– W.J. Rorabaugh, *The Alcoholic Republic. An American Tradition*, New York, Oxford University Press, 1979.

Sur le Sud et l'esclavage, il n'y a que l'embarras du choix. Les textes que donne Michel Fabre dans *Esclaves et Planteurs* (Paris, Gallimard-Julliard, coll. « Archives », 1970) sont intéressants. Quelques titres qui permettront une analyse approfondie du problème :

– Dickson D. Bruce, *Violence and Culture in the Antebellum South*, Austin, University of Texas Press, 1979.
– Clement Eaton, *The Growth of Southern Civilization, 1790-1860*, New York, Harper Torchbooks, 1961.
– Stanley M. Elkins, *Slavery : a Problem in American Institutional and Intellectual Life*, Chicago, The University of Chicago Press, 3ᵉ éd., 1976.
– Robert W. Fogel et Stanley Engerman, *Time on the Cross*, Boston, Little, Brown & Co., 1974, 2 vol. L'ouvrage, qui a fait beaucoup de bruit, doit être lu, et sa lecture suivie par celle des critiques de Fogel et Engerman.
– Eugene Genovese, *L'Économie politique de l'esclavage*, Paris, Maspero, 1968.
– Herbert Gutman, *The Black Family in Slavery and Freedom, 1750-1925*, New York, Pantheon Books, 1976.
– Theda Perdue, *Slavery and the Evolution of Cherokee Society, 1540-1866*, Knoxville, The University of Tennessee Press, 1979. Fait découvrir l'esclavage dans le monde des Indiens Cherokees.
– Dickson J. Preston, *Young Frederick Douglass*, Baltimore, The Johns Hopkins University Press, 1980. La jeunesse d'un esclave noir, devenu l'un des leaders du mouvement abolitionniste.
– Elbert B. Smith, *The Death of Slavery. The United States, 1837-1865*, Chicago, The University of Chicago Press, 1967.

b) *Le déroulement de la guerre* suscite moins de controverses. Commencer par :
– Jacques Néré, *La Guerre de Sécession*, Paris, PUF, coll. « Que sais-je ? », 1961.

Sur le rival de Grant :
– Pierre Illiez, *L'Autorité discrète de Robert Lee. Ou les victoires manquées de la guerre de Sécession*, Paris, Librairie académique Perrin, 1981.

Sur l'histoire des États sécessionnistes :
– Emory M. Thomas, *The Confederate Nation, 1861-1865*, New York, Harper Colophon Books, 1979.
– Lynn M. Case et Warren F. Spencer, *The United States and France :*

Civil War Diplomacy, Philadelphie, University of Pennsylvania Press, nouv. éd., 1974.

Sur Lincoln :
– Stephen Oates, *Lincoln*, Paris, Fayard, 1984. Très bonne biographie.

c) *Les lendemains de la guerre* constituent la Reconstruction. Est-ce une période d'excès commis par les vainqueurs ? Ou bien y a-t-il eu une tentative de réalignement politique, dont le Sud aurait fait les frais ? Quelle a été la conséquence de l'émancipation sur la condition des Noirs ? Lire notamment :
– Eric Foner, *Nothing but Freedom. Emancipation and Its Legacy*, Baton Rouge, Louisiana State University Press, 1983.
– John Hope Franklin, *Reconstruction. After the Civil War*, Chicago, The University of Chicago Press, 1961.
– James McPherson, *Ordeal by Fire. The Civil War and Reconstruction*, New York, Alfred A. Knopf, 1982. La meilleure synthèse.
– Kenneth M. Stampp, *The Era of Reconstruction, 1865-1877*, New York, Vintage Books, 1965.
– C. Vann Woodward, *The Strange Career of Jim Crow*, New York, Oxford University Press, 1966. Comment la ségrégation raciale a été instaurée et consolidée.

4. La Frontière

Si l'ouvrage de Ray Billington demeure la référence fondamentale, d'autres livres éclairent des aspects plus précis de l'histoire de la Frontière. Par exemple :
– Liliane Crété, *La Vie quotidienne en Louisiane, 1815-1830*, Paris, Hachette, 1978.
– Liliane Crété, *La Vie quotidienne en Californie au temps de la ruée vers l'or, 1848-1856*, Paris, Hachette, 1982.
– Claude Fohlen, *La Vie quotidienne au Far West 1860-1890*, Paris, Hachette, 1974.
– Jean-Louis Rieupeyrout, *Histoire du Far West*, Paris, Tchou, 1967. Touffu, mais plein d'informations.

Sur les activités économiques de la Frontière :
– Erhing A. Erickson, *Banking in Frontier Iowa, 1836-1865*, Ames, The Iowa State University Press, 1971.

– Terry G. Jordan, *Trails to Texas. Southern Roots of Western Cattle Ranching*, Lincoln, University of Nebraska Press, 1981.

Sur la société de la Frontière :

– Don Harrison Doyle, *The Social Order of a Frontier Community. Jacksonville, Illinois, 1825-1870*, Urbana, University of Illinois Press, 1978.
– Nicholas P. Hardeman, *Shucks, Shocks and Hominy Blocks. Corn As a Way of Life in Pioneer America*, Baton Rouge, Louisiana State University Press, 1981.
– Sandra L. Myres, *Westering Women and the Frontier Experience, 1800-1915*, Albuquerque, University of New Mexico Press, 1982.

Il va de soi que les articles de Frederick J. Turner, réunis dans *La Frontière dans l'histoire des États-Unis* (Paris, PUF, 1963 ; la version américaine a paru en 1920), font comprendre l'importance de la Frontière dans l'histoire des mentalités américaines.

5. L'impérialisme et ses interprétations

Pourquoi les États-Unis sont-ils devenus en 1898 une puissance impérialiste ? Les milieux d'affaires sont-ils responsables de l'évolution ? Résulte-t-elle d'un expansionnisme que la fermeture de la Frontière ne satisferait plus ? N'est-ce que le fait du hasard ? Comment se sont exprimés les adversaires américains de l'impérialisme ? Dans quelle mesure la politique extérieure des États-Unis change-t-elle à la veille de la Première Guerre mondiale ? Voilà les questions traitées par les historiens. Pour faire le point :

– Arthur S. Link et William B. Catton, *American Epoch. A History of the United States Since the 1890's*, New York, Alfred A. Knopf, 3e éd., 1967.
– Yves-Henri Nouailhat, *Les États-Unis de 1898 à 1933. L'avènement d'une puissance mondiale*, Paris, Richelieu-Bordas, 1973.

Pour entrer dans le débat :

– Howard K. Beale, *Theodore Roosevelt and the Rise of America to World Power*, New York, Collier Books, nouv. éd., 1968.
– Foster Rhea Dulles, *America's Rise to World Power, 1898-1914*, New York, Harper & Row, nouv. éd., 1963.
– Walter La Feber, *The New Empire : an Interpretation of American Expansion, 1860-1898*, Ithaca, Cornell University Press, 1963.

– H. Wayne Morgan, *America's Road to Empire*, New York, Random House, 1965.
– Julius Pratt, *The Expansionists of 1898*, New York, Peter Smith, 1936.
– E.B. Tompkins, *Anti-Imperialism in the United States*, Philadelphie, The University of Pennsylvania Press, 1972.

Sur des aspects plus particuliers :
– Richard D. Challener, *Admirals, Generals and American Foreign Policy, 1898-1914*, Princeton, Princeton University Press, 1973.
– Jane Hunter, *The Gospel of Gentility. American Women Missionaries in Turn-of-Century China*, New Haven, Yale University Press, 1984.
– C. Roland Marchand, *The American Peace Movement and Social Reform, 1898-1918*, Princeton, Princeton University Press, 1972.

6. Le réformisme

Il a pris des formes différentes : populisme, progressisme, plus tard le New Deal. Quels sont les liens entre ces mouvements ? Il faut, pour comprendre le problème, pénétrer de plain-pied dans l'histoire sociale et lire :

– Claude Fohlen, *La Société américaine, 1865-1970*, Paris, Arthaud, 1973.
– Robert Hofstadter, *The Age of Reform*, New York, Vintage Books, 1955.
– Robert Hofstadter, *Anti-Intellectualism in American Life*, New York, Vintage Books, 1963.
– Robert Hofstadter, *The Progressive Movement, 1900-1915*, Englewood Cliffs (NJ), Prentice Hall, 1963.
– Robert Hofstadter, *Bâtisseurs d'une tradition*, Paris, Seghers, coll. « Vent d'Ouest », 1966.
– Olivier Zunz, *Naissance de l'Amérique industrielle, Detroit, 1880-1920*, Paris, Aubier, coll. « Historique », 1983.

Les textes des contemporains sont toujours significatifs. Se reporter à :

– Richard M. Abrams (ed.), *Issues of the Populist and Progressive Eras, 1892-1912*, New York, Harper & Row, 1969.

Sur le populisme :
– Margaret Canovan, *Populism*, New York, Harcourt Brace Jovanovich, 1981.

– Norman Pollack, *The Populist Response to Industrial America. Midwestern Populist Thought*, New York, W.W. Norton, 1962.

Sur les comportements politiques contre lesquels réagissent les populistes :
– John M. Dobson, *Politics in the Gilded Age. A New Perspective on Reform*, New York, Praeger, 1972.

Sur le progressisme :
– Arthur S. Link, *Woodrow Wilson and the Progressive Era, 1910-1917*, New York, Harper Torchbooks, nouv. éd., 1963.

Pour élargir les horizons :
– Henry Commager, *L'Esprit américain*, Paris, PUF, 1965.
– Ronald Creagh, *Histoire de l'anarchisme aux États-Unis d'Amérique, 1826-1886*, Grenoble, La Pensée sauvage, 1981.
– Ronald Creagh, *Laboratoires de l'utopie. Les communautés libertaires aux États-Unis*, Paris, Payot, 1983.
– Harold U. Faulkner, *The Quest for Social Justice, 1898-1914*, Chicago, Quadrangle Books, nouv. éd., 1971.
– James T. Patterson, *America's Struggle Against Poverty, 1900-1980*, Cambridge (Mass.), Harvard University Press, 1981.
– Henry Pelling, *Le Mouvement ouvrier aux États-Unis*, Paris, Seghers, coll. « Vent d'Ouest », 1965.

7. La Première Guerre mondiale et les années vingt

Sur l'entrée en guerre des États-Unis et leur participation au conflit :
– Edward M. Coffman, *The War to End All Wars. The American Military Experience in World War I*, New York, Oxford University Press, 1968.
– Jean-Baptiste Duroselle, *De Wilson à Roosevelt. La politique extérieure des États-Unis, 1913-1945*, Paris, Armand Colin, 1960.
– Frank Freidel, *Over There. The Story of America's First Great Overseas Crusade*, Boston, Little, Brown & Co., 1964.
– André Kaspi, *Le Temps des Américains. Le concours américain à la France, 1917-1918*, Paris, Publications de la Sorbonne, 1976.
– Yves-Henri Nouailhat, *Les Américains à Nantes et à Saint-Nazaire, 1917-1919*, Paris, Les Belles Lettres, 1972.
– Yves-Henri Nouailhat, *France et États-Unis, août 1914-avril 1917*, Paris, Publications de la Sorbonne, 1979.

– Carl P. Parrini, *Heir to Empire : United States Economic Diplomacy, 1916-1923*, Pittsburgh, University of Pittsburgh Press, 1969.
– Frederic Paxson, *American Democracy and the World War*, Boston, Houghton Mifflin, 1939.
– Peter W. Slosson, *The Great Crusade and After, 1914-1928*, Chicago, Quadrangle Books, nouv. éd., 1970. Une histoire de la vie quotidienne.

Les années vingt sont marquées en premier lieu par une forte expansion économique. Sur ce thème :
– Louis R. Franck, *Histoire économique et sociale des États-Unis de 1919 à 1949*, Paris, Aubier, 1950. Ouvrage un peu vieilli.
– Jim Potter, *The American Economy Between the World Wars*, New York, John Wiley & Sons, 1974. Excellent.
– George Soule, *Prosperity Decade : From War to Depression, 1917-1929*, New York, Harper Torchbooks, nouv. éd., 1968.

Sur l'atmosphère de l'époque :
– William H. Chafe, *The American Woman. Her Changing Social, Economic and Political Roles, 1920-1970*, New York, Oxford University Press, 1972.
– André Kaspi, *La Vie quotidienne aux États-Unis au temps de la prospérité, 1919-1929*, Paris, Hachette, 1980.
– George E. Mowry et Blaine A. Brownell, *The Urban Nation, 1920-1980*, New York, Hill & Wang, nouv. éd., 1981.
– André Siegfried, *Les États-Unis d'aujourd'hui*, Paris, Armand Colin, nouv. éd., 1948. De bonnes observations, même s'il faut lire le livre avec esprit critique.

Sur l'histoire politique :
– Selig Adler, *The Uncertain Giant, 1921-1941. American Foreign Policy Between the Wars*, New York, Collier Books, 1969.
– John D. Hicks, *Republican Ascendancy, 1921-1933*, New York, Harper Torchbooks, 1963.

Sur la vie culturelle :
– Eric Lipmann, *L'Amérique de George Gershwin*, Paris, Messine, 1983.
– Michel Terrier, *Le Roman américain, 1914-1945*, Paris, PUF, coll. « Monde anglophone », 1979.

8. Franklin D. Roosevelt, le New Deal et la Seconde Guerre mondiale

a) *Sur Roosevelt*, la meilleure biographie est celle de Frank Freidel, *Franklin D. Roosevelt* (4 volumes parus jusqu'à ce jour ; le dernier traite des débuts du New Deal), Boston, Little, Brown & Co., 1952-1973. On complétera avec :
– James McGregor Burns, *Roosevelt*, New York, Harcourt Brace Jovanovich, 1956-1970, 2 vol.
   Ne pas oublier le rôle tenu par Eleanor Roosevelt :
– Joseph P. Lash, *Eleanor and Franklin*, New York, A Signet Book, 1973.
– J. William T. Young, *Eleanor Roosevelt. A Personal and Public Life*, Boston, Little, Brown & Co., 1985.

b) *Pour saisir l'importance du New Deal*, il faut s'interroger sur l'ampleur et les origines de la crise et de la dépression :
– Jean Heffer, *La Grande Dépression. Les États-Unis en crise, 1929-1933*, Paris, Gallimard-Julliard, coll. « Archives », 1976.

   Puis suivre de près la politique ou les politiques de Roosevelt :
– Denise Artaud, *Le New Deal*, Paris, Armand Colin, coll. « U 2 », 1969.
– Paul K. Conkin, *The New Deal*, New York, Thomas Y. Crowell, 1967.
– Claude Fohlen, *L'Amérique de Roosevelt*, Paris, Imprimerie nationale, 1982.
– William E. Leuchtenburg, *Franklin D. Roosevelt and the New Deal*, New York, Harper Torchbooks, 1963.
– Dexter Perkins, *The New Age of Franklin Roosevelt, 1932-1945*, Chicago, The University of Chicago Press, 1956.

   Les États-Unis de la dépression sont décrits dans :
– Irving Bernstein, *The Lean Years. A History of the American Worker, 1920-1933*, Boston, Houghton Mifflin, 1960.
– Broadus Mitchell, *Depression Decade. From New Era Through New Deal, 1929-1941*, New York, Harper Torchbooks, 1947.
– Roland Tissot, *L'Amérique et ses peintres, 1908-1978. Essai de typologie artistique*, Lyon, Presses universitaires de Lyon, 1980.
– Dixon Wecter, *The Age of the Great Depression, 1929-1941*, New York, New Viewpoints, nouv. éd., 1975.

c) *Sur la Seconde Guerre mondiale*, l'étude la plus claire est celle de :

– Robert Dallek, *Franklin D. Roosevelt and American Foreign Policy, 1932-1945*, New York, Oxford University Press, 1979.

Pour entrer dans l'analyse serrée des faits et des interprétations :
– Robert A. Divine, *The Reluctant Belligerent. American Entry Into World War II*, New York, John Wiley & Sons, 1965.
– William L. Langer et S. Everett Gleason, *The Challenge to Isolation, 1937-1940*, New York, Harper & Brothers, 1952-1953, 2 vol. Utile mais un peu vieilli.
– Arnold A. Offner (ed.), *America and the Origins of World War II*, Boston, Houghton Mifflin, 1971.

Les liens entre la situation internationale et la politique intérieure sont étudiés dans :
– Robert A. Divine, *Foreign Policy and US Presidential Elections, 1940-1948*, New York, Viewpoints, 1974.

Enfin, pour la période 1941-1945, lire :
– John Morton Blum, *V Was for Victory. Politics and American Culture During World War II*, New York, Harcourt Brace Jovanovich, 1976.
– Lee Kennett, *For the Duration. The United States Goes to War. Pearl Harbor, 1942*, New York, Charles Scribner's Sons, 1985.
– Richard R. Lingeman, *Don't You Know There Is a War On ? The American Home Front, 1941-1945*, New York, Paperback Library, 1970.
– Gaddis Smith, *American Diplomacy During the Second World War, 1941-1945*, New York, John Wiley & Sons, 1965.
– David S. Wyman, *The Abandonment of the Jews. America and the Holocaust, 1941-1945*, New York, Pantheon Books, 1984. Fondamental sur un sujet très controversé.

LA MATURITÉ (1945-1964)

1. Vue d'ensemble sur l'histoire de la période

– James Gilbert, *Another Chance. Postwar America, 1945-1968*, New York, Alfred A. Knopf, 1981.
– Eric F. Goldman, *The Crucial Decade and After, 1945-1960*, New

York, Vintage Books, 1960. Ouvrage dépassé sur bien des aspects, mais très vivant et toujours suggestif.
– Alonzo Hamby, *The Imperial Years. The US Since 1939*, New York, Longman, 1976.
– Frederick F. Siegel, *Troubled Journey. From Pearl Harbor to Ronald Reagan*, New York, Hill & Wang, 1984. Intéressant par l'originalité de la réflexion.

Des témoignages, des chroniques sont indispensables, comme :
– Godfrey Hodgson, *America in Our Time. From World War II to Nixon. What Happened and Why*, New York, Vintage Books, 1976.
– Landon Y. Jones, *Great Expectations. America and the Baby Boom Generation*, New York, Ballantine Books, 1981.
– Claude Julien, *Le Nouveau Nouveau Monde*, Paris, Julliard, 1960, 2 vol. Témoignage ancien, mais encore instructif.
– Theodore White, *A la quête de l'histoire*, Paris, Stanké, 1979. Un des plus grands journalistes américains se penche sur l'histoire récente de son pays.
– Theodore White, *America in Search of Itself. The Making of the President, 1956-1980*, New York, Warner Books, 1982.

2. La vie politique

La présidence et les présidents font l'objet de nombreuses études. Par exemple :
– Stephen E. Ambrose, *Eisenhower*, New York, Simon & Schuster, 1983-1984, 2 vol. Renouvelle la biographie d'Ike.
– Bert Cochran, *Harry Truman and the Crisis Presidency*, New York, Funk & Wagnalls, 1973.
– Peter Collier et David Horowitz, *Les Kennedy*, Paris, Payot, 1985.
– Robert A. Divine, *Eisenhower and the Cold War*, New York, Oxford University Press, 1981.
– Robert H. Ferrell, *Harry Truman and the Modern American Presidency*, Boston, Little, Brown & Co., 1983.
– Lawrence Fuchs, *Les Catholiques américains avant et après Kennedy*, Paris, Alsatia, 1969.
– Stephen Hess, *Organizing the Presidency*, Washington (DC), The Brookings Institution, 1976.
– André Kaspi, *Kennedy*, Paris, Masson, 1978.

Ne pas oublier l'entourage présidentiel ou des personnalités qui ont tenu une place primordiale :

– Warren I. Cohen, *Dean Rusk*, Totowa (NJ), Cooper Square Publishers, 1980.
– George F. Kennan, *Memoirs*, New York, Bantam Books, 1969. Remarquablement écrits, solides et indispensables.
– William Manchester, *American Caesar. Douglas MacArthur, 1880-1964*, Boston, Little, Brown & Co., 1978.
– Stephen B. Oates, *Let the Trumpet Sound. The Life of Martin Luther King, Jr.*, New York, Plume Books, 1982.

Sur les forces politiques et les évolutions :
– Charles C. Alexander, *Holding the Line : the Eisenhower Era, 1952-1961*, Bloomington, Indiana University Press, 1975.
– V.O. Key, *Politics, Parties and Pressure Groups*, New York, Thomas Y. Crowell, 5ᵉ éd., 1964. Un classique de la science politique américaine.
– Seymour Martin Lipset (ed.), *Emerging Coalitions in American Politics*, San Francisco, California Institute for Contemporary Studies, 1978.
– Allen J. Matusow, *The Unraveling of America : a History of Liberalism in the 1960's*, New York, Harper & Row, 1984. La première histoire sérieuse des années soixante.
– Norman H. Nie, Sydney Verba et John Petrocik, *The Changing American Voter*, Cambridge (Mass.), Harvard University Press, éd. augmentée, 1979. Analyse méthodiquement les comportements électoraux.

3. Économie et société

Sur les transformations économiques des États-Unis :
– Richard J. Barber, *Le Pouvoir américain. Les grandes sociétés, leur organisation, leur puissance politique*, Paris, Stock, 1972.
– Jean-Marie Chevalier, *La Structure financière de l'industrie américaine et le Problème du contrôle dans les grandes sociétés américaines*, Paris, Cujas, 1970.
– Jean Denizet, *Le Dollar. Histoire du système monétaire international depuis 1945*, Paris, Fayard, 1985.
– Gérard Dorel, André Gauthier et Alain Reynaud, *Les États-Unis*, Paris, Bréal, t. 2, 1982. Avec quelquefois un préjugé défavorable sur les États-Unis, mais beaucoup d'informations.
– Jean Rivière, *Le Monde des affaires aux États-Unis*, Paris, Armand Colin, coll. « U Prisme », 1973.

Sur l'évolution de la société et les politiques sociales :
– June Axinn et Herman Levin, *Social Welfare. A History of the American Response to Need*, New York, Dodd & Mead, 1975.
– Charles Murray, *Losing Ground. American Social Policy, 1950-1980*, New York, Basic Books, 1984.
– James L. Sunquist, *Politics and Policy. The Eisenhower, Kennedy and Johnson Years*, Washington (DC), The Brookings Institution, 1968.

Ne pas oublier l'ouvrage de James Patterson déjà cité.

Sur les minorités ethniques et notamment sur la communauté noire :
– Catherine A. Barnes, *Journey From Jim Crow. The Desegregation of Southern Transit*, New York, Columbia University Press, 1983.
– Rachel Ertel, Geneviève Fabre et Élise Marienstras, *En marge. Les minorités aux États-Unis*, Paris, Maspero, 1971.
– Harvard Sitkoff, *The Struggle for Black Equality, 1954-1980*, New York, Hill & Wang, 1981.
– J. Harvie Wilkinson, *From Brown to Bakke. The Supreme Court and School Integration, 1954-1978*, New York, Oxford University Press, 1979.

Sur le mode de vie américain :
– Will Herberg, *Protestant, Catholic, Jew. An Essay in American Religious Sociology*, Garden City (NY), Doubleday & Co., nouv. éd., 1960.
– Christophe Jencks et David Riesman, *The Academic Revolution*, Garden City (NY), Doubleday & Co., 1969.
– C. Wright Mills, *Les Cols blancs. Essai sur les classes moyennes américaines*, Paris, Le Seuil, coll. « Points », 1966.
– Jessica Mitford, *The American Way of Death*, New York, Simon & Schuster, 1963.
– William H. Whyte, *The Organization Man*, Garden City (NY), Doubleday & Co., 1957.

4. La politique étrangère

Les synthèses ne manquent pas :
– Stephen E. Ambrose, *Rise to Globalism, 1938-1970*, New York, Penguin Books, coll. « The Pelican History of the United States », 1971.

– Raymond Aron, *République impériale. Les États-Unis dans le monde, 1945-1972*, Paris, Calmann-Lévy, 1973.
– Denise Artaud, *La Fin de l'innocence*, Paris, Armand Colin, 1985.
– William R. Keylor, *The Twentieth-Century World. An International History*, New York, Orford University Press, 1984. Ouvrage récent et très utile.
– Pierre Mélandri, *La Politique extérieure des États-Unis de 1945 à nos jours*, Paris, PUF, coll. « L'historien », 1982.

Des ouvrages qui abordent des thèmes plus précis :
– Edgar M. Bottome, *The Balance of Terror. A Guide to the Arms Race*, Boston, Beacon Press, 1971.
– Robert A. Divine, *Since 1945. Politics and Diplomacy in Recent American History*, New York, John Wiley & Sons, 1975.
– Stanley Hoffmann, *Gulliver empêtré. Essai sur la politique étrangère des États-Unis*, Paris, Le Seuil, 1971.

Sur le débat qui concerne les deux explosions atomiques de 1945, se reporter aux ouvrages cités p. 400-401 et lire :
– Claude Delmas, *La Bombe atomique*, Bruxelles, Complexe, 1985.
– Gregg Herken, *The Winning Weapon. The Atomic Bomb in the Cold War, 1945-1950*, New York, Alfred A. Knopf, 1980.

La querelle sur les origines de la guerre froide est fort bien présentée dans :
– Pierre Barral, *Il y a trente ans, la guerre froide*, Paris, Armand Colin, 1984.

Sur l'aggravation des tensions en Europe :
– Thomas T. Hammond (ed.), *Witnesses to the Origins of the Cold War*, Seattle, University of Washington Press, 1982.
– Marc Hillel, *Vie et Mœurs des GI's en Europe, 1942-1947*, Paris, Balland, 1981.

Sur les relations avec l'Europe occidentale :
– Hadley Arkes, *Bureaucracy, the Marshall Plan and the National Interest*, Princeton, Princeton University Press, 1972.
– Alfred Grosser, *Les Occidentaux. Les pays d'Europe et les États-Unis depuis la guerre*, Paris, Fayard, 1978.
– Lawrence S. Kaplan et Robert W. Clawson (ed.), *Nato After Thirty Years*, Wilmington, Scholarly Resources, 1981.
– Pierre Mélandri, *Les États-Unis face à l'unification de l'Europe, 1945-1954*, Paris, Pédone, 1980.

– Pierre Mélandri, *L'Alliance atlantique*, Paris, Gallimard-Julliard, coll. « Archives », 1979.

Sur divers théâtres d'opérations :
– Bruce Cumings, *The Origins of the Korean War. Liberation and the Emergence of Separate Regimes, 1945-1947*, Princeton, Princeton University Press, 1981.
– Robert A. Packenham, *Liberal America and the Third World. Political Development Ideas in Foreign Aid and Social Science*, Princeton, Princeton University Press, 1973.
– Lawrence S. Wittner, *American Intervention in Greece, 1943-1949*, New York, Columbia University Press, 1982.

5. Le maccarthysme

Ce thème, d'une ampleur considérable, conduit à étudier la personnalité du sénateur Joseph McCarthy, les forces qui l'ont soutenu, les origines du courant d'idées auquel il a donné son nom, les effets sur la société et la politique étrangère des États-Unis. C'est dire la place qu'il occupe dans l'histoire des États-Unis des années cinquante.

– David Caute, *The Great Fear. The Anti-Communist Purge Under Truman and Eisenhower*, New York, Simon & Schuster, 1978. Capital pour comprendre le phénomène maccarthyste.
– Richard M. Fried, *Men Against McCarthy*, New York, Columbia University Press, 1976.
– Richard H. Rovere, *Senator McCarthy*, New York, Harcourt Brace Jovanovich, 1959. Ouvrage ancien qui apporte beaucoup sur la personnalité du sénateur.
– Athan Theoharis, *Seeds of Repression. Harry S. Truman and the Origins of McCarthyism*, New York, Quadrangle Books, 1971. Étude très poussée sur les responsabilités du président Truman.
– Marie-France Toinet, *La Chasse aux sorcières*, Bruxelles, Complexe, 1984. Aborde les problèmes principaux.

Sur l'influence du maccarthysme :
– John G. Adams, *Without Precedent. The Story of the Death of McCarthyism*, New York, W.W. Norton, 1983.
– Michal R. Belknap, *Cold War Political Justice. The Smith Act, the Communist Party and American Civil Liberties*, Westport, Greenwood Press, 1977.
– Donald F. Crosby, S.J., *God, Church and Flag. Senator Joseph R.*

McCarthy and the Catholic Church, 1950-1957, Chapel Hill, The University of North Carolina Press, 1978.
– Richard M. Freeland, *The Truman Doctrine and the Origins of McCarthyism. Foreign Policy, Domestic Politics, and Internal Security, 1946-1948*, New York, Alfred A. Knopf, 1975.
– Stanley I. Kutler, *The American Inquisition. Justice and Injustice in the Cold War*, New York, Hill & Wang, 1982.
– Victor S. Navasky, *Naming Names*, New York, The Viking Press, 1980.

Sur deux affaires célèbres :
– Allen Weinstein, *Perjury. The Hiss-Chambers Case*, New York, Alfred A. Knopf, 1978.
– Ronald Radosh et Joyce Milton, *Dossier Rosenberg*, Paris, Hachette, coll. « Documents », 1985.

6. Sur la vie culturelle et ses changements

– Eric Barnouw, *Tube of Plenty. The Evolution of American Television*, New York, Oxford University Press, 1975.
– Irving Louis Horowitz, *Ideology and Utopia in the United States, 1956-1976*, New York, Oxford University Press, 1977.
– Warren I. Susman, *Culture As History. The Transformation of American Society in the Twentieth Century*, New York, Pantheon Books, 1973.

LES DOUTES ET LES INCERTITUDES
(1964-1985)

Pour les vingt années les plus récentes de l'histoire des États-Unis, les ouvrages historiques se font rares. C'est pourquoi il faut utiliser *Congress and the Nation* (t. 1, 1945-1964 ; t. 2, 1965-1968 ; t. 3, 1969-1972 ; t. 4, 1973-1976 ; t. 5, 1977-1980), une excellente publication du Congressional Quarterly qui reprend les principaux articles parus dans les *Congressional Quarterly Weekly Reports*.

1. Vue d'ensemble

– Gérard Dorel, *Agriculture et Grandes Entreprises aux États-Unis*, Paris, Économica, 1985. Étude irremplaçable sur un secteur clé de l'économie américaine.
– Robert Hargreaves, *Superpower. A Portrait of America in the 70's*, New York, Saint Martin's Press, 1973.
– Léo Sauvage, *Les Américains. Enquête sur un mythe*, Paris, Marabout, 1984. Ouvrage épais, qui aborde tous les sujets, sans esprit de synthèse, mais en apportant au lecteur beaucoup d'informations et le témoignage du journaliste observateur.

2. La « Grande Société » et la politique du Welfare

– Henry L. Aaron, *Politics and the Professors. The Great Society in Perspective*, Washington (DC), The Brookings Institution, 1978. Le rôle des experts universitaires dans l'élaboration des programmes de la « Grande Société ».
– Marie-Christine Granjon, *L'Amérique de la contestation. Les années soixante aux États-Unis*, Paris, Presses de la Fondation nationale des sciences politiques, 1985. Une bonne synthèse sur les multiples mouvements qui ont marqué de leur empreinte les États-Unis de la guerre du Viêt-nam.
– Doris Kearns, *Lyndon Johnson and the American Dream*, New York, Harper & Row, 1976. Ou comment une jeune universitaire libérale s'est prise de sympathie pour un Johnson vieilli, déçu et avide de se justifier devant l'histoire. Passionnant.
– Manuela Semidei, *Les Contestataires aux États-Unis*, Paris, Casterman, 1973. Une étude encore intéressante.
– US Riot Commission Report, *Report of the National Advisory Commission on Civil Disorders*, New York, Bantam Books, 1968. Décrit et tente d'interpréter les émeutes urbaines des années 1965-1967.
– Milton Viorst, *Fire in the Streets. America in the 1960's*, New York, Simon & Schuster, 1979. L'enquête d'un journaliste qui a interviewé les principaux responsables du mouvement contestataire.

Sur le mouvement des femmes :
– Ginette Castro, *Radioscopie du féminisme américain*, Paris, Presses

de la Fondation nationale des sciences politiques, 1984. Très bonne mise au point.
- Claire Masnata-Rubattel, *La Révolte des Américaines*, Paris, Aubier, coll. « USA », 1972. Utile pour les années soixante.
- Brigitte Ouvry-Vial, *Femmes made in USA*, Paris, Autrement, coll. « Ciel ouvert », 1984. S'intéresse aux problèmes d'aujourd'hui.

Sur les Indiens :
- Vine Deloria, *Custer Died for Your Sins. An Indian Manifesto*, New York, Avon Books, 1970. Pour connaître l'essentiel des revendications indiennes.
- Joëlle Rostkowski, *Le Renouveau indien aux États-Unis*, Paris, L'Harmattan, 1986.
- Stan Steiner, *The New Indian,* New York, Delta Books, 1968.

Sur la révolution des droits :
- Jean Cazemajou et Jean-Pierre Martin, *La Crise du melting-pot. Ethnicité et identité aux États-Unis de Kennedy à Reagan*, Paris, Aubier, coll. « USA », 1983. Solide et objectif.
- Stephen Crystal, *America's Old Age Crisis. Public Policy and the Two Worlds of Aging,* New York, Basic Books, 1982. Sur le rôle croissant des personnes âgées dans la société américaine.
- Editorial Research Reports, *The Rights Revolution,* Washington (DC), Congressional Quarterly, 1978.
- Stephen Steinberg, *The Ethnic Myth. Race, Ethnicity and Class in America*, Boston, Beacon Press, 1981. La réaction contre le poids de l'ethnicité.

Sur les changements de la société :
- Nathan Glazer, *Affirmative Discrimination. Ethnic Inequality and Public Policy*, New York, Basic Books, 1978. Les réactions d'un néo-conservateur à l'endroit de « l'action positive ».
- Stephen Goode, *The Controversial Court. Supreme Court Influences on American Life*, New York, Julian Messner, 1982.
- David Halberstam, *Le pouvoir est là,* Paris, Fayard, 1980. L'évolution des médias depuis les années soixante. Un peu long et touffu, mais mérite d'être lu.
- Christopher Lasch, *The Culture of Narcissism. American Life in an Age of Diminishing Expectations*, New York, Warner Books, 1979. Le déclin du libéralisme et la montée d'un égoïsme narcissique.

3. La guerre du Viêt-nam

Il faut commencer par lire, ou du moins parcourir :
– *The Pentagon Papers* (publiés dans le *New York Times*), New York, Bantam Books, 1971. Les principaux documents sur l'engagement américain au Viêt-nam.

Puis :
– Lawrence M. Baskir et William A. Strauss, *Chance and Circumstance. The Draft, the War and the Vietnam Generation*, New York, Vintage Books, 1978. Sur la résistance à la conscription.
– Walter Capps, *The Unfinished War. Vietnam and the American Conscience*, Boston, Beacon Press, 1982. L'influence de la guerre du Viêt-nam sur les mentalités américaines.
– Robert W. Chandler, *War of Ideas : the US Propaganda Campaign in Vietnam*, Boulder (Colorado), Westview Press, 1981. La guerre psychologique, ses réussites et ses échecs.
– Cincinnatus, *Self-Destruction. The Disintegration and Decay of the United States Army During the Vietnam Era*, New York, W.W. Norton, 1981. Les réflexions d'un militaire américain, qui préfère conserver l'anonymat, sur l'armée américaine au Viêt-nam, ses faiblesses et ses mutations.
– David Halberstam, *On les disait les meilleurs et les plus intelligents*, Paris, Laffont-Hachette, 1974. Comment les libéraux des années soixante se sont laissé engluer dans le conflit indochinois.
– George C. Herring, *America's Longest War. The United States and Vietnam, 1950-1975*, New York, Alfred A. Knopf, 1979. La meilleure étude historique jusqu'à ce jour sur la guerre du Viêt-nam.
– Stanley Karnow, *Vietnam*, Paris, Presses de la Cité, 1983. Le témoignage d'un journaliste américain.
– Guenter Lewy, *America in Vietnam*, New York, Oxford University Press, 1978. De très utiles réflexions et d'indispensables précisions sur la participation des Américains à la guerre du Viêt-nam, avec le parti pris de défendre les États-Unis.
– Archimedes L.A. Patti, *Why Viet Nam ? Prelude to America's Albatross*, Berkeley, University of California Press, 1980. Un témoin raconte que ce fut l'attitude des Américains en Indochine à la fin de la Seconde Guerre mondiale.
– Al Santoli, *Everything We Had. An Oral History of the Vietnam War by Thirty-Three American Soldiers Who Fought It*, New York, Random

House, 1981. Un recueil de témoignages, comme on en publie de plus en plus.

4. Les États-Unis et le monde

Difficile de faire le tri entre le médiocre et l'excellent, car les sources d'informations sont encore incomplètes. Voici, toutefois, des titres d'ouvrages qui rendront service :
– Marc Aicardi de Saint-Paul, *La Politique africaine des États-Unis. Mécanismes et conduite*, Paris, Économica, 1984.
– James Chace, *Solvency. The Price of Survival. An Essay on American Foreign Policy*, New York, Random House, 1981.
– Peter Duignan et L.H. Gann, *The United States and Africa. A History*, New York, Cambridge University Press, 1984. Très utile pour une vision globale des relations entre les États-Unis et l'Afrique.
– Georges Fischer, *Les États-Unis et le Canal de Panama,* Paris, L'Harmattan, 1979.
– Thomas M. Franck et Edward Weisband, *Foreign Policy by Congress*, New York, Oxford University Press, 1979. Le rôle nouveau du Congrès dans l'élaboration et le contrôle de la politique étrangère. Un des effets de la guerre du Viêt-nam.
– Edward Bernard Glick, *The Triangular Connection : America, Israel and American Jews*, Londres, George Allen & Unwin, 1982. Sur un sujet souvent abordé et mal connu.
– Seymour M. Hersh, *Kissinger, the Price of Power. Henry Kissinger in the Nixon White House*, Boston, Faber & Faber, 1983. Un journaliste américain fait de son mieux pour nuire à l'image de marque de Kissinger.
– Henry Kissinger, *A la Maison-Blanche, 1969-1973,* et *Les Années orageuses, 1973-1977,* Paris, Fayard, 1979-1982, 4 vol. Un interminable et solide plaidoyer.
– Pierre Milza, *Le Nouveau Désordre mondial*, Paris, Flammarion, 1983. Une très bonne étude des relations internationales dans les années soixante-dix.
– Richard Nixon, *Plus jamais de Vietnams,* Paris, Albin Michel, 1985. L'ancien président des États-Unis livre à ses lecteurs des réflexions sur la guerre du Viêt-nam, qui ne manquent pas d'intérêt.
– Kenneth A. Oye, Donald Rothchild, Robert J. Lieber (ed.), *Eagle Entangled. US Foreign Policy in a Complex World*, New York, Longman, 1979. Une série d'études sur la politique étrangère des États-Unis depuis la fin de la guerre du Viêt-nam.

– William Shawcross, *Une tragédie sans importance. Kissinger, Nixon et l'anéantissement du Cambodge*, Paris, Balland-France Adel, 1979. Un réquisitoire contre la politique américaine au Cambodge en 1969-1972.
– Anne de Tinguy, *USA-URSS. La détente*, Bruxelles, Complexe, 1985.

5. L'évolution des attitudes politiques

– David M. Abshire et Ralph D. Nurnberger (ed.), *The Growing Powers of Congress*, Beverly Hills et Londres, Sage Publications, 1981.
– Nicole Bernheim, *Les Années Reagan*, Paris, Stock, 1984. Une journaliste française qui connaît bien les États-Unis et, de toute évidence, n'aime pas Ronald Reagan.
– Michel Crozier, *Le Mal américain*, Paris, Fayard, 1980.
– Elizabeth Drew, *Portrait of an Election. The 1980 American Presidential Campaign*, Londres et Hentley, Routledge & Kegan Paul, 1981.
– Jacqueline Grapin, *Radioscopie des États-Unis. De la chute de Saigon à la prise de Kaboul*, Paris, Calmann-Lévy, 1980.
– Jacqueline Grapin, *Forteresse America*, Paris, Grasset, 1984.
– André Kaspi, *Le Watergate, 1972-1974*, Bruxelles, Complexe, 1983.
– Steven F. Lawson, *In Pursuit of Power. Southern Blacks and Electoral Politics, 1965-1982*, New York, Columbia University Press, 1985. Une évolution qui a transformé les conditions de la vie politique dans le Sud.
– William Lee Miller, *Jimmy Carter. L'homme et ses croyances*, Paris, Économica, 1980. Un portrait un peu flatteur.
– Kevin P. Phillips, *Post-Conservative America. People, Politics and Ideology in a Time of Crisis*, New York, Random House, 1981. Par un excellent connaisseur du monde politique.
– Neal R. Pierce et Lawrence D. Longley, *The People's President. The Electoral College and the Direct Vote Alternative*, New Haven, Yale University Press, 1981. Peut-on changer le mode d'élection du président des États-Unis ?
– Gerald Pomper (ed.), *The Election of 1976. Reports and Interpretations*, New York, David McKay, 1977.
– Arthur M. Schlesinger, *La Présidence impériale*, Paris, PUF, 1976. La présidence mise en accusation à la fin de la guerre du Viêt-nam et pendant la crise du Watergate.
– Hedrick Smith, Adam Clymer, Leonard Silk, Robert Lindsey,

Richard Burt, *Reagan, the Man, the President*, New York, Macmillan, 1980. Des journalistes s'interrogent sur la personnalité et les idées politiques du président.

– Guy Sorman, *La Révolution conservatrice américaine*, Paris, Fayard, 1983. Beaucoup d'observations qui semblent justes, mais une tendance à exagérer l'originalité du phénomène Reagan.

– Marie-France Toinet, *Le Congrès des États-Unis*, Paris, PUF, coll. « Le politique », 1972.

Index

Chronologie

La maturité
(1945-1964)

1945 *16 juillet* : Premier essai atomique à Alamogòrdo (Nouveau-Mexique).
17 juillet - 2 août : Conférence de Potsdam (Staline, Truman, Churchill que remplace Attlee).
6 août : Bombardement atomique d'Hiroshima.
9 août : Bombardement atomique de Nagasaki.
21 août : Fin du prêt-bail.
2 septembre : Capitulation du Japon.
Décembre : Le général Marshall part en mission pour la Chine.

1946 *Juin-novembre* : Débat sur la fin du contrôle des prix.
4 novembre - 12 décembre : Mise au point des traités de paix avec les alliés de l'Allemagne nazie.

1947 *12 mars* : Annonce de la doctrine Truman.
22 mars : Programme de contrôle de loyauté pour les fonction-naires fédéraux.
5 juin : Le secrétaire d'État, George Marshall, propose le plan (qui porte son nom) à l'université Harvard.
23 juin : Loi Taft-Hartley.
26 juillet : Création du Conseil national de sécurité (National Security Council, NSC).
Novembre-décembre : Échec de la conférence de Londres sur la question allemande.

1948   *Juin* : Révision de la loi sur le service militaire.
        24 juin : Début du blocus de Berlin.

1949   *20 janvier* : Le président Truman annonce son plan d'aide aux
        pays sous-développés (point 4).
        4 avril : Signature du pacte de l'Atlantique Nord.
        Mai : Fin du blocus de Berlin.
        Septembre : Première explosion atomique en Union sovié-
        tique.
        14 octobre : Verdicts de culpabilité à l'encontre des leaders
        communistes, accusés en fonction de la loi Smith.
        8 décembre : Tchang Kaï-chek s'enfuit à Formose.

1950   *Janvier* : Dean Acheson, le secrétaire d'État, définit le péri-
        mètre de défense des États-Unis, qui ne comprend pas la
        Corée.
        21 janvier : Alger Hiss condamné à cinq ans de prison.
        9 février : Le sénateur Joseph McCarthy prononce son dis-
        cours de Wheeling (Virginie-Occidentale).
        25 juin : Les troupes nord-coréennes franchissent le 38e
        parallèle.
        23 septembre : Loi McCarran.
        26 novembre : Intervention des troupes de la Chine populaire
        dans la guerre de Corée.
        William Faulkner, Prix Nobel de littérature.

1951   *2 avril* : Le général Eisenhower, commandant en chef des
        troupes de l'OTAN, s'installe à Paris.
        11 avril : Limogeage du général MacArthur.
        18 juillet : Ouverture des pourparlers en Corée.
        8 septembre : Signature du traité de paix avec le Japon.

1952   *8 avril* : Le président Truman « fédéralise » les usines sidérur-
        giques.
        2 août : Fin de l'occupation militaire de la république fédérale
        d'Allemagne. Les troupes alliées restent sur le territoire
        ouest-allemand au titre de forces de l'OTAN.
        1er novembre : Explosion d'une bombe à hydrogène à Eni-
        wetok.
        Décembre : Le général Eisenhower, nouvellement élu prési-
        dent des États-Unis, se rend en Corée.

1953   *27 juillet* : Armistice de Panmunjom en Corée.
        20 août : Première bombe thermonucléaire de l'Union sovié-
        tique.

1954   *1er mars* : Essai thermonucléaire de Bikini.
       Avril-juin : Audition des témoins au Sénat à propos des accusations de McCarthy contre l'armée.
       Mai-juin : Intervention au Guatemala des forces soutenues par la CIA.
       17 mai : Arrêt de la Cour suprême sur la déségrégation scolaire (*Brown v. Board of Education of Topeka*).
       8 septembre : Signature du pacte de l'OTASE.
       Ernest Hemingway, Prix Nobel de littérature.

1955   *15 mai* : Signature du traité de paix avec l'Autriche.
       18-23 juillet : Rencontre à Genève entre Eisenhower et Boulganine.
       5 décembre : Fusion de l'AFL et du CIO.

1956   *Octobre-novembre* : Le président Eisenhower stoppe l'intervention anglo-française sur le canal de Suez.
       Sortie du film *Géant*.

1957   *5 janvier* : Définition de la doctrine Eisenhower.
       24 septembre : Intervention fédérale à Little Rock, Arkansas.
       4 octobre : Lancement du Spoutnik.
       Sortie de deux films, *Les Dix Commandements* et *Le Tour du monde en 80 jours*.

1958   *31 janvier* : Premier satellite américain dans l'espace.
       31 mars : L'Union soviétique puis les États-Unis suspendent leurs essais nucléaires.
       Mai : Crise au Liban et débarquement des *marines* à la demande du gouvernement libanais.
       Sortie du film *Le Pont sur la rivière Kwaï*.

1959   *Juillet* : Visite à Moscou du vice-président Nixon. Débat télévisé Nixon-Khrouchtchev dans la cuisine-modèle de l'exposition américaine.
       13 septembre : Un vaisseau spatial soviétique non habité atteint la lune.
       Septembre : Visite de Khrouchtchev aux États-Unis.

1960   *Mai* : Incident de l'avion-espion U 2, piloté par Gary Powers.
       30 juin : Guerre civile dans l'ex-Congo belge.
       20 juillet : Premier lancement de missiles à partir d'un sous-marin Polaris.
       Septembre-octobre : Débats télévisés Nixon-Kennedy.

1961   *Avril* : Débarquement anti-castriste dans la baie des Cochons.
        Août : Construction du mur de Berlin.
        Décembre : Promesse d'aide américaine au Viêt-nam du Sud.

1962   John Steinbeck, Prix Nobel de littérature.
        Avril : Crise entre les sidérurgistes et le gouvernement fédéral.
        Octobre : Intervention fédérale à Oxford, à l'université du Mississippi.
        Crise des fusées à Cuba.

1963   *Avril-mai* : Manifestations pour les droits civiques à Birmingham (Alabama).
        Août : Signature du traité américano-soviétique interdisant les essais nucléaires non souterrains.
        Septembre : Abaissement des impôts.
        1er novembre : Assassinat à Saigon de Ngo Dinh Diem.
        22 novembre : Assassinat à Dallas de John F. Kennedy.
        24 novembre : Assassinat de Lee Harvey Oswald.

1964   *Janvier* : Suppression par amendement à la Constitution de la taxe sur les élections fédérales.
        Juillet : Loi sur les droits civiques.
        Août : Loi sur l'égalité des chances.
        Adoption de la résolution sur les incidents du golfe du Tonkin.

Les doutes et les incertitudes
(1965-1985)

1965   *Février* : Bombardements américains sur le Viêt-nam du
        Nord.
        Avril : Intervention des troupes américaines en République
        dominicaine.
        Juin : Participation de soldats américains aux combats du
        Viêt-nam.
        Juillet : Loi sur le Medicare.
        Août : Deuxième loi sur les droits civiques.
        Émeute de Watts à Los Angeles.

1966   *Janvier* : Nomination de Robert C. Weaver au cabinet, le
        premier secrétaire noir.
        Juin : Bombardement de Hanoi et de Haiphong.

1967   *Juin* : Nomination à la Cour suprême du premier juge noir,
        Thurgood Marshall.
        Juillet : Émeutes à Newark et Detroit.

1968   *30 janvier - fin février* : Offensive du Têt.
        31 mars : Discours du président Johnson sur l'arrêt des
        bombardements américains au nord du 20e parallèle. Johnson
        annonce qu'il ne se représentera pas aux élections présiden-
        tielles.
        4 avril : Assassinat de Martin Luther King.
        10 avril : Nouvelle loi sur les droits civiques.
        Mai : Ouverture à Paris des pourparlers de paix sur le
        Viêt-nam.

5 juin : Assassinat de Robert F. Kennedy.
1ᵉʳ novembre : Arrêt des bombardements américains sur l'ensemble du Viêt-nam.

1969   *Mars-avril* : Bombardements américains sur le Cambodge.
         Juin : Warren Burger succède à Earl Warren au poste de *chief justice*, le président de la Cour suprême.
         Juillet : Doctrine Nixon sur la « vietnamisation » de la guerre.
         Atterrissage d'Apollo XI sur la Lune.
         Octobre : Manifestations aux États-Unis contre la guerre du Viêt-nam.

1970   *Avril* : Les forces américaines et sud-vietnamiennes envahissent le Cambodge.
         Mai : Manifestations sur les campus des universités américaines. Incidents de Kent State (Ohio).

1971   *Août* : Annonce d'une nouvelle politique économique.
         Contacts diplomatiques avec la Chine populaire.
         Octobre : La Chine populaire admise à l'ONU avec l'appui des États-Unis.
         Décembre : Première dévaluation du dollar.

1972   *Printemps* : Minage du port de Haiphong, bombardement de Hanoi.
         Février : Voyage de Nixon à Pékin.
         Mai : Signature des accords SALT I.
         17 juin : Effraction des « plombiers » dans l'immeuble du Watergate.
         Décembre : Reprise des bombardements sur le Viêt-nam du Nord.

1973   *27 janvier* : Accords de Paris sur l'arrêt des combats au Viêt-nam.
         17 mai - août : Auditions de la commission spéciale du Sénat sur le Watergate.
         Août : Arrêt des bombardements sur le Cambodge.
         10 octobre : Démission du vice-président Spiro Agnew.
         6 décembre : Gerald Ford, nouveau vice-président des États-Unis.

1974   *6 février* : La Chambre des représentants débat sur la procédure d'*impeachment* à l'encontre du président Nixon.
         24 juillet : La Cour suprême demande à Nixon de remettre au

procureur spécial toutes les bandes magnétiques qu'il possède encore.

9 août : Démission du président Nixon.

1975   *16 avril* : Les Khmers rouges s'emparent de Phnom Penh.
28 avril : Saigon tombe aux mains des Vietnamiens du Nord.
Août : Accords d'Helsinki.

1976   Saul Bellow, Prix Nobel de littérature.

1977   *Janvier* : Le président Carter « pardonne » aux insoumis de la guerre du Viêt-nam.
Avril : Discours de Carter à l'université Notre-Dame.

1978   *Avril* : Approbation par le Sénat des traités sur le canal de Panama.
Juin : Adoption par la Californie de la Proposition 13.
La Cour suprême rend l'arrêt « Bakke ».
Septembre : Accords de Camp David.
Novembre : Loi sur la réduction de la consommation d'énergie.

1979   *Janvier* : Normalisation des relations diplomatiques entre les États-Unis et la république populaire de Chine.
Juin-juillet : Mise au point des accords SALT II.
Octobre : Création, au sein du cabinet, d'un département de l'Énergie.
Novembre : Occupation de l'ambassade des États-Unis à Téhéran, prise des otages américains par les « étudiants » iraniens.
Décembre : Invasion soviétique de l'Afghanistan.

1980   *Janvier* : Embargo américain sur les ventes de blé à l'Union soviétique.
Avril : Rupture des relations diplomatiques entre les États-Unis et l'Iran.
Mai : Flot de réfugiés cubains aux États-Unis.
Émeute raciale à Miami.
Juillet : Boycottage américain des Jeux olympiques de Moscou.

1981   *20 janvier* : Entrée en fonctions de Ronald Reagan.
Libération des otages américains de Téhéran.

Février : Le président Reagan annonce son plan économique.

30 mars : Attentat contre le président Reagan.

Avril : Levée de l'embargo sur les ventes de blé à l'Union soviétique.

Mai : Expulsion de diplomates libyens.

Juin : Vente d'armes à la république populaire de Chine.

Août : Deux chasseurs libyens abattus par l'aéronavale américaine.

Grève des contrôleurs aériens.

Voyager 2 s'approche de Saturne.

1982   *Juin* : Manifestation pacifiste à New York.

La Cour suprême autorise les enfants d'immigrants clandestins à bénéficier d'une instruction gratuite.

Démission d'Alexander Haig, secrétaire d'État.

L'Equal Rights Amendment n'est pas adopté.

Juillet : Aide au Salvador.

Septembre : Débarquement d'une force américaine au Liban.

Décembre : Reagan en Amérique latine.

1983   *Janvier* : Vente d'armes au Guatemala.

Aide renforcée au Salvador.

Avril : Élection du premier maire noir de Chicago.

Explosion à l'ambassade des États-Unis à Beyrouth.

Mai : Une attention prioritaire est accordée au SIDA.

Exportation de matériels de haute technologie vers la république populaire de Chine.

Juin : Les Nippo-Américains ayant été enfermés dans des camps pendant la Seconde Guerre mondiale sont dédommagés.

Juillet : Traité sino-américain sur les exportations de textiles chinois vers les États-Unis.

Septembre : Un Boeing des Korean Air Lines est abattu par l'aviation soviétique.

23 octobre : A Beyrouth, un attentat, commis par l'intermédiaire de camions piégés, fait 239 morts parmi les *marines* et 58 morts dans le corps expéditionnaire français.

25 octobre : Débarquement américain dans l'île de la Grenade.

1984   *Janvier* : Levée des sanctions à l'égard de la Pologne.

Visite de Tchao Tseu-yang aux États-Unis.

Février : Les troupes américaines quittent le Liban.

Avril : Le Congrès condamne le minage des ports du Nicaragua par la CIA.

Visite du président Reagan en Chine.

Mai : Enterrement solennel du soldat inconnu mort au Viêtnam.

Août : Promesse d'aide accrue au Salvador.

Septembre : Explosion à l'ambassade des États-Unis à Beyrouth.

Octobre : Implantation d'un cœur de singe dans le corps d'un bébé.

1985   *2 janvier* : Conversation Reagan-Nakasone pour rétablir l'équilibre des échanges commerciaux entre les États-Unis et le Japon.

7 janvier : Reprise des conversations américano-soviétiques à Genève sur le désarmement.

1er mars : Soutien accru des États-Unis aux *contras* du Nicaragua.

6 mars : Faillite de plusieurs banques de l'Ohio.

17 mai : Baisse des taux d'intérêts.

23 juillet : Visite du président de la république populaire de Chine à Washington.

10 octobre : Arrestation par l'aviation américaine de quatre terroristes palestiniens qui avaient participé à la prise d'otages sur l'*Achille Lauro*.

19-21 novembre : Rencontre à Genève entre Gorbatchev et Reagan.

22 novembre : Les États-Unis décident d'aider financièrement l'UNITA.

11-12 décembre : Adoption, puis promulgation de la loi Gramm-Rudman qui fait obligation au gouvernement d'équilibrer le budget fédéral dans les cinq ans.

Illustrations

Table du tome 1

Table du tome 2

QUATRIÈME PARTIE

Les doutes et les incertitudes
(1964-1985)

ANNEXES

COMPOSITION : HÉRISSEY À EVREUX (EURE).
IMPRESSION : BRODARD ET TAUPIN À LA FLÈCHE (3-87).
DÉPÔT LÉGAL : OCTOBRE 1986. N° 9361-2 (1585-5).